労働法基礎理論

労働法基礎理論

蓼沼謙一著作集　第Ⅰ巻

信山社

はしがき

盛誠吾（一橋大学）、毛塚勝利（中央大学）、石井保雄（独協大学）及び藤原稔弘（関西大学）の四教授の絶大なご配慮とご尽力により、また、信山社社長袖山貴氏の懇篤なご芳情により、愚生の著作集全八巻の刊行が決定され、このほど発刊される運びとなった。以前から、出来れば著作集を出したいと思っていたが、専門書の出版事情は極めて厳しいとしばしば聞いていたこともあり、半ば諦めていたのであった。それだけに、著作集の刊行決定は私にとって此の上ない喜びである。冒頭に挙げた五人の方々のご親切に対し、心から御礼申し上げるとともに、その他の関係者に対しても深謝申し上げたい。

私が学究への道を歩み始めたのは、戦後まもなくの一九四七年九月に大学（旧東京商大）を卒業したとき、在学中ゼミ（民法、労働法）の指導教官であった吾妻光俊先生のお奨めに従い、大学院特別研究生として労働法を専攻することになったときである。以来今日まで半世紀を超える歳月が経過している。その間発表した研究成果が、解説・評価も含めてとはいえ、全部で八巻にも達することを知ったときは感無量であった。論文執筆中に思考が行き詰まって四苦八苦したり、執筆に夢中になっているうちにいつしか夜は白々と明けていたことに気付いたなどの実体験を思い出したからである。

本著作集に登載された諸論稿について、冒頭に挙げた四教授が手分けして解説・評価の労を執られることも、感慨深い。四教授はいずれも、一橋大学大学院（法学研究科）で私のゼミに所属していただけでなく、大学院終了後教職に就かれてからも、私の主宰する「比較労働法研究会」に参加され、春と夏の休暇期間を除き毎月一回開かれる定例研究会で顔をあわせる旧知の間柄となった。かつては新進気鋭の若手研究者だった四教授も、今や労働法学会の第一線で活躍する有力研究者となられた。日頃研究会でフランクに議論を闘わせている四教授が、この度の私の著作集の解説・評価を分担される際に、愚説のどこに着目され、どのようなプラスまたはマイナスの評価を下されるか、私にとって大きな関心事であり、四教授の解説・評価が数多くの貴重な教示と示唆を与えて下さることを期待したい。

平成一七年九月二七日

著者

蓼沼謙一著作集 第Ⅰ巻 労働法基礎理論 目 次

第Ⅰ巻 目 次

蓼沼謙一著作集　第Ⅰ巻

労働法基礎理論

(1) 労働法一般・方法論

1 働く者の生活と現代法

一 市民社会と勤労者の生活問題

(1) 労働法・社会保障法のとらえかた

現代資本主義法は、労働法・社会保障法を含む社会法という分野をそのなかにもつにいたっている（岩波講座現代法第一巻I章「三　社会法の展開と現代法」参照）。この社会法が、近代社会の成立によってすべての人間に平等に「自由」が保障されたにもかかわらず、現実の「生活」は保障されなかったという事態に対処すべく現われた法分野であることは、たいていのひとが知っているところであろう。しかし、社会法の性格・機能のとらえかたについては、いくつかの見解が対立して現われる。

かつては、生活難・貧困は、当人の怠惰や浪費にもとづくものであるから、これに対して救済措置を講ずることは惰民の養成にほかならないとする考え方が、かなり長い間、支配的であった。近代社会では、すべての個人がその意思に従って自由にその生活関係を形成してゆくことができる。もはや、個人の自由な活動を制約する封建時代の身分による差別や支配従属や、あるいは協同体的な諸拘束は存在しない。だから、各人は、不幸にも精神的・肉体的な病気その他の欠陥でもないかぎり、能力と勤勉に応じた生活をきずくことができるのであり、普通の健康な体をもっているのに苦しい生活に悩んでいるとすれば、その者じしんの責任だ、とされたのである。こうした考え方のもとでは、労働者・勤労者の現実の生活について配慮する社会法は、成立しうる余地がない。そして、貧困が怠惰・浪費というような個人的事由に起因するものとは認められないことが次第に事実によって明らかになっていっても、「自由」を強調するひとびとの間では、社会法はやむをえない一種の「必要悪」以上にはとらえられない。なぜなら、「万民の自由競争は弱者淘汰のきびしいが望ましい過程にほかならない」ということを前提にして、「ただし、自由競争の結果として貧富の差があまりにもひどくなると重大な社会不安を生じ望ましくないから、こうしたあまりにもひどい貧富の差を事後的に適当にへらす措置がやむをえず必要になる」というように、思考が展開されるからである。

これに対して、人間の「自由」は、常に一定の経済的・社会的・歴史的な諸条件のもとで、それに応じた具体的内容をもちうるにすぎず、抽象的・観念的な「自由」ではなく、「自由」の現実的内容が問題であること、近代法が万人に「平等」に認めた「自由」も、近代社会の構造、とくにその経済的基盤によって規定された特殊＝近代的な具体的内容をもつものであること、かくして、近代社会の労働者・勤労者に認められる「自由」も特殊な現実的・具体的内容をもつこと、の認識を前提とする場合に、はじめて社会法が、近代市民法の「自由」ではなしに、労働者・勤労者の「生存権」という権利思想に支えられる法であることが明らかになる。なぜなら、右の点の認識を前提にしてはじめて、労働者・勤労者の生活難や生活不安が、実に近代社会の経済的なしくみそのものにもとづくものであること、したがって労働者・勤労者にとって、それは、みずから恥じかつ甘受すべき悪ではなしに、逆に、その匡正・排除を正当に要求しうる社会的不正にほかならないこと、が明らかとなるからである。本書は、社会法をまさにこのような視点においてとらえようとするものである。以下しばらく、右の点について考察する。

(2)　資本制労働関係と近代市民法

近代社会の経済的基盤をなす資本主義経済体制においては、人間の体外にある「物」だけでなく、人間の体内にある「労働力」も商品化される。[(1)] ということは、労働者が「二重の意味において自由」であることを意味する。まず第一に、彼は労働力＝商品の所有者としての自由、とくにその処分に当っての自由を認められる。第二に、彼は生産手段の所有からも自由である。[(2)] したがって労働者は、社会的に有用な労働をなすためには、生産手段の所有者のもとにおもむかなければならない。[(3)] そして、労働力とひきかえに賃金を得ることによってはじめて生活してゆくことができる。かくして、生産手段の所有者は、生活のために彼のもとにやってくる労働者から労働力＝商品を購入し、これを生産手段と結合させて、彼のみの所有に帰する生産物＝商品を生み出し、その処分・交換によって利潤が実現されてゆく。

こうした資本制商品交換・商品生産に立脚する近代社会では、封建社会にみられた「身分」にもとづく差別や支配従属関係、さらには協同体的拘束は否定され、すべての人間は彼の自由意思にしたがってその生活関係を形成する「自由」を認められ、かくて、人はかような自由意思の主体として、すべて「対等（ないし平等）」な存在、すなわち「市民」となる。なぜならば、身分的な支配従属や協同体的拘束は、生産手段に対する資本の自由な支配と労働力購入の自由、すなわち資本制生産方式に対する耐えがたい制約であり、また、資本制経済社会全体の自律的運行に対する決定的な障害にほかならないからである。同時に、「物」＝

商品を全く所有しない無産の労働者も、労働力＝商品の所有者としては、物＝商品の所有者とくに生産手段の所有者とまさに等質的な存在であり、ひとしく商品所有・商品交換の自由を認められる。ここに、無一文の労働者も含むすべての個人が近代法上、平等に、自由意思の主体たる地位、すなわち「法的人格」を認められる経済的基礎がある。生産手段を含む外界の「物」に対する「自由な所有権」の原理と、商品交換の自由の法的投影である「契約自由」の原則とが、近代社会における市民相互間の生活関係を規律する法（すなわち近代私法）の基本原理となるのも、もちろん同じ経済的基礎の上においてである。

かくして、近代社会における万人「平等」の「自由」は、実はすべての個人の「市民」ないし「法的人格者」としての自由・対等を意味することが明らかとなる。近代法はかような市民的自由を理念とする点において、まさに「市民法」とよぶにふさわしい。

このような歴史的・社会的特色をもつ近代市民法によってとらえられた資本制労働関係の法的映像が、契約自由の原則の支配下におかれる「雇傭契約（民法六二三条以下）」の概念にほかならない。資本制労働関係は、法律上対等な二人の市民（使用者と労働者）の間の、労務の提供とこれに対する賃金の支払を中軸とする契約関係としてとらえられ、契約自由の原則のもと、雇用関係の成立、その内容（賃金その他の労働条件）、さらにはその存続・消滅の条件にいたるまで、すべてが当事者の自由な合意による決定に委ねられ、また、かかる合意に対して国家法規に優先する効力が認められる（雇傭契約に関する民法諸規定の任意法規性）。

(3)　市民法的規律と労働問題

市民法上の「自由な雇傭契約」において、労使双方に平等に認められる「自由」の実体は、右にのべたように、商品交換の自由であり、それは、労働者にとっては、労働力＝商品の交換・処分の自由にほかならない。しかし、この市民法的規律は、さきにのべた資本主義社会の労働者の「二重の意味における自由」の一面をとらえるにすぎず、労働者の「自由」のもう一つの側面を捨象していることに注意しなければならない。資本主義社会では、すでにのべたように、労働者は生産手段の所有からも自由である。そこで労働者は、生産手段の所有者、すなわち使用者の誰にどんな条件で労働力を提供しようと自由であるが、同時に、使用者の誰かに、利潤のための資本制生産に必要な労働力を提供することを――べつに鞭による脅迫・強制がなくても――自分と家族の生活のために「強制」されているといえる。換言すれば、労働者は、使用者のうちの特定の者に、彼の意思いかんにかかわらず「従属」するということはないが、使用者の全体に「従属」している。そしてこの「従属」は、資本制社会における労働者の経済的・社会的な地位に照応する体制必然的な「従属」にほかならない(階級的従属)。市民法上の「自由」は、このような資本制社会のいわば体制必然的な「強制」や「従属」と矛盾するものではなく、かえってこれらを前提として成り立つのである。このことは、市民法の個々の法理のうえには現われないが、市民法を右のようにその基盤である資本主義経済の構造との関連においてとらえる場合に明らかとなる基礎原理である。

ところが、近代社会の成立とほぼ同じころ起った第一次産業革命とその後の機械制生産の進展は、労働者から、市民法上の「労働力＝商品交換の自由」ないし「雇傭契約の自由」をも事実上うばうことになった。生産手段が手工業的道具から機械に変ったことによって、道具の時代には不可能であった半熟練・非熟練労働力、とくに年少者・女子労働力の生産過程への導入が可能になり、抵抗力の少いこれらの労働力のいわゆる「摩滅的濫用」が特徴的になるとともに、資本の蓄積・集中、その有機的構成の高度化にともなう法則的な相対的過剰人口の累積によって、労働市場はしだいに慢性的な供給過剰の性格を濃くしていったからである。労働力の買手である使用者の圧倒的な優位のもとで、賃金その他の労働条件は、事実上使用者によって一方的に決定され、必然的に低下する。こうして契約自由の原理は形骸化の一途をたどる。そして低賃金による生活難、労働者の健康をむしばむ劣悪な労働環境のもとでの長時間労働、その不可避的結果としての疲労の累積・注意力の減退にともなう、労働者の身体・生命を破壊する労働災害の頻発や、職業病のまん延が、ますますあらわになる。他方、無収入・飢えに直結する失業も次第に大きな社会問題となる。景気循環をともないつつ発展する資本主義経済のもとで、初期には、失業は、やがて必ずやってくる景気の回復とともに消滅する一時的現象と考えられていた。しかし第一次大戦後の世界恐慌に続く、それまでの常識を絶した長期の不況と大量の失業者のひどい生活困窮は、こうした失業観を事実によって覆してしまい、資本主義の体制的危機を多くのひとびとに意識させた。失業と貧困が失業者の怠惰その他の個人的事由にもとづくものではなく、資本主義の構造そのものに由来すること（いわゆる構造的失業）が、冷厳な現実によって立証されたのである。

　右にのべたように、「万人＝市民」平等の「自由」の秩序のもとで、かつてみられなかった生産力の発展、すなわち人間の富を生み出す力の増大がみられたにもかかわらず、労働者にとっては、それが貧困と生活の不安や破壊をもたらすにすぎなかったという事態の展開を前に、労働者は、もとより、手をこまねいていたわけではない。こうした事態の展開が必然的であるのと同様に、労働者の防衛・抵抗の活動の出現も必至である。そしてこの活動は「団結」活動としてのみ現実に成立しうる。かくて、賃労働者としての日常的な生活利益の擁護・向上を第一次的な目的とする労働組合運動が、じじつ各資本主義国において、資本主義の成立とほぼ同時に出現したのをはじめ、その他の労働者の集団的活動も展開され、種々の側面をもつ労働運動の動向が、右にみたような客観的な事態との関連で、資本主義体制にとって最もシリアスな社会問題となる。資本主義労働関係に対する従来の「市民法的」規律の修正・縮小と、新たな「労働法的」規律が、労働組合運動の「基本権」としての承認を中軸として生成・確立するにいたる――単なる「労働の法」ではないところの「労働法」の成立――のも、このような現実的基盤のうえにおいてである。

(4)　勤労者の生活問題と資本主義体制

資本主義社会において、ひとは、基本的には、生産手段を所有して他人の労働力を購入する資本家ないし使用者と、生産手段を所有しない労働力＝商品の所有者であり売手である労働者との二つの階級に分化する。生産手段を所有してこれに自己および家族の労働力を結びつける独立小生産者は、右の二階級のいずれかに分解され、多くは労働者に転化する。かくて、ほぼ全産業分野にわたって、しだいに資本家的経営が支配的となる。

しかしながら、どの資本主義国においても自営小生産者層が資本主義の発展とともに完全に消滅してしまったわけではない。この層の解体していく速度と態様は、各国資本主義の生成・成立・発展過程における特殊性によって一様ではない。この点、わが国では、小農民が――イギリスの「囲いこみ」運動にみられたような――家族ぐるみ農村から追立てられ都市周辺に工場労働者の給源として定着するという現象がほとんどみられず、半封建的土地所有に立脚する寄生地主制のもと、農業の資本家的経営の発展をみないまま、自営貧農層から、その子弟だけが「出かせぎ型」労働者として都市の工場に送りこまれ、かくて戦前のわが国の就業人口の過半数が非資本家的経営の農業人口に属するという状態が続いてきたことが注目される。いわゆる「日本型低賃金」は、こうした寄生地主制下の耕作農民の劣悪な生活条件に規制された単身者賃金であることにもとづくものであり、ほんらい近代的なはずの工場における労使関係の現実の前近代性は、半封建的な農村の生活意識が工場のなかにもちこまれたことに根拠づけられるのである。このような戦前のわが国の特殊な状況のもとでは、工場労働者の給源が都市周辺に住みついた労働者家族に求められる場合と対比するとき、耕作農民の劣悪な生活条件が工場労働者の労働条件の向上を抑止する重錘の役割を果していたことは極めて明らかである。換言すれば、工場労働者の労働条件の向上は、工場労働者だけの問題として取り上げられるのでは不十分であり、農民をも含めた勤労者の問題として取り組まれるべきものであった。

小自営業層が相対的に広い範囲で存続してゆくのは商業の分野であるが、工業の分野では、各資本主義国で、家族労働力に依存する小自営業層や実質上これとほとんど変らない零細工場主の、「事実上の賃労働者」化と劣悪な作業条件・労働条件——後者の場合には、そこで雇用される賃労働者の極度の低賃金などもあわせて——が注目されるにいたった（苦汗制度〔sweating system〕）。そして欧米では、一方で、これらの「事実上の賃労働者」や最底辺の賃労働者の低賃金が、組織労働者を含む労働者一般の賃金引上げにとって錘りとなるという認識を、他方で、それにもかかわらずこれらの労働者（事実上のそれを含む）については団結を通じての低賃金引上げの活動を実際上期待し難いという認識を前提にして、換言すれば組織労働者の団結活動に対する一種のテコ入れとして、またこれに代るものとして、家内労働法と最低賃金法が登場する。これらの法律は、組織労働者の賃金引上げという問題を、「事実上の賃労働者」のそれをも含めてとらえるものといえる。

労働者の生活条件の問題を、小自営業者・零細雇主を含むより広い勤労者層全体の生活条件の問題としてとらえなければならないことを明確ならしめ、労働者の組合運動の態様に大きな変化をもたらしたのは、第一次大戦後の資本主義の構造変化であり、とくにさきにふれた一九三〇年代の世界恐慌につづく構造的失業であった。産業革命後の賃労働者の典型的組織である職業別組合は、熟練労働者のみの封鎖的組織であったが、その機能は、組合員の生活保障のほぼ全面に及んでいたといえる。それは、唯一の生活源である賃金およびこれと相関関係にある労働時間その他の労働条件の低下防止のために、対使用者の関係において広義の団体交渉活動を行なったことはもちろん、組合員の疾病・災害・老齢・死亡・失業などの事故に対処する極めて広範囲の共済活動を展開した。こうした共済＝相互扶助を通じて、単に言葉の上だけにとどまらない組合員相互間の信頼感情の醸成、組合の内部団結の強化がはかられたのであるが、共済の機能はこれだけにとどまらなかった。とくに失業共済（失業手当金制度）は、失業中の生活難から組合の定めた賃率以下で働く組合員の出現することを防ぐことによって、職業別組合の団体交渉面での特殊な運動方式、すなわち組合賃率以下で働く者あるいは非組合員を雇用する使用者のもとでは組合員は働いてはいけないという、いわゆるクローズド・ショップ政策を貫くための不可欠の一環をなしていたのである。しかし一九世紀末からの機械制生産の高度化、大量生産方式の出現にともなう労働の一層の非熟練化は、職業別組合の存立基盤をなしていた封鎖的な職種別労働市場をほりくずし、大量生産産業では半熟練・非熟練労働者を含む産業別組合が支配的となってゆく。職業別組合は「高い組合費と高い共済手当」を標榜したが、産業別組合では、その組合員構成から、「高い組合費」を組合員に強制することができない。こうして組合基金による組合管掌の各種共済事業の範囲は縮小される。しかし、組合の共済事業が対象にしていた、労働者の生活を破壊しおびやかす、さきにあげたような各種の事故は、もとよりなくなったわけではない。かえって、失業その他の事故の破壊的影響は増大した。こうして産業別組合は、かつての組合管掌の共済事業に代るものとして、失業保険その他の社会保険の立法化を要求し、これを実現させる（一九一一年のイギリス国民保険法の成立。ビスマルクの「飴と鞭」の政策の一環をなす社会保険の成立はこれと趣きを異にする）。ところが、一九三〇年代の資本主義諸国における大量的・慢性的失業は、この失業保険をも保険財政の面から危機的状況に追いこんだだけでなく、失業者の不完全就業（技能・熟練に適合しない低賃金での就業）を、労働組合の支配外か支配力の弱い、おくれたあるいは衰退過程にある産業分野において生み出し、これらのいわゆる半失業者は、零細な苦汗制作業や自営商業部門の従業者として、潜在的・停滞的失業者層を形成するにいたった。組合の定める賃金率その他の労働条件基準の維持は、なんらかの施策によって、これらの潜在的・停滞的な半失業者を含む膨大な失業者群が組合員の労働条件にとって重錘となることを阻止しなければ不可能であったが、保険原理を固執するかぎり、失業保険制度はこうした施策として極めて不十分であった。他方、資本主義に対する体制的不信の増大をくいとめるために、資本の側においては、構造的失業に対する可能なかぎりの施策がうち出されなければならなかった。こうして、小自営業者層のなかに潜在する半失業者も含めた労働者階級、あるいは半失業者化の危険をたえず内包する小自営業者を含めた「勤労者」階層に対して、資本の側からは、労資の階級的分化・対立を捨象した「福祉国家」の「国民的扶養」——保険原理に必ずしもとらわれない所得保障その他——と「勤労国民」の「完全雇用」の政策がうち出され、有効需要の喚起による不況からの離脱と、失業の事後的救済策から失業そのものの可及的防止策への転換が叫ばれることになった。

（1） 外界の「物」だけでなく労働力もまた商品化されるということから、法的論理構成ないし法の直接的現象形態である裁判規範のうえでも労働力が「物」として取り扱われると解してはならない。

（2）（3） ここに生産手段の「所有」者という場合、法的論理構成ないし裁判規範のうえでは、所有権者としての自然人ないし法人のほか、賃借権者等も含む意味である。

二　市民法と労働法

(1)　労働法の成立

資本主義労働関係に対する「自由な雇傭契約」関係としての市民法的規律が、資本主義社会の展開にともなって必然的に、労働者の生活難・生活不安、さらには生活破壊をもたらすものであることがしだいに明らかとなったことは、すでに考察したところである。労働法は、こうした市民法的規律の必然的帰結に対する、労働組合運動を軸とする労働運動の展開をめぐって形成されてきた新しい法分野であるが、労働法が資本主義法のなかにかようなものとして市民権を獲得する直接の契機となったものは、市民法的規律の形骸化に対する認識であった。これが、「国は統一的労働法を制定する」旨の規定を憲法にかかげたワイマール・ドイツにおいて、いわゆる「労働の従属性」ないし自由人である労働者の従属というかたちで、はじめて本格的に論議され、「統一的労働法」は「従属労働に関する新たな統一的法体系」を意味するものとされたのである。

もっとも「労働の従属性」として注目された点は学説によって必ずしも同一でない。雇傭契約締結に際しての個々の労働者と使用者との間の経済的な力関係の懸隔に注目して、そこに、労働条件の使用者による事実上一方的な決定の根拠を見出す立場（経済的従属説）、多数の労働者の分業と協業に立脚する工場制度ないし企業においては、労働条件は多数の労働者について集団的にのみ決定しうる性質のものとなっているために、労働条件決定に際してのイニシアチヴは常に工場主ないし企業経営者としての使用者に帰属し、個々の労働者は使用者側からの申出を一括うのみにして雇傭契約を成立させざるをえないことに従属性の根拠を求める立場(組織的ないし技術的従属説)、労働が労働者の人格から切り離せないものであるために、使用者の指揮・命令・監督下の労務提供は労働者の人格的従属をもたらさざるをえないとする説(人格的従属説)、さらには具体的な労働が使用者の労務指揮権の行使をまって行なわれ、「労働の他人決定」が不可避である点に従属性を見出す立場などの対立があった。これらはそれぞれに「労働の従属性」として現象する事態の一面をつくものではあるが、すでにのべたような資本主義社会における労働者の二重の意味での自由、とくに市民法理のうえでは捨象されている(正確にいえば、資本主義法であるかぎり、その実定法理のうえでは捨象されざるをえない)労働者の生産手段の所有からの自由という基底的側面にふれない点において不十分なものであった。この視点が見失われるかぎり、少なくとも組織的ないし技術的従属説や人格的従属説は、資本主義下の工場労働と社会主義下のそれとを区別できない結果におちいる。

(2) 労働法の対象と理念

この従属労働論は、労働法を「従属労働の法」と解し、これを「労働(一般)の法」と解する立場を否定することによって、労働法は市民法の雇傭契約とは別個の規制対象をもつことになるとして、「労働の従属性」に対し労働法の対象確定の役割を付与したのであるが、「労働の従属性」は資本制労働関係に対する市民法理のまさに予定していた実態にほかならなかった。市民法理の予定していなかったのは、資本制労働関係の集団的側面であり、それは、「労働の従属性」のもたらす労働者の生活難などに対処すべく出現せざるをえなかった労働者団結=組合運動が、市民法の個人法理のもとではそれとして法認されえないために、かかる法認を前提とした法律関係としてのいわゆる集団的労使関係その他が、市民法的個人法理のみによる規律の段階においては成立しえなかったことにもとづくのである。労働法は、かような労働者の団結活動の法認を前提とする分野をもち、かつ、それが中軸となっていること、かくして、市民法的規律における「市民的自由」の理念に対し労働法的規律における「労働者の生存権」の理念が対置される点において、同じ資本制労働関係法でありながら、市民法的規律と対象および理念の面で区別されることとなる。国家的な労働者保護いわゆる労働保護法は、資本主義の歴史とともに古いといってよいが、これも、団結法認前の段階においては、市民法がそのなかに無能力者保護の制度をもっているのと同様、弱者としての女子・年少者のみに対する保護として、労使の市民的な自由と平等の理念に反しない特殊例外的な措置にすぎなかったのであり、すでに片岡昇授が明確に指摘されているように「団結ないし労働組合が法認され、それを基盤に培養された生存権の価値原理が容認されてはじめて、労働者保護は単なる恩恵や慈恵ではなく、……保護法は団結立法と同じ生存権原理の基礎の上に立った、本格的労働法の一環となる」(岩波講座現代法第一巻一三二ページ)のである。

(3)　労働法の機能

労働法は、右にのべたように、「労働者の生存権」という理念をかかげる。この理念は、労働者の団結活動を重要な部面とする労働運動の進展によって担われるものである。しかし、それは労働者の主張する「生存権」を即自的に承認したものではない。たしかにそれは、資本主義法が労働者の生存権主張の現実の活動とその生きた成果を容認したことを意味するものであるが、そこには、資本主義の展開に応じた資本主義体制の維持のためにする資本主義法の賢明さや厳しさや限界が含まれている。このことは、資本主義労働関係に対する市民法的規律から労働法的規律への推移過程のなかで見られるばかりでなく、市民法的規律の確立過程までの段階においても認められる。このような法の動態を経済的・社会的基盤の展開過程に即してとらえることによって、はじめて法の機能と性格をヴィヴィッドにとらえることができる。

いったい、先進資本主義国の場合も含めて、市民法的規律は、完成されたかたちで一挙に出現したのではない。世界で最も早く資本主義化の道を歩んだイギリスにおいて、主従法（Master and Servant Law）が最終的に撤廃され、市民としての平等（「法の前の平等」）が労使間で制度上貫徹されるのは、実に一九世紀も第三・四半期をすぎてのことである。また、大革命によって封建体制を覆滅し、市民の自由・平等の旗のもとに民法典（一八〇四年）をはじめとする市民法の体系がうち出されたフランスにおいても、労働関係の面における市民的な「法の前の平等」が、革命と同時に、またはその直後に、貫徹されたわけではなかった。同じ団結について、労働者の団結は使用者のそれよりも峻厳な規制（全面的禁止）をうけたのである。このような不平等は、労働運動の進展によってはじめて、団結禁止の撤廃というかたちで、取り除かれる。この団結禁止の撤廃は、労働者の団結活動をその独自の性格において法認したものではなく、これを「個人の市民的な自由と同一の原理をもって、かつこの自由に制約を加えない限度において」容認したもの、いわば「市民なみの」団結活動を労働者にも認めたものにすぎない。しかしその限りで、労働関係に対する市民法的規律の拡大・徹底を意味した。この場合注目しなければならないのは、欧米における団結禁止の撤廃が、資本主義化の先後に応じて年代的には違っていても、ほぼ各国共通に、資本が市民法理のみによって生産過程を現実に掌握しうるにいたった段階において行なわれていることである。換言すれば、生産手段が手工業的熟練を要する道具であった段階では、職人ないし熟練労働者のクローズド・ショップ政策の現象形態にほかならないストライキは、産業資本家に上昇しようとする大親方雇主やマニュファクチュア資本家にとっては、国家権力による団結禁止を必要とするほどの威力をもち、この威力が経済的に排除されたときに、団結禁止も解除されたのである。

資本制労働関係が組合運動のそれとしての法認を軸とする労働法の規律するところとなったことについても、いわゆる総資本が、このような法認を通じての資本の労働力掌握を、やむをえないことながら、資本主義体制の展開にともなう高度の政策として肯定するという面、しかも肯定しうる地盤が客観的に存在するという面が含まれている。(1) したがって、組合運動は、その進展とともに必然的に資本主義体制そのものに敵対的な存在となるが、それが組合運動のわくをこえる現実の活動となって現われるかぎり、たちまち弾圧政策が登場することとなる。しかしそれは、他方において、高度の経済政策に裏づけられた、組合運動ぬきの「福祉国家」論ないし「国民福祉」論をともなう点において、かつての団結禁止法やビスマルクの「飴と鞭」の政策と明確に区別されるのである。

(1)　この点を強調されるのが、周知のように社会政策における大河内一男教授の理論である。組合運動の法認ないし団結立法が、労働運動の進展によって「かちとられる」ものであるとともに、それが資本主義法であるかぎり、この点を看過するのは重大な誤りである。

三　現代日本の労働者の生活と労働法の動向

1　現行労働法制の骨組み、特色と機能

(1)　いわゆる労働団体法

戦後のわが国は、憲法二七条・二八条の労働条項を頂点におく、多くの諸労働法規をもつにいたった。これを概観しつつ若干の特色と問題点を指摘すれば、次のごとくである。

まず、労働組合運動の法認とこれを前提とした集団的労使関係の規律に関する法（いわゆる労働団体法）としては、正当な団体交渉・争議行為に関する刑事・民事のいわゆる免責、労働協約の規範的効力およびその拡張、団結権（広義）侵害に関する不当労働行為制度について定めた労働組合法と、いわゆる任意主義の原則に立脚する労働争議調整手続を定めた労働関係調整法とがある。しかし、労組法は、問題の多い組合資格審査制度を含んでいるほか、不当労働行為制度が直罰主義を加味していない点についても批判が多い。また、労調法は、争議調整とは関係のない争議行為制限規定をしたがえている点で、名は体をあらわさぬものになっているだけでなく、緊急調整制度が五〇日間の争議権停止と結びついているため、果してそれがその名のとおり争議「調整」という性格において機能しうるかどうか、大きな疑問がある。

この団体法の領域における現行法の最も大きな特色は、公務員、公企体・地方公営企業職員の組合運動が、敗戦直後の時期と異なり、一般私企業労働者のそれとは別個の法規――公務員法・公共企業体等労働関係法

（公労法）・地方公営企業労働関係法（地公労法）――により、全く別異に規律されていること、とりわけこれらの労働者が争議権をうばわれ、公務員組合には協約能力（協約締結権）も否認されていることである。公益事業とならんで官庁・公企体などがわが国ではとくに組織率の高い分野であること、これらの労働者の総数がひき続き組織労働者の三割以上をしめていること（一九六三年約三五％）を考えあわせるとき、このことは、労働条件の――争議行為を含む――広義の、かつ語の真の意味における団体交渉による決定という組合運動の第一次的な機能が、わが国ではかなり制限されていることを示す意味において重要である。そればかりでなく、これらの労働者については、組織化活動・団交の手続および対象、さらには組合の組織および運営の面での制約が著しい。すなわち、いずれも団結強制（ユニオン・ショップ等）を否認され、団交の対象事項を制限されているほか、公務員組合については、「職員団体」の「登録制」がしかれ、公労法・地公労法の適用をうける三公社五現業職員・地方公営企業職員については、組合員の範囲ないし組合員資格に関する組合の自主的決定権が否定され（非組合員の範囲の公労委や政令、条例による決定と、逆しめつけの強制）、しかもどれが前述の組合資格審査制に結びつけられている。(1) もっとも逆しめつけの強制は、ＩＬＯ八七号条約問題として長年争われてきた末、最近ようやく撤廃されることになった。

なお、これらの労働者から争議権をうばった代償として、人事院・人事委員会の給与引上げ勧告の制度と、公労委・労委の強制仲裁の制度とが設けられている。しかし、これらが実際上の機能において、争議権はく奪の代償の役割を果しているかどうか疑問であるだけでなく、人事院が、制度上は民間給与を比較の基準にしてこれを追いかけるかたちで公務員給与の引上げ勧告を行なうことになっているにかかわらず、実際上は民間賃金の引上げ率が公務員給与の引上げ率によって、かくして人事院勧告によって、事実上規制される面が強く、公労委の仲裁裁定についても似たような機能がみられる点が注目される。

最後に、電気産業・石炭産業の労働者が――右の公務員等の場合のように争議権をうばわれているわけではないが――争議行為について重大な制限をうけ（いわゆるスト規制法）、既述の緊急調整下の争議権停止の制度その他とともに、現在争議行為の制限・禁止規定がかなりの数にのぼっていることを指摘しておかねばならない。

戦後のわが国における労働団体法の動きは、戦後しばらくの間に一挙的にうち出されて、しばしば「解放立法」とたたえられた労働者権の体系が、その後、全体として、ひたすら縮小・後退の一途をたどってきた過程であるということができる。それは、国際的・国内的な諸条件の激動のなかで、広い意味の労資の力関係の展開がえがいた軌跡にほかならない。この軌跡を歴史的・社会的な動態において回顧し、そのときどきの動きの内部的要因と外部的諸条件を明らかにすることは、わが国が戦後ようやくもつことのできた、言葉の真の意味における労働法の今後における動向を考える場合に、はぶくことのできない仕事である。

(2) いわゆる労働保護法

中心に位置するのが、少くとも名前だけはよく知られている労働基準法――船員については船員法――であり、その附属法規として、最低賃金法、労働者災害補償保険法、じん肺法のほか、主に労働安全衛生関係の諸規則（命令）である。労基法は、労働者がどこかに雇われようとする際の保護から始まって、職場における賃金、労働時間・休憩・休日・休暇・安全衛生など、労働条件のほぼ全面にわたって不可侵の基準（女子・年少者に関する特別基準を含む）を設定するとともに、あわせて業務上災害に対する使用者の無過失補償制度を設けて就業保護を期し、さらに解雇・退職によって労働者がこれまでの職場を去る際の保護――とりわけ解雇の制限――にまで及んでいる。そして、戦前のわが国に特徴的な半封建的労働慣行（前借金制度その他）の除去をはかる若干の規定のほか、就業規則法制をも含み、また基準監督（工場監督）の制度も設けている。

労基法が就業労働者の保護を期しているのに対し、就業前の段階における保護ないしサービス、とくに失業中の労働者に対するそれについて定めたものとしては、まず、私営職業紹介事業・労働者供給事業の原則的禁止のうえに国営無料の全国統一的な職業紹介制度の樹立を主な内容とする職業安定法・船員職業安定法、無料または実費での技能修得のサービスを与えることを目的とする公共職業訓練制度と事業所内職業訓練に対する規制と援助を定めた職業訓練法があり、これら両法の特別法として身体障害者雇用促進法、炭鉱離職者臨時措置法等がある。求職者に対するこれらのサービスは失業者に対するそれに通ずるものであるが、失業中の生活保障を期するものとして、一方に失業保険法、他方に緊急失業対策法がある。前者は保険という技術を用いて、保険料の払込に対する保険金の支給という方法によるものであり、後者は失業率の相対的に高い地域に国・地方公共団体が失業対策事業をおこして失業者をこれに吸収し、労働の機会を与えて法所定の賃金額を支給することを中心とする制度である。

労基法によって、戦前国際的に悪名の高かった保護法の低水準は、制度上は、ほぼ国際水準にまで高められた。しかし、八時間制に対する広範な例外、週休制を実質上骨ぬきにする変形週休制など、制度そのものの上で問題とすべき部分があるばかりでなく、労基法は国内の労働運動がその成果としてかちとったものではなかったために、ようやく大企業で現実に定着しえたにすぎない。しかも、就業保護のかなめとなる最低賃金制が実際に発動されないままで、労基法の労働時間基準などが、ほとんど最高基準として定着するにとどまった（一九五九〔昭和三四〕年になって現われた最低賃金法は、業者間協定を中核にすえる特異な最低賃金制を設け、これによってはじめて最低賃金制が実施されるにいたった）。中小資本の側からは絶えず労基法の改正がとなえられ、基準監督当局は運用面での「弾力性」を期し、また基準監督官は増員されずに逆に削減されてきた。しかし、戦後のわが国をめぐる国際的条件のもとでは、国家＝総資本は労基法そのものの改悪にまでふみきることはできず、ほとんど附属諸規則のみの改悪にとどめざるをえなかった。こうして、労働三法のなかで、労働団体法関係の労組法・労調法が、公務員法その他の法律の改正や制定による実質的修正を含めて、修正・後退のあとが著しいのに対し、労基法の修正・後退はそれほどでもないという様相が生じている。この様相は労基法に関するかぎり今後も変らないであろうが、しかし、労基法の労働条件基準が、日本の産業の大部分をしめる中小企業のなかに、制度本来の趣旨に即し「最低」基準として現実に定着するまでには問題が多い。そしてこの定着は、結局は労働運動の進展によって支えられてはじめて可能であろう。

求職者保護としての国営無料の職業紹介制度は、わが国の特殊な雇入れ慣行によってあまり大きな機能を果していない。血縁的・地縁的な縁故募集にたより、身元保証人をたてることを求める肩入れ慣行は戦後も変っていないが、こうした肩入れの経路のなかには、もともと国営職業紹介は入りこむことができない。そのため、公共職業安定所（職安）は、職業紹介としては、建設業の臨時日雇労働者の供給を引き受けているにすぎないといっても過言でない。職安の主な実際上の機能は、こうした狭い範囲の職業紹介、緊急失業対策法にもとづく失対日雇労働者へのいわゆる労働給与ならびに失業保険制度の実施機関として失業の認定、失業保険金の支給などを行なうことである。そして、失業保険制度は、就業中の低賃金という基盤の上では、もともと失業中の労働力の保全という機能を果しえない。なぜなら、失業保険金は就業期間中に得ていた賃金の何割と定められるからである。わが国の現行法はこれを六割と定めているから、就業中ようやく生活できる程度の低賃金をもらっているにすぎない労働者は、面倒な手続をふんで屈辱的な額の保険金をうけとりにいくことはしない。しかし、失業中の生活保障がとりわけ問題になるのは、こうした低賃金労働者の場合である。現行の最低賃金法が、業者間協定による最低賃金を中核におく（実際上も、この種の最低賃金が最も多い）ことによって、甚だしい低賃金の温床である苦汗企業を――最低賃金制は本来こうした苦汗企業を陶汰していくべきものであるのに――かえって温存する方向に機能しうることは、最低賃金制度じたいとしても問題であるだけでなく、失業保険制度との関連においても問題を含んでいる。

（1）国家公務員法九八条二項、人事院規則一四―〇・一四―二・一四―三、地方公務員法五二条・五三条、公労法八条・四条・三条、地公労法七条・五条・四条。

2　現段階の労働者の生活と労働法

(1)　被用者＝労働者層の増大

朝鮮戦争（一九五〇〈昭和二五〉年）の特需景気によって完全に復興した日本資本主義は、一九五五（昭和三〇）年頃からいわゆる「技術革新」「高度成長」の段階に入り、労働関係にも種々の大きな変化が現われている。その第一は、被用労働者層の著しい増大である。戦前のわが国では、資本主義生成・発展過程の特殊な構造的要因によって、被用者は全就業人口の三分の一に達せず、農民・商工業者などの自営業者・家族従業者が決定的に大きな比重をしめていたが、一九六〇（昭和三五）年には、被用者が全就業人口の過半数（五三・八％。男子のみについては六一・三％）に達するにいたり、自営業主・家族従業者層の減少が著しい。

とくに農村では新規学卒の子弟の脱農・被用者化が目立ち、いわゆる「三チャン農業」の語を生んでいる。半封建的な寄生地主制下の農村を相対的過剰人口の主なプールとして、そこから引き出され、不況期には帰農する・前近代的生活意識を工場にもちこむ「出かせぎ」型の単身労働者という、戦前のわが国の労働者像の典型（あくまで典型にすぎぬが）は、戦後の農地改革による寄生地主制の崩壊によって、まず基底的な変容をうけることになり、ついで「高度成長」下の就業人口構造の変化が、戦前のように前近代的生活意識の温床にもはや結びつけられていない賃金・俸給生活者層の比重を決定的に大きくしたのである。そしてそれは、いうまでもなく、労働法の適用対象の増大を意味する。

さらに、労働者のなかでの俸給生活者＝職員層の増大が注目される。戦前のわが国では独占的大企業にも、多数の下請を従えた商人資本的性格が濃かったが、「高度成長」過程でこの性格が弱められ、経営管理部門の新設・拡充が職員層とくに大学卒のそれの増大を招いた。そのため、戦前の大学卒職員は、経営の最高幹部またはそれに近い地位への昇進を約束された少数のエリートであったのに、戦後の大量化した大学卒職員には、こうした将来への保証はもはや存しない。他方、技術革新にともなって計器の操作・監視を主体とする労働が筋肉労働者《ブルー・カラー》の職務となったことは、事務労働に従事する職員層《ホワイト・カラー》との仕事の面での異質感を弱める。こうした職員層や、筋肉労働者のうちのいわば職員化した層が労働組合運動に対してどのような態度を示すか、その動向は労働団体法の動向をうかがう場合にも、みのがすことができないであろう。いずれにせよ、階級分解の進展によって、労働組合運動が資本の側との明確な立場の相違を自覚する労働者の団結活動に、しかも国民のうちのかけ値なしに「多数者」の運動になりうる地盤がともかくも用意されたとみて間違いないと思われる。

(2)　いわゆる「日本的」労使関係の動揺

戦後日本の労使関係の特色に挙げられるのは、周知のように、年功序列型賃金、終身雇用、企業別組合の三つであり、しばしばこれに大企業と中小企業との間の大幅な賃金格差が付加されてきた。問題は、何故に、またどのようにして、このような日本的特色が形成されたかであるが、その基本的な要因は、日本資本主義の生成発展の特殊な構造的しくみに求められる。半封建的な農村の小作農を工業労働力の主たる給源として、はじめから相対的に高度の機械制工業を急速に上から育成しなければならなかった日本資本主義は、労働市場を大企業の縦断的・封鎖的なそれと中小企業の極めて流動的・横断的・開放的なそれとに階層的に分断させた。農村出身の単身未経験工を低い初任給で本工として雇入れ、企業ごとに異なる生産の技術的条件に適応する熟練を企業内で勤続しつつ修得させることによって、年功的な職場秩序とともに年功賃金を生み出し、これらの労働者を企業内にひきとめて終身雇用をもたらすために勤続者優遇の退職金制度や社宅その他の福利厚生施設が恩恵的形態において設けられた。これに対し、中小企業では労働者の企業間移動がはげしく、賃金その他の労働条件は大企業にくらべ劣悪であって、大企業労働者の中小企業への下降的移動はあっても、中小企業労働者から大企業への上昇的移動は本工・常用工についてはみられず、大企業と中小企業との間の賃金平準化の道はとざされていた。こうした労働市場の構造のもとでは、大企業で本工のみを組合員とする封鎖的な企業別組合が出現せざるをえない。もっとも、このような労働市場構造の確立過程で、戦前の日本法が終始労働運動を弾圧し、それが年功賃金・終身雇用・退職金および福利厚生施設でかこまれた主従的ないし家父長的労使関係の形成に大きく貢献したことを看過すべきではない。戦後における「日本的」労使関係の形成についても、戦後初期の企業別組合には、少くとも指導層のなかに生産点掌握をめざす革命的な工場委員会への運動の傾斜と、全体として後に支配的となった企業内組合ないし御用組合へ向う傾向の二つの要素が含まれていたのであって、後者が支配的となったのは、マ書簡・政令二〇一号による公務員からの争議権はく奪等とその正式な国内法化、ドッジ・ラインと定員法にもとづく公務員の大量人員整理、民間でのこの整理を容易にするために協約の自動延長規定の一方的即時解消を認めた労組法改正、占領軍権力の指令による（およびこれに便乗した）レッド・パージなど、さまざまの法的・権力的措置を通じて組合運動が沈滞した時期においてである。

ところが、技術革新の進行が新たな職種、しかも長期の徒弟的訓練のなかで「カン」や「コツ」として修得される熟練ではなしに、機械の監視・保全の操作上必要な技術的知識だけでなく、工場の機械メカニズム・全生産機構の関連を理解し、機械の操作に従事する多数の半熟練労働力を一つの部分的単位として生産計画に従って機械メカニズムのなかに合理的にはめこんでゆくことのできるような知的・精神的能力を意味する熟練、したがってその修得にはかなりの基礎的学力と組織的教育とを必要とする新職種を生み出し、これが高校新卒者をもってする養成工の制度をうち出して、新技術への適応性のうすい年配の旧型熟練工の降格や異職種・不熟練職場への配置転換（しばしばそれは労働者を退職に追いこむ）を生じさせ、これらの労働者の労働条件の低下を招くと同時に、いわゆる中高年齢層の失業問題に連なっている。こうして、大企業の養成工・本工の労働市場の封鎖性に変りはないが、職場の年功的秩序に動揺が生じ、また、新たな技術・技能を身につけた若い労働者の間に、年功賃金に対する不満も現われるにいたった。そして、大企業労働市場と中小企業労働市場の階層性と企業規模別賃金格差のもとで、年功賃金制下で低廉な若年労働力の相対的不足と大企業の先取りにより、中小企業は若年労働力獲得のために初任給の引上げをはからざるを得なくなり、大企業と中小企業との間の初任給格差の縮小を結果した。このような労働市場の変動、企業内の労働力構成の変化が、企業別組合の動向に微妙な、しかし大きな影響を与えることは確実である。

(3)　合理化下の労働条件低下・労働災害頻発

技術革新は大規模な設備投資を前提とし、それは大部分借入金でまかなわれたから、投下資本回収のためにはもとよりのこと、利子負担を軽くするためにも、フル操業を要請され、過剰生産（不況化）の危険と労働強化を必然化した。もともと機械は、労働における肉体的緊張を軽減する反面、精神的緊張を増大させるのであるが、交替制によるフル操業は労働密度を著しく濃いものにし、疲労を増大させる。こうして労働者側に労働時間短縮や休日・休暇の完全消化や増大の要求とならんで、実質賃金の低下に対処する賃上げの要求をかかげさせることになる。また、さきにふれた配置転換が労働条件の低下やなしくずし解雇に連ならないようにするため、事前協議制の要求もかかげられる。なお、「高度成長」下での諸物価騰貴が賃上げ要求を支えている。

「高度成長」は地域社会全般に対し公害問題をまき起こしたが、職場内では労働災害の頻発も看過しえない。とくに斜陽産業に転落した石炭産業においては、一九六三（昭和三八）年の三井三池の大爆発事故に続き、一九六五（昭和四〇）年に入ってから、北炭夕張・伊王島炭鉱の事故を経て、つい最近、三池につぐ戦後二番目の大事故となった山野炭鉱事件と、大災害が頻発している。しかも、これらは炭塵爆発というような「原始的」な事故、その他、保安を軽視した利潤追求の生んだ「人災」である点が注目される。こうした現実は、労働者側に何ものにも代えがたい生命を守る保安闘争を起こさせることとなる。

合理化下の労働諸条件の低下とならんで、一九六四（昭和三九）年頃からの景気後退、とくに中小企業の記録的倒産による中高年齢層の失業の深刻さやその不安も、組合運動を激化させる要因とみることができよう。

(4) 企業内組合の体質改善

わが国に支配的な企業別組合は、アメリカの会社組合などにみられるような全くの企業内閉鎖組織であるとは限っていない。産業別の全国組織に加入していたり、地区労等の地域的な連絡協議・共闘組織に参加しているものもかなり多い。また、独占資本主義の段階に入ってから、企業外組合として出発した欧米の組合も、労働市場の企業別の分断・封鎖性が強くなっていくのに対応して、企業内に組合の拠点をつくりあげるために努力し成功した。しかし、上部団体に加盟している場合でも、わが国の企業別組合は、次のような企業内組合としての特色をもっていた。一つは、職場での労働の量や強度に対する規制を欠き、また配分について使用者の自由裁量を許すベース・アップ闘争方式に象徴的に現われている「職場における労働組合の不在」である。第二に、組合の機関を多く職制層がにぎり、労働組合機構は資本の経営管理機構と癒着してそのなかに埋没している。第三に、全国単産といわれているものは企業別組合ないしその連合体の寄合い世帯で、組合財政の中央集権化が確立しておらず、単組=企業別組合ないしその連合体からの「上納金」でまかなわれている弱味から、単組がしばしば全国単産の決定を無視し、あるいは脱落するという事例に苦しんできた。

ところが、こうした企業内組合としての弱点は、一方で「幹部(請負)闘争から大衆闘争へ」、「組合づくり」、「職場闘争」というスローガンのもとに、職場組織の確立を通じてそれまで組合の規制外におかれていた職場の労働給付の態様と賃金の無規定性を打破し、これらに関する組合の交渉権を現実に確立しようとする活動、つまり労働組合の生きた組織を職場内に定着させようとする、労働組合としての必要不可欠な活動を展開することによって、他方ではいわゆる産業別統一闘争の推進によって克服しようとはかられてきた。一九五五（昭和三〇）年以降の「春闘」が、日本の基幹産業のほとんど全部を包んで「賃金相場」の決定をめざす運動として、それなりの成果をあげてきたことは過小評価すべきではない。最後に、未組織低賃金労働者の組織化問題がある。地区労・地評の地域組織が中小企業における組合の結成と結成後の援助・指導にかなりの努力をしてきたが、合同労組という新しい組織形態のもとでの組織化も進められている。これもまた企業内組合とは違った組織原理にたつ組合を成長させる可能性をなにほどかもっている。こうした企業内組合の体質改善が着実に進んで、合理化下の収奪に効果的に抵抗できるかどうかが、今後の大きな問題のひとつである。

なお、公労協を主体とする春闘の進展に対しては、大量処分による組合財政への攻撃と刑事処分による弾圧が強められている。これがＩＬＯ闘争に連なる「権利闘争」「スト権奪還闘争」を生み出した。この闘争が、現行労働法制の中核部分に対する攻撃として重要性をもっていることは、あらためて指摘するまでもない。

さらに、労働組合は、団結の強化と組合員の生活の維持向上を求めて、生活協同組合運動と社会保障闘争にも力を用いようとしている。また、失対事業の日雇労働者の組合である全日自労は、社会保険制度を利用して組織化を容易にしている。すなわち、失対手帳をもつことによって就業機会の保障と、日雇失業保険・同健康保険の受給資格の取得が生ずる点に注目し、これを組織化の手段に利用している。これと同じような社会保障制度の利用は、他の分野でも考えられてよいし、おそらく組合運動の社会保障に対する関心は、政府・与党の「福祉国家」論に対抗するかたちで強められてゆくであろう。

（蓼沼謙一・小川政亮編『現代法と労働』、岩波講座現代法一〇巻、岩波書店、一九六五年）

2　労働法制の変動

一　あいつぐ法改定

このところ労働法制は、〝改定ラッシュ〟といえるほど、新法制定を含む法改定があいついでいる。主なものとして、労働保護法の分野では、昨年（一九八五年）、「男女雇用機会均等法」が、労基法中の女子保護規定の改定とからめて成立し、また、職安法の重大な改定を含む「労働者派遣事業法」も国会を通過した（いずれも、来る四月から施行）。職業能力の開発・向上につき「生涯（職業）訓練」の視点をうち出した「職業能力開発促進法」が制定され、職業訓練法にとって代ったのも昨年である（去る一〇月から施行）。さらに、労基法の労働時間（広義）規定の改正問題も、昨年暮の労基法研究会の最終報告書の提出により、政府の法案作成作業の段階に入っている。このほか、昨年秋には雇用審議会が、民間労働者につき六〇歳定年の法制化（使用者の努力義務）を答申し、立法がみこまれている。

これらの労働保護法の動きとならんで、労働団体法（集団的労使関係法）の変容も注目される。昨年四月から、三公社（公共企業体）のうち、電信電話、専売の二公社は民営化された。残る国鉄についても、国鉄再建監理委員会の答申をうけて、政府は来年四月からの分割・民営化の施行を期し、その方向に猛進している。国鉄の当局内だけでなく、自民党内にも、分割・民営化には異論ないし疑問をもつ向きも有力であると報じられていたが、中曽根首相は、再建監理委答申の約一ケ月前に国鉄総裁を更迭して、国鉄当局内部を分割・民営化推進派で固め、昨年末の内閣改造では、かねて自民党内の分割・民営化論の旗頭として知られていた三塚博氏を運輸大臣にすえた。分割・民営化法案の国会通過に向けて、いわば正面突破作戦の態勢をととのえたといいえる。もしも分割・民営化法案が国会を通過すれば、公共企業体はすべて姿を消し、長く三公社五現業(現在は一公社四現業)の労使関係を規律してきた「公共企業体等労働関係法(公労法)」は「公共企業体」なしの労働関係法となるから、たとえ四現業職員がひき続き同法の適用下におかれる場合でも、同法の名称の変更は少なくとも不可避であろう。そして、一般私企業労働者については労組法・労調法・公企体職員等については公労法・地公労法・公務員(公労法・地公労法の適用をうける者を除く)については国家公務員法・地方公務員法と、三本建てになっている現在の集団的労使関係法が、大きく変容することも確かである。

急テンポで次々に法改定問題が現われると、往々にして、目前の個別の法改定問題に気をとられ、木を見て森を見ない弊に陥る危険がある。ここでは、与えられた紙幅の範囲内で、中長期的な視点から、最近の法改定問題とからめて、「労働と法」の構造的変動の流れを一瞥してみたい。

二 福祉国家理念と高度経済成長

第二次大戦後、こんにちOECDを構成する米・西欧・日の資本主義諸国——いわゆる開発途上国や中進国との対比で先進工業国とよばれる——は、社会体制としての優劣が問われる社会主義諸国との対抗関係のなかで、「完全雇用」と「社会保障」の二つの理念を、さらには両者を柱とする「福祉国家」の理念をうち出した。わが国についていえば、憲法二七条の労働権と二五条の生存権・社会保障の宣言がこれにあたる（もっとも、英米に発する完全雇用と欧州大陸に起源を有する労働権とは系譜を異にするが）。これらの理念は、戦後の技術革新＝オートメーション——わが国では一九六〇年頃から本格化した——をてことする経済の高度成長を基盤として、一定の程度現実化されることとなった。

同時に、高度経済成長の基盤の上で、労働組合運動も進展し、スト等を含む広義の団体交渉を通じて、労働組合は賃金その他の労働条件の維持向上を実現することができた。労働組合の協力のもとに総力戦としての第二次大戦を戦い勝利した英米両国で、戦後組合運動が進展したのは当然であるが、戦時中国家権力によって組合運動が抹殺されていた欧州大陸諸国やわが国でも、戦後出現した新憲法のなかに、労働者の団結権やスト権などが基本権として掲げられ、そのもとで組合運動が再生した。社会主義体制に対抗してとくに「自由」が強調される米国では、労働者のスト権を含む広義の団体交渉制を、社会主義社会の労働者にはスト権が認められないことと対比させて、「自由」社会の一大優越点とする主張が目立つ。

わが国で労働組合運動の権利が憲法上保障されたことの歴史的意義は、極めて大きい。戦前は労働組合組織率は最高のときでも僅か七・九％、大衆運動からほど遠かったわが国の組合運動は戦後組織率ゼロから出発して、数年後には組織率五〇％を超える急速な伸びを示した。とくに、高度経済成長期に労働者総数が年々かなりのペースで増大したにもかかわらず、組織率は一貫して三四％前後を維持したことが注目される。ほとんどが大・中堅企業の本工・本職員のみの企業別組合であり、かつ、そのなかの多くが上部組織に加盟していない企業内組合であって、活動面でもかかる企業内組合的体質が現われざるをえないところに大きな問題があるにせよ、わが国でも組合運動が高度経済成長期に大衆運動として現実に定着し、一定の成果をあげてきたことは疑いがない。

憲法二七条(前記の労働権の宣言のほか労働条件基準の法定も掲げていた)、二八条を基本法規かつ最高法規として、これを具体化する労働三法その他の法規が制定されたことによって、戦後わが国の労働法制は戦前と異なり、欧米諸国なみのものとなった。戦前のわが国は、五大強国の一つとして国際連盟の常任理事国の地位にありながら、ＩＬＯのうち出した国際労働条約の多くの批准をしぶり、ソーシャル・ダンピングの非難をあびたが、一九四七年制定の労基法に定められた労働条件基準は、大体において当時の国際労働条約の内容にそうものであった。そして、日本経済の高度成長を基盤として労基法はほぼ現実に定着した。たしかに、一九五〇年なか頃までは、労基法の保護水準は中小企業には高すぎる、過重の負担であるとして、使用者側はことあるごとにその改正・切下げを主張していた。しかし、高度経済成長の本格化とともにこの主張は消えた。若年労働力の不足が強まり、労基法も守れないような企業は、若年労働者――年功賃金のもとで相対的に低賃金であり、かつ、技術革新の進むなかで相対的に適応性の高い労働者――の採用・確保が実際に困難となったからである。

しばらく前から、社会保障の〝行きすぎ〟と組合運動の〝強すぎる〟ことが国民の勤労意欲の減退という〝英国病〟をもたらした元兇であり、他山の石とすべしという主張がみられる。社会保障の先進国英国の経験は、それとして十分に追究したうえで他山の石とすべきところはそうすべきであるが、右の主張が現在のわが国の社会保障の立ち遅れを正当化ないし擁護しようとする意味を含んでいるとすれば、賛成しえない。

戦後の資本主義体制はもはや完全雇用と社会保障の二つの理念を捨てることはできないのである。オイル・ショック後の欧米諸国で、高率の失業の持続にもかかわらず、一九三〇年代前半の世界恐慌時にみられたような深刻な社会不安は生じていないこと、失業者保護を含む戦後の労働・社会保障法制の整備がこれに大きく寄与していることに注目したい。

組合運動の権利についても、資本主義国家はもはやこれを否認することはできない。もっとも、この権利が保障されるといっても、組合運動の進展の具体的状況に応じて、戦後の米英両国にすでにみられるように、法は単に組合運動の明確な法認ないし保護・助成をはかるだけでなく、これに対する各種の規制を強め、進展する組合運動をうまく体制内にとりこもうと苦心している。国家が団結権の法認や保障を掲げるにいたった現段階においても、国家と組合運動の間には、それ以前の段階とは態様を異にするとはいえ、緊張関係が多かれ少なかれ不断に存在するのであり、その具体的様相が、組合運動をめぐる労使関係の動きとからめて、各国ごとに、そしてとくにわが国の場合について明らかにされなければならない。それによってはじめて、現段階における集団的労使関係と法の構造的動態が明らかとなるが、この作業は大部分が今後の課題である。

ただ、この問題についてわが国の場合は、欧米に比べて甚だ特殊な事情があることを否定しえない。それは、官公労働者――わが国では民間に比べて組織率が高く、ガヴァメント（行政権の主体としての政府）であり公務員のエンプロイヤー（使用者）でもある政府に対して非協調的な総評系組合が終始主力をしめてきた――が、労働三権に重大な制限をうけ、とくに争議行為を一律かつ全面的に禁止されてきたという事情である。敗戦直後のいわゆる解放期からかなり長く官公労組が組合運動を主導してきたのは、欧米先進諸国にはみられぬところであるが、官公労働者のスト権否認は、周知のように、米ソ対立の激化という国際的状況を背景として米占領軍の労働運動解放政策の転換によりもたらされたものである。それは、実質的には、戦後初期に組合運動の主導権を握っていた産別会議（共産党と結びついていた）の運動に対する規制の一環としていわゆるポツダム政令として出現し、国内法化されて講話・独立後も永続することとなったものである。そして、公労協を主力とする官公労働者のスト権回復闘争の進展するなかで、公務員につき公務員であるとの一事をもってその争議行為を一律全面的に禁止する法律は違憲の疑いがあるとまで明言するにいたった最高裁判決が、裁判官のいれかえにより、一九七三年の全農林警職法事件判決で一八〇度の転換をとげ、政府がこれをよりどころとして、公務員はもとより公労法の適用をうける三公社五現業職員（当時）についても、経営形態の変更（民営ないし準民営への移行）がない限りスト権を認めないとする態度をとるにいたったことも、多くのひとの知るところであろう。

スト権回復闘争は、一九七五年暮のスト権スト——連続八日間にわたり国鉄が全面ストップした史上空前のスト——にまでもりあがった後、急速に鎮静化する。空前の国鉄ストが結局〝壮大な空振り〟に終ってしまった原因はさまざまであるが、ここでは、航空機、トラックの発達、マイカーの普及によって、国鉄がかつて運輸業においてもっていた圧倒的比重をすでに失っていたという公知の事実のほかに、日本経済全体もすでに低成長期に入り、翌年以降労働側の春闘連敗が続くような事態となっていたこと、高度経済成長期にはじめ官公労とくに国労など公労協を主導力として、活動を日本独特の春闘という方式に収れんしていった組合運動は、しだいに主導権が——欧米諸国と同様——民間組合に移り（ＪＣ春闘）、低成長期に入って民間労組主導が定着し（全民労協春闘）、公労法による公労委の強制仲裁制度のもとで、公企体等賃金の「民間準拠」の原則が、民間労組主導の〝管理春闘〟をバックアップする機構として機能するにいたったことを指摘しておきたい。「民間準拠」の原則は、一九六四年春闘時に政労トップ会談で確立された当時は、公企体賃金をほぼ民間賃金まで引き上げようという趣旨をもつものであったが、いまや、民間労組の低率賃上げを公企体賃金に波及させ公企体賃金を民間賃金以下とする機構と化したのである。

三　低成長下のＭＥ革命

オイル・ショックを契機として、周知のように、高度経済成長は終り低成長時代に入った。ＯＥＣＤ諸国は、わが国を除き、いずれも深刻なスタグフレーション（不況下の高率のインフレと失業）に陥り、英国の〝サッチャリズム〟に代表されるように、インフレ制圧に全力をあげることになった。長い苦闘の後、この一両年ようやくインフレの鎮静化がみられるにいたったが、高い失業率はいぜんとして改善のきざしもみせていない。こうした状況のなかで、低成長への移行と相前後して、電子技術の発達、マイクロコンピューターの開発により、ＭＥ化が本格化した。まず第二次産業に産業用ロボットが現われ、ついで第三次産業ないし事務部門にも電子機器が導入されて、ＭＥ化は、まさに「ＭＥ革命」とよぶにふさわしく、産業分野の大部分に大きな変革をもたらすことが明らかとなった。産業・経済の構造的変動は、ハイテク部門ないし情報産業分野が成長業種として脚光をあびるにいたったこと、また、第三次産業の比重増大ないし経済構造のいわゆるサービス化・ソフト化を生じたことに、象徴的に現われている。

日本経済は、オイル・ショックの甚大な衝撃を、大・中堅企業の大規模でドラスティックな雇用調整（〝減量経営〟）と合理化・事業転換による構造改善によって早期にのりこえ、米・西欧諸国にみられるような高い失業率に持続的に悩まされることなく現在にいたっている。右の雇用調整や企業の構造改善が、とくに欧米諸国に比べはるかに抵抗少なく進行したことについては、労使関係の日本的特色が決定的に作用したと思われるが、産業の構造的変動（構造的不況業種の発生）を見すえて失業保険制度を積極的雇用政策に結びつけた法改定――失業保険法の雇用保険法への転換――、とくに雇用調整給付金等の制度の創設が側面からこれを促進したことも看過されるべきではない。ＭＥ化も、わが国では、日本的労使関係のもとで、米欧よりはるかに円滑に進展してきた。

ＭＥ革命は、高度成長期にすでに始まっていた女子労働者の職場進出、とくに主婦パートの増大（高度成長期以降の家庭電化、家事労働の大幅軽減によって可能になった）は、高度成長後に顕在化した他国に例をみない急ピッチの人口高齢化とあいまって、労働と法の構造的変動をもたらした。

まず第一に、多くの産業分野で労働の内容・質と労働環境が激変し、雇用・就業形態の多様化がうみ出された。高度成長期の技術革新＝オートメーションも労働過程に大きな影響を与えたが、主に第二次産業とくに装置産業に限られていた。しかし、この技術革新に連続・接合して生じたＭＥ化の新たな技術革新の波によって、単純ないし定型的作業の自動化の範囲が一段と拡がり、労働の半熟練化・非熟練化がいっそう進行するとともに、他方、ハイテク部門を先頭に、技術者、あるいは社会通念上ブルーカラーよりもむしろホワイトカラーに結びつけて観念されるような仕事に従事する労働者（いわゆるグレーカラー）がますます目立つようになった。前者は、企業に対して主婦パートの採用を促進する方向に作用する。後者の新たな技能労働者については、これを直傭とせずに、派遣労働者や契約社員とよばれる高度の専門的能力をもつ〝部外者〟を、企業にとって有利である限り、できるだけ利用しようとする動きを生じさせる。

昨年成立した労働者派遣事業法ないし派遣労働者法は、このような企業の要請にこたえるものである。この法律は、派遣労働者の保護という点では、すでに指摘されているような問題点を含んでおり、種々雑多な実態をもついわゆる人材派遣業を、労働者派遣事業という枠を設けて新たに法認し、「適正な運営の確保」をはかることを主眼とするものであるから、「派遣労働者（保護）法」というよりも、「労働者派遣事業法」と呼ぶ方が適切である。専門的技能をもち、終身雇用の正規従業員として働くことを望まず、働きたいときに働く派遣労働者を望む者が増加しているといわれるが、派遣労働者という名の不安定雇用労働者が大量に生み出されないよう、この法律の今後の運用やあり方については十分な注意が必要である。

主婦パートの増大という現実に対しては、一昨年暮「パートタイム労働対策要綱」が策定されたが、行政指導の指針を示したものであり、かつ、労働時間の長さ等について、「努めるものとする」、「望ましい」という、使用者の努力や配慮を期待する文言の頻出する内容のものである。もとより、雇用調整の安全弁としての主婦パートの地位については、一指もふれるものではない。パート労働者保護の立法は今後の課題である。

まもなく法案が出現するであろう労基法の労働時間規定の改定問題についても、ME革命下で、資本の立場からもこれまでのような長時間労働（〝猛烈社員〟）は避けざるをえない状況が出てきている。先端産業における技術者層の増大によって、日進月歩の技術革新にたち遅れないように技術者がその職務を効率的に遂行し企業に貢献するためには、頭脳の適当な休養と新知識の習得に必要な時間が確保されなければならないからである。さらに、この問題には、すでに指摘されているような、ME革命の将来を見通した失業防止の観点からのワーク・シェアリングの必要という問題もある。また、ME革命との関連を離れても、労働者の余暇権ないし「ゆとり」ある労働者生活の実現という問題や、周知の貿易摩擦（〝兎小屋に住む働き中毒〟の日本の労働者）の問題もある。そして、貿易摩擦との関連では、前述のような、労基法の高度成長期における国内でのようやくの定着が、国際的には、わが国の労働時間規定の水準を再び国際労働条約よりも低位におさえつける結果となったことに注意すべきである。もともと労基法の労働時間規定は、制定当時の国際労働条約に適合しない部分を含んでいた（最長時間の制限を欠く変形八時間制の規定など）が、その後の国際労働条約の改定（例えば最低三労働週、そのうち二労働週は分割付与を認めない一九七〇年新年休条約）にもかかわらず、しかも、高度経済成長によってわが国が自由世界第二位の経済大国にのしあがったにもかかわらず、労基法の保護水準の引き上げは、労基法四〇条にもとづく九時間制等の特例の廃止を除き、全く行われなかったからである。労基法研究会の最終報告の目玉は、ＭＥ革命下の経済のサービス化に対応する法定労働時間制限の「弾力化」であるが、労働時間法制改定問題には、特殊日本的な慣行的実態との関連という問題も含めて、右のような諸側面がある。

（法律時報五八巻四号、一九八六年）

3　構造変動下の労働・労使関係と労働法原理

はじめに

労働法の対象であると同時に基盤でもある労働現場、個別的および集団的労使関係、さらに労働市場は、いま大きな変動の過程におかれている。技術革新（ＭＥ化、情報化）に伴う労働現場の変貌、経済のサービス化・ソフト化が、わが国の産業構造を大きく変化させつつあるばかりでなく、対外的な貿易摩擦のなかで、日本経済はこれまでの輸出依存型から内需主導型への転換を求められている。また、円高のもとで企業の海外進出が進み、それが国内の産業構造・雇用に及ぼす影響が論議されている（いわゆる「国内産業の空洞化」）。

労働現場と労使関係が、現にこのような構造変動下におかれているだけではない。世界に類をみないほどのスピードで進行している人口の高齢化と、しばらく前から目立つようになった女子労働者の持続的増大によって、労働市場の様相も、大きく変化している。

他方、労働法制はこのところ、新法制定も含め、法改定があいついでいる。男女雇用機会均等法の成立と労働基準法中の女子保護規定の改定、職業安定法の労働者供給事業禁止規定の改定と労働者派遣法の出現、公務員についての六〇歳定年の法定に続く私企業労働者についての高年齢者雇用安定法（いわゆる六〇歳定年法）の制定、職業訓練法にとって代わる職業能力開発促進法の制定が主なものである。

このほか、戦後まもなく制定されてからほとんど改定されることのなかった労働基準法中の労働時間（広義）規定の改定にむけて、やがて法案が国会に提出されるという段階にいたっている。

本稿は、このような最近の労働法制の多方面にわたる矢継ぎ早の改定について、個々にその注釈、解説や法解釈論的検討を行おうとするものではない。最近の労働法制の動きを、法とその基盤との関連という視点で、歴史的・社会的に一つの流れとして捉えようとするものである。換言すれば、基盤の変動に対して、労使がどんな態度・行動をとり、さらには国家が、とくに法的規制として、どのような対応を示して現在にいたっているか、そこにどんな問題があるか、を私なりに考察しようとするものである。

その際、労働法の基本的な法理とその実効性ないし機能に注目したい。これによって、現段階の労働・労使関係と労働法の主な動きに私なりの筋道をつけ、私なりの評価を提示してみたい。

一　ＭＥ・情報革命下の労働・労使関係

1　ＭＥ・情報革命

オイル・ショック後の高度経済成長から低成長への移行と相前後して、資本主義諸国では、マイクロ・コンピューターの開発と情報通信技術の革新により、職場における労働の内容・態様は様変りとなった。第二次産業部門への工業用ロボットの導入によって、高度成長期に主に装置工業で進められた技術革新＝オートメーションは、ほぼ工場一般に拡大されて、工場内の単純・定型的作業は、ほとんどが自動化されるにいたり、最終的には全自動化・無人製造行程をめざす「FA（工場オートメーション）」の語が登場した。続いて、第三次産業ないし事務部門にも電子機器が導入され、「OA（オフィス・オートメーション）」の語も現われた。さらに、コンピューターと光ケーブルを結合したINS（高度情報通信システム）によって、工場・オフィスのすべての部門の中央製御・集中管理が可能となり、その日常家庭生活面への導入を含む広範囲な利用可能性は、「ME革命」とならんで「情報革命」の語をうみ出すにいたった。

このようなME・情報革命は、労働現場の変貌だけでなく、産業・経済の構造変動をもたらしている。わが国を含む先進資本主義国では、先端技術産業（ハイテク分野）ないし情報産業分野が成長業種として脚光をあび、高度成長期の主導業種であった造船・鉄鋼等の重工業分野は、中・後進国の追い上げもあって構造不況業種となった（「重厚長大」産業から「軽薄短小」産業へ）。技術革新＝オートメーションの進行とともに指摘されていた第二次産業部門におけるブルーカラーのホワイトカラー化（いわゆるグレーカラー化）は、ME・情報革命下でいっそう進み、また、経済全体のなかで第三次産業分野の比重がますます増大することとなった（経済のサービス化、ソフト化）。

2　日本的雇用へのインパクト

ME・情報革命は日本的雇用にどのようなインパクトを与えているのであろうか。「日本的雇用」とは一般に、周知の「日本的労使関係」の三要素にあげられる終身雇用、年功賃金、企業別従業員組合のうちの前二者を指すものと理解されているようである。しかし、雇用の日本的特色は、終身雇用、年功賃金の二つにつきるわけではなく、また、この二つも大・中堅企業の正規従業員にあてはまる特色にすぎない。

(1) 非正規従業員層の増大、雇用・就業形態の多様化

日本的雇用の一つは、終身雇用、年功賃金等の特色をもつ正規従業員（本工、正規職員）とこのような特色と無縁な臨時工・臨時職員その他の非正規従業員との明確な区別であるが、ＭＥ・情報革命は、すでに技術革新＝オートメーションの時代から増加しつつあった主婦パートタイマーという非正規従業員をさらに増大させることになった。既に触れたように、ＭＥ・情報革命は単純・定型的作業の自動化の範囲を一段と拡大し、かくして労働の不熟練化をいっそう進展させたからである。さらに、経済のサービス化は、弾力的な勤務・就業形態を要請するが、このことも主婦パートやアルバイト等の採用を促進する。「パートタイマー」は元来フルタイマーに対する語であって、労働時間がフルタイマーより相当程度短い労働者を意味する。しかし、わが国では一口に「パート（パートタイマー）」といっても、正規従業員（正社員）と対比される非正規従業員の一種という点で共通性があるにとどまり、その雇用・就業形態は種々様々であって、労働時間は正規従業員とあまり変わらないパートも少なくないのが、日本的特色をなしている。

他方、ＭＥ・情報革命の進展とともに、企業は新たな技能労働力も必要なだけ充足しなければならない。この場合、充足が急を要し、正規従業員としての雇用、企業内技能養成によるのでは間にあわないとき、あるいは、かかる労働者を直傭とせずに企業外から〝部外者〟の派遣をうける方が企業にとって有利なときは、使用者は派遣労働者を利用することとなる。

ＭＥ機器の普及、経済のサービス化の進行だけでなく、これらがオイル・ショック後の企業の一途な〝減量経営〟――従業員とくに正規従業員の〝人べらし〟――の推進と結びつくことによって、パートと派遣労

働者は急速に広がった。パートの大部分は主婦パートであるが、派遣労働者のうち花形ともいえるワープロ等の操作や情報・通信処理にあたる派遣労働者についても、女子が目立つ。

(2)　専門的技能労働力の企業外調達

ＭＥ化、情報化に伴う新たな専門的知識・技能を必要とする業務の増大が、派遣労働者増大の重要な要因となっているが、企業が専門的技能労働力を、企業外から派遣される部外の労働者に依存することは、正規従業員についての日本的雇用の一側面である、企業内技能形成に影響を及ぼさざるをえない。職業上の技能をほとんどもたない新規学卒者を正規従業員としておおむね毎年採用し、終身雇用のもとで各企業ごとに企業内で、当該企業の必要に応じた職業上の技能をしだいに身につけさせていくというのが、日本的雇用の一側面もなしている。こうした正規従業員の職業的技能は、特定のまたは一定範囲の限られた職種・職務に特化することは例外的であり、また、ある企業で身につけた職業的技能がそのままでは他企業で通用しないのがほとんどである。これに対して、派遣労働者は、特定の一企業のみに派遣される者を除き、どの企業でも通用する専門的技能の持主でなければならない。したがって、専門的技能を必要とする業務への派遣労働者の利用が一時的なものにとどまる場合（業務繁忙時に企業内労働者だけで足りない部分をうめあわせるためとか、企業内労働者で間にあうようになるまでのいわば繋ぎとして利用する場合）は別として、かかる業務に派遣労働者が恒常的に利用される場合には、多かれ少なかれ、正規従業員の終身雇用下の企業内技能形成という日本的雇用慣行を侵蝕することとなる。そして、専門的技能を業務とする派遣労働者が増加し、専門的技能の有無について全社会的な認定、たとえば国家的その他の公的検定が整備されれば、当該の専門的技能についてはは職業別労働市場が形成され、ひいては、正規従業員の日本的な企業別従組に対して、派遣労働者の欧米的な職業別組合が形成される可能性も考えられないではない。

(3) 正規従業員の中途採用

正規従業員は新規学卒者の定期採用によるというのが日本的雇用の一側面であるが、ＭＥ・情報革命下に新分野への進出を余儀なくされた鉄鋼業その他の重厚長大業種や、企業活動の国際化とくに急激な金融自由化に直面した金融業では、正規従業員の中途採用が目立っている。前者では、新分野への進出に不可欠な基幹労働力を企業内に求めえないために、後者では新たな国際業務をこなすことのできる者をすぐには企業内に見出しえないために、所要の能力をそなえた者を主に他社から引き抜いて正規従業員として中途採用し、採用後は一般に新規学卒入社組と同等に処遇するものである。

もしもこのような中途採用が今後恒久的に日常化するとすれば、日本的雇用には大きな風穴があくことになろう。しかし、企業の基幹的・恒久的業務にかかわるだけに、新分野への進出の基礎固めが終った後までも、右のような中途採用に依存し続ける可能性は少ないであろう。金融業の場合についても、新たな専門的業務の処理に必要な人材の企業内養成が断念されることはないであろう。ただ、企業活動の多角化や業種・業態の転換、企業活動の国際化その他による拡大にそなえて、所要の人材の企業内養成のあり方に変化が生じる可能性は考えられる。これまでの日本的な企業内技能養成は、ＯＪＴ（企業内で就業しながら上級者・年輩者から技能を習得する）が主流であったが、新たな専門的業務能力を身につけるためには、Ｏｆｆ・ＪＴ即ち、企業外で専門的な教育・研修をうけての技能習得の比重が高まらざるをえないからである。すでに、ＯＡ機器の全産業的な拡がりに伴って、ＯＡ機器の操作等のために要員のＯｆｆ・ＪＴの比重が高まるであろうと企業の半数近くが考えているとする調査結果がある。(1)

(4)　企業多角化に伴う出向——一企業内人事から企業グループ内人事へ——

オイルショック後、雇用調整・〝減量経営〟の一手段として、年功賃金制のもとで相対的に高い賃金をとる中高年齢者の系列・関連企業への出向、転籍、とくに定年の近い従業員について定年後の新職場斡旋の意味も含めた出向・転籍が盛んに行われるようになった。このような出向、転籍は現在でも引き続き見られる。しかし、ＭＥ・情報革命の進行に伴う産業の構造的変動のなかで、従来もみられた系列企業、さらに親企業に率いられる企業グループの体質（競争力）強化をめざす、系列企業の経営指導のための出向や、親企業の人材養成のための出向とならんで、産業構造変動期の企業の多角化・新分野進出に伴う企業グループ内での出向が、危険分散のための子会社の分離・独立（いわゆる分社化）とともに目立ち始めている。この種の出向でも、親会社から子会社への出向である限り、いわば下向型の出向であり、その点では、ほとんどが親会社から系列・関連会社への出向であったこれまでの出向と異ならない。しかし、企業の盛衰・存亡を賭けた新分野進出・分社化である以上、要員については適材を適所に配置することがとくに強く要請される。したがって、これに伴う出向には、出向にいまだにつきまといがちな中高年層の〝人減らし・押しこみ〟人事という性格はなく、逆に、えりぬきの人材だけが出向の対象となる。適材適所が貫かれる場合には、年功重視の日本的人事慣行もおしのけられることになろう。そして、構造変動下の激烈な競争にうち勝つために、大企業を核とする企業グループの多角的な活動が、親会社＝大企業の統括下に、親企業よりもむしろこれをとりまく——非関連業種も含む——子会社ないし系列企業群によって主として展開され、グループ内各企業の独立採算制を原則としながらも、従業員の採用、教育研修、勤務評価、出向を含む異動など、人事は基本的に企業グループ全体を見通す立場から企業グループ単位で統一的に行われるようになることも考えられるのである。

(5) 年功賃金の変化

すでに高度成長期の技術革新＝オートメーションの進行とともに、年功賃金の変化・修正が生じていた。勤続年数の長い年配の熟練労働者にとって、急速な技術革新に伴う労働態様の変化に適応することは難しく、勤続年数の短い若年労働者のほうがはるかに適応力のあることが明らかとなった。そのために、賃金の決定要因としての勤続年数・年齢の比重は低下せざるをえず、年功賃金に職務給的要素を加味した職能給が支配的となった。さらに若年労働力の不足に伴う初任給の上昇も加わって、賃金の年功カーブは従前よりも緩やかなものとなった。この傾向は、低成長期に入って本格化したME化・情報化のもとでも変わっていない。しかし、年功賃金は、低成長への移行と相前後して現われたわが国人口の急ピッチの高齢化によって、新たなインパクトをうける（後述）。

3 労働現場の二つの問題

ME・情報革命が日本的雇用に与えつつあるインパクトとしてすでに述べたことのなかには、ME・情報革命が労働現場に引き起している問題についての叙述を含んでいるが、かかる問題として、さらに二つをここではとりあげておきたい。一つは労働時間（広義）短縮問題であり、もう一つは安全衛生（災害予防）問題である（技術革新による従前の職場の消滅等に伴う雇用保障問題については、項をあらためて考察する）。

(1) 時短問題

労働史はマクロで捉えれば労働時間（以下とくに断らない限り週間、年間の労働時間を含む広義の労働時間を指す）短縮の歴史であるといってよいが、資本主義体制下の労働時間短縮（時短）は、直接には労使の広義の力関係のもとでの労使間の抗争により、技術革新を画期とする生産力の上昇に支えられて実現してきた。戦後についてみても、高度成長期の技術革新＝オートメーションのもとで、欧米諸国でもわが国でも時短が実現し、わが国の場合は高度成長期を通じて年間実労働時間は一貫して逓減を続けてきた。しかし、低成長期に入っても欧米諸国では、時短のさらに進んだところがみられるのに対し、わが国では低成長期に入ってから年間実労働時間はまったく横這い状態を続けている。そのため、しばしば指摘されるように、欧米諸国とわが国とでは年間実労働時間に大きな差が生じてしまった(2)。

このような実労働時間の格差、換言すれば、わが国労働者の長時間労働は、わが国からの〝集中豪雨〞的輸出が欧米諸国との貿易摩擦を激化するなかで、周知のように〝兎小屋に住む働き中毒の日本人〞という非難をうみ出すことになった。しかし、その後の急激な円高と一層の経済摩擦の激化とともに、時短問題は、いつの時代にも国際貿易上要請される、国際的に公正な労働基準の遵守という観点からだけでなく、国際社会における日本経済のあり方にかかわる問題として、取り組まなければならないことが、政府部内も含め一般に認められるにいたった。換言すれば、日本経済はいまやその構造・体質を貿易依存型から内需主導型に転換していかなければならないのであり、時短はこの中・長期的課題の実現に向けた内需拡大の一環という視角からも捉えるべきものとされるにいたったのである。

時短問題は、このように、対外的な貿易摩擦を契機として脚光をあびたために、一部ではこれを欧米諸国からの〝外圧〞とうけとる向きもある。しかし、ＭＥ・情報革命の進展がいわば内発的にも時短を要請している点を見過すべきではない。第一に、全産業に普及したコンピューターやワープロの端末ディスプレー装置（ＶＤＴ）を操作する労働者の眼性疲労その他の疲労、ストレスの蓄積ないし神経性障害の問題にみられるように、ＭＥ革命に伴う労働の内容・質や労働環境の激変に伴って、労働者の心身両面の健康の維持や、疲労に由来する労働災害の防止が問題とならざるをえない、という事情がある。これらは労働者にとって健康・生命にかかわる問題であると同時に、資本にとっても経済の効率的運営を心がける限り無視できない問題である。

第二に、ＭＥ・情報革命は苛酷な労働や単調労働のロボットによる代替、労働の頭脳労働化を進めるが、次代を担う先端産業分野を発展させていくためには、その重要な担い手である技術者や技能労働者について、頭脳の適当な休養、柔軟で創造的な発想力の涵養、能力向上・新知識習得に必要な時間が確保されなければならない。多品種少量生産時代に入って、生産現場だけでなく販売現場でも、少量生産される品種・デザイン等の選定のために、顧客のニーズをこれまで以上に適切・迅速に捉える能力・感性をそなえた労働者が必要とされるのであり、このような能力・感性の養成も、適当な休養と自己啓発の時間がなくては不可能である。日本経済は、対外的な国際経済への対応として、内需主導型への構造転換という観点から時短を要請されているばかりでなく、ＭＥ・情報革命を順調に進めみずからの構造高度化を達成するためにも、その意味で内発的にも、時短を要請されているのである。

(2) 安全衛生問題

ＭＥ・情報革命のなかで新たに出現した就業疲労等に由来する労働災害の防止のために、時短の必要性が生じることはすでに触れたが、労働災害防止、すなわち安全衛生に関する問題は、もとよりこれだけにとどまるものではない。ロボットの故障による労働者の死傷事故、新材料の毒性による労働者の罹病など、さまざまな災害（症病・健康障害を含む）の危険から、労働者を防護する適切な措置が十分に講じられねばならない。ＭＥ・情報革命の陰の部分にも、不断の目配りが必要である。

二　雇用保障問題

1　技術革新に伴う雇用保障問題

技術革新に伴う労働内容・態様の革新による従前の職場の消滅等が、労働者の解雇・失業に直結することに対しては、とき・ところを問わず、労働者側の抵抗が強い。

(1)　欧米の場合

労働者が範囲の明確な特定の職種・職務に従事する者として雇用され、賃金も従事する職種・職務の種類・等級に応じて決定される欧米の場合には、技術革新によって消滅する従前の職種の消滅に対して、当該職種の労働者を超企業的に組織する職種・職業別組合は、組織の総力をあげて抵抗する例が少なくない。多数の職種の労働者を一組織に包摂する産業別組合の場合は、技術変化による一、二の職種の消滅によっても、組織存亡の危機に立たされることはないから、技術変化・新生産方法導入そのものに反対せず、導入による剰員解雇が必要やむをえない限度を超えないよう規制・監視するとともに、被解雇者に対する補償、配置換えとなる労働者に対する従前の賃金額の補償や再教育・再訓練をうける機会の保障を、使用者側からかちとろうとする場合が多い。しかし、技術革新が一産業内の主要ないし多数の職種に及ぶ場合には、産業別組合も、職種・職業別組合が組合員の雇用確保のために伝統的にとってきた措置、たとえば一定の作業に従事する人員を慣行として固定し、その人員が揃わない限り組合員は作業を拒否する（ストライキ）という方法と似た態度をとる。すなわち、技術革新によって導入される新機械につく労働者の資格や必要人員を、あらかじめ団体交渉（広義）によって組合側と協定しない限り、新機械について作業をすることを拒否するという態度をとる（その最近の例として、一九七〇年代以降の西独、フランス）。

(2)　わが国の場合

日本的労使関係のもとでは、技術革新によると否とを問わず、正規従業員の大量整理解雇は、戦後争議史で実証されているように、正規従業員で組織する企業別従業員組合の猛烈な（たいてい組織の存亡を賭けた）抵抗を引き起しやすい。特定企業への終身雇用が建前の正規従業員にとって、当該企業で身につけた技能は他企業ではそのまま通用せず、いったん失職した後の大企業への再就職は困難であり、幸いに再就職しえたとしても中途採用者として仕事の面でも給与その他の面でも著しく不利となるのがふつうだからである。

しかし、ME革命はオイル・ショック後の大・中堅企業におけるドラスティックな〝減量経営〟とともに進行したにもかかわらず、ME革命による従前の職種・職務の消滅等をめぐって、労使間に深刻な争議が発生することはまれであった。使用者側が、おそらくは企業別従組の整理解雇反対闘争の歴史に照らしてのことであろう、高度成長期の技術革新においては、大規模な配置転換（転勤を含む）によって対処することを第一に考え、企業別従組も、企業内での地位・賃金の低下を伴わない限り、配転・転勤に原則的に反対しないという態度をとったからである。

〝減量経営〟下のME・情報革命においても、この状況は基本的に変わっていない。違っているのは、大企業では、配転と並んで、系列・関連企業への出向（在籍出向：転籍と異なり出向元企業の従業員たる地位を失わない）が目立つことぐらいであろう。大企業の正規従業員については、よく言われるように、雇入れは一定の職務に就くこと（〝就職〟）でなしに〝就社〟ないし〝入社〟である。わが国では賃金との対応関係における職種・職務の観念はほとんどなく、入社後の職種・職務の変更も、勤務場所の変更を伴う転勤・出向も、従業員たる地位が維持され（終身雇用）、賃金額が維持される（年功賃金）限り、正規従業員から一般に強い抵抗をうけることはない。技術革新による従前の職場の消滅に伴う雇用保障問題は、わが国では、欧米のように賃金と結びついている職種・職務の保障という問題ではなく、従業員身分の保障の問題なのである。

2　労働市場の構造変動に伴う雇用・失業問題

ＭＥ・情報革命の進行は、経済のサービス化・ソフト化に伴う雇用増がみこまれるとはいえ、長期的には省力化による雇用の減少を招くことは否定できないであろう。このほか、女子労働者の増大、高齢化の進行も、労働市場の構造変動をもたらしつつある。それにもかかわらず、わが国は、オイル・ショック後欧米諸国が、引き続き高い失業率に悩んできたのに対して、これまではるかに低い失業率で推移してきた。しかし構造不況業種のみならず、一昨年秋（一九八五年）以降とくに最近の急激な円高によって輸出関連企業で解雇を含む雇用調整や倒産＝解雇が拡がり、また、すでに貿易摩擦の激化とともに始まっていた工場の海外移転は、急激な円高下で加速され、いわゆる国内産業空洞化の恐れが論議されるにいたった。こうしたなかで、去る一月にはついに完全失業率が昭和二八年調査開始以来最悪の三％の水準に達した。これでもなお、欧米にくらべれば低率であるが、産業・労働市場の構造的変動が進むなかで、わが国だけはいつまでも失業問題が激化しないという保証はない。むしろ、今後も失業率を低位にとどめておくことは決して容易なことではなく、またいったん失業率が欧米のような高率に陥った場合、これを低率にもどすことは、低成長のもとでは極めて困難と考えるべきであろう。したがって、欧米のような高い失業率が低成長下でいわば体質化しないうちに、雇用保障問題に対する中・長期的観点からの本格的な取組みが強化されなければならないのである。

三 女子労働の伸張、人口高齢化の進展

高度成長期にすでに、技術革新に伴う労働の不熟練化のもとで、家庭電化、子の少産化による家事労働の軽減も重なって、第二次産業における主婦パートの増加が注目されたが、ＭＥ革命は、第二次・第三次産業において主婦パートを増大させた。結婚・出産後も勤め続ける女性はこれまで少数であったが、女性の高学歴化の進行とともに、このような女性が着実に増加している。女子労働者のほとんどが結婚または出産を機に退職する限り、女子労働者は一般に終身雇用を特色とする日本的雇用の枠外の存在であり、企業内では補助的業務に従事するにすぎなかった。今日でもこのような女子労働者は少なくない。しかし、結婚・出産によっていったん退職しても、いわゆる子育てが一段落したところで、主婦パートとして再就業する者（いわゆるＭ字型就業）が、低成長移行後の賃金の伸びの停滞――とくに賃金の年功カーブが緩やかになるなかでの教育費負担等の重い中年男子労働者の賃金収入の停滞――によって促進され、また、正規従業員として採用され結婚・出産によっても退職せず企業内でひき続き男子と同等に就業・昇進することを望むいわゆる

キャリア・ウーマン志向の者も増加し、さらに、少数ながら、必ずしも一企業に終身雇用されることを望まず、いわばフリーに、あるいは派遣労働者や契約社員として高度の専門的能力を生かして就業する者も目立ち始めている。

戦後のわが国の平均寿命の伸びは著しく、一九八〇年代には世界でトップクラスの長寿国となった。他方、技術革新の進行による重筋肉労働の減少は、労働可能年齢の上昇をもたらし、戦後も長く続いてきた定年年齢五五歳の引上げ（定年延長）が、欧米に比べ低水準の老齢社会保障（低い公的老齢年金）のもとで、労働者側から強く要求されるにいたった。そして、オイル・ショック後の大企業の厳しい〝減量経営〟・〝能力主義管理〟の方針のもとで、四〇歳後半ないし五〇歳代からの昇給停止、賃金年功カーブの修正ないし職務・職能給部分の引上げ、早期退職（定年年齢到達前退職）優遇制度を含むいわゆる選択定年制の導入などとひきかえに、定年延長が進み、昭和五九年には六〇歳以上の定年年齢を定める民間企業が五割を超えるにいたった[3]。日本的雇用における終身雇用は定年制と結びついているが、年功賃金の修正（昇給抑制）や終身雇用の変容（早期退職制）などを伴いながら、定年延長が進行してきたわけである。

四　労働組合運動の低迷

ＭＥ・情報革命と労働市場の構造変動の進展は、労働組合運動ひいては集団的労使関係にも注目すべきインパクトを与えている。欧米でもわが国でも、このところ労組組織率は逓減している（逓減の具体的様相には国により違いがあるが）。わが国の場合、高度成長期に、労働者総数が年々かなりのペースで逓増したにもかかわらず三四％前後で推移してきた組織率は、昭和五〇年以降年々逓減し、五八年にはついに三〇％を割り、その後も低下が続いている。ＭＥ・情報革命の進展によって第二次産業での技師や専門的・技術的労働者の増加、第三次産業労働者＝ホワイトカラーの増大が不可避であるとともに、他方で、これらの労働者の組織化は、第二次産業のブルーカラー（現在まで労組運動の主力をなしてきた）に比べて困難な事情を内包しているとすれば、組織率の逓減は構造的なものといえよう。女子労働者も伝統的に組織率が低いが、女子労働の戦後の伸張は第三次産業で目立っている。これらは先進資本主義国に共通の事情であるが、わが国の場合はこれに特殊な事情が加わる。それは、労組のほとんどが、大・中堅企業の正規従業員のみで構成される企業別従組であるため、この組織構成が維持される限り、パート、派遣労働者の増大はそのまま労組組織率の低下につながる、という事情である。なお、既述のいわゆる分社化のもとでは、企業別従組といっても、一企業だけの従業員組織でなしに、一企業を中核とする複数企業＝企業グループの従業員を包摂する一組織（単一組織または連合体）の出現する可能性が大きい。

低成長移行後、欧米の労働組合は活動の面でも守勢に追いこまれている。深刻なスタグフレーションの続くなかで、この一両年ようやくインフレは鎮静化したが、高い失業率はほとんど改善のきざしもみせていない。そのため、労働組合は賃上げよりも組合員の雇用確保を優先させることを余儀なくされている。わが国はオイル・ショック後の〝狂乱インフレ〟から欧米に比べればはるかに早く脱却し、欧米にみられるような高い失業率に持続的に悩まされることもなく現在にいたっている。しかし、高度成長期にはほぼ毎年、前年を上回る二けた台の賃上げが春闘で実現されてきたのに対し、昭和五一年以降は毎年、前年より低いかせいぜい同率の一けた台の賃上げにとどまっている。欧米では、低成長移行後も（あるいは低成長に移行したが故にというべきか）年間実労働時間の短縮がみられるのに対し、わが国の場合は、高度成長期には一貫して逓減し続けた年間実労働時間が、低成長移行後は横這いで推移している。また、低成長後の使用者側のドラスティックな〝減量経営〟の推進に対し、しばしば、労組の取組みが不十分で、〝職場に労働組合は（実質的には）ない〟とまでいわれる（もっともこの傾向は、低成長移行後に始めて現われたものとはいい難いであろう）。

高度経済成長から低成長への移行は、資本主義経済の構造変動として捉えることができるが、本稿は主としてＭＥ・情報革命の進展という産業構造の変動に焦点をあて、それとの関連で労働法の動きをフォローしようとするものであり、他方、紙幅の制約もあるので、最近の労組運動と法の動きについての考察は、別の機会に譲りたい。(4) ただ、労働団体法ないし集団的労使関係法に限らず、本稿で考察する労働保護法上の問題も含めて、現行法の運用（解釈・適用）の面でも、またとりわけ法改定を含む立法の面でも、労働組合運動の動向が極めて大きな影響力をもつことは、とくに指摘しておかなければならない。

五　労働法の動向

1　雇用保障の法律問題

(1)　低成長移行後の雇用・失業対策

オイル・ショック後雇用調整が始まり雇用不安が拡がるなかで、雇用調整給付金の制度を含んでいた雇用保険法が成立したのに続き、労働四団体の「雇用・失業保障」の要求にこたえる形で、雇用・失業対策法の進展がみられた。

雇用調整給付金制度は、不況下に直ちに整理解雇に出ずに一時休業の措置をとった使用者に対し、労働者に支払う休業手当（労基法二六条）の二分の一または中小企業の場合は、三分の二を、国が使用者に支給するものであった。その後の主な立法を素描すれば、次の如くである。昭和五二年には、雇保法改正により、「失業給付事業」以外の雇用保険事業は、それまでの「雇用改善事業」、「能力開発事業」、「雇用福祉事業」のほか、新たに「雇用安定事業」が付加され、また「雇用安定資金」が創設された。雇用安定事業は、景気変動による事業活動の縮小や産業構造変動による事業転換、事業規模縮小について、失業の予防を図る緊急対策として行われるものであり、具体的内容としては、労働者を解雇せずに雇用し続けた使用者に対して、休業手当や賃金の面での助成を行うものであった（雇用調整給付金もその一つとして、雇用改善事業から雇用安定事業に移された）。不況の続くなかで、やがて「構造不況業種」問題が表面化し、大量離職者の出るおそれが注目されるにいたり、昭和五二年暮に「特定不況業種離職者臨時措置法」が、翌年一一月に「特定不況地域離職者臨時措置法」が成立した。前者は、いわゆる構造不況業種を政令で「特定不況業種」として指定し、指定業種の事業主であって労働者に事業・職種転換のための教育訓練を行う者に対し、訓練調整給付金の支給など雇用安定事業上の助成を行うこと、特定不況業種の離職者に対しては、就職促進指導官による就職指導、就職促進手当等の給付金の支給を行うこと、特定不況業種離職者を常用労働者として雇入れた事業主に対しては助成金を支給することを骨子とする。後者は、地域経済の中核であった企業が構造不況に陥った場合に、政令で「特定不況地域」の指定をし、特定不況地域離職者に対しては特別の職業訓練・職業紹介を行い、雇用安定・雇用改善事業上の特別の給付金等を支給することなどを定める。この二つの臨時措置法は、昭和五八年五月「特別不況業種・特定不況地域関係労働者の雇用の安定に関する特別措置法」として、一つの恒久法に統合された。つい最近（本年〔一九八七年〕三月末）、産業構造変動や急激な円高によって雇用情勢がとくに悪化している地域の雇用・失業対策を強化するため、「地域雇用開発等促進法」が成立したと報じられている。

2　労働権ないし完全雇用の理念

イ　第二次大戦後、英米に起源を発する「完全雇用」と「社会保障」の語がひろく資本主義国に定着し、先進資本主義国ではこの二つを柱とする「福祉国家」の理念が掲げられるにいたった。他方、英米と歴史的に法系を異にする欧州大陸では、戦後制定された新憲法の多くのなかに――日本国憲法と同様――「労働権」と「生存権」の規定が設けられた(5)。一九二九年世界恐慌後の深刻な大量失業問題は、失業問題がいまや資本主義体制の存続にかかわる問題であることを認識させ、第二次大戦後、ナチス・ドイツが行ったようなファシズム下の「失業に対する闘い」でなしに、「自由社会における完全雇用」が戦後資本主義の最大課題の一つとされるにいたったのである。そして、労働権が法解釈学者によりその法的性質・内容いかん（労働権とはいかなる権利か、語の真の意味における権利かなど）が論議されてきたのに対し、完全雇用は、経済学者により、政策理念として捉えられ、「自由社会における完全雇用」実現の具体的方途に焦点をあてて論議がなされてきた。かくて、第二次大戦前にすでに失業保険、職業紹介等の失業・求職労働者保護の制度が存在したが、戦後は、失業問題は、失業者に対する失業保険金の給付を通じての生活保障的救済という単なる労働＝社会政策上の問題にとどまるものではなくなった。それは、国民経済全体およびそのなかの労働市場の現実の構造的動態の把握をふまえて、そのなかで失業率最小限の状態の創出・維持を図るべき経済＝労働政策上の問題として捉えられ、失業者に対する単なる社会政策的救済から、失業者・就業者を含む労働者に対する雇用機会の保障への転換、いわゆる「失業対策から雇用対策へ」の転換が唱えられるにいたった。完全雇用の理念のもとでこのような雇用機会の保障をめざす法、または諸側面をもつ総合的な雇用政策に関する法の総体を「雇用保障法」とよぶとすれば、それは、わが国の場合、憲法二七条の労働権を具体化するものとして捉えなければならない。

ロ　戦後の技術革新＝オートメーションに支えられた経済の高度成長期に米・欧・日の先進資本主義国では、「雇用対策」がいわゆる「積極的労働力政策」ないし労働力流動化政策として展開され、完全雇用の理念が一定程度実現されるにいたった。

完全雇用政策が戦時中に構想され戦後いち早くうち出された英米と異なり、わが国では完全雇用が政策理念として定着するまでに年月を要した。戦後まもなく制定された新憲法は労働権を掲げていたが、そのもとで出現したのは、国営無料の職業紹介（職業安定法）、国営強制失業保険（失業保険法）などであり、戦前に比べれば整備充実されたとはいえ、「失業対策」法の域を出るものではなかった[6]。わが国で「完全雇用の達成」を「国民経済の均衡ある発展」とともに明文で目的に掲げた雇用対策法（雇対法）が出現したのは、昭和四一年である。同法は、この目的を達成するために、国は、(1)職業指導、職業紹介、(2)職業訓練、検定、(3)住居を移転して就職する労働者のための住宅等必需施設、(4)再就職を容易にするための労働者の職業転換、地域間移動、職場適応の援助に必要な措置、等々の各充実を図るに必要な施策を総合的に講じなければならないと定め、雇用・失業対策の有機的総合的な樹立・運用という方針をうち出した。

ハ　こんにち、ＭＥ・情報革命の進行に伴う産業構造の変動と構造不況業種の労働者の雇用保障とくに離職者対策が注目されているが、構造不況業種は高度経済成長期にもみられた。その典型が、昭和三〇年代前半のエネルギーの石炭から石油への転換によって構造不況に陥った石炭産業であり、昭和三四年に炭鉱離職者臨時措置法が制定されている。しかし、高度成長期に雇対法にもとづく一般措置と別に、構造不況業種の離職者について特別の措置が講じられたのは、炭鉱離職者のほかには繊維産業離職者があるだけである。(7)

現在では、構造不況業種あるいは中核企業が構造不況に陥った企業城下町を適時に政令で「特定不況業種」、「特定不況地域」に指定し、関係労働者の雇用の安定について特別措置を講ずることを定めた恒久法が存在し、さらに、最近の急激な円高や産業構造の変動で雇用情勢のとくに悪化している地域のための特別法（「地域雇用開発促進法」）も出現した。産業構造の変動等による企業の雇用縮小に対する雇用保障措置は、炭鉱離職者臨時措置法制定以来の実定法規の流れに着目すると、一応行き着くところまで到達したものと思われる。今後の問題は、完全失業率がついに三％を超え、なお悪化のおそれがみこまれている折、現行法の用意する雇用保障措置がどれだけの実効性を発揮するかである。

3　現行法上の問題

(1)　整理解雇の規制

解雇は、労働者にとって使用者の一方的意思による雇用機会の喪失を意味するから、「雇用機会の保障」という場合には、解雇に対する規制が問題にならざるをえない。使用者側に完全な「解雇の自由」が認められる限り、労働者の「雇用機会の保障」は問題になりえないからである（しかし、古典市民法上は、期間の定めのない雇用契約については、労使双方に平等に解約告知の自由が認められ、かくして使用者側に解雇の自由が、労働者側に退職の自由が認められることになる)。もっとも、解雇には被解雇者個人の非行など、その責に帰すべき事由によって行われる場合と、かかる事由によらず使用者側の都合によって行われる場合とがある。本稿でとりあげたME・OA機器の導入や産業構造変動＝企業業績悪化に伴う雇用調整のために行われる解雇、すなわち整理解雇は、後者に属する。

現行法は、古典市民法上の使用者の解雇の自由に対して、手続の点でも(解雇予告制。労基法二〇条、二一条)、解雇事由の点でも(不当労働行為としての解雇の禁止その他)規制をくわえているが、とくに整理解雇そのものの規制を定めた法規はみあたらない。西独では、解雇一般について「社会的に不当」なものは無効と定めるとともに、経営難や生産設備・方法の変更等による整理解雇について、「緊急の経営上の必要」にもとづかない場合は、社会的に不当な解雇として無効と規定している。また、別に、大量解雇(所定人数を超える数の解雇)についても、行政官庁への届出を義務づけるとともに、届出後一定期間内の解雇は、行政官庁の同意がない限り無効であるとする規定をおいている。こうした規定はわが国にはない。ただ、わが国の場合、権利濫用禁止の法理(民法一条三項)に立脚して、解雇権の濫用と認められる解雇は無効とする判例法が確立しており、整理解雇についても解雇権の濫用と認められる場合は無効となる。

問題は、どのような整理解雇が解雇権の濫用と認められるかである。下級審裁判例では、おおむね、(1)整理解雇の必要性、(2)整理解雇回避努力、(3)整理解雇基準とその適用の妥当性、(4)整理解雇手続の相当性を整理解雇の有効要件に掲げるものが多いが、最高裁の態度はまだ明らかでない(8)。

しばしば、わが国の現行雇用保障法に整理解雇、大量解雇を規制する法規のないことが、欠陥として指摘される。しかし、西独法のように「緊急の経営上の必要」のない整理解雇は無効と規定しても、「緊急の経営上の必要」の具体的な意味内容は、判例法の形成に委ねられるから、その限りでは解雇権濫用禁止を掲げるにとどまるわが国と大差はないことになる。[9] 下級審裁判例の多くが挙げる整理解雇の四要件をかりに成文法に掲げることにしても、(1)～(3)については、右と同じことになろう。わずかに(4)について、たとえば労働組合ないし従業員代表との協議を経ない整理解雇は無効と定めることが考えられるにとどまる。これに対し、大量解雇に関する西独法の行政的・司法的規制は、参照に値する。法所定の有効要件をみたさない解雇を無効と定める司法的救済は、賃金収入を断たれた被解雇者が一般に時間とかねのかかる民事訴訟に訴え、裁判所から解雇無効の判決を得てはじめて救済されることを意味する。したがって、整理解雇の有効要件が法規で掲げられる場合でも、それがよほど明確でないと、使用者は労働者側から解雇無効の訴えを起されても法廷で争えばよいとして解雇を決行することになろう。これでは、労働者にとって実効ある解雇規制とはならないのである。

(2)　雇用調整の法理

ＭＥ・ＯＡ機器の導入等が雇用や労働条件に及ぼす諸影響について、組合員の雇用を確保し労働条件の維持向上を図ることは、労働組合の固有の任務である。技術変化・新生産方法導入による従前の職種・職場の消滅に対して労働組合がいかなる対応を示すかは、既述のように、組合が職種・職業別組織であるか産業別組織であるかによって異なるが、わが国の企業別従組は、本質的に日本的雇用下にある正規従業員の組織として、当該企業のそのときどきの業績や将来にわたる盛衰に敏感であるから、ＭＥ・ＯＡ化そのものに反対せず、少なくともＭＥ・ＯＡ化による雇用・労働条件の悪化には反対するという態度をとることになる。[10] 正規従業員の日本的雇用を基盤とする企業別従組は、大量整理解雇にはたいてい組織の総力をあげて抵抗してきた。そのほとんどは〝解雇絶対反対〟という目標を達成できなかったとはいえ、この抵抗が、使用者側に安易な解雇を自制させ、戦後の日本的な終身雇用を確立・強化するという効果を生んだことは否定しえない。技術革新で他企業におくれをとらないことが各企業にとって至上命題であったとすれば、正規従業員とその組合は、技術革新や構造不況による業績悪化に伴う雇用調整において、一般に、非正規従業員の雇止め・解雇や正規従業員の残業縮小（手取り賃金減）にはあえて反対しなかったし、それに続いて、正規従業員の新規採用の縮小・停止とともに、被解雇者を出さない配転・転勤、出向の措置をとることには、それらが年功賃金の引下げを伴うものでない限り、絶対反対はしないという態度をとった。さらに、正規従業員にとって他企業に移ることは予期しないこととはいえ、一方的解雇（指名解雇）ではなしに、会社側が退職割増金つきで退職者を募集し応募者を合意退職者とすることにも、絶対反対の態度は固執しなかった。こうして組合は、右のような雇用調整について、一般に、指名解雇以外の雇用調整手段を先行させ指名解雇は最後の手段とすべきことを要求し、最後の手段としてやむなく行われる指名解雇が、整理解雇基準の設定とその適用において組合側も納得する限りあえてそれに反対しないという態度をとることになったのである。企業別従組の日本的特質に注目すれば、このような組合の対応は、それに規定された自然の行動といえる。他方、理性的な使用者は、日本的労使関係とくに企業別組合を望ましいものとして良好な企業内労使関係の維持を重視する限り、雇用調整における企業別組合のこのような行動様式に配慮せざるをえないであろう。下級審裁判例の多くが掲げる整理解雇の四有効要件には、右に述べたような雇用調整に関する労使の日本的な対応が反映されているように思われる。右の四要件については法解釈論上検討すべき問題が少なくないが、ここで述べたことは、整理解雇の有効無効という法解釈論上の問題は、整理解雇を、日本的労使関係を基盤とする雇用調整の実態の構造的論理のなかに位置づけることから出発しなければならない、という主張を含意している。

(3)　配転・転勤、出向の法理

すでに述べたように、雇用調整において、正規従業員とその組合は、一般に、年功賃金の引下げを伴わない限り、終身雇用下の従業員身分を失わない配転・転勤、出向に絶対反対の態度をとらない。わが国のME・情報革命が欧米に比べ、全体として遥かに円滑に進行してきた要因の一つはここにある。欧米のように、賃金が基本的に職種別・熟練度別に、あるいは職務の種類・等級別に超企業的な社会的賃金率として存在する場合には、職種・職務の変更は賃金の変更に直結せざるをえないから、職種・職務の変更は容易ではない。

しかし、わが国の正規従業員が〝入社〟と同時に一定範囲内の職務の変更は予期しているといっても、現住所からでは通勤不可能な土地とくに遠隔地の工場・事業場への転勤については、一般にブルーカラーに関する限り、予期されていないし前例もないという場合が少なくない。転勤を予期して入社したホワイトカラーの場合でも、入社時には予測しえなかった転勤時の本人、家族の事情によって、転勤が本人、家族に対し酷である場合を生じうる。これらの点は、使用者の転勤の業務命令に労働者は応ずる義務があるか、という法解釈論上の問題にかかわるものであり、当該労働者と使用者との間の転勤に関する労働契約内容の合理的解釈の問題である（このことは、配転についていわゆる包括的合意説を排斥して労働契約説に立つべきであるとの主張を含意しているが、細かな法解釈論的検討を目的としない本稿では、私見の労働契約説の詳細な展開は行わない）。

職務変更を伴う配転についても、また、職務変更を伴いまたは伴わない転勤についても、とくに問題となるのは、家族もちの中年労働者の場合である。かかる労働者は、人口高齢化と高齢者社会保障の不備のもとで高齢の要扶養・介護の父母をかかえ、受験競争期の子をもっていることが多いから、若年者に比べ転勤は一般に実際上困難である。また、職務変更が職種変更に及ぶ場合は、一般に若年者より適応力が少ないために、いわゆる窓際族になりやすい。したがって、職種変更を伴う配転・転勤については、窓際族をうみ出すような配転・転勤を避けるために、事前のOJTおよびOff・JTを含む適当な教育・訓練（再教育・再訓練を含む）が行われる必要がある。しかし、職業教育・訓練がOJTの場合はもとより、Off・JTの場合でも、労働組合等との協定によらず使用者全額負担でその支配下に行われる限り、労働者側にかかる教育・訓練をうけるべき対使用者の義務が肯定されることはあっても、特約なしにかかる教育・訓練をうける対使用者の関係における労働者の権利を——たとえば労働権、職業訓練権等にもとづいて——肯定することは無理であろう[11]。ちなみに、雇用調整における離職者についても、退職割増金の支給や再就職先の斡旋が使用者によってなされることが多いが、それだけでは十分ではなく、相当の期間内にできるだけ適職に就けるような国の施策が必要である。かかる施策として、職業訓練とくに中高年労働者のそれが重要であり、中高年労働者については、住居移転に対する援助も用意されなければならない。

出向の法理に関しては、実務界で「出向」とよばれているものの具体的態様にさまざまのものがあり、立法的規制（かりになんらかの立法的規制をくわえることになった場合の話であるが）にあたっても、法解釈論的法理構成においても、かかる出向の実態の把握が重要であるとともに、それだけでは足りず、これをふまえて、法的に出向をいかに整序するかが問題であること、本稿でとりあげた分社化ないし企業グループ内の出向は、一企業内の配転に近い性格をもつことを指摘するにとどめる。

出向についてはもとより、配転についても、法解釈論上労働者個人の同意を強調する立場が目立ち、就業規則の「業務の必要により出向を命ずる」旨の規定や、入社時の同旨の明示の個別労使間の合意の効力が問題とされている。細かな法解釈論的検討は本稿の目的外であり、ここでは、個別労働者の同意は、現実に果たして労働者の「自由な」意思にもとづくものといえるか（一般にそうとはいえないのではないか）、労働組合ないし労働者団結の活動による規制（現行法上労働基本権の行使として保障されている）を前提としその基盤のうえでの個別労働者の同意でなければ「自由な」合意とはいえないのではないか、未組織労働者については立法的規制が必要だとして、具体的にどんな規制措置が考えられるか（法定従業員代表制の創設によるか、使用者の配転に対する直接規制によるか等）、労働組合があってもそれによる規制に看過しえない欠陥・限界が一般的に存在する場合に、これにいかに対処するか、などが基本的な問題であることを指摘するにとどめる。

4　就業労働者保護法

本稿で「雇用保障の法律問題」のなかでとりあげた配転・転勤、出向は、就業労働者保護法ないし労働契約法上の問題である（労働法の第三の領域として「雇用保障法」を構想する立場では、整理解雇に関する規制を雇用保障法に含め、就業労働者保護法からはずす立場が有力である）が、本稿でとりあげたＭＥ・情報革命、労働市場の構造変動にかかわる問題についての最近の立法の動きとしては、冒頭で触れたように、男女雇用機会均等法の成立と労基法中の女子保護規定の改定、労働者派遣法の制定、高年齢者雇用安定法の制定、労基法中の労働時間（広義）規定等改定法案の国会提出がある。与えられた紙幅をすでに超過しているので、ここでは女子労働法と労働者派遣法にかかわる問題だけをとりあげる(12)。

女子労働法の基本問題は、女子の性差別の規制(改めていうまでもなく、憲法の掲げる男女平等の原則に立脚する)と、就業労働の場における女子の特別保護(男子労働者の場合には存在しない保護)の二つであるといってよい。後者については、ME・情報革命の進行などの諸条件のもとで具体的に必要・妥当な特別保護の範囲(従来の特別保護の見直し)が、問題の核心をなす。前者については、具体的に男子と女子との異なった取扱いのうち、いかなるものが違法な性差別と認められるか、が重要かつ困難な問題である。男女雇用機会均等法による性差別の規制は、この種の規制としては、まったくの初歩的段階のものであり、本法(とくに努力義務規定)の現実の効果はどうか、それをふまえて現れるであろう改定法の内容・運用・機能はどうかなど、雇用における男女平等の実現をめぐる問題のほとんどは、今後に残されているといってよい。現行法には禁止規定(違反の法律行為は無効)はあるが、罰則も行政的救済制度もないから、当面、具体的にどんなものが違法な性差別と認められるかという問題については、焦点は、法律行為としてなされる男女の異なった取扱いのうち、公序良俗違反(民法九〇条)で違法・無効となるものはどんなものか、に絞られることになろう。この場合、公序良俗違反か否かの公権的判断機関は裁判所とくに最高裁判所であるが、公序良俗違反か否かは、当該の具体的問題についての一般人の考え方を基礎にして行われる。しかし、裁判所は、一般人の考え方を常に是認するという態度ではなしに、あくまで、男女平等(性差別からの自由)という憲法上・全法秩序上の大原則にてらして、したがって、ときには現実の一般人の考え方をなにほどか超えたところに判断基準を設定しそれに従って、公序良俗違反か否かを判断しなければならない。

性差別に対する今後の立法的規制については、規制方法の態様に応じて「違法」な性差別に種別があること、規制方法の態様としては救済機構との関連で伝統的な司法的救済(刑事法的、民事法的規制)のほか、特別法的な行政的救済があること、性差別に対する法的規制についての法解釈論上および立法論上の論議は、このような違法と法的規制方法の種別についての明確な認識を前提としてなされるべきこと、を指摘しておきたい。

性差別が現実に問題となることが多い、いわゆるキャリア・ウーマンやこれを志向する女子、すなわち継続就業型の女子が増加しつつあるが、しかし現状ではM字型就業の主婦が女子労働者の主力をしめ、その大部分は、パートタイマーとは名ばかりの、所定労働時間がフルタイマー＝正規従業員とあまり変らないことの多い女子パートである。しかし、いわゆるパートタイマーの雇用・就業形態の実態は多種多様であり、これを整序して妥当で実効性のあるパート保護法を制定することは、決して容易ではない。現状では、M字型就業の女子については、使用者側から一般に「安上りで整理も簡単」と重宝がられているパートとして雇用されるのではなしに、正規従業員として、もとの企業に再雇用される道を整備することが、より重要であろう。現行法も、再雇用特別措置の実施に関する事業主の努力義務（二五条）を定め、再就職の援助について国は「配慮するものとする」との規定（二四条）を設けているから、労働省がかかる「配慮」を実行するための予算を獲得する手がかりはあるわけであり、また、右の努力義務規定を根拠とする行政指導も可能である。しかし、これも、使用者側の抵抗のもとで法規制によらず労働省の行政指導にとどめるのでは、どれだけの実効があるか疑問である。

ＭＥ・情報革命の進行下に、ワープロ等の操作にあたる専門的技能をもった女子の派遣労働者が脚光をあびており、これらの労働者の多くは自分の好むときに好む時間働けることを喜んでいると報じられている。しかし、ワープロ等の機器操作、情報・通信処理のほか、一般・経理事務の処理を含む事務処理の女子派遣労働者について、その時間給——正規従業員と異なり派遣労働者は時間給のみの場合がほとんどあり、その点ではパートと変らない——は、たしかに女子パートよりも一般に格段に高いとはいえ、その平均月収はボーナスを含む正規女子従業員の平均月給には及ばず、派遣労働を「ずっと続けたい」と考えている者が三割を超える一方、「続けたくない」と答えた者が約二割、続けるかどうか迷っている者が約四割もいるとする調査結果がある。(13) 労働者にとっての派遣労働のメリットは、〝好きなときに好きなだけ働ける〟ところにあるといわれる。しかし、右の調査結果からは、このようなメリットを享受しているのは、高度の専門的能力をもち平均月収も一般女子労働者より多いごく一部の女子派遣労働者に限られ、花形といわれるワープロ操作等にあたる派遣労働者についても、大部分の者については重要な問題が残されていることを推定できるのである。

(1) 労働者の「民間教育訓練実態調査」(従業員三〇人以上の全国の製造業、卸・小売業、金融保険業などの約四〇〇〇の事業所に関する昭和六一年三月実施の調査)によると、「OJTのみ」の企業が三六・六%、「OJTを中心にOff・JTをとりいれている」が四五・五%、両者あわせて八二・一%であるが、四七・九%の企業が今後はOff・JTの比重が高まるであろうとしている。

(2) 労基研報告書(昭和六〇年一二月一九日)は、先進国サミット構成諸国(英・西独・仏・伊・米・日)の製造業生産労働者の一九八三年の年間総実労働時間について、最も短い西独の場合一六一三時間、わが国を除き最も長い英国の場合でも一九三八時間、これに対しわが国の場合は二一五二時間であると述べている。

(3) 労働省「昭和五九年雇用管理調査」。製造業など九業種の常用労働者三〇人以上の民間企業約七〇〇〇社を対象に、一月一日現在で行った調査。

(4) 本年四月からの国鉄の分割民営化によって、すでに一昨年四月から民営化された電信電話、専売の二公社とあわせ、三公社（公共企業体）はすべて姿を消した。長く三公社五現業（現在は四現業）の労使関係を規律してきた「公共企業体等労働関係法（公労法）」は、公共企業体の消滅によって、ひき続き四現業職員に適用されるとしても、その名称の変更は不可避となった。公労法の消滅とともに、春闘のたびにマスコミを賑わすことの多かった「公労協（公共企業体等労働組合協議会）」も消えるであろう。このことは、集団的労使関係法の重大な変容であるが、三公社の民営化は、公式には行財政改革の一環としてとりあげられたものである。もっとも、三公社のうち国鉄が行財政改革＝民営化の対象となった決定的要因は、運輸業における国鉄の斜陽化——航空機・トラックの発達とマイカーの普及による——にある。

（5） 仏第四共和国憲法前文第五項および第一一項、伊共和国憲法第四条および第三八条。西独連邦基本法には同種の規定はみられないが、第一次大戦後に現われたワイマール憲法は労働権（第一六三条第二項）、生存権（第一五一条、第一六一条）について規定していた。

（6） 失業者に、失業保険金を支給するのではなく、労働機会そのものを付与する緊急失業対策法は、占領軍の対日政策が転換し、ドッジ・ラインによる大量人員整理が予見されていた昭和二四年五月に制定された。しかも、緊急失対事業は「雇用政策」法ではなく、とくに「多数の失業者が発生し、又は発生するおそれがある地域」で緊急・例外的に行われる失業者救済事業であった。

（7） 発展途上国の追上げによって斜陽産業化した繊維産業の離職者については、炭鉱離職者の場合と異なり、臨時措置法は制定されず、昭和四二年の雇対法施行令改正による同法上の雇用奨励金（特定繊維工業離職者雇用奨励金）の支給、昭和四七年の「繊維産業離職者に係る職業転換給付金の臨時特例に関する政令」の制定による雇対法上の職業転換給付金の臨時支給が定められたにとどまる。

（8） 最一判昭五八・一〇・二七あさひ保育園事件の事案は、園児減少を理由とする保母の整理解雇に関するものであるが、保育園側が被解雇者を含む「職員に対し、人員整理がやむをえない事情などを説明して協力を求める努力を一切せず、かつ、希望退職者募集の措置を採ることもなく、解雇日の六日前になって突如解雇通告した」事実に注目して、事案の解雇を「労使間の信義則に反し、解雇権の濫用」とした原審の判断を「是認することができないものではな」いとした。下級審裁判例の多くにみられる整理解雇の四つの有効要件との関連は、捕捉し難い。

(9) 解雇に正当な事由を要する旨の立法がなされれば、使用者は解雇に正当な事由があることの挙証責任を負うことになるから、解雇権濫用＝無効の場合とは挙証責任の所在が逆になる。しかし、周知のように、わが国では戦後早くから、後者における労働者側の挙証責任を大幅に軽減する判例法が定着した。

(10) 高度成長期の「生産性向上運動」に反対してきた総評も、ME＝技術革新そのものに反対せず、事前協議制を確立して組合は新技術導入に積極的に介入・規制すべきであるとしている。生産性向上運動に賛成してきた同盟は、従前同様「労使協議制」の充実を主張し、中立労連（主力組合の一つである電機労連は、早くからME化職場を多くかかえている）は、ME機器導入について事前協議の徹底を掲げるとともに、雇用への直接的影響は認めないという態度をうち出している。ME技術革新に対するわが国労組の最近までの対応については、津田和良「ME技術革新下の企業内労使関係」季刊労働法別冊九号『職場の労働法』一七九頁以下参照。この問題については、資本主義体制下の技術革新に対する各労組のイデオロギー的立場の相違が現われるが、労組である以上、組合員の雇用・労働条件の擁護向上という基本的目的の点では共通とならざるをえない。

(11) フランスで立法化されている労働者の使用者に対する訓練休暇請求権についても、労働者の職業的技能の修得がほとんど企業内のＯＪＴにより使用者だけの支配下におかれ、労働組合の主体的関与・規制がみられない限り、かりにかかる請求権が認められても、その現実の性格、機能等は特殊＝日本的なものにならざるをえないであろう。

(12) 労働時間法改正問題については、本稿と同様の視点で別の機会に論じたことがある。拙稿「労働時間法制改定問題の立法論的考察」日本労働協会雑誌一九八六年五月号一一頁（本著作集Ⅵ巻七九頁）以下。

(13) 雇用職業総合研究所の「人材派遣業『事務処理』の女子労働者の仕事と生活に関する調査」（昭和五九年

一一月～六〇年一月に大手人材派遣会社一二社について実施した調査）によると、女子派遣労働者（事務処理）の主力は二五～三四歳、未婚者が六割近くをしめ、時間給は最低八〇〇円から最高五〇〇〇円までばらつきが大きいが、平均約一二六〇円で、パートの平均約五七〇円（昭和五九年労働省調査）に比べて約二倍である。

（季刊労働法一四三号、一九八七年）

4　市民法と労働法

はじめに

「市民法と労働法」というテーマは、労働法学者にとっては極めてファミリアなものであろう。大学に籍をおく者なら誰もが、講義で、「市民法（ないし古典的市民法）」との対比において「労働法」を語り、また、「市民法から労働法へ」、あるいは「市民法から社会法（またはその中核をなす労働法）へ」を論じていると思われるからである。そして、資本制労働関係に対する市民法的規律のもたらした矛盾が労働法という新しい法体系の成立を導いた、という点では、ほぼ共通の理解が存在しているといってよいであろう。しかしながら、この共通の理解を深部にまでたちいって考察してみると、労働法の性格づけや、労働法と市民法との関係づけなどの点において、論者の基本的な立場ないし視点の相違に由来する重大な見解の相違が見出されるのが普通である。

本稿では、史的唯物論（唯物史観）の立場に立つことを明言されて、『日本労働法論』（上巻、中巻。ともに一九四八年）以来、『労働法論序説』（一九五〇年）、『労働法学綱要1』（一九五三年）等を経て、『市民法と社会法』（法律学体系法学理論篇一九五三年）において、この問題を体系的に論述された沼田稲次郎教授の所説を、その後の同教授の論稿にも言及しながら取りあげ、私なりに教授の所説の意義を、現時点のわが国労働法学界における「市民法と労働法」論の問題状況のなかで探ろうとするものである。

＊　以下「　」で示した引用文中の傍点は、とくに断わらない限り、原文に付せられている傍点である。また「　」中の〔　〕は蓼沼の補足したものである。

一　「市民法と社会法」

1　問題関心

沼田教授は、史的唯物論の立場からすれば当然のことながら、「市民法と労働法」の問題を、窮極的には下部構造＝資本制経済によって規定された資本制法秩序ないし資本主義法の変化・推移の一象面として把えられるが、その際特徴的なのは、この問題を、一九三〇年頃からの法思想の展開をふまえて、「市民法と社会法」という問題のなかで、法思想という観点から、把えられることである。これは、早くも『日本労働法論』に現われ、『労働法論序説』と『市民法と社会法』で詳細に論述され、その後も基調においては変わるところのない（例えば『労働法要説』〔一九六七年〕）、教授の「市民法と社会法」論の大きな特色である。

⑴　教授は、「市民法と社会法」というかたちで、資本主義法の変化・推移の問題が、概念法学批判の一致した雰囲気のなかで――唯物史観法学に限らず、いわゆる法社会学派なども含めて――法学者により自覚的に考察されるにいたったのは、一九三〇年代になってからであること、その際、「労働法」は社会法の中

核をしめるものとして観念されると同時に、いわゆる「経済法」も「労働法」と同じ性格において「社会法のなかに果して含ませることができるかどうか」が問題とされたことを、まず指摘される。[1] そして、第二次大戦の「時代の暗雲と共に、〔この問題に対する〕科学的考察が捨てさられ……第二次大戦後この問題は、何か陳腐な響きをもったようでもある」[2]とされつつ、『市民法と社会法』を著わされた時点で、この問題を論ずる意義を、次のように説かれたのであった。

第一は、この問題が「労働法の統一的理論の把握にとっての必要な前提だ」ということである。とくに、右の時点においては、教授は、「アメリカの占領下にあってアメリカの法理の無批判的な導入にかきみだされて、論理的な一貫性を欠いた論理や或いは社会法の市民法化による〝骨抜き〟の理論も容易になされうる可能性[3]」もあるとされ、この可能性の現実化を阻止するために社会法ないし労働法の性格づけの問題を重視されたのである。

(2)　しかも、教授は、単にアメリカ労働法理の無批判的な導入に対する抵抗・防衛の論理としてではなしに、さらにより積極的に、当時の労働運動の内奥にある基本的な志向——ブルジョア法の批判と超克——との関連において、唯物史観法学がその真理性の検証をうけるべき重要な理論的課題の一つとして、この問題をとりあげられた。すなわち、教授は、「労働組合は、『在るべき法』としての社会法はただ労働運動のうちでかかげる法的要求であり、『在る法』としての社会法が所詮はブルジョア法でしかない、という真理を見抜いているのではあるまいか。〔個人法としての市民法から社会法への動きを説いた〕碩学ラードブルフよりもはるかに正確に。」という現実観察のもとに、かように『市民法と社会法』の本質が労働者階級の直接的意識において把握せられているということは、……〔問題〕解決の必要が現実的実践的になっていることを意味する」のであり、「理論は……実践的解決によって自己の真理性を検証するものだとすれば、……重要なのは労働者の直接的意識において把えられているものが『市民法と社会法』という命題に含まれるものに尽きるのだろうか、ということだ」と喝破され、「そのことは、この〔市民法と社会法という〕命題が、現在における現実社会の矛盾を正しく反映したものかどうか、という問題の基礎に横たわる問題に他ならない」とのべられている。(4)

教授の唯物史観法学になじみのない読者にとっては、この立論は抽象的すぎてその真意を捕捉するのに困難を感ずるのではなかろうか。そこで、結論を先に出すのはいささか邪道であるが、ここで、あえて結論と関連させて、教授の右の立論の具体的な内容を、つぎに紹介しておきたい。

教授は「市民法から社会法へ」の動きと、社会法の中核をなす労働法の若干の特色を考察された後、その要約として、労働法の諸原理は「市民法原理を修正する」ものではあるが、「労働法も決して資本制社会を止揚せんとするものではなく、却ってそれを防衛せんとする支配階級国家の政策方法」であること、「労働法によって労働者は商品労働力の担い手たる性質を脱却し得たわけでもなく……労働法のとらえる階級的人間像は、歴史的階級の本質である革命性が否定せられた階級への所属者であり、かつ彼が商品所有者一般たる性格を担うものたる限り抽象的個人=市民的人格者のいわば反省形態(Für sich Sein)以上のものではない」(5)こと、を結論として提示されるとともに、他方、国家独占資本主義段階にいたって、第二次大戦中戦時統制経済法として現われた経済法は、「原子論的社会……ではなくて、一の統一的全体社会」あるいは「全体に統合せられる〔全体の有機的分肢としての〕社会人」をとらえる意味では「社会法」といいうるし、また「もし社会法の概念をもって、市民法における反省的法形態一般を指称するのならば、もとより経済法は社会法」といえるけれども、「然し、社会法が、資本主義の重圧下におかれる社会集団の生存権を承認し、その社会的階級的地位から要請せられる集団的行動の自由を保障し、その地位から要請せられる生活保障を肯定するところの法形態を意味すべきだとすれば、経済法は原理的には社会法を否定し、そこから変化した法形態と考えねばならない。」その意味では「社会法より経済法へ」の転落に他ならないとされる(6)。

そして教授は、かかる社会法と経済法という二つの法形態を生み出した資本制社会の矛盾こそ、「この両者を含んだ市民法秩序（＝資本制法秩序）の止揚と社会主義国家の法秩序の形成にまで歴史的主体の社会的実践を必至ならしめるものたるに他ならない」という長期的展望を示される。同時に教授は、『市民法と社会法』を著わされた時点で「今日のわが国においては……再び社会法基調を捨てて、経済法基調に移ろうとする傾向濃厚なものがある」という危機意識のもとに、「社会法の防衛」を叫ばれ、「社会法の破砕（治安立法乃至弾圧立法への転落、又はそれによる代置）を媒介として経済法を優位ならしめんとする法の変動の本質を剔抉すると共に、社会法の法目的乃至は法原理とするものの実現を量的に拡張し能う法的論理を樹立することによって、真の全体者たりうる歴史的主体の実践に寄与する」ことこそ、当面の法学の課題であると述べて「市民法と社会法」の著述の結びとされている(7)。

(3)　かくて、教授は、「市民法と社会法」というテーマのもとで、資本制社会の下部構造によって窮極的に規定された資本主義法の動きを、「現在における現実社会の矛盾を正しく反映」するようなしかたで、かくして、この矛盾が資本主義法の窮極的止揚への運動を必然化することを明らかにするようなしかたで把えるべきことを強調され、そのような把握のなかで、当面かかる運動の担い手の歴史的実践に寄与する社会法防衛の法理の樹立を最重要の課題として措定されたものとみられるのである。

一般に、「市民法と社会法とくにその中核をなす労働法」というテーマは、古典的市民法との対比において労働法を一箇独自の法体系たらしめるものを何に求めるか、という視点でとりあげられる。すでに触れたように、沼田教授も、このテーマを「労働法の統一的理論の把握にとっての必要な前提」とされている。しかし、このテーマは、教授にとっては、伝統的に法解釈学が行なってきたような○○法の概念規定という問題と同じ性質の問題ではない。すなわち、労働法の概念規定の問題は、実定法秩序のなかの相当量の労働関係立法その他の諸法源の総体を、法的規整の対象および理念において、既存の民商法その他の法体系と区別しうる一箇独自の統一的全体をなすものとして、論理的に矛盾なく構想・把握しうるかどうか、かくして一箇独自の法体系としての労働法という概念をもって実定法秩序の一部を総括・整序しうるかという問題関心から——したがって観照的な法解釈学的論理思考の問題として——法解釈学によってとりあげられてきた。しかし教授にとって、このテーマの問題性は、なによりもこれを論ずる実践的意義にある。というよりも、史的唯物論を標榜される教授においては、実践と切り離された認識はありえない。それは、教授にとって、二重の意味で実践的認識の問題であるといえるように、私には思われる。その一つは、労働法を中核とする社会法も、資本主義法の即時的形態である古典的市民法を修正するその対自的形態にすぎず、かかる社会法を含む資本主義法全体したがって資本制社会そのものの止揚こそ歴史的必然であるとの長期的な実践的認識であり、もう一つは、かかる資本主義法全体の止揚の過程のなかで、社会法を経済法に転落させようとする資本=政治権力の動きに対して社会法の法理を保衛し拡張していこうとする当面の実践的認識である。

2　視　角

(1)　「市民法と社会法」を、右のように、史的唯物論の立場から資本主義法全体の変容の問題として把えられる沼田教授は、近代＝資本主義法が、商品所有者とその相互間の商品交換の法的投影としての市民＝法的人格者の私的自治を中心として私法原理の優位のもとに、公私法の二元的構造をもたざるをえず、かかるものとして登場すること、これを起点として、資本制経済の発展に伴い、近代＝資本主義法は、一方で、商品流通過程に関する法の純化・高度化として、資本所有権に関する独自の法体系としての商品（いわゆる企業法）の生成・展開といわゆる民法の商法化をうみ出すとともに、他方で、商品流通の法論理である「市民」の自由・平等を中核とする法体系（いわゆる古典的市民法）が現実には生活への重圧を結果する労働者階級などの抵抗＝批判・闘争をもたらさざるをえないことにより、「市民法原理を修正変形した規範原理」をもって「その生存権的要請を何ほどか顧慮する」社会法をうみ出さざるをえないこと、を説かれる。[8]

その際特徴的なことは、これら二方向への近代＝資本主義法の展開が、い、ず、れ、も、「市民法原理の虚偽性」という視角から把えられていることである。即ち、商法のいわゆる企業法としての分化・独立は、近代法が、その成立とともに商法を「商人の法」から市民間の「商事に関する特別法」とすることによって、商事ないし商行為概念のなかにいったん商人を解消させながら、やがて、「一応解消した商人を再構成せざるを得なかった」（いわゆる商事法主義から商人法主義へ──蓼沼）のは、「資本の担い手」ないし資本の流通の人格化としての「商人」という具体的な社会集団を、それとして把えることを迫られるにいたったことを意味するものであり、それは「孤立的個人を知って社会集団とそこに生活する集団人を知らない」[9]市民法の人間像の「一面性＝虚偽性」に由来する「〔商品〕所有権〔一般〕の規範秩序に対する資本所有権の原理の滲透」として、ただし附従契約に典型を見出すような「抽象的自由意思の純粋化」ひいて「民法原理の純粋化」[10]として、把えられている。

周知のように、労働法をはじめとする社会法の出現を、市民法における抽象的な「法的人格者《ペルゾーン》」から具体的な「人間《メンシェ》」へという法的人間像の推移として把えることは、わが国ではひろく行われているところである。しかし沼田教授は、市民法の人間像を単なる「抽象性」においてではなしに、「一面性＝虚偽性」として把え、とくに、商法の企業法としての分化・独立をも、かかる観点から把えられるのであって、そこに教授の所説の一つの特色を見出すことができる。そこでは、市民法の人間像ないし規範論理のかかる「虚偽性」が、資本制社会の発展に伴って、資本主義法の変容を二方向において生み出すものとされる。即ち、一方では、「市民法の虚偽性こそ自己の利益となり、支配階級としての存立の基礎を保障していると受けとられる階級人に対しては、この虚偽性を更にいわば純化」する方向への変容を、他方では、市民法の虚偽性が「その生活への重圧となっている〔労働者階級をはじめとする〕諸々の社会集団」に対する関係においては、その重圧のもたらすこれら社会集団の組織的闘争を媒介として、市民法の規範論理の修正を不可避とする方向への変容を、生み出すものとして把えられている。[11] そして、後者の動きのなかに、即ち「市民法原理の一面性が市民社会の経済法則そのものによって圧迫せられている特殊的部分社会ないし社会集団によって自ら暴露せられ、市民法原理をこれらの社会集団に対して即自的に貫徹するということが不可能となった」ところに、「社会法の形成」が見出されている。[12]

(2) 近代＝市民法のかかる社会法への動きを、沼田教授は、市民法の実効性の動揺・部分的否定と市民法の規範論理の反省＝修正をもたらすものとして把えられて、市民法の実効性を支える三つの契機（①商品流通過程を規範化した市民法理の市民社会人の直接的法意識への密着、②雇傭契約の履行過程として規範化された資本制生産過程――資本としての生産手段の私的所有に根ざすブルジョアジーの事実としての支配、③国家権力）を指摘されるとともに、その動揺について、次のように考察される。独占資本主義ないし帝国主義段階においては、一方で、「資本所有権一般に対する独占資本の私的所有権の原理を特殊化」した法、金融独占資本の高度の社会性のために資本制「商品流通面をとらえるのでは足らなくなり、商品生産〔面〕をも含む資本主義経済の規制を志向」する法、かくて「全体としての国民経済ないし国家経済を対象としつつ、かえって資本支配の私的性格の故に実質的には金融独占資本のための法とならざるを得ない」法としての経済法が現われる[13]とともに、他方では、「従来〔労働者階級その他に対して〕慈恵的な施設……あるいは消極的な承認として行なわれてきたものが……生存権の思想や社会正義の意識を何ほどかは承認しながら、統一的な施策として行なわれるにいた」り、かくて、「社会法が統一的な規範原理を自ら把有する法形態として定立」されること、「社会法の規範原理は、市民法原理の貫徹そのものによって激発せられる資本制社会の機構的矛盾によって生存権を脅かされている社会集団の生活事実を承認し、生存権を顧慮するところのかの社会正義に基づいてそれを規制することに存する」こと、を説かれる[14]。

(3)　教授は、経済法をも労働法とともに社会法に包摂するワイマール・ドイツの社会法概念について、そこにおける「重要産業の国有化（経済の社会化）の思想は、社会法思想と経済法思想との交叉形態として打出され」たもの、即ち「独占資本が……〔諸々の〕社会集団に重圧を加える社会悪の集中的表現として意識せられることによって、諸々の社会集団を含む国民社会ないしは国家の手に独占資本たる重要産業が握取せらるべきだという思想の流れに棹さすものとしては、社会法」としての性格をもっていること[15]、これに対し、大恐慌（一九二九年）以後第二次大戦終結までに現われた統制経済法としての経済法は、「原子論的社会……ではなくて、一の統一的全体社会……をとらえようとする法である限りで」、あるいは「全体の有機的分肢として機能的に結合するいわば職域人（全体に統合せられる社会人）をとらえる意味でのみ」社会法とみられること、また「もし社会法の概念をもって、市民法における反省的法形態一般を指称するのならば、もとより経済法は社会法」に属することを指摘しつつ、すでに触れたように、「社会法が、資本主義の重圧下におかれる社会集団の生存権を承認し、その社会的階級的地位から要請せられる集団的行動の自由を保障し、その地位から要請せられる生活保障を肯定するところの法形態を意味すべきだとすれば」、経済法は社会法には属せず、かえって「社会法を否定」するものとして性格づけられる[16]と説かれる。

（1）　沼田稲次郎『市民法と社会法』（一九五三年、日本評論社）五–六頁。
（2）（3）　沼田・前掲注(1)書六–七頁。
（4）　沼田・前掲注(1)書七–八頁。
（5）　沼田・前掲注(1)書一〇七–八頁。
（6）（7）　沼田・前掲注(1)書一一四–五頁。沼田教授における「労働法と経済法」論の詳細は、同教授『労働法論序説』（一九五〇年、勁草書房）九五頁以下。なお「労働法学綱要Ⅰ」（一九五三年一月、如水書房）では、労働法理の保衛について「労働法の原理と性格とを吟味する実践的意味」は、「ネオ・ファシズムの脅威下に逐次労働法が経済法及び厚生法と取締法規とに分解しつつある現実の下で、労働法の統一的妥当を保衛するためにも極めて必要だということに存しているのである」（二四頁）と述べられている。
（8）　公法について、憲法における社会契約の仮説と天賦人権論、国際法における国家平等の原則、刑法の罪刑法定主義、訴訟法における当事者主義等の近代的原理が挙げられ、これらはいずれも「市民社会の原理」すなわち「私法的原理」の「論理的要請」であると説かれる（沼田『市民法と社会法』二八-九頁）。

（9）　この立論（沼田『市民法と社会法』四三頁）は、自由な法的人格者という概念が――わが国でしばしば引用される――ラードブルッフ流の「孤立的個人」を念頭においているという意味ではないであろう。法的人格者概念が資本主義社会における自由な商品交換の主体としての商品所有者の法的投影として、商品交換という社会的な一種の結合関係に入りこまざるをえないものとして予定されていること、その意味ではラードブルッフ流の「孤立的個人」の観念は妥当でないこと、を見すえてのものである、と解される。

（10）　沼田・前掲注(1)書五六-七頁。

（11）　沼田・前掲注(1)書四七-八頁。

（12）　沼田・前掲注(1)書五二頁。

（13）　沼田・前掲注(1)書五七-八頁。

（14）　沼田・前掲注(1)書七八-九頁。なお、独占資本主義段階において一方で経済法が出現し、他方で社会法が実定的に定立されることに関連して、概念法学批判の法思想の動き、権利濫用の法理の展開に伴う権利観念の転換、生ける部分社会の内部規範の注視などが、「市民法より社会法へ」の動きを促進したものとして考察されている（六一-七一頁）。

（15）　沼田・前掲注(1)書一一二頁。

（16）　沼田・前掲注(1)書一一四頁。

二 「社会法」の中核としての「労働法」

1 社会法のなかの労働法

右に紹介したところからすでに明らかなように、沼田教授は、労働力＝商品の所有者を含む商品所有者一般を原型とする単なる抽象的な自由意思の主体ないし孤立的個人――近代市民社会における「市民」――を出発点においてその所有権と自由な活動の保障を中核として法秩序――その意味で「市民」法として特色づけることができる――として現われた資本主義法が、その展開とともに、かかる市民法の保障する「資本制社会の経済法則そのものによって生活苦を強いられている社会集団が少なからず存在する」という現実を否認ないし放置しえなくなり、このような「社会集団をかかるものとして承認し、その生存権的要請を何ほどか顧慮する〔新たな〕法が、市民法原理を修正変容した規範原理をもって形成せられ」ざるをえなかったところに、社会法出現の契機を見出される。(1) ところで、教授は、「市民法と社会法」のなかでは、右のようにして形成せられる「法に共通的な性格によってそれ〔右の新たな法〕を把えるとすれば、〝社会〟(法)の観念こそ最も適切であることは明らかであろう(2)」と言われる。資本主義の変容のもっとも重要な側面は、法の把える人間像の相違に着目して、これを「市民」法から「社会」法へとして特色づけることが、もっとも適切とされるわけである。

このように把えられた「社会法」のなかで、労働法は中核的地位を占める。「社会法」の概念を容認する学説のすべてが、このこと自体には異論をさしはさまないであろう。しかし沼田教授は、この命題を次のような視点で把えられる。労働法が社会法の中核を占めるのは、「市民法原理の虚偽性を理論的にも実践的にも暴露することによって、社会法の形成を必然的ならしめる社会的かつ規範的力量の担い手はまさに労働者階級」であること、「社会法は、だから、労働者階級をかかるものとして承認し、一応はder Mensch als Klassenwesen〔階級的存在としての人間〕を把える」労働法において「最も熟成した形態」をもち、かくして「社会法は労働法において最も統一的かつ自覚的な原理を打出す」(3)ことによる。そして、この場合、教授は労働者階級を、「資本制生産社会における社会的生産力の担い手であり、彼等の生産的労働こそ資本制社会の存立の基礎」であるとともに、「資本制社会における革命的階級」であり、「『あらゆる階級支配を階級そのものと共に止揚する』巨大な歴史的主体である……にもかかわらず、……資本制社会においては商品=労働力の所有者であり、従属労働者である」者、「実は、かかる者として同時に生産力の担い手であり、かつ、それ故に、革命的階級にほかならない(4)」ものとして性格づけられるのである。

2　労働法の対象、核心的法理、理念

労働法は、教授によれば、かかる現実的性格を有する「労働者階級を対象とする法、」「労働者=従属的労働者……の社会的階級的地位を一応そのものとして直視して、彼等の生活要求を或る程度を容認する法(5)」である。労働者は、その社会的階級的地位にもとづき「生活そのものから要請せられている(6)」団結活動を展開せざるをえないのであり、労働者の「生活要求は何よりもまず彼等の団結活動によって実現せしめられる(7)」。労働法は、労働者のかかる団結活動の法認を基点として確立される。それは、労働者階級以外の「諸々の社

会集団の生活要求を支える力ともなり、資本制社会の矛盾を激しく攻撃し全般的危機を現出せしめ」るにいたったところの労働運動の進展が、「その自覚的理論的意識形態は社会主義或いは厳密には共産主義であるが、その直接形態は生活苦に結びついた生存権意識に他ならない」ところの「生存権的規範意識」の「普遍化」をもたらし、新たな法領域としての「労働法乃至は社会法の基本原理を措定する」[8]にいたったことを意味する。同時に、それはまた、「資本制社会を順調に維持するためには〔資本制国家は〕却って〔労働者階級の〕団結力に依存せざるを得ないことを承認せざるを得なくなった」こと――それを「どの程度に利用するかは、各国の特殊な事情によって異るのではあるが、少くとも、団結の抑圧よりも、一定の枠内で解放するか、解放することによって掌握するか、とに角団結の機能を積極的にとらえようとする」[9]――をも意味するものである。

かくて教授は、①労働法の対象を、階級としての従属労働者に、②労働法の核心となる法理を、かかる労働者がその階級的地位の故に展開せざるをえない団結ないし団結活動の自由の法認に、③労働法を中核とする社会法の理念を、かかる団結活動を中心とする労働運動等が資本主義法のなかに刻みつけた生存権に、求められるのである。

3　団結活動の法、労働保護法、労働法の限界

(1)　労働法の核心をなす労働者の団結ないし団結活動の自由の法認について、教授は次のように説かれる。「市民法的な自由の概念からも単に論理的な可能性からだけ推論すれば必ずしも否定せらるべきものではない」[10]にもかかわらず、「市民法の階級性の故に久しく抑圧せられてきた」ところの労働者の団結・団結活動が、かかる抑圧から解放されたことは「市民法的自由への復帰或いは市民法的自由の回復の如くに見られる。たしかに自然法思想乃至は市民法的自由一般にまでは一応は（抽象的には）復帰したということもできよう。だがそれは市民法における契約自由への復帰とはいえない。むしろ市民法の修正乃至発展なのである。」けだし「自然法思想は孤立的個人の天賦の自由を観念している」のに対し、労働法における「団結の自由は本質的には集団人＝階級人たる労働者の必然即自由に他ならない」のであり、「かかる階級人の自由観念による孤立的個人の自由観念の修正がなされているといわなければならない[11]」からである[12]。「労働者の団結活動として労働法の対象となる範囲」について、教授は、「歴史的に広まってきた」けれども、「どの範囲の活動を市民一般の集団的活動から区別して、労働者の集団的活動として把えるかは、時代思想や各国の特殊的意識によって異る」と指摘される。そして、日本国憲法二八条は、制定当時の法意識にてらすと、「主権者たる市民としてのみ論理的に可能な行動、たとえば純粋な政治ストや政治的要求をかかげるデモ」は別として、その他の組合の活動は「対使用者活動以外」の活動も「広く労働者の団結活動として把えているものと考えられる[13][14]」とされる。

(2) 教授は、女子・年少者保護から始まる労働保護法についても、これを単なる弱者保護の観点からの契約自由の制限として把えるべきではなく、労働組合運動の発展を媒介として生れた労働権に根ざすものとして、これを把えるべきものとされる。すなわち、労働組合運動の発展が、一方で、「独占資本の市場支配……の条件にほかならない」ところの「資本相互間の公正なる競争という倫理」を資本の世界にまき起しつつ、生存権思想の昂揚・普遍化をもたらすことによって、いわゆる保護立法が単なる人道主義的弱者保護から、「国家が保障すべき労働者の社会権に対応する立法」へと法の性格の転換をとげたところに、労働法の一分野としての労働保護法の本質的性格を認めるべきであると主張される[15]。

(3) 労働法は「市民法原理を修正」するものではあるが、もとより「資本制社会を止揚せんとするものではなく、……労働法のとらえる階級的人間像は、……抽象的個人＝市民法的人格者のいわば反省形態（Für sich Sein）以上のものではない[16]。」これが、古典的市民法理の修正の上に成立つ資本主義労働法に対する教授の最終的な性格づけである。

（1）（2） 沼田『市民法と社会法』八三頁。

（3） 沼田・前掲注（1）書八三頁。

（4） 沼田・前掲注（1）書九〇-一頁。

（5） 沼田・前掲注（1）書九三頁。労働法を「従属労働者」を対象とする法として把える考え方は、周知のように、ワイマール・ドイツ学説以来見られるところであるが、「労働の従属性」について、教授は『労働法論序説』（一九五〇年、勁草書房）一四五頁以下で、これを「現実の従属労働」と「労働法が把捉する労働者像の性格規定としての〝労働の従属性〟」の両面から詳細に考察されている。

（6） 沼田・前掲注（1）書九一頁。

（7） 沼田・前掲注（1）書九三頁。

（8） 沼田・前掲注（1）書九二頁。社会法の対象となる労働者階級以外の諸社会集団について、教授は、『市民法と社会法』（一九五三年、日本評論社）八三頁以下では、これを「前期的生産様式の残存、前期的社会関係と規範意識の残滓の濃い社会集団」（半封建的小作農）、「従来から社会事業の対象となっている生活困窮者乃至は窮迫民」、「独占資本主義段階において独占資本によって著しく圧迫せられ」る中小零細企業に分けて考察されている。なお沼田『労働法論序説』（一九五〇年、勁草書房）八九頁以下参照。

（9） 沼田・前掲注（1）書九三頁-四頁。

（10）　沼田『労働法論序説』一八九頁。
（11）　沼田・前掲注（1）書九七‐八頁。
（12）　労働者団結の通常の形態である労働組合の性格と組織原理が「市民法における社団（法人の観念を中心に構成されている）」のそれを「超える」ものであることの考察は、前掲『労働法論序説』一八三頁以下。
（13）　沼田・前掲注（1）書一〇三頁。
（14）　沼田教授は、労働法が階級的存在としての労働者という社会的人間を把え、その団結活動の自由の法認を核心にすえる点に、社会保障法との相違を見出される。即ち、社会保障法は「国民社会の一員」として、ただし「さまざまの部分社会に所属している社会的人間」を把える限りで、労働法と同じく「社会法」に属するが、社会保障法における人間像は「資本制社会の必然性の体系の見えざる重圧の下にあって、しかも自らの手で対抗しえない人間、ただその必然性の化体者たる国家に、その必然的な悪の矯正を要求しうる人間」にすぎない（『労働法要説』〔一九六七年、法律文化社〕一九‐二〇頁）。
（15）　沼田『労働法要説』二六一‐二頁を私なりに要約したものである。「労働保護法の原理」という小見出しのもとでの「市民法と社会法」中の叙述は、組合運動の発展との関連に触れていない。
（16）　沼田・前掲注（1）書一〇七‐八頁。なお同『労働法論序説』八三‐六頁。

三　検　討――残された課題――

1　沼田教授における「社会法ないし現代法」という視角について

(1)　沼田教授は、労働法の成立と特色をめぐる問題すなわち「市民法と労働法」という問題を、『日本労働法論（上）』以来の諸著作において終始、「市民法と社会法」という問題の一環として、取上げられ、論じられてきた。まず、資本主義法の変容という問題を、すでに紹介したように、法の把える人間像の特色という観点から『「市民」法と『社会』法」として把えられ、ついで、かかる「社会」法の中核に「労働者階級」を対象とする労働法を見出されるのが、この問題に関する教授の所説の一貫した特色ということができる。問題のこのような把え方には、当時の法学界の一般的状況が、かなり大きく影響していると思われる。というのは、第一次大戦後のドイツの法学界およびその決定的影響下にあったわが国の法学界では、当時の資本主義法の新現象ないし変容の問題が、まさに「市民法と社会法」というテーマのもとで取上げられ、その批判的検討が戦前すでに加古祐二郎教授の注目すべき論稿[1]を生みながら、第二次大戦後にもひき継がれてきたからである[2]。

(2) しかし、第二次大戦後のわが国では、国際的および国内的な激しい社会的変動を眼前にして、とくに一九六〇年代に入って、現段階の日本資本主義法のいわゆるトータルな把握を志向する観点から、資本主義法の変容の問題を、近代法ないし近代市民法から「現代法」ないし現代資本主義法へというテーマのもとに取りあげる傾向が有力となった。「近代法と現代法」というこの新動向に、沼田教授の『労働法要説』（一九六七年）は、次のような対応を示されている。すなわち、「資本主義社会の諸矛盾の激化とともに、独占資本主義段階……さらに資本主義の全般的危機に突入することになると、」資本制国家権力は「市民社会たる経済社会に……ただに部分的〔に〕介入〔すること〕によって〔かかる諸矛盾に〕対処するのでなく、全体制の視点に立って計画的に対処することを要請せられる」にいたり、かくて、「市民社会の近代個人主義的規範原理」が「即自的に原理として展開している」ところの市民法体系が、いぜん「資本主義法の一般的基底として――解釈運営上かなり修正をうける（一般条項にみる）にせよ――妥当している」とはいえ、いまや「社会的矛盾に自覚的・具体的に対処する」新立法が「特別法として相対的には独自の法原理を担」って現われ、さらには「その特別法そのものが体系化し、独自の法領域を形成しつつ全体法秩序の重要な一環となっているのが、今日の資本主義法の構造なのである」という認識のもとに、「そのような市民法を普遍的契機としつつ対立すらふくむ法原理のもとに体系化をみている法領域を、それを必然的に生み出さざるをえない資本制社会の段階に着目して（独占資本主義段階、とくに現在的には国家独占資本主義段階の法として）、これを現代法――近代法と対比する意味で――とよぶことも可能であろう」（傍点は蓼沼）とのべられている。[3]同時に教授は、現代法とよぶことが右のような意味で可能な、資本主義法の新分野について、「その法領域のカバーする社会関係が多様――社会的矛盾の多様性と規定される――であるだけに、共通的な法原理を見いだすことは容易ではない」（傍点は蓼沼）といわれる。[4]換言すれば、資本主義法の普遍的契機をなす市民法《ブルジョア》原理と相対的に異なる独自の法原理を担う資本主義法の新分野を「現代法」という呼称のもとで一括することは可能であっても、そこに共通的な法原理を見いだすことは容易ではない、とされるのである。他方で教授は、右のような意味で「現代法」とよぶことも可能な法分野を、教授が以前から呼ばれているような意味で「社会法」と呼ぶことも可能であると、次のようにいわれる。「個人とその原子論的体系たる市民社会の抽象性ないし虚偽性を自覚するところから、個人に先行し個人を規定するところの諸矛盾を内在せしめる歴史的社会――資本主義社会――の存在を承認し、その社会の諸条件に即して一定の社会的作用をおよぼすことを志向している点で、この領域を社会法とよぶことも可能であろう（市民法と対比して）。」[5]と。そして、現代法の代りに「社会法」とよぶことが可能だとしても、「社会法」もまた「具体的法原理において共通なるものをふくむ法領域だとはいえない」[6]とされ、その理由として、社会法という場合の「〝社会〟は、国民経済としての経済社会から、労働者階級とか農民・中小企業主とかいう階級集団からさまざまなスモール・グループなどの特殊部分社会までをふくむ多様性を担った概念」だからである、と述べられている。[7]

要するに、「近代法と現代法」、「市民法と社会法」の両者は、資本主義法の変容という同一の事象に対して、前者は、法の基盤である資本主義経済の発展段階に着目しての呼称であり、後者は、原子論的個人と社会のなかの個人という法的人間像の差異に着目しての把え方であるとされ、「現代法」もまた「社会法」と同様、共通の法原理をそのなかに見いだすことが、少なくとも困難とされているわけである。

このような「社会法」、「現代法」の把え方から、教授は、「社会法（ないし現代法）の諸形態」に関して、「労働法、社会保障法および経済法が今日の社会法ないし現代法に属する主要な法形態」（傍点は蓼沼）である、とされる。[8]

(3) 注目したいのは、「現代法」という視角の登場を意識されるにいたっても、教授が、独占資本主義段階の法について、すでに見たように、この段階における国家の・市民社会に対する・全体制的視点に立っての介入を——従前と同じく——「法における人間像の変動」という「法思想の変化」の視角から把えられ、かかる「法思想の変化」が「全体法秩序に浸透」して、「社会法（ないし現代法）」とよばれる資本主義法の変容を生み出したとされている点である。[9] 換言すれば、教授が、社会法・現代法の成立を、独占資本主義段階における法思想の変化に連結させて、しかも、後者を市民社会に対する国家権力の大幅な積極的介入に直結させて、把えられている点に私は注目したいのである。

ただ、この場合注意しておかなければならないのは、教授が、社会法・現代法の中核に据えられる労働法の本質的性格を、単に、市民法における市民＝法的人格者から労働法における階級的存在としての労働者（およびそれとの関連における使用者）へという人間像の推移においてだけ把えているのではなく、また、市民社会＝経済社会に対する国家権力の積極的介入だけに注目しているのではない、という点である。教授は、労働法の本質的性格を、階級的存在としての労働者がかかる存在であることにもとづいて必然的にとらざるをえない団結活動の自由を、生存権理念のもとに法認すること[(10)]――しかも階級的労働者の行動のモラルに即しての法認[(11)]――に求められる。そこで問題は、かかる団結活動の自由の法認という新たな規範原理の出現を窮極的に規定する物質的・経済的基礎の究明、換言すれば資本制経済の段階的発展を基盤とする労資関係の具体的様相、およびかかる労資関係の具体的様相に規定されて展開される労働者団結活動＝労働組合運動の各段階における具体的な運動の論理・性格の解明が、沼田教授においてはどのように把えられているか、という点に存することとなる。

しかしこの問題は、沼田教授のみでなく、労働法学界全体がまだほとんど鍬をいれていないのが現状である。それは、戦前とは比較にならぬ発展を示している経済学、歴史学、社会政策ないし労働経済学等の従来および今後の関連研究成果をたえず摂取しつつ労働法学がこれから本格的に取り組まなければならない重要な、かつ決して容易でない課題として屹立している。沼田教授も、「今日、労働法学といわず、およそ実定法の諸領域について、……法及び法現象を一定の歴史的社会、特殊的には国家独占資本主義下の日本社会の全体のなかで認識する――イデオロギー批判の視点となる――という課題が、その課題性の論定そのものを含めて、方法論的反省を要求している……。だがこの課題は、専門領域を異にする、しかもまず世界観・認識論において共通の立場に立つ学者の、集団的な共同研究にまたないでは、成果をあげることはむずかしい」[12]と指摘されている。

2 「社会法」の概念について――「経済法」との関係

(1) 沼田教授は、『労働法要説』においてすでに紹介したような視角から「現代法」、「社会法」を把えられ、労働法、社会保障法とともに経済法をも「現代法」、「社会法」のなかに含められている。その際、教授は、独禁法を中小企業基本法、中小企業近代化促進法などとともに、「社会法的経済法」ないし「広義の社会法」とされつつ[13]、他方で、独占資本および国家の現実の動向は「独禁法否定の方向を示し」ており、「経済法は、その担い手がまさに独占資本そのものである法形態としてとらえなければ、その歴史的・階級的性格はとらええないであろう」と言われ、かくて、経済法を「社会法」のなかに含めることに懐疑的な態度も表明されている。これは、前者『市民法と社会法』において「市民法における反省的法形態一般」を「社会法」と称するならば、経済法は「社会法」に属するとされつつ、「社会法が、資本主義の重圧下におかれる社会集団の生存権を是認し、その社会的階級的地位から要請せられる集団的行動の自由を保障し、その地位から要請せられる生活保障を肯定するところの法形態を意味すべきだとすれば」、「統制経済法において熟成する」経済法――そこでは労働法は「労務統制法」に転落する――は「原理的には社会法を否定し、そこから変化した法形態と考えねばならない」[14]とされた教授の論述と、基調においては異ならないものと解される。

(2) しかし、前者については、独禁法学を「社会法的」なものとされるのかどうか、後者については、「社会法」の意味と経済法との関係いかんが、明確でないという疑問を免れないであろう。

最近では、沼田教授は、『労働法論序説』や『市民法と社会法』において、主に第一次大戦後のドイツおよび日本の統制経済法を対象として「経済法」を論じられていたのとは異なり、いわゆる高度成長を経た日本の国独資段階の経済法について、これを「独占資本の支配を確保する経済政策立法たる性格のものとして国独資法体系の……不可欠の一環」と規定されるとともに、「独占資本の横暴から中小企業や自由市場を守るという積極的意義」を独禁法に期待する立場を排斥して、「経済法の典型を独禁法とか集中排除法とかに見出そうとする理論は、国独資法の一環としての経済法の本質をとらえるものではない」と述べられている。(15)これが、独禁法等に対する「社会法的」経済法というかつての性格づけを否定される趣旨であるのかどうかは明らかでないが、少なくとも経済法をも「社会法」のなかに含められる態度は、いまやはっきり捨てさられたものと解される。しかし「独占資本の支配を確保する経済政策立法」という経済法の性格づけでは、現段階の経済政策立法のどこまでが経済法の範囲に属するのか明らかでない。また、現実の法のうち独禁法等以外のいかなるものを経済法の中心にすえて経済法を把えるのか、経済法のもとに統括される諸法の特色すくなくとも傾向をどこに求められるのかも明確でない(もっとも、短い論文のなかでの論説であるため、論旨の詳細・明確さを望みえない面があるのであるが)。

しかしながら、この点もまた、学界全体にとって残された課題といわなければならない。なぜなら、経済法学界や現代法を論ずる者の間で、経済法の概念規定や性格・機能・対象について、まだ主流というべきものさえ必ずしもさだかでない現状だからである。

3 労働法の性格について

沼田教授は、既に紹介したように、「市民法と社会法・労働法」という問題を法的人間像の推移という視点で把えられる。孤立的・原子論的個人＝市民の自由ではなしに、団結への必然性のもとにおかれる労働者は、階級的な資本制社会の窮極的否定をめざす団結活動に出ざるをえないという歴史的現実の認識を前提にして、資本主義法が、かかる団結活動の自由を、しかも階級的労働者の行動のモラルに即して、新たな生存権理念のもとに権利として承認したものが労働基本権ないし団結権（広義）であり、労働法はかかる労働基本権の保障を中軸とする法体系である、とされるのが沼田教授の立場である。

教授は、現実にわが国の労働運動が自らの手によって闘いとったものの記念碑的確認という意味をほとんどもたず、逆に現実には今後に確立・定着せしめらるべきものとして、いわば課題的意義をもつものとして掲げられた日本国憲法上の労働基本権保障（憲二八条）について、この課題の実現が、右に紹介したような、教授が労働基本権保障の本義とされるところに従ってなされることを希求され、その現実的担い手としての労働組合運動に対し、そのときどきの問題情況のなかで右の本義をたえず呼びかけられるとともに、そのときどきに実践的に提起された種々の、とりわけ法解釈論的な諸問題に取り組まれることに、文字通り精力を傾注されてきた。

このような労働者の階級的な団結の必然性と自由のうえに措定される労働基本権――労働法論は、労使間の対等な労働力＝商品の集団的取引という理念を掲げて団体交渉権こそ労働基本権の核心とする労働基本権――労働法論（代表的なものは石井照久教授の立場[16]）と対蹠的なものである。教授は、暫らく前から、いわゆる高度成長を経た民間大組合の〝右傾化〟の動きなどを前にして、「経済主義的トレード・ユニオニズム」や「労使関係近代化」論を――これらが団交権中心の労働基本権論に結びつくものとして――教授の一貫した団結権＝労働基本権論に依拠して批判・破砕することに努められている（『労働基本権論』一九六九年、『団結権思想の研究』一九七二年)。

(1)　ところで、戦後日本のこれまでの主な労働法学説を、史的唯物論ないしマルキシズムに立つことを沼田教授のように明言されるか、そうでなくてもこれを摂取し、またはこれに親近性を示す立場(片岡教授[17]の分類された「社会学的法律学」と「唯物史観法律学」をあわせたもの)と、これに批判的な、または反対する立場(吾妻教授、石井教授が代表的)とに分けることができるとすれば、団交権中心の労働基本権論は、後者の立場に立つ石井教授によって強調されたものである。

ところが、前者の立場に対し「固有の意味における労働法＝法社会学」の不在を指摘・批判して大きな波紋を投げられた[18]渡辺(洋)教授は、やがて、労働者団結――通常は持続的団結としての労働組合――の活動を「本質的に反体制的である」とする労働法学者の考えをマルキシズムとは無縁なものとしてきびしく批判され、団結権(広義)ないし労働基本権は、資本制社会における「労働力商品の二重の意味」――一方で労働力が「商品」であり、他方で「労働力」が商品であるという意味での――の認識を基底として、「労働者たる市民の市民的基本権」として把えるべきことを主張されるにいたった[19]。

(2)　渡辺教授は、資本制社会の労働力が「商品」であるところから、〔資本制〕労働法は「財産法」としての性格をもたざるをえず、他方、資本制社会の「労働力」が商品であるところから、「労働法原理(生存権原理)」がうみ出されざるをえないのであるが、資本制社会では「人間としての存在に対する労働者の生存要求(その法的イデオロギーとしての生存権)は、私的商品所有者としての形態をつうじてしか実現しえない」のであるから、資本制労働法はしょせんは「労働力商品交換の法」として「財産法の範疇」からぬけ出すことはできない、とされる。教授によれば、「資本主義社会では労働者の生存権は、もともと、労働力商品の販売という形においてしか実現しえない歴史的制約をうけている……。生存権が財産権からきりはなされて、純粋に生存権として実現するためには、いうまでもなく、労働力商品交換関係の廃止したがって資本主義社会の消滅＝革命を待たなければならない。このような意味での生存権原理は……資本主義法原理たりえない。」したがって、資本制労働法上の団結権ないし労働基本権を「直接に〔資本主義法上の〕生存権で説明することは、その実現の資本主義的媒介形態である財産権的基礎を見失」ったものである[20]。

これに対して沼田教授は、「もし渡辺教授が……労働者を『労働力』商品の担い手としてのみとらえて、生産関係あるいは階級関係のなかで、つまり階級という社会集団のなかでとらえることが、法的イデオロギーを生み出すことに無縁であるという意味で書かれているならば、到底賛成できない」とされ、法が——渡辺教授自身も強調するように——「立法者意思そのものを規定するような客観的な社会必然性によって制定され変動せしめられる」ものであり、かつ、かかる「社会的必然性が社会的矛盾の必然性を基底とするかぎり、生産関係が捨象されてはなるまい。」労働者は、彼の意思を規定する「階級的地位」にもとづいて、階級的「連帯性の要請するモラルを自己の行為規範として自覚することによって、団結の必然性と団結が必然的なるが故に資本主義国家がこれを自由として法認すべきことを自覚する」のであって、資本主義国家が「労働者に団結権を保障するということは、このような労働者像をとらえそれを法認することを基礎とする。それは何ほどかは生産関係ないし階級関係のなかで労働者をとらえることでなければならない。」したがって、労働力＝商品の担い手としての労働者の——「商品」労働力でなく——「労働力」商品という点に「アクセントをおいてとらえたにしても、商品流通過程ないし労働市場においてのみ労働者像をえがく限り、団結権の歴史的性格や規範的意味をとらえ得ないし、少なくとも憲法二八条の予想する労働者像をとらえることにはなるまい[21]」と反批判されている。

(3)　この沼田・渡辺両説の対立には、資本制社会における労働者の「団結の必然性」および団結活動の性格と資本制労働法とのかかわりあいという基礎的に重要な問題について、今後労働法学界が論点の混線を自戒しつつ考察を深めなければならないものが、そのなかに含まれていると私は考える。渡辺教授は、労働者の「団結の必然性」を、商品交換に関する「価値法則」との関連における「労働力商品の特殊性」から抽き出される。「労働力商品の取引においては、労働者が個人としてあらわれるかぎり、価値どおりに労働力商品を販売することはできない。……他の商品と異なり、労働力商品においては、商品所有者は、個人としてではなく団体をつうじ、かつその力に依存することにより商品交換の一般的土俵にはいらざるをえない。この意味で事実の法則として、資本主義社会の労働者は、まさに労働法学者が強調するように、団結の必然性を有する。」教授は、このように労働力商品の価値通りの販売という視点で、「団結の必然性」を把えられたうえで、かかる「事実の法則から直ちに労働基本権が論理的にみちびかれるもの」でないことは、現実の団結権（広義）法認の歴史にてらしても明らかであるとして、団結権は、「労働力商品の等価交換が行なわれるためには、一般商品所有者（市民）なみの権利〔結社の自由〕のみでは不十分であるという歴史的条件のもとで、……〔独占資本主義とくに国独資段階にいたってはじめて〕みとめられるのであり、それは一見、労働者に市民法上の権利以上の特別の権利をあたえるようにみえて、実は、むしろ〔団結権なくしては〕一般商品所有者よりも低い地位にある労働者（労働力商品所有者）を、それによって一般商品所有者〔＝市民〕の地位にまでひきあげるためのものである。」その意味で「労働基本権は、労働者たる市民の市民的基本権である」と論断される[22]。

そして、労働基本権と「生存権」との関係については、資本主義の発展に伴い「国民のなかで労働者の占める比重が大きくなればなるほど、国民のますます多くの部分が労働基本権なくして、市民的生活要求を実現しえない状態……におちいる」という意味で「労働基本権は、生存権とむすびつく」のであるが、「このばあいの生存権とは、……資本制社会を前提とし、したがって価値法則の実現をつうじて健康で文化的な最低生活を営む市民＝商品所有者の権利をいうのである。だから、この意味での生存権とは、まさに市民的基本権」なのであり、かかる「市民的基本権の枠を超える」労働者の生存権は「資本・賃労働関係の廃棄すなわち革命を待たなければならない(23)」と主張される。

このような渡辺教授の所説は、一見、沼田教授のさきに紹介した所説や、労働基本権を市民的自由＝市民的基本権とは性格を異にする生存権的基本権として把える多くの労働法学者の見解と、対蹠的なようにみえる。たしかに、労働者の「団結の必然性」を、労働力＝商品の所有者は一般の商品所有者と異なり、団結しなければ自己の商品を価値どおりには売れない、という次元で把えられる渡辺教授は、沼田教授の指摘されるように、「商品流通過程……においてのみ〔労働法上の〕労働者像をえがく」ものといえるであろう。しかし、「固有の意味の法社会学」を標榜され、マルキシズム経済学や労働経済学の最近の動向にも鋭敏な渡辺教授が、買われた労働力商品の資本による消費過程が価値増殖過程であることを看過されているはずはないと思われる。そうだとすれば、教授は、資本制労働過程が、工場労働者その他の生産的労働者についでは、同時に価値増殖過程＝搾取過程であるという客観的・法則的事実の存在を、資本主義法がかかるものとして容認し、労働者の団結活動をかかる搾取に対する抵抗・廃棄をめざす活動としての性格において、団結権ないし労働者の基本権の名のもとに法認することはありえない、かかる法認がありうるとするのは「労働基本権が〔資本制〕国家権力の承認をうける国家法上の権利であるためには、その市民的基本権としての枠をのりこえることはできない」[24]という資本制労働法の本質的限界を無視するものであるという見解を、ここで強調されるのではないかと思われる。

しかしながら、労働力＝商品も含めた商品の交換過程によって媒介される資本制生産過程が搾取過程であることを資本主義法がそれとして承認するはずがないということと、このような資本制生産過程が同時に搾取過程であることを自覚するにいたった労働者の団結活動に対して資本主義法がどのような態度をとるかということは、別個の問題である。たしかに、このような自覚に立つにいたった労働組合運動は、「資本主義体制の変革をめざす反体制的」な性格を——沼田教授のいわれる「戦闘的、階級的トレード・ユニオズム」の性格を——おびるであろう。しかし、現実の革命行動を法が権利として法認することは絶対的にありえないとはいえ、将来における資本主義体制の変革・廃棄をめざしているというだけで、そのような労働組合が労働組合としての存在と活動を資本主義法上認められることは絶対的にありえないとはいえないはずである。現実の労働組合運動が資本・賃労働関係の廃棄によって実現される生存権を窮極の目標とするにいたった場合、かかる運動がたとえ支配的となったとしても、このような意味の生存権を資本主義法がまるまる法認することはありえないが、しかし、かかる窮極目標をかかげて労働組合運動が、労働組合運動として、階級的連帯性の要請するモラルないし規範意識にもとづいて展開するところの団結活動をなにほどか法認することまで資本主義法であるいじょうは絶対にありえないときめつけることはできない、と私は考える。沼田教授も、団結権保障の意義を「労働者集団の〔階級的陣営の連帯性の要請する〕モラルに基づく団結活動を原則として法認する」（傍点は蓼沼）に求められているのであって[25]、かかる階級的・戦闘的な団結活動が「そのまま全面的に」法認されるとは述べられていない。

逆に渡辺教授に問いたいことは、教授が市民的な結社の自由と労働者の団結権との関係をどのように把えられているか、という点である。たしかに、渡辺教授の言われるように、労働力＝商品については、集団的取引の自由が認められなければ、労働力＝商品所有者は、商品所有者としては一般商品所有者と等質的な存在すなわち市民であるにかかわらず、実質的には商品を等価交換する自由を否認される結果となる。しかし問題は、この集団的取引の自由の法認について、教授が「市民的自由としての結社の自由の保護」にとどまる段階と、「団結強制にわたる行為」も一定の範囲で「団結権」の名において合法視されるにいたる段階とを区別し、しかも、前者の段階は「団結権は依然として市民的基本権の一環を構成するにとどま」る（傍点は蓼沼）とされながら、後者の段階における「団結権」を市民的基本権と性格づけられる点にある。[26] 労働法学説は、市民的な「結社の自由」しか認められない段階では、団結への強制は違法視されるをえないのに、「団結権」の認められる段階では団結への強制もある範囲で合法視されるにいたるとして、そこに団結権と市民的基本権としての結社の自由と相違を見出すのであるが、渡辺教授はこの相違を承認されながら、しかもなお団結権を市民的基本権と性格づけられるのである――ただし「労働者たる市民の」という限定句を付してであるが。私は、このような渡辺教授の「市民的基本権」という用語法や団結権の性格づけには、決定的な疑問をいだかざるをえない。

「市民的基本権」という用語法が特異なものであるのと同様に、教授が労働基本権と結びつく「生存権」を「市民的基本権」と言われるのも、やはりこれまでの労働法学説の動向に少なくとも関心の極めて低い独特の用語法と評せざるをえない。教授は、資本制社会の労働者について問題となりうる生存権とは、労働者がその所有する労働力商品の等価交換を通じて、健康で文化的な最低限度の生活を営むという労働力商品所有者としての権利にほかならないのであって、このような商品所有者＝市民の権利としてそれは市民的基本権だと言われるのである。教授はこのように述べられることによって、労働基本権と社会保障の権利とがともに生存権に立脚するとはいえ、両者における生存権が一方は労働力商品の交換関係を前提とするのに他方はこれを前提としないという点で「権利構造としては異なった性質のもの」であることを強調されるのであるが、これまでの労働法学説は、労働者に対する生存権（憲二五条）理念に立脚する労働基本権（憲法二七条の労働権を含めての）の保障を軸とするわが国の労働法を、労働力商品の所有者（いわゆる労働の意思と能力のある者）には、一方で、当該労働力商品の質に見合った労働の機会・場所の発見等に関する国家の配慮（国家的職業紹介など）、失業中の生活に対する国家的配慮（失業者保護）、就業労働者に対する最低労働条件基準の法定を通じての保護が、労働権・勤労権（憲二七条）の名において与えられ、他方、労働組合運動に関する広義の団結権（憲二八条）も基本権として保障されるとして、二重の労働基本権を、労働者が労働力商品所有者であるということを前提にして認められる基本権として把えるとともに、社会保障法を労働能力を喪失してかかる意味の労働者＝階級から脱落した者や、労働者＝階級と生活状況の類似した・その周辺にある階級・階層に対する国家の生活保護・配慮に関する法として労働法と区別し、市民的自由の保障を中核とする古典的市民法のもとでは、かかる自由の保障と別に国民の現実の生活についても国家が保護・配慮すべきであるとか、現実の労働者生活を擁護向上するための・市民的な集会結社の自由とは異なる・団結活動の自由というような生存権の主張が容認される余地がない点に着目して、市民的自由の理念と生存権の理念とを——同じ資本主義法上の理念ではあるが——性格の異なるものと見るのである。ところが渡辺教授は、労働基本権の保障が労働者の労働力商品所有者性を前提にしているという点と、団結権（広義）保障は労働力商品の等価交換を現実に可能ならしめるという以上の意義は資本主義法上はもちえないという、既に批判ずみの点を根拠に、団結権（広義）やその基礎をなす生存権理念を、いずれも市民的基本権だと主張されるのである。(27)

なお、渡辺教授が多くの労働法学説のこれまでの用語法・把え方と無関係に、特異な団結権（広義）＝市民的基本権論を主張されるのは、そのいわば実益として、それにより団結権（広義）は「労働者にとって神聖不可侵の権利であるということにな」り、したがってそれは「公共の福祉によって制限されるような性質のものではない」という結論がひき出されることとなる、(28)という点にある。だが、団結権（広義）の制限という問題は、労働法学界におけるこれまでの議論をみれば明らかなように、このような簡単な基本権制限排除論によって中心部分を射抜くことができるようなものではない。

しかしながら、渡辺教授の団結権（広義）論のなかには、労働法学界が虚心に反省しなければならぬ指摘もいくつか含まれている。これまで労働法学説は、市民的自由の秩序のもとでの「労働の従属性」を論じて、使用者による労働条件の事実上一方的な決定、労働者の現実の生活の窮乏・不安が不可避であるとし、だから労働者は生存権の主張をかかげて闘争＝組合運動に立上らざるをえないとして、かかる闘争の・国家権力の抑圧にも屈せぬ・進展によって団結権（広義）の保障が闘いとられた、と説くのが、一般的傾向であったといって差支えないであろう。しかし、渡辺教授はもっと広い視野で、労働者の団結権（広義）ことに争議権の法認の歴史を、下部構造の展開との関連で論理的に把えようとされるばかりでなく（かかる把え方は不充分ながらもこれまでも一部の労働法学者によってなされてきた）、資本主義法が争議権を法認する段階について、下部構造によって規定された資本、国家および労働組合運動（を主要な一環とする労働運動）の三者それぞれが、いかなる政策や運動の論理――単なる観念や思想ではない――を打ち出さざるをえないか、を掘りさげ、これとの関連で資本主義法の争議権法認の基底的論理を措定しようとされている。教授の結論[29]には私はにわかに賛成し難いが、このような教授の姿勢じたいは、これまでの労働法学の一般的な姿勢にきびしい反省を迫るものと考えている。

（1）　加古祐二郎『理論法学の諸問題』（一九四八年）。のち『近代法の基礎構造』（一九六五年）。
（2）　第一次大戦後のドイツおよびその影響下のわが国の「市民法と社会法」に関する諸学説については、菊池勇夫『社会法の基本問題』（一九六八年）、橋本文雄『社会法と市民法』（一九五八年）。最近のものとしては、加古・前掲注(1)書所収論文に注目する立場からの片岡曻「社会法の概念について」思想五五三号。
（3）～（7）　沼田『労働法要説』（一九六七年、法律文化社）一五―七頁。
（8）　沼田・同右一八頁。
（9）　沼田・同右一五―六頁。
（10）　社会法は「資本主義の重圧下におかれる社会集団の生活権を承認し、その社会的階級的地位から要請せられる集団的行動の自由を保障し、その地位から要請せられる生活保障を肯定するところの法形態を意味すべき」である（『市民法と社会法』一一四―五頁）。労働法は「労働者という階級集団……に属し、それゆえに資本制社会における労働者階級の従属的地位に規定せられる生活上の必然としての行動法則を自己のモラルとして意識し行動するような人間をとらえ、……労働者が自らの陣営を組織することによって……生活上の諸条件の向上をはかる自由を保障する」（『労働法要説』一八―九頁）。
（11）　もとより沼田教授も、階級的労働者のモラルを資本主義法が常にまるまる承認するとされるわけではない。
（12）　沼田「労働法の解釈と労働法学」別冊法学セミナー基本法コンメンタール労働法Ⅰ（一九七一年一一月）。

(13) 沼田・前掲『労働法要説』一八頁。
(14) 沼田『市民法と社会法』一一三-五頁。もっともここでは、第一次大戦後のドイツの経済法の概念を対象・素材として、経済法は「統制経済法において熟成する」ものとして把えられている。
(15) 沼田「法のイデオロギー論」(片岡昇編『現代法講義』一九七〇年所収)二五八-九頁。
(16) 石井照久『労働基本権』(一九五七年、有信堂)その他における労働三権やいわゆる政治スト、同情ストの正当・不当に関する論述を参照。
(17) 片岡昇『現代労働法の理論』(一九六七年、日本評論社)。
(18) 渡辺洋三「法社会学と労働法」(野村平爾教授還暦記念論文集四七九頁以下、一九六二年)。
(19) 渡辺「労働法の基本問題」(社会科学研究一八巻一号一頁以下、一九六六年)、同「現代資本主義と基本的人権」(東大社会科学研究所編『基本的人権』I二〇七頁以下、一九六八年、東大出版会)。
(20) 渡辺・前掲「労働法の基本問題」一四-七頁。
(21) 沼田『団結権思想の研究』(一九七二年、勁草書房)一三六-八頁。
(22) 渡辺・前掲「現代資本主義と基本的人権」二三五-四三頁。
(23) 渡辺・同右二四三頁。
(24) 渡辺・同右二四四頁。
(25) 沼田・前掲『団結権思想の研究』一三七頁。なお『労働法論序説』一九〇頁では「労働組合が、その歴史的社会において位置づけられている革命的階級の組織として必然的に要請せられている目的と機能とを労働法は真実態において把握し承認するものではない」と述べられている。
(26) 渡辺・前掲「現代資本主義と基本的人権」二三八-九頁、二四七頁注一六。
(27) 渡辺教授の労働基本権論、生存権論に対する本稿とはやや違った観点からの批判として、片岡昇「労働基本権と市民的自由」(現代と思想I所収)四五頁以下とくに六八-九頁。

（28）　渡辺・前掲「現代資本主義と基本的人権」二四四頁。

（29）　渡辺・右前掲論文は、独占資本主義段階とくに国独資段階の団結権（広義）法認は、労働組合運動から「牙を抜き安全を見きわめたうえで」の法認にすぎず、反体制的な階級的・戦闘的組合運動の否認ないし弾圧がまさに団結権法認の意味とされる。もっとも、法社会学的な認識と法解釈学上の論理構成を峻別される教授は、これを団結権法認の法社会学的認識の帰結とされ、法解釈学上の団結権法認の意義はこれと別個のものとされるのであろうが。

（沼田稲次郎先生還暦記念・上巻『現代法と労働法学の課題』、総合労働研究所、一九七四年）

5　組織と個人
――労働組合を素材として――

一　考察の対象と視角

(1)　社会・組織・私的中間団体

人間は昔から、さまざまの規模および態様の、集団的・継続的な共同生活をいとなんできた。こうした共同生活の場は、それぞれが「社会」とよばれるものであるが、現代における「社会」としては、小は家庭や少人数のクラブないしサークルから、大は世界（国際社会）にいたるまで、各種各様のものがある。そして、これら諸種の「社会」のなかには、その構成員の全部を包摂する「組織（体）」がそこに存在して、その内部における構成員の諸活動の総体が――全く個人的な行動を除いて――当該の「社会」の活動現象そのものにほかならない、という場合が少なくない。学校、会社、労働組合、国家などは、その適例である。本稿の考察は、かかる「組織（体）」のうち、近代法および現代資本主義法上、個人と国家との中間に位置する法的主体として国家法（判例法を含む）の規整をうける私的な人的団体――これを「私的中間団体」とよぶことにする――にまず向けられる。ただし、この考察は、「労働組合」という私的中間団体を考察する前提として、それに必要と思われる限度での考察にとどまる。本稿の考察の中心対象は、現代法（正確には現代資本主義法）が法認（単なる放認ではない）をたてまえとしている労働組合という組織体のなかでの「組織と個人」の問題である。なお、ここで中間団体に「私的」という限定をつけたのは、中間団体のうち、地方公共団体その他、公権力＝行政権力の担い手である公法人は、考察の対象としない趣旨であり、「人的団体」といったのは、財団として法的に規整されるひとびとの組織体的関係も同じく除外するという意味である。公法人や財団を除外したのは、労働組合は、後にのべるところから明らかなように、近代法上も現代資本主義法上も、これら二つの法的概念に親しまないものと考えられるからである。

⑵　問題関心と考察の視角

組織体としての私的中間団体およびその特殊形態である労働組合の構造と活動に対しては、社会科学のいろいろな分野からのアプローチが可能であり、現にそれが行われている。現在のところ、社会学と社会政策学ないし労働経済学の立場からのアプローチがとくに注目すべきものと思われるが、本稿は、いうまでもなく、法学の観点からするアプローチを目的とする。すなわち、私的中間団体と労働組合の現実の構造と活動を、これに対する法的規整との関連においてのみ考察の対象とし、かつ、かかる関連の具体的な――つまり歴史的・社会的な――様相を明らかにしようとするものである。したがって、法的規整という視角をはなれて、私的中間団体と労働組合の実態の追究をこころみるものではない。しかし他方、法的規整の現象的・直接的形態そのものを実態とはなれて解説しようとするものでもない。目標は実態に対する法的規整の論理と実態に内在的な歴史的・社会的な運動法則との関連の解明におかれている。ここに法的規整の「論理」というのは、あれやこれやの個別的な関係法規（判例法上のそれを含む）の、文言をよりどころとした形式論理的な推論から導き出されるそれぞれの意味をさすのではなく、関係法規の総体を一個の統一的全体を構成するものとしてとらえたうえで、この全体のなかに見出される基礎的な諸概念や統括的な諸原理の構造的な連関を意味している。つまり、それは、私的中間団体や労働組合に関する法的規整の、全体としての構造的な論理を意味するのである。

しかし、本稿は「法思想」の分析を最終的な課題とする。したがって、法的規整の右にのべたような意味での構造的な論理――それは国家の実定法的規整のなかに客観的に内在するものである――を、さらに高次の基本的な法的価値思考に結びつけて根拠づけなければならない。この基本的な価値思考には、実定法上すでに承認されて、いわゆる法理念としての指導的地位を有するものと、一部のまたはかなり多くのひとびとに担われているが、実定法上の法理念としてはまだ確立されたとはいい難いものとがある。そのいずれであるにせよ、私的中間団体および労働組合に対する資本主義法、とくに日本法の実定的規整について、その構造的な論理を、右のような基本的価値思考すなわち「法思想」に結びつけて根拠づけることによって、現にわれわれの前にある労働組合を素材とした「法思想の実態分析」のひとつの試みが可能となると思われる。しかし本稿は、あくまでひとつの試みにすぎず、筆者としては、問題提起の役割りを少しでも果しうれば幸甚と考えている。というのは、私的中間団体および労働組合に対して、右にのべたような視点・視角からの「法思想の実態分析」の企ては、これまで全くなされていないばかりでなく、この企てに利用しうるような法学上の遺産も極めて乏しい情況だからである。この点をはっきりさせるため、つぎに、私的中間団体および労働組合に対して試みられた従来の法学的アプローチの成果を――それらはいずれも本稿におけるような視角からのアプローチではないから――本稿の課題にできるだけ近づけて、素描してみようと思う。

(3)　従来の憲法学的アプローチ

近代法上の私的中間団体の法的規整を問題とする場合に、多くのひとびとの念頭には、直ちに、近代憲法上の結社の自由の保障ないし承認が浮ぶはずである。これは、いうまでもなく、持続的な私的団体の形成ないしこれへの加入の自由が——一時的な集会の自由とならんで——すべての国民にひとしく認められるという憲法上の一法理を意味するものであり、それが、本来、すべての人間＝個人の基本的人権という思想に根ざすものであったことは、現在のわが国でも既に周知のことがらに属するであろう（わが国では明治憲法上の結社の自由は、基本的人権の思想に裏づけられたものでなく、「臣民」の権利として認められるものにすぎなかったが、これはいわば源流からの偏曲である。昭和憲法上の基本権の保障は、この源流につらなる）。しかし、かかる基本権の保障をかかげる憲法およびそれを頂点とする法秩序のもとで、私的団体の形成やさらにはその運営、活動に関してなされる・憲法の下位法——法律や命令など——による具体的な法的規整——以下これを「私的団体法」とよびたい——が、結社の自由という憲法上の原理にいかに対応し関連すべきか、また、現に対応・関連しているか、という点については、現在までのところ、これを論じた文献がみあたらない。これを、本稿の課題に近づけてのべると、私的団体法の具体的な内容と結社の自由という原理との関連、さらにはその裏づけとなっている基本的人権としての結社の自由という思想との関連に論及している文献は、みいだすことができない、ということである。憲法学者は、これまで、結社の自由を自由権としてとらえて、国家権力によるこの基本権の制限・禁止に関し、その合憲・違憲の問題を論じているにすぎない。しかも、この問題を論ずるにあたっては、制限・禁止の態様だけでなく、当該の結社の性格や機能なども相関的に考慮されなければならないと思われるにかかわらず、この点を個別的または一般的に論述したものにまだ接することができないのである。

(4) 従来の私法学的アプローチ

これに対し、私的団体法の具体的内容を、実定法規に即してとりあげる私法学では、一見、事情が異なるようにみえる。民法学には、周知のように法人本質論争があり、商法学でも、社員権論争（いわゆる自益権・共益権の区別による把握の是非等をめぐる争い）や、各種会社の組織上の特質に関する論議（人的会社と物的会社との区別、合名会社組合論、最近の株式会社財団論など）が盛んだからである。しかし、商法学上の論説は、本稿の課題に関するかぎり、あまり利用価値がない。というのは、本稿は、資本と対抗関係にたつ労働組合を窮極の考察対象とし、それとの関連で、近代市民法上の私的中間団体に関する規整の特質を考察するものだからである。資本制企業ないし資本団体の組織に特有な問題に関する商法学説は、本稿では、課題と無関係なものとして視野の外におかれる。資本団体法に関する論議は、ここでは、私的団体法の特殊＝近代法的な性質一般にかかわる限度で、参照に値するのである。しかし、社員権など前掲の諸問題に関するこれまでの商法学説からは、この点で参照に値するような指摘・教示を、私は残念ながらほとんどひき出すことができないのである。

むしろ、この点では、実定法上「公益」目的の「法人」を「営利」目的の「法人」――いうまでもなく資本団体はその典型――と対置させて、公益法人のみに関する規定をおさめる民法の領域において、有力説のなかに注目すべき見解をみいだすことができる。それは、川島教授により「法人」本質論争に関して早くからなされてきたつぎのような主張である。教授は、法人実在説とくに組織体説を通説とするわが国の民法学界には、法人擬制説や否認説をとるにたらぬ旧時の誤った見解とする傾向とさえみられるが、「法人」という概念は、すべての個人に法的人格の認められる近代法秩序のもとで、個人の結合としての団体（または財団）そのものに対し、個人と同様のかたちで、構成員たる個人とは別個の権利義務の独自の帰属主体たる地位を認めるための法技術という性格をもつのであって、このことを明らかにした点に否認説、擬制説の没すべからざる功績があることを看過してはならない、と言われる[1]。この把握は、民法および商法におけるような法人法としての私的団体法の基礎概念の特質を明らかにするものとして甚だ重要である。そればかりでなく、すべての個人の法的人格という原理の基礎が、資本主義社会においては労働力＝商品のみの所有者（いわゆる無産の労働者）を含むすべての個人に、商品所有・商品交換の主体者たる地位が承認されうるし承認されなければならないという歴史的・社会的事実のなかに横たわっていること[2]を想いあわせると、右の法人概念の把握は、法人概念を含む近代法上の法的人格の概念の経済的・社会的基礎の認識に到達することになるという点で、さらに重要である。個人にせよ団体（正確には私的中間団体）にせよ、近代市民法は、法的人格者《ペルゾーン》という主体概念でこれをとらえるが、それは、団体をも個人と同様に、商品所有・商品交換の主体という視角から、ただし個人（構成員）とは別個独自の主体として、とらえるものなのである。ここに法人法としての私的団体法の基本的・第一次的な特色があるといえる。

　しかし、有力な民法学説に依拠してこのような認識に到達しても、本稿の課題へのアプローチに関するかぎりでは、その利用価値はそれほど大きくない。その理由はつぎの如くである。「組織と個人」すなわち「団体とその構成員」という本稿の課題にとっては、団体としての存在および活動における各構成員の役割りを中核とした構成員の団体的結合の態様が中心的な問題であって、団体の対外的活動における団体対第三者（構成員以外の個人や団体）の関係いかんは、この問題との関連においてとりあげられるにすぎない（もとより、この関連いかんの問題の重要性を否定する趣旨を含むものではないが）。ところが、既にのべたような視角から団体をとらえる法人法においては、商品所有とくに商品交換の主体としての団体の対外的活動、およびそれとの関連でいかなる者のどんな行為がかかる対外的活動と認められるかが第一次的な重要性をもつ。また、そこでは、いかなる組織・構成を有する団体であれば、(3) 独自の法人格を認められてしかるべきか、が中心的な問題となる。(4) しかし、法人格ないし法人の概念との関連においては、現在の民法学説が団体的結合の態様に関する二基本類型としてあげる社団と組合との対比は、本質的な意味をもたない。(5) というのは、商法上社団法人とされる合名会社の社会的実体は、組合に他ならないと解されているからである。つまり、法人格は社団にも組合にも認めうるのである。

ところで「団体的結合の態様と法」という問題となると、実定法——すなわちこの場合具体的には近代法——の法律構成という方向への問題関心が多かれ少なかれ意識的・無意識的にはたらいているにせよ、近代以前の社会ないし法における団体的結合の態様をそれとしてとりあげる近代の法史学のこれまでの成果に言及しなければならないであろう。現在のわが国では、ローマ法上の団体概念として法人（universitas）と組合（societas）との二つがあったことがひろく知られているだけでなく、これをゲルマン法上の団体概念と対置させたギールケ（Otto v. Gierke）の団体法論もよく知られている。ギールケによれば、ローマ法上、団体は個々の構成員を超えた団体じたいの単一性・統一性（Einheit）においてのみ現われる法人と、団体じたいの独自的存在が認められず、構成員の数多性（Vielheit）においてのみ現われる組合とのいずれかとしてとらえられた。これに対して、団体じたいと構成員個人とをローマ法のように切断・峻別することなく、団体じたいの単一的実在性が認められるなかで構成員各個の独立性も失われない「仲間的団体」（Genossenschaft）の概念こそ、ゲルマン法固有の団体概念であった。ただ、その後の歴史的展開の過程で、ゲルマン法上の団体概念は、単一性のより強く現われる社団(Körperschaft)と数多性のより強く現われる組合(Gesellschaft)との二つに分れ、社団はそのなかに法人と権利能力なき社団とを、また、組合は合手的組合(Gemeinschaft zur gesamten Hand)と純然たる組合とを含むにいたったが、社団と組合とが全く異質の両極概念として対立するにいたったわけではない。ギールケはこのように説く[6]。

ローマの商品交換社会を基盤とするローマ法上の法人と組合とが、対外的な取引活動の面における団体じたいの主体性に注目するものであったのに対し、ギールケは団体的結合の態様に焦点を定め、対第三者の関係よりも団体の内部関係に考察の重点をおいたといえよう。彼はこの考察を法史学的研究によって裏うちすることによって、各種の団体類型を、歴史的に実在するものとしてうち出したのである。ギールケにおいては、「仲間的団体」は、古代ゲルマンの村落団体、マルク共同体として実在したものだった。しかも、彼が「団体の単一性と構成員の数多性との組織的結合」として特色づけた「仲間的団体」の本来の姿は、「精神的倫理的有機体」(geistig-sittlicher Organismus)とよばれることによって、歴史的実在であると同時に団体形態の理念でもあるものとして、うけとられることになった。そこに「実証し得ざる理念(Idee)と実施し得べき観念(Begriff)」との混同という誤まりを見出す見解[7]が妥当かどうかはしばらくおき、彼がその団体法論の著述にあたって、「単一性」の思想と「数多性」の思想との「調和」、つまり団体＝有機体における〝全体と個との調和〟を理想としていたことはたしかである[8]。

かくて、ギールケの団体法論は、歴史的実在としての団体の、しかも内部関係(〝組織と個人〟)を主とした〝実体分析〟であったと同時に、そこには、彼の〝法思想〟のなかに重要な地位をしめる団体法理念も提示されていたとみてよいであろう。その意味では、〝組織と個人〟をめぐる〝法思想の実態分析〟を本稿が目的とするいじょう、これに言及しないわけにはいかない。しかし、社会的に重要な団体的結合の態様は、歴史的社会的に規定・制約されている。そして、本稿は近代ないし現代の団体的結合を、しかも労働組合という具体的特殊態様において考察することを目的とする。ところが、ギールケが考察の直接の対象としたのは、古代、中世のゲルマン法史上の団体であって、近代ないし現代の団体ではなかった。ギールケが古代、中世の史的事実からひき出した団体的結合の態様に関する諸概念が、果して、また、いかなる意味と範囲において、特殊近代的ないし特殊現代的性質をもつ団体さらには労働組合の考察にとって有用であるかは、慎重な考慮を必要とする。なお、団体法において〝全体と個との調和〟が永久不変の理念として妥当するとしても、この理念は、それだけでは誰もその正しさを争いえない極めて抽象的なことをのべるにすぎず、具体的にはほとんどなにも語っていないと評せざるをえない。理念は常に抽象性を免れない。しかし永久不変の理念ではなしに、歴史的・社会的な被規定性を明らかにした――その意味で歴史的具体性をもった――法理念がうち出されなければならないのである。

(1) 川島武宜『民法総則』(『法律学全集』一七巻) 八七頁以下 (一九六五年、有斐閣)。
(2) 蓼沼謙一「働く者の生活と現代法」岩波講座現代法10巻『現代法と労働』三頁以下 (一九六五年〔本巻三頁〕)。
(3) 民商両法典は、法人の「目的」いかんを問題とし、公益法人と営利法人の二種しか認めないが、公益を目的としないが、さりとて営利を目的とするとも認められない、いわゆる中間目的の団体についても、特別法によって法人格を取得する道がかなり開かれているから、団体の「目的」いかんは法人格を認められるための絶対的な要件ではないといえる。
(4) 法人法のこの中心的な問題に対して、これまでの民法学、正確には組織体説をとる民法学の通説は、的確な解答を与えていない、というより、問に答えるに問をもってするとの非難を免れないと評すべきである。何故なら、組織体説は、法律上独自の法人格を認められてしかるべき組織体だという〝本質〟論をのべるだけだからである（既に指摘されているように、組織体説が、有機体であれば当然に法人格が認められるとして法による評価という決定的契機を無視した有機体説の致命的欠陥を正当にも衝いたことの意義を看過してはならないが）。

（5）　周知のように、人的団体についてかつては法人と組合の二つが団体的結合の二基本類型とされたが、現在では社団と組合との二つが挙げられ、前者が社団法人といわゆる法人格なき社団に分れるとされる。

（6）　ギールケの団体法論の紹介としては、石田文次郎『ギールケの団体法論』（一九二九年、ロゴス書院）。

（7）　石田文次郎、同前書四六頁。

（8）　石田文次郎、同前書四六頁に紹介されているギールケ『ドイツ団体法（Das deutsche Genossenschaftsrecht）』一巻序文参照。

二　近代法における私的中間団体

⑴　近代的団体（私的中間団体）

労働組合は、近代法上、国家と個人の中間に位置する自由な個人の結合、すなわち私的中間団体の一種としてとらえられ、市民法上はもっぱらかかる観点から規整される。この私的中間団体の概念は、つぎにのべるように、封建的・前期的な協同体の否認ならびに近代的な社会観・国家観と不可分である。

近代社会では、個人は自由意思の主体として、自己の自由意思にもとづかない生活関係を、自己以外のものからおしつけられることは、法律上、原則としてないものとされる。こうした個人を出発点におく近代法では、複数の個人から成立つ団体も、その根拠を、原則として個人の自由意思に求めることとなる。こうして、個人がその意に反してなんらかの団体のなかに組入れられることは、法律上ありえないのが建前となる。かつて人は、生まれながらにして、好むと好まざるとにかかわらず、一定の封建的・前期的な協同体的拘束のもとにおかれたが、近代法はこのような拘束を否定する。もっとも、近代法においても、国家という団体への所属については、事情が異なる。人は、近代においても、その自由意思によって、ある国家の統治機構のなかの一員（国民）となるのではないからである。しかしながら、このことは、近代社会が、その構成員たる個人の自由意思の主体としての平等と自由な活動という体制（市民社会体制）を護持し、個人の自然的自由と所有権・財産権（財産は個人の自由活動の成果として彼の自然的自由そのものと同視された）を保障するために、夜警としてそのかたわらに国家という権力機構を必要とするという考え方と不可分である（夜警国家観）。すなわち、国家が市民の総意としての法にしたがって（国家権力の法による拘束。「法の支配」）、かかる夜警としての任務を果すために権力を行使するかぎり、たまたまそれが市民の一人または一部少数者の意思に反しても（たとえば盗人に対する関係での国家の権力による取締りと制裁）、すべての市民＝国民はこれに服しなければならないとされて、国家権力が市民的自由の基礎の上に正当化されるとともに、国民は参政権を通じて法による国家権力の運営への参加を認められることによって、ここに国民を構成員とする国家という権力団体ないし組織が構想されるにいたったのである。

こうした社会観・国家観の経済的・社会的基礎は、資本主義経済への移行を基盤とする典型的な市民社会の成立にあるが、それが戦前のわが国の天皇制国家観と根本的に異なるものであること、現代資本主義国家は国民の自由権的基本権のみならず生存権的基本権をも保障すべき責務を負うものとして、夜警国家観から福祉国家観への推移がみられるとはいえ、国家がひきつづき、その正当性の根拠を国民の基本権保障の組織である点に求めていることは、既に周知のことがらであろう。本稿の課題との関連でここでとくに指摘しておきたいのは、右のような社会観・国家観のもとでは、第一に、個人と国家との中間に、警察・軍隊・刑務所・執行吏などの物理的強制装置をそなえた権力組織の存在が否認されることである。かかる権力組織としては国家の存在だけが認められるのであって、[1] いわば中間権力団体は認められない。第二に、中間団体としては、原則として個人の自由意思にもとづく結合のみが認められるにとどまる。個人は国家という権力組織体のなかには、その意思いかんにかかわらず編入されるが、中間団体に対してはそうではない（その重大な例外は、家族という団体のなかでの実親子関係であるが、近代家族法の出発点は、たての親子関係でなくて、よこの夫婦関係であり、夫婦関係は、身分や家がらによらず、二人の法律上平等な男女市民の間の自由意思の合致によって生ずる。労働組合を窮極の考察対象とする本稿では、家族団体に対するこれ以上の考察はさしひかえる）。団体は、全く無統制・無規律の多数人の集合とは異なって、多かれ少なかれ構成員の自由活動に対する規律・統制が必然的である。しかし、団体構成員としての自由の制限も、各個構成員の自由意思のうえに正当化されるのである。

近代市民憲法上の結社の自由の保障は、いうまでもなく個人の団体結成・加入の自由の保障を意味する。だが、これを近代的な社会観・国家観との関連でとらえれば、右にのべたように、中間権力団体の否認と、構成員の自由意思にもとづかない非権力的・私的中間団体の団体的活動および拘束の原則的否認という意味をも含んでいる。だから、それは同時に、中間団体の不結成・不加入の自由、中間団体からの脱退の自由をも、本質的・不可欠な内容としている。

(2)　団体的拘束の限定性

私的中間団体の概念は、右のような地盤のうえに成立つものであるから、それは、封建的・前期的な協同体のように、構成員の全生活面を規整し拘束するものであってはならないとされる。そうした規整・拘束は、構成員各個の自由意思の主体たる地位、彼の神聖な人格そのものをおかすことになるとの考えからである。私的中間団体は、限られた一定範囲の共同目的のためにする結合であって、団体的拘束はこの共同目的によって制約される。近代社会の個人は、封建社会のように、特定の「閉じられた」協同体に所属してその内部で全人格的な規制をうけるのではない。彼は、市民社会という「開かれた」社会のなかで、自己の欲する目的実現のために、適当と認める私的中間団体を選択し、かくして、その目的に応じ複数の団体にいわば多面的に所属し、各団体の内部で一定範囲の限られた規制をうけるにすぎない。まず団体――協同体が、ついでその構成員としての個人が、存在するのではなく、まず自由意思の主体としての個人が措定され、そのうえで、個人の特定目的実現のための手段として団体が、つまり、自由な個人のいわば機能的結合が、登場するのである。

近代的な私的中間団体においては、団体的拘束の及ぶ範囲が、右にのべたように限定的であるばかりでなく、かかる拘束の強度についてもまた、個人の基本権としての自由との関連で、その限界が問題となる。基本的人権としての個人の自由を旗じるしにしたフランス大革命の直後には、有名なル・シャプリエ法が現われて、個人の自然権的自由という旗のもとに、封建的・前期的な協同体的拘束や商人・手工業者・職人等の経済活動に対するギルド的拘束だけでなく、これらの拘束に本来親しまない資本制社会における雇主の団体と労働者の団結までも含めて、一切の中間団体による拘束の否認を宣言した。この法的規整はやがてまもなく緩和されたとはいえ、そこには、近代的な団体的拘束が、その基礎としている個人の自由という理念によって、ときには極めてきびしい制限を受けうることを示唆しているように思われる。

右にのべた点以外の団体的結合の態様については、近代市民法は、個人自治の延長としての団体自治の原理にしたがって、これを、当事者ないし構成員の自由な合意に委ねている。つまり、市民は、さまざまの態様の団体的結合のなかから、好む態様のものを選びうるのである。

⑶　内部的結合の態様と市民法

ここで指摘しておきたいのは、市民法は、私的中間団体の内部的結合の態様にとくに注目しての法的規整をしていないし、かかる点に注目した団体概念をもっていない、ということである。なるほど、市民法は、組合と社団という二つの概念をもっている。学説は、この二つを人的団体の二基本類型とし、組合は、各組合員がその個体的独自性を維持したままでの債権契約的結合関係であって、そのために組合員の単なる並存を超えた団体じたいの独自性が現われないのに対して、社団は、構成員の増減変更をはじめから予定し、構成員の増減変更にかかわらず団体は同一性を失わずに存続し、かくして団体じたいの独自性が明瞭に現われるとして、この点に両者の相違を見出すのがふつうである。

しかし、社団概念と組合概念のこの対比は、法人概念との関連においてとりあげられたものであって、つぎのような法解釈論的視点における論理構成の一環をなすものであり、従って団体の内部的結合の態様そのものに関する「質的」類別ではない。すなわち、人的団体について、日本民法典上は、社団法人と組合との二種の規定しか存しないところから、社団法人に該当しない人的団体に対しては組合に関する規定を適用するという安易な態度の生まれる危険があるが、こうした態度をとったのでは、現実に存在する団体の実態に即した具体的に妥当な法的取扱は期し難いとして、社団法人でない団体でも、組合でなしに社団たるものに対しては、社団法人に関する規定中、とくに法人格の存在を前提として設けられている規定を除き、社団法人の「社団」性を前提にしている規定を準用すべきだということで、社団ないし人格（権利能力）なき社団の概念が唱えられるにいたったのである。[2] ところが、法人概念——これまでのいわゆる法人本質論と本稿の課題との関連については既に1で検討した——は、私見によれば、すべての個人に対し商品所有・商品交換の主体たる地位に照応した法的地位＝法的人格が認められ、個人の自由な商品交換活動＝法律行為には、原則としてその意欲するところに即した法律効果が行為者自身に帰属することの認められる資本制社会において、個人の結合である団体が構成員個々人の商品交換活動の単なる同時並存とは異なる団体じたいの意思（それは窮極的には構成員の多数決による意思に基礎をおく）にもとづく、団体じたいとしての商品交換活動を展開し、その前提および成果として、構成員個々人の個人財産とは区別される団体じたいの財産をもつ場合に、かかる団体じたいに対して、個人（とくに当該団体じたいの商品交換活動を現実に具現する個人）と明確に区別された、独自の権利義務の帰属主体性＝法人格を認めなければならない社会的必要に応ずるため、措定されたものである。けだし、この場合、近代法では個人のなした行為の効果はほんらい行為者のみに帰属するのを建前とするために、団体じたいの行為を具現する個人の商品交換活動については、その法律効果を、当該行為者個人にではなく、団体じたいに帰属せしめ、また、団体じたいに団体じたいの財産の所有権者たる地位を認めるためには、団体じたいが個人とは別個独自の権利義務の帰属主体たることが前提されなければならないのである。つまり、近代法上の法人概念は、万人の法的人格を原理とする資本制社会において、商品流通市場での個人の自由活動につき、行為者個人の名において行なわれ当該個人にその効果の帰属すべきものと、団体の名において行なわれ当該団体にのみその効果の帰属すべきものとの区別を法的にも可能ならしめるために措定された法技術的概念であるという点に特色がある（それが全部であるとはいわないが）といえる[(3)]（個人が「自由な個人」ではなく「協同体の一員としての個人」としてのみ存在する近代以前の社会では、いわゆる総有関係に典型的に現われているように、個人の権利は協同体的拘束を本質的に内包し団体の権利も構成員全体の権利と不可分であるため、特殊＝近代的な法人概念の成立つ余地がない）。したがって、社団と組合との二概念が、法人概念との関連において導き出されたものであるかぎり、そこでは、資本制商品流通市場における団体じたいの活動、つまり団体じたいの対外的活動（および財産権の主体性）が中心問題であって、団体的結合の態様や強弱は、それ自体としてとくに問題となることはないといわなければならない。

(4) 社団・組合と内部的結合の態様

ところで、社団と組合に関する前掲の分類は、一見、団体的結合の態様の差にもとづく類別であるようにみえる。組合は、各組合員がその個体的独自性を維持したままでの結合であるのに対し、社団では個人のかかる独自性がなくなって団体じたいの独自性が明確に現われる、とされるからである。しかし、組合において、もしも各組合員がその独自的存在性を完全に維持するというのであれば、各組合員は自己の合意したこと以外には、たとえ他の組合員すべての合意が成立した場合でも、拘束されず、組合という団体じたいの意思は、重要な問題であると否とを問わず、常に組合員全員の一致によってのみ形成される、ということになろう。しかしこれでは、組合が共同の事業を営むための結合であるいじょう、また、かかる結合が通常かなりの期間にわたる継続的結合であるいじょう、甚だ不適当・不便である。そして、組合の意思が常に組合員の全員一致によってのみ形成されるというのでは、そこに個人の集団が存在することは明らかであっても、個人の意思とは区別された、団体じたいの意思にもとづく、団体じたいの活動の存在と展開（つまり単なる集団と異なる団体の存在）を果して肯認しうるか、極めて疑問である。日本民法上の組合も含めて、近代民法上の組合概念が、組合じたいの意思の形成について組合員の多数決によることを認めている（日本民法六七〇条）のは、この点を考慮したものと思われる。また、民法典は、組合が少数者の相互信頼によって結ばれた内部結合の強固な団体であることを通常の形態として予定しているようにみえる。その一つの現われは、組合員の多数決で形成された組合じたいの意思にもとづいて組合業務を執行する者は、通常は、組合員のうちの一人または一部と定められていることである（日本民法六七二条）。社団と対比される組合の特色は、むしろ、各組合員が通常相互に他の組合員の個性に注目し、組合員の具体的特定性を前提とした結合（つまり〝あの人だから一緒に共同の事業を営んでゆく〟という意識の存在）であって、それ故に、社団におけるように構成員の変更増減がはじめから当然のこととして予定されているわけでない、という点に求めるべきものであろう。したがって、構成員の個体的独自性が強いか、団体じたいの独自性が強いかという前掲の区別は適当でなく、これと似た観点から両者を区別するとすれば、構成員の変更増減がはじめから当然のこととして予定されているかどうかに、社団と組合との相違点があると解すべきものであろう。

しかし、この区別も絶対的なものではない。組合員の具体的特定性を前提としその変更増減を全く認めていない団体ということになると、組合員の加入・脱退による、組合の同一性を維持しての存続を認めうる余地はないが、民法典は組合員の脱退が組合の同一性を維持しての存続を必ずしも害しないと定めているからである（日本民法六七八条・六七九条）。しかしまた、組合に関する民法の規定は、周知のように、任意規定であるから、組合員の変更増減を認めない旨の組合員全員の間の契約があれば、この契約は有効であり、かくて、そこには強固な「われら意識」、仲間意識にもとづく結合としての組合が生じ、それが法律上もそのまま認められることになろう。さらに、共同事業の運営についてさきに触れた全員一致制を定める場合も、その定めは有効であるが、この場合は、逆に、内部的結合の極めてルーズな組合が存在することになろう。他方、構成員の増減変更が当然のこととして予定されている社団についても、内部的結合の強弱は社団性と本質的な関連をもたない。何故なら、構成員の増減変更がはじめから予定されているということは、一般的には、構成員の多数ということに結びつき、それは通常は内部の結合のゆるさをもたらすであろうが、しかし、常にそうであるという論理的必然性はないからである。

このように考察してくると、民法上の社団と組合という概念は団体の内部結合の態様や強弱と本質的な関連をもたず、また、民法は団体の内部結合の態様や強弱にとくに注目して規整を加えるものでない、という結論に達する。

(1) いわゆる地方自治の認められる限度で、地方公共団体は、住民(国民に対比される)を構成員とする、国家とならぶ、市民社会のための公権力組織とみることができるが、市民社会のための公権力組織という意味での広義の国家は、かかる地方公共団体をも含めた一つの統一的権力組織である。

(2) ドイツ民法は、権利能力なき社団には組合に関する規定を適用する旨の明文の規定があるが、学者はこれを不当とし、社団は権利能力のない場合でも社団であって組合ではないという。わが国の学説は、このドイツ学説の影響をうけている。

(3) 近代法上、国家や地方公共団体も「法人」概念でとらえられることがある。しかし「国家法人説」は、本来君主主権の思想に対立しこれを否定するものとして現われた基本的人権・国民主権の思想の貫徹(すなわち民主共和制の実現)を阻止し、「立憲君主制」というかたちで君主主権を維持するために唱えられたものである。また「法人」という単一概念のもとで地方公共団体が「公法人」といわれ「私法人」と対比される場合でも、およそ団体じたいの行為は現実には自然人によってなされるほかないところから、いかなる機関（自然人またはその集団）のどんな行為が団体じたいの行為と認められるかが問題となり、かくて機関の行為が団体じたいに帰属するものとして取扱われることを必要とするという点では、たしかに私法人の場合と共通性をもっているとはいえ、「公法人」としての地方公共団体に帰属するのは、近代法上自然人には帰属しえない公権力行使の法的効果である。その点、自然人のなした行為の効果が個人にも団体じたいにも帰属しうるために法人概念によってこれを区別しなければならず、またこれによってはじめて両者の区別が可能になる私法人の場合とは、決定的に事情が異なるのである。なお、国家・地方公共団体も、公権力の主体として現われない場合は、周知のように、私法人である（いわゆる国庫Fiskus）。

三　市民的団体法の法理と現実

(1)　結社の自由と労使の団結

万人の市民的自由・法の前の平等という近代法の理念に裏づけられた結社の自由という原理は、以下にのべるように、労使関係の場では実質的に貫徹されなかった。

手工業に対するギルド（同職組合）的拘束、徒弟や半人前の職人に対する親方の家父長的権力、労働関係に対する賃金法定その他国家権力による直接的規整、総じて産業に対する前期的拘束を特色とする絶対王制下では、職人たちの賃上げ・団結は、前期的拘束の秩序を侵すものとして禁止された。しかし、マニュファクチュア段階にいたって前期的拘束の秩序の崩壊、資本制生産の確立への本格的な歩みが開始されるとともに、労働関係のなかに近代的な市民的自由の理念が入りこんでくる。しかし、それでも、なお、労働者の団結についてては、自由が認められなかった。こんどは、市民的自由の名において、労働者の団結は、賃金その他労働関係の内容が二人の市民の自由な合意に委ねられるべき自然的正義の秩序を侵犯するものとして、やはり刑罰をもって禁止されたのである。(1) 工場制度が確立するまでは、労働者の団結は、前期的秩序のもとにおけるギルドとの関連においてとらえられた。初期の労働組合が職種別組織であったことは、いっそう労働組合を〝労働者ギルド〟として意識させることにもなった。たしかに、市民的自由の理念をかかげての団結禁止は、労働者だけでなく、親方雇主やマニュファクチュア雇主にも及んだし、フランスの前掲ル・シャプリエ法は、封建的特権と拘束の一環としてのギルドの復活を禁止する旨をとくにかかげて、労使双方の団結を禁止した。しかし、労使「平等」のかかる団結禁止法のもとで、労働者の団結のみがきびしく弾圧され、使用者の団結が処罰された例はついにみられなかった。そればかりでなく、ル・シャプリエ法の団結禁止は、間もなく、使用者の団結についてのみ禁止を緩める法の出現によって改められ、団結禁止に関する労使の「平等」は名実ともに破られたのである。労働者にとっての団結のもつ意義・重みと使用者にとってのそれとの間には決定的な差があり、労働者にとって団結はまさに生存のためのとりでであることを考えるとき、労使「平等」の団結禁止は、形式的な平等にすぎず、実質的にはそれ自体不平等を意味する。また、使用者の団結は少数の人間の団結であって、その存在の立証は実際上甚だ困難であるのに対し、多数の関係労働者を団結のなかにとりこまなければならない労働者側にとっては、団結の存在を秘密にしておくことは極めて困難であって、労使「平等」の団結禁止は、実際上の適用面で必然的に「不平等」をもたらすのである。

しかし、各国ほぼ共通に、産業革命を経て工場制度ないし資本主義がその基礎を確立した頃に、市民的自由の理念のもとに、団結禁止がようやく撤廃される。さきには市民的自由の理念によって禁止されていたものが、同じ理念によって許容されるにいたったのである。この謎は、法の背後にある実態の変化をみとどけることによって解明される。生産手段が手工業的道具に、したがって生産が熟練職人ないし熟練労働者の労働に依存していた時期には、団結した労働者が「自分の好まない賃金では働かない」自由を行使すること（ストライキ）に対し、使用者が市民的自由の秩序のもとで認められる法的手段を背景にみずからの力で対抗することは困難であった。この段階では、国家の刑罰権による直接的な禁圧が必要だったのである(2)。この禁圧の社会的必要がなくなったとき、その撤廃が行なわれたにすぎない。そして労働者団結は、こんどは、市民的自由の秩序のなかで団結活動をさまざまの観点から制約する市民法理との闘争にたち向うこととなるのである。

⑵　資本団体と労働者団結

なお、労働関係の場における「団結」の法的取扱いと異なる問題に、資本の担い手である個人の結合、いわば資本団体に関する法的取扱いの近代法上の推移がある(3)。周知のように、資本団体の形態である営利法人としての会社について、近代法の態度は、絶対王制下の特許主義から許可主義へ、さらには準則主義へと移ってきている。会社は、いうまでもなく、営利を目的とする団体（社団）であって、その構成員は、株式会社についていえば、株主である（株式会社に雇われているいわゆる社員は、株式会社という資本団体の構成員ではない。社員とは、法律上はこの場合、株主のみをいう）。営利を目的とするということは、団体としての活動の成果である利益を構成員に分配することを意味する。そこで、会社という団体の活動は、代表機関（取締役）やいわゆる社員その他の被用者（法律上これらの者は会社の代理人である）によって実際に具現されるが、近代法上、個人にはすべて法人格が認められ、個人のなした法律行為の効果は行為者である当該個人に帰属することを原則とするので、会社という団体の行為として行なわれる行為、つまり会社の名において行なわれる行為の効果は、会社の名において現実に行為する個人に帰属させず、また、直接に構成員個人にも帰属させずに、これを直接会社じたいに帰属させる必要があり、そのためには、個人の法人格とは別個に、会社という団体じたいに権利義務の帰属主体性＝法人格を認めなければならない。営利社団である株式会社にとって、法人格の取得は、会社じたいにとっても、これと取引する他の経済主体（個人または企業）にとっても、絶対的要請といえる。近代法は、こうした要請にこたえ、会社の法人格取得を次第に容易にし、一九世紀後半には欧州諸国は準則主義の時代に入る。しかし、労働者の「団結」の第一次的な活動は、団体交渉にせよ争議行為にせよ、団体じたいが法人格をもつことを要請するものではない。労働者団体にとっての基本的な要請は、団結活動の権利としての広義の団結権の承認であり、それは、労働者団結の活動が不可避的に衝突せざるをえない市民的自由の法理に対して後退・修正を要求するものであった。しかし、団結活動の権利としての団結権の明確な承認は、二〇世紀に入ってようやく行なわれる。

(3)「自由で合理的な個人」理念の動揺

近代市民法は、既に二でのべたように、法そのものの論理としては、自由意思の主体としての個人から出発して、全体社会（市民社会）を、国家を、さらに私的中間団体をとらえるものであった。そして、私的中間団体に関する法的規整に際しての理念と関心も、結社の自由であり、個人の私的自治の一部としての団体自治であった。また、近代市民法は、団体内での構成員の自由という問題にも関心を払わないわけではなかったが、むしろ主たる関心は、団体じたいとしての対外的活動に向けられ、団体の内部的結合の態様や強度は、団体の法的規整においてそれじたいとして特に問題とされることがなかった。それは、個人と団体の私的自治に委ねられたのである。こうした法の論理の基礎に、封建的協同体の拘束から解放されて自由な活動を保障されるにいたった個人は、合理的・理性的に行動するものであり、したがって法は、かかる個人の自由活動の尊重を建前とすれば、部分社会としての私的中間団体も、また全体社会も、スムーズに動いてゆくはずだという甚だ楽天的ないわゆる予定調和の思想がはたらいていたことは、いうまでもない。

しかし、〝万人の自由・平等〟の理念に立脚する全体社会の予定調和という思想ないし信仰は、現実によって動揺させられる。いうまでもなく、〝万人の自由・平等〟という理念のもとで、貧富の懸隔・対立、労働者その他の人々の不自由・従属という現実が、国によって様相に違いはあっても、ますますあらわになっていったからである。もともと、この理念をうみ出した市民社会成立への歩みは、経済的には資本制社会の確立過程にほかならず、しかも、資本は、いわゆる原始的蓄積過程の残虐さに明らかなように、はじめからいわば血をしたたらせながら登場したのであるが、資本制社会の発展は、〝万人の自由・平等〟という市民法の理念が、実は、資本の自由な活動・発展に寄与するのみであって、労働者などにとっては現実には全く内容空疎な、自由意思の主体＝法的人格者ないし市民としての自由・平等を意味するのみといっても過言でないことを、次第に明らかにしていった(4)。いまや法は、個人を単に抽象的な自由意思の主体すなわち自由な法的人格者ないし市民としてとらえ、かかるものとして規整するだけではいけない。個人の現実におかれている経済的社会的地位に即して、すなわち具体的な人間としてとらえ、かつ規整すべきだという主張が現われ、「法的人格者（Person）から人間（Mensch）へ」という著明な標語が生まれる。

労働者にとっての市民的自由の理念の空虚さが、現実によって明らかになっていっただけでなく、資本にとっても、現実は、自由な個人の合理的・理性的活動に対する信仰を次第に大きくゆるがすような展開を示した。というのは、資本の担い手である各個人・各経済主体が、期待しうる最大限度の経済的合理性をもって――いわゆる経済人《ホモ・エコノミクス》として――行動するにかかわらず、恐慌という経済社会全体のまひ状態が周期的に必ず到来することが経験的に明らかになり、しかも、かかる周期的まひ状態の激しさ・深さ・長さがますます増大伸長していったからである。

こうして、労資対立の激化、労働運動の進展という現実の動きのなかで、「万人平等の市民的自由」の理念に立脚する法秩序の虚偽性・ぎまん性があらわになるとともに、他方で、恐慌の深刻化という現実の様相もまた、個人の市民的自由の一面ないし延長としての「各個企業の自由活動」という理念に対する疑念を深めるものであった。かくて、市民社会内部の諸関係を、もっぱら個人＝市民の自由という理念に立脚して規整していた近代法＝資本主義法は、ついには、そのなかに、市民のうちの労働者と使用者との関係については、労働運動を担い手とする生存権の主張をなにほどかとりいれた法的規整を行なう（生存権理念の実定法への収容）新たな領域、すなわち労働法――さらには社会保障法――と、〝恐慌からの自由〟をめざして個別資本の自由活動に対し、単なる臨時的・例外的な制限にとどまらない公権力による直接的干渉をくわえる領域、すなわち経済法とをもつにいたる。市民的自由を理念とする一元的秩序（第一次的法としての私法のまわりに第二次的法としての公法をもつ）をとる資本主義法は、近代自然法理論によって永久不変の法と讃美されたが、やはり歴史的な一時期の産物として、分化・変容の道をたどらざるをえなかったのである。

（1） 諸国の労働者団結の禁止・制限の詳細については、岩波講座現代法10巻『現代法と労働』四五頁以下（一九六五年）参照。

（2） 詳細は、拙稿「争議権論――歴史と性格」、労働法学会〔編〕労働法講座三巻『労働争議』四四五頁以下

（一九五七年、有斐閣〔本著作集Ⅲ巻九五頁〕）参照。

（3） 詳しくは、岩波講座現代法10巻『現代法と労働』四頁以下〔本巻三頁〕参照。

（4） 資本団体としての「会社」に対する近代法の態度と、労使の「団結」に対するそれとを同じ平面の上で対比するのは誤りである。

四　労働組合における組織と個人

(1) 労働者の団結の必然性

労働組合という団体を他の私的中間団体と対比してみると、次にのべるような基本的特質とそれにともなう問題点とを指摘することができよう。

第一に、労働組合は、労働者の団結の必然性に根ざした団体だという点である。「労働者も他のすべての個人と対等の独立・自由な法的人格者ではあるが、団結しないで各自が使用者との『自由な』契約によって労務を提供していたのでは、事実上使用者に『従属』せざるをえない。そこに労働組合運動の法認される根拠がある。」こうした考え方は、こんにちでは、すべての資本主義国に共通な、国民的規範意識となっているといえる。戦前、組合運動が労働者のごく一部の〝主義者〟の運動とみられていたわが国でも、戦後二〇年、ようやくこうした規範意識が定着しつつある。

もっとも、労働者の「従属」をいかなるものとして認識するか、これを組合運動、さらにはその法認とどう結びつけるか、については、必ずしも見解の一致がみられない。実はそこに、労働者の団結と団結法制のとらえ方に関する基本的な相違・対立を生み出す源泉があると思われるのであるが、その点の考察はしばらくおき、労働者は団結なくして「従属」状態をまぬがれ得ず、団結には労働者の現実の生活がかけられているとすれば、労働組合の結成やこれへの加入を、親睦会や同好会などの結成やそれらへの加入と同列に論じえないことは明らかである。なお、使用者の団結――単なる団体の結成ではない――は、労働者の団結の存在を前提とし、労働者の団結が存在しなければ全く不必要のものであって、歴史的にも、それは、労働者団結の出現後にこれに対抗するために現われた。わが国の憲法は、労働者の団結権のみの保障をかかげる。欧州では、〝団結〟という語が労使双方について語られるが、[1]やはり、労働者の団結がまず念頭におかれている。いずれにせよ、団結は、労使の対抗関係を前提とした一方の側の結合であり、かつ、労働者側の団結として第一次的な意義をもつものであるということができる。

近代法は、くり返しのべるように、自由意思の主体としての個人から出発する。私的中間団体の結成・加入についても、かかる個人の自由が出発点となる。今日でも、労使の団結を除いて、私的中間団体は、個人の歴史的・社会的・体制的な被規定性にかかわることのない、自由意思によって選択された欲求充足の手段と考えられている。しかし、労働組合に関するかぎり、ひとは、団結への自由意思が多かれ少なかれ労働者の現実の生活基盤によって強制されたものであることを承認しないわけにはいかないであろう。ただし、既に指摘されているように、近代的な法的人格者の自由が、資本制社会における商品所有・商品交換の自由という社会体制上の必然の人間の意識への法的投影にすぎないとすれば、団結への自由意思も、体制的被規定性という点では、これと異なるところはないといえる。しかし、他の商品の交換と異なり、労働力＝商品の交換については、労働者の法的自由が実質的には体制的な不自由（資本主義社会では使用者の誰かに労働力を売って利潤のための生産過程のなかに身をおかなければ生活していくことができないという意味での）と使用者への従属を意味し、この不自由・従属を基礎とした団結への必然的な欲求が、その充足を妨げる法的障碍の排除を要求せざるをえず、そこに、団結権の要求とそのための闘争が現われるわけである。

(2)　労働者団結の外向性と内向性

持続的労働者団結としての労働組合には、第二に、他の私的中間団体にみられない強度をもつ外向性と内向性がみられる。関係有資格者の全員の加入が期待される私的中間団体は、労働組合以外にもある（たとえば同窓会）。しかし、労働組合は、既にのべたように、労働者の生活基盤にかかわる団結の必然性に根ざす団体であるために、全員組織という目標に向ってたえず精力的に前進しつづけなければならない性格を内包している。じじつ、労働組合は、団結しない個人的自由を主張する組織外の者に対し、発足当初からたえず、なんらかの「団結への強制」をくわえてきた（ショップ制がとくに注目される）。このいわば外向性は、また、組織内の者に対しても、脱退のなんらかの制限を要請する。そして、労働組合は、使用者との対抗関係における団結活動を第一次的目的とするために、他方で、たえず、団結の内部的な強固さを増加させる努力を要請される。かくて労働組合は、強度の外向性とともに、内部統制を志向するいわば内向性――これも他の私的団体にみられぬ強度をもたざるをえない――をも内包する団体ということができる。ただし、このうち外向性は、オルグ活動に支えられる職業別・産業別の超企業的組織の場合に顕著であって、敗戦直後の特殊な情況のもとで一挙に従業員全員組織として結成され、その後も当該企業に新規採用された本工・本職員が入社と組合加入の意義の相違を明確に認識することなく、いわば自動的に組合に加入してきたわが国の企業別組合の場合には、もっぱら内向性のみが実際上は問題となるにすぎない。

労働者の団結権が法認されても、対外的団結強制の適法違法や、内部的統制の限界がやかましく論議されるのも、それらが労働組合の本質的な特色に根ざすものであり、また、市民的自由の法理との間に鋭い衝突を生み出さざるをえない問題だからである。

(3) 労働組合の複合的機能

労働組合の第一次的な機能は、もとより、使用者ないし使用者団体との対抗関係において、広義の団体交渉を通じ、組合員の労働条件(広義)の維持向上をはかることである。かかる経済的機能を果さない労働者団体は、他にどんな機能を果していようと、労働組合ではない。しかし、労働組合は、第二次的に、福利共済活動、政治活動、社会運動など、多面的な活動を展開する。とくに注目されるのは、かつての職業別組合が組合員のために、いつ襲ってくるか分らぬ疾病・廃疾や、周期的不況にともなう失業や、必ずやってくる老齢に対して、組合共済基金からそれぞれ手当を支給したほか、組合員に職業紹介を行なって、就職のための移転についても手当を支給するなど、労働者の生活のほぼ全面にわたって面倒をみたこと、かくて一人の使用者に終身雇用されるわけでなかった当時の労働者の間に、〝使用者との結びつきは一時的だが、組合との結びつきは一生にわたる〟という通念を醸成するにいたったことである。こうした努力は、産業別組合が支配的となった後も基本的にはうけ継がれているとみられる。(2) わが国の企業別組合では、組合員は会社のさまざまの福利厚生施設に囲まれた終身雇用の常用工・職員であり、またかなり早く「上からの」国家管掌の労働保険・社会保険制度が現われたために、右のような通念の醸成される基盤が存在しなかったし、今日でも一般にはまだ存在しない。ただし、一部の組合は、組織の強化・拡大のために果すべき厚生福利共済事業の重要性にめざめつつあるといってよいようである。

しかし、労働組合に依存する組合員の生活面が広く、かつ深くなればなるほど、労働組合は、他の私的中間団体との相違を強め深める。というのは、近代的な私的中間団体は、封建的・前期的な協同体のように、構成員の生活を全面的にその統制下におくのではなく、限られた一定の範囲の団体目的・機能に即して、構成員の生活面の限られた一部を団体的規制のもとにおくにすぎないからである。そして、職業別組合が近代法によって敵視された背後には、個人は自由意思の主体として多数の機能集団に分属すべきものだという近代的な団体観があったのではないかと推測する。

(4)　団結活動の特殊性

最後に、労働組合の団体としての活動には、他の私的中間団体のそれにはみられない独自性のあることを指摘しなければならない。労働組合は、その第一次的な機能を果すために、使用者側との間に争議行為を含む広義の団体交渉を行なうが、団体としてのこの目的行動には、争議行為に典型的に現われる独自性がある。それは、第一に、たとえばストが組合員（構成員）全員の労務提供拒否によってはじめて可能であるように、全員の現実の協同行動によって、はじめて団体としての活動が成立つ、という団体活動の様式の面における独自性に現われる。こうした争議行為の特色は、部分ストのように、組合員の一部がストに入るにすぎないときでも認められる。この場合、ストに入っていない組合員も、そのときどきの情況に応じて組合が効果的と判断し選択した態様の争議行為の実施に協力するものだからである。第二に、争議行為はそれによって使用者側になんらかの損害が生ずることを承知のうえで行なわれる——故意の加害行為——ところの労働組合という団体に特有の目的活動である。そればかりでなく、ピケにみられるように、直接には使用者以外の者に圧迫を加えて、間接に使用者に打撃を与えようとする活動も行なわれる。そして、狭義の団体交渉（いわゆる平和的な交渉）も、かかる争議行為の脅威を背景として行なわれるところに特質がある（争議行為禁止法下の団体交渉はこのような特色を失って使用者への陳情・歎願に近づく)。なるほど、資本団体である株式会社の活動も、多数のひとびとの活動によって具現される。しかし、その大部分は、株式会社という団体(社団法人)の構成員＝株主という地位をもたない「他人」、つまりこの団体の外部にあってそれに雇用されている者にすぎない。そしてこの団体の代表機関である取締役も、団体構成員＝株主でない場合が多い。今日では、周知のように、株式会社の構成員＝株主は会社の活動に対し、せいぜい、株主総会を通じての会社意思の決定に参加するぐらいで(それも形式化している)、会社の活動を具現するような活動にはタッチしない場合が普通である。しかし、労働組合にあっては、団体の活力・組織力の強さが如実に示される争議行為は、構成員＝組合員のひとりひとりが団体としての活動の一翼をになわなければならない。しかも、かかる争議行為が効果的に行なわれるためには、平常時の団結強化活動が必要不可欠であって、これまた〝他人まかせ〟にできる活動ではない。団結活動は、まさに組合員ひとりひとりにかかわりあうことがらなのである。そして、このような性格をもつ争議行為が市民的自由の網の目にあちこちで衝突し、市民的自由の理念のもとでは違法と評価されざるをえない面が多く、それ故にこそ争議権の承認が要求されざるをえなかったわけである。

(5) 組合内部法の性格把握をめぐる対立

以上、労働組合の主な特質を指摘したが、これによって、自由に意欲する個人を出発点とし、個人がその欲求充足の手段として、自由意思により多数の機能的中間団体に分属するという、近代法上の私的団体法の基本的な考え方と、労働組合という団体の実態との間には、大きな隔たりのあることが明らかである。問題は、こうした隔たりを、現在の団結権法制のもとで、法律上いかにとらえるべきか、であろう。

この点について暫く前、渡辺洋三、片岡曻両教授の間に、つぎのような見解の対立がみられた。「実用法学としてなら、団結の必然性の論証を基礎にすえるのもよいであろう。しかし法社会学としては分裂の必然性をこそ問題にしなければならない」[3]（傍点原文のまま）として、わが国に特徴的な組合分裂の内部的・外部的要因を歴史的・社会的に明らかにする法社会学的研究の緊要性を強調された渡辺教授は、同時に、「資本主義市民法の個人主義原理は、労働者集団のなかにも客観的に貫徹する」[4]と言われた。これに対して、片岡教授は「労働者の団結を構成する団体的・個人的の両モメントはいずれも同一の労働法原理（生存権原理）の基盤の上に複雑な結合をなし……それは団結における団体的モメントを通ずることによってはじめて労働者の個人的モメントに真の生命が与えられるという労働者の根源的な自覚（階級的自覚）に照応している。……労働者の団結においては、団体的モメントは個人的モメントに優越するものとして扱われるが、これは決して観念的思考の産物ではなくして、労働運動を支える現実的意識のなかにその根拠をもつ……」[5]と批判された。

とりあげられた問題は、労働組合における「組織と個人」の法的側面、つまり組合内部法の基本的な性格を、どうとらえるべきか、という困難な問題であった。もっとも、渡辺教授の右の主張はあまりにも簡単であるため、必ずしも明確にその真意をほそくしえないのであるが、片岡教授は、右の主張を後に、つぎのように補充されているので、それを手がかりにして、問題点を私なりに検討してみたいと思う。

片岡教授もまた、労働法は労働者を「階級的人間」としてとらえるけれども、この労働法的・階級的人間像と「民法的人間像との間には、断ちがたい同一性の契機が存在する」といわれる[6]。しかし、前者と後者とは「同質的原理の同一基盤」のうえにではあるが、「相矛盾し合う対立的契機」を内包しているのであって、この「対立的契機の根拠は、何よりも労働者の階級的地位を現実的基礎とした団結の法認そのもののうちに求められる」とされる。[7] さきに紹介した「労働者の団結においては、団体的モメントは個人的モメントに優越するものとして扱われる」という教授の主張は、これに連なるものであろう。問題は、教授のいわゆる労働法的・階級的人間像（労働者像）の内容いかんである。この点につき、教授は、それが「二つの極、すなわち民法的自由のもつ抽象性・形式性に一定の修正を加えつつ、これに具体性・実質性を回復せしめようとする見地と、階級的人間としての労働者の存在を資本家階級と同一の社会的基盤の上でのみ容認し、それが資本制社会の超越的批判者となることを極力否定するという意図との中間において形成されるもの」、つまり「階級的人間像の本質的生命をできる限り毀損することなく、しかもそれを資本制社会の内在的存在として維持し続けるという、甚だ矛盾に満ちた、かつ極めて浮動的な性格」を、資本制労働法は階級的人間像＝労働者像に付与しているとされる。[8] この片岡教授の主張は、制定当時の日本国憲法上の労働者像は、労働者を「革命的歴史的主体としての階級的人間としてではなく、資本制社会と国家機構の民主化によって階級的利益……を守るために団結……せざるを得ないところの階級的人間として（その限り虚偽の映像たるをまぬがれないが）」把えるものであったとされる沼田教授の説を想起させる。[9] ただし、沼田教授は、資本主義労働法一般における労働者像を右のようにとらえられるのではない。もっぱら日本国憲法上の労働者像について、それがドイツのワイマール憲法、ボン憲法（西独基本法）、ＩＬＯ条約、アメリカ労働法上の労働者像と異なることを、制定当時の諸事情にてらして認識すべきだとされるのである。

(6) 労働力＝商品の交換関係と労働組合

労働組合は、既述のように、多面的な目的活動を展開するが、もともと、現に資本主義社会のなかにおかれている労働者の生活利益の擁護向上という目的を、第一次的には使用者側との対抗関係を前提とした団結活動によって達成しようとするものである。使用者に向けられた労働組合のこの第一次機能の面で、労働法理による市民法理ないし市民的個人法理（渡辺教授の前出「資本主義市民法の個人主義原理」をかように縮めて表現したい。それは、個人を抽象的な市民ないし公民として平等にとらえ規律する、いわば古典的な資本主義法理を意味する）の修正・変容――争議行為に関する刑事・民事のいわゆる免責その他――が現行法上認められることについては、ほぼ異論がない。

しかし、労働組合運動は、既に指摘されているように、それ自体は、「公正な賃金」という要求をかかげた運動であって、「賃金制度の廃止」を目的とする運動ではない。労働運動はついには（そして今日多くの国で）賃金制度の廃止、社会主義社会の実現という要求をかかげているが、この運動の主導権は、ほんらい、労働組合運動にはなく、労働者政党、前衛政党にあるとしなければならない（もとより組合運動と前衛政党の活動とは労働運動のなかで密接な協力関係にたつが）。換言すれば、組合運動は、経済学が明らかにしているように、本来、労働力＝商品の価値どおりの販売をめざすものである。労働力の商品性の貫徹をはかるものではあっても、これを廃棄するものではない。組合運動のもとでの労働者は、いぜんとして賃金労働者であり、労働力＝商品の販売者である。

したがって、組合運動を法認し、その第一次的機能としての団結活動に対し、「資本主義市民法の個人主義原理」の修正、すなわち、個人をもっぱら自由な法的人格者ないし市民としてとらえ規整する法理の修正を認める現代資本主義法のもとにおいても、労働者は、自由な法的人格者であることをやめるわけではない。労働者は、使用者や労働組合に対する関係で、市民一般とは異なる労働者としての労働法的規整をうけ、また労働法上の権利を享有するが、もとより、彼のとり結ぶ生活関係のすべてが労働法的規整の対象となるわけではない。そればかりでなく組合内部における生活関係についても、市民的個人法理の修正の認められない（その必要のない）領域がある。たとえば、福利厚生活動をめぐる組合と組合員との関係がそうである。しかし、組合の第一次的機能をも含めて、組合内部においても「資本主義市民法の個人主義原理」が全面的に「貫徹する」というのであれば、それは誤りである。渡辺教授も、このように主張されるのではあるまい。

なお、労働者が経済学的にいえば、労働力＝商品の販売者だといっても、これを、法律構成上、「物」の販売者とみることはできない。労働者も他の個人と同様「法的人格者」であるということが、彼の生きた身体のなかにある労働力を「物」として法律構成することを許さないのである。しばしば、労働組合は、広義の団体交渉によって、傘下組合員の労働力の集団的一括販売を行なうなどと説かれるが、経済学的説明としてなら格別、この場合も法律構成上は、売買としてとらえることはできない。ただし、本稿では、課題の性質上、解釈論上の法律構成の内容には立ち入らない。

(7) 「階級的」団結の考え方

労働法学がワイマール・ドイツでの生誕以来問題にしてきた「労働の従属性」をどうとらえるかについては、周知のように、経済的従属説、組織的ないし技術的従属説その他いくつかの説があるが、その本質は、体制的・階級的従属に求めなければならない。すなわち、労働者が、自由な法的人格者としては使用者と「対等」であるが、生産手段の所有（広義）からも自由であるために、特定の甲とか乙とかの使用者に従属するものではないが、使用者のうちの誰かに雇ってもらって利潤のための生産にその労働力を販売・提供しなければ、生活していくことができないという意味で、使用者の全体に、すなわち使用者階級に従属するということ、そこに「労働の従属性」の基底を求めるべきものである。経済的従属説その他のあげる従属は、この基底のうえでの現象形態のあれこれを挙示するものにすぎない。おそらく、片岡教授も沼田教授も、「労働の従属性」を同じようにとらえられるものと思う。

ところで、「労働の従属」の基底を右のようにとらえるのが正しいとしても、資本主義労働法が「労働の従属性」のこの基底までも排除することを目的とするものとは解しえない。何故なら、もしそうだとすると、資本主義労働法は資本主義ないし賃金制度そのものの廃棄を目的とする法ということになってしまうからである。せいぜいのところ、資本主義労働法は、労使を「市民」というヴェールですっかり蔽いかくしてしまうことの虚偽性がもはやあまりにもあらわになったという現実、労使がそのおかれている経済的・社会的地位の違いに応じて、すなわち階級として、利害を異にし、かかるものとして対立するという現実を——不愉快ではあっても——率直に承認し、こうした観点から、労働者の団結活動の法認その他の必要かつ合理的な規整をくわえるにすぎない。もっとも、労働者を階級的・体制的な従属を認識しこれを超克する「革命的歴史的主体」として承認することはありえないばかりか、たとえば、アメリカ法にみられるように、「労働の従属性」を、交渉力の不平等という現象面でだけとらえて、団結活動の法認をもっぱらその上に根拠づけるものも現われる。換言すれば、資本主義労働法は、資本制社会を前提としたその内部での労使の階級的な利害の対立とそれに基づく活動を承認するとい態度を極限として、その国その国の歴史的社会的な特殊事情（法制度面でのそれも含めて）に応じた具体的な内容をもつ、ということができよう。片岡教授が「階級的人間像の本質的生命をできる限り毀損することなく、しかもそれを資本制社会の内在的存在として維持し続ける」という視点を、労働者団結に対する労働法に固有の視点とされるのも、右にのべた私の見解とあまり違わないであろう。ただ、私は、このような視点での労働者団結の規整は、資本主義労働法の極限をなすものであり、各資本主義国の実定労働法が常にこのような視点をとるものとは限らない、というように考える。

(8) 組合運動観と実定組合法

実定労働組合法（実定団結権法制）は、一般に、労働組合主義の伝統に立脚すると説かれるが、その国の組合運動が現実にもっている組合運動のあるべき姿に関する基本的な考え方（組合運動観）とそれに基づく実際の運動様式とが、国によって必ずしも同一でないのはいうまでもない。ところで運動様式という観点から主な組合運動観を分けてみると、一般的には赤色労働組合主義、サンジカリズム、ビジネス・ユニオニズムそして、統合型組合主義の四つ[10]を挙げることが出来よう。ビジネス・ユニオニズムは周知のように、資本主義体制の変革を全く考慮することなく、組合の活動をほとんど資本主義の枠内での労働諸条件の維持向上の活動に限定する考え方である。これに対し、赤色労働組合主義は「政党の下請け的組合〔のように〕……体制変革を直接目的とする政党の政治活動の一手段としての機能面が〔過度に〕重視され、そのため労働組合としての大衆的組織活動の面が軽視」（〔 〕内は筆者）[11]される組合運動観であり、サンジカリズムは、組合運動のみの力によって、とくにゼネスト戦術によって、資本制社会を打倒しようとするものである。これらに対し、統合型組合主義というのは、労働組合の既にのべたような多面的な機能を、第一次的な経済的機能を中心として、統合的に行なっていこうとする組合運動観である。最後のものは、労働組合が政治的信条の同一性を前提としない大衆組織であることにとくに留意し、その第一次的な機能が現に資本主義社会のなかにおかれている労働者の日常的な生活利益（いわゆる労働者の「生活と権利」）の擁護向上を目的とする活動におかれる。そして、労働者の体制的・階級的な従属に対する認識とそれにもとづくこの従属の超克をめざす運動は、労働運動の第一次的機能そのもののなかからおのずから生まれるとはせずに、労働者政党（前衛政党）の正しい指導——もとより労働組合が右のような第一次的機能をもつ大衆団体としての独自性をもつことの認識を前提にした——によってもたらされる、という考え方に立つことになろう。労働組合は労働者の「階級的」組織であるとか、組合運動の「階級的」性格などという言葉が用いられる場合に、この点への顧慮が欠けてはならない。

わが国の戦後の組合運動のなかにも、右のような四種の基本的な組合運動観とその混合型（四つのうちのいずれか一つを主とした）をみることができるが、このほか、戦後の日本に特殊な組合運動観として、経営民主主義（組合を企業ないし経営の〝民主化〟のための〝協議〟機関としてのみとらえ、労働市場の超企業的な、たとえば産業別の統制を関心外におく）をあげなければならない。そして労組法は、御用組合を除くあらゆる労働者団結の正当な第一次的活動に対して労働法的規整をくわえる。ただ、現段階での労働組合運動と労働者政党との関係は、労働組合の側に企業内組合という限界——使用者側からは企業内組合にとどめておこうとする硬軟両様の対策がたえずうち出されている——があり（「企業内組合からの脱皮」が左右を問わず労働組合運動のスローガンとなっているから、企業内組合主義という運動観はあげるべきではないであろう。しかし現実の活動についてみれば、企業内組合主義の壁はいぜん厚い）、他方に労働者政党の弱小という現実があ存在し、しばしば重大な問題を生んでいる（特定政党支持決議のおしつけによる組合員の政党支持自由の原則の無視、組合の具体的活動の進行状況・内部態勢を無視した政党指令の組合内へのもちこみなど）。しかし、こうした混乱は、ほんらい国家権力（裁判所等）を通じての法的救済によって除去されるべきものではなく、また、もとより特別の法的規整の対象となるべきことがらでもない。

（1）　ドイツのワイマール憲法、西独基本法におけるVereinigungsfreiheitは労使双方の団結自由を意味し、イギリス法でもtrade unionは労働組合のほか使用者団体をも含む。しかし、「労働者の団結権」の保障ないし「労働組合」法として実際上の意義をもつ点は共通である。

(2) 職業別組合における諸種の共済給付は、組合員である熟練労働者から徴収しうる「高い組合費」を基礎にしてはじめて可能であった。しかし、労働の非熟練化とくに大量生産の段階で現われる産業別組合の場合には、「高い組合費」の徴収は困難であり、そのために、組合は国家に対し、それまでの組合からの共済給付の肩代りとしての諸立法を要求することになったのである。

(3) 渡辺洋三「法社会学と労働法」野村教授還暦記念『団結活動の法理』四八六頁(一九六二年、日本評論社)。

(4) 渡辺洋三「法社会学と労働法学」法律時報二四巻九号。

(5) 片岡曻「労働法学と法社会学」法社会学会編『労働法学と法社会学』五四-五五頁(一九六三年、有斐閣)。

(6) 片岡曻「労働法と市民法」法哲学会編『法における人間』(法哲学年報一九六三年下)二九頁(一九六四年、有斐閣)。

(7) 片岡曻、同前掲論文三〇頁。

(8) 片岡曻、同前掲論文二八頁。

(9) 沼田稲次郎「日本国憲法における労働者像について」『今日の法と法学』三二一-三三頁(一九五九年、勁草書房)。

(10) この四つは、青井和夫編『組織の社会学』五七-五九頁(一九六四年、有斐閣)が、組合のタイプを、運動的機能面との関係で赤色労働組合的タイプ、ビジネス・ユニオン型、統合型組合、カンパニー・ユニオン、日本的企業別組合型に分けているのを参照したものである。

(11) 青井和夫編、同前書五七-五九頁。

(『現代法の思想』、岩波講座現代法一三巻、岩波書店、一九六六年)

6 団結権と労働者および労働組合像

序

憲法二八条に広義の団結権ないし労働三権——狭義の団結権、団交権、争議権——の保障を最高・基本法規としてもつ戦後わが国の労働法体系のもとで、この権利——以下とくに断らないかぎり広義の団結権を単に「団結権」とよぶ——の基本的な性格・特色を、権利主体である労働者と労働組合の法的な、および現実の像との関連において考察してみたい。もっとも、法上の労働者および労働組合像を確定することは必ずしも困難ではないが、労働者および労働組合の現実態はいうまでもなく多種多様かつはなはだ多面的であり、その現実像を描出することは、極めて困難である。本稿では、法上の労働者および労働組合像のみならず、現実の労働者および労働組合像の問題もとりあげるが、しかし、後者はあくまで前者と関連すると思われるかぎりでとりあげるにすぎないことを、あらかじめお断りしておきたい。

団結権をその主体である労働者および労働組合との関連において論述した労働法の文献は、断片的に論及したものも含めれば、すでに無数といっても過言ではない。本稿は、これらの文献を私なりにふまえ、私なりに整理しつつ、私見を述べたものである。

6 団結権と労働者および労働組合像

一 団結権とその主体＝労働者

1 勤労者ないし労働者

憲法二八条は団結権の主体として「勤労者」をかかげているが、これが労組法三条にいう同法上の「労働者」すなわち「職業の種類を問わず、賃金、給料その他これに準ずる収入によって生活する者」と同義であることについては、争がない。労組法は、かかる「労働者」が「主体となって」組織する労働組合（労組法二条）の結成・運営・活動について、組合運動の保護助成という基本的見地から法的規制をくわえているものであることは、いうまでもない。

イ この労働者概念の特徴は、まず第一に、その広範な包括性にある。ここでは、労働者の所属する職業や従事する仕事の種類は問題にならない。したがって筋肉労働者《ブルーカラー》か事務労働者《ホワイトカラー》かの区別はない。また生産的労働者か非生産的労働者かも問うところではない。とくに注目されるのは、右の労組法上の労働者概念は、憲法よりも早く制定されたわが国最初の労組法（昭和二〇年労組法）における労働者概念を踏襲したものであること、しかも昭和二〇年労組法は、公務員（当時の官公吏）をも適用下においていたことである。その後の法改正により、現在は、五現業（公労法二条一項二号）と地方公営企業（地公労法三条）の職員を除く国家公務員、地方公務員には労組法の適用が排除されている（国公法附則一六条、地公法五八条）が、判例は、憲法二八条の労働基本権の保障が現業、非現業を問わず公務員にも及ぶことを明確に承認している。[1]

ロ　団結権の主体としての勤労者ないし労働者という法的概念は、現にどこかに雇用されている者だけでなく、失業中の者も含む。その意味で、憲法二八条ないし労組法上の労働者概念は、憲法二七条（労働権）の規定をうけた労基法上（九条）の労働者概念より広範である。

ハ　右のロの特色は、憲法二八条ないし労組法上の労働者概念が、現実の労働者について、その生活の基礎が他人に対する労務提供の対価として得られる賃金（労基法一一条参照）におかれているという点、つまり賃金生活者であるという点、に着目して構成されたものであることに対応する。換言すれば、そこには、労働者は単に労働力＝商品の所有者として、商品所有者としての自由や商品交換の自由を認められるだけではは現実の生活は保障されないこと、労働者はその労働力＝商品を使用者の誰かに売らざるをえない者であって、それが誰にも売れない場合には生活の困難・困窮に直面するばかりでなく、彼の生活の維持向上は賃金その他労働力＝商品の売買条件のいかんに依存するという経済的地位におかれていることについての認識が、まず前提として存在する。そして、労働者がこのような経済的地位におかれているいじょうは、かかる者として、何よりもまず雇用の確保と労働条件の維持向上のために、使用者側に対して団結せざるをえないという団結の必然性に対する認識が、かかる地位におかれている労働者、即ち賃金生活者としての労働者に対する団結権の承認という法現象を導き出しているものと解されるのである。

このことは、しかし、団結権承認の前提をなす労働者の団結の必然性に対する認識が、現実の労働者の賃金生活者としての経済的地位に対する認識と結びついているということを意味するのであって、団結の具体的形態が労働者のかかる地位によって直ちに規定されるという意味ではない。団結の現実的形態としては、歴史上明らかなように、賃金生活者一般としての資格における労働者の永続的団結＝労働組合はごく稀であり、職種別ないし職業別、産業別などの団結形態がふつうである。

2 「市民」の結社の自由と「労働者」の団結権

資本主義国のいわゆる二〇世紀憲法は、独・仏・伊・日など、いずれも国民一般に認められる結社の自由の保障と別に、国民のうち労働者という経済的社会的地位にある者に対して団結権の保障をかかげている。[2]結社の自由は周知のように市民的自由の一種であり、この「市民的基本権」の主体は「市民」と表現するのが妥当である。これに対し、団結権の主体は「労働者」である。

二〇世紀憲法のなかには、ドイツのワイマール憲法、ボン基本法のように、労使の双方に対して団結の自由を保障する旨定めているものもある。[3]この場合も、もとより、労働者側に対する団結の自由の保障により大きな意義があり、歴史的にはまさに労働者の団結の自由の保障に決定的重要性があるのであるが、かかる法制下では結社の自由と異なる団結の自由が使用者側にも認められることを否定するわけにはいかない。しかし、日本国憲法は、団結権の主体として労働者のみを明示する。そして、憲法制定時以降現在および予見しうる将来使用者側に一般的な結社の自由以上の団結権を保障すべき実質的理由は見あたらない。最近判例は、争議権について、「力関係において優位に立つ使用者に対して、一般的に労働者に対すると同様な意味において争議権を認めるべき理由はなく、また、その必要もない」と説示しているが、[4]日本国憲法の団結権保障は労働組合運動のみの保障を意味し、これと対抗関係に立つ使用団体の結成・活動は結社の自由として保障されるにとどまると解すべきである。

イ 「市民」の結社の自由の保障は、団体の結成・加入の自由と団体の不結成・不加入の自由との積極・

消極両面の自由を含むのに対し、「労働者」の団結権（狭義）の保障は団結する自由のみの保障を意味する。憲法二八条の団結権（狭義）が消極的団結権の保障を含むものでないこと、したがってユニオン・ショップ制などのいわゆる団結強制も特別の事情がないかぎり違法視されないことについては、わが国では異説がみられない。この点は、ボン基本法下のドイツ学説の圧倒的多数が、連邦憲法裁判所とともに、団結権の保障は消極的団結権の保障を含むと解しているのと対蹠的である。(5)

「市民」の結社の自由においては、団体の不結成・不加入の自由もその本質的内容をなすが、「労働者」の団結権については、その法的承認が労働者としてのすでに述べたような団結の必然性と、団結活動が労働者の生活に対してもつ重要性との認識を前提とするいじょう、労働者相互間においては、団結する自由が団結しない自由ないし団結から遠ざかっている自由に優先するということは、団結権保障の論理的帰結である。団結しないで使用者との個別的交渉により自己の労働力＝商品を処分する労働者は、そのことによって、団結―団体交渉（広義）により自分たちの生活を守り向上させようと努めている同種の労働者たちのそのような努力を――主観的に意図していなくても客観的には――阻害しているのであり、これらの労働者たちと使用者側との対抗関係の場において使用者側を利する立場に立っているのである。したがって、団結した労働者の右のような努力が団結権として法認・保障されるいじょうは、団結から遠ざかっている労働者に対して、団結した労働者が団結への加入を、ユニオン・ショップ協定などによって事実上強制することも、原則として適法視されなければならない。

ロ　市民的な結社の概念はひろく団体一般を含むのに対し、労働者の団結は、その対極に使用者（または使用者団体）というものの存在を概念上当然に予定している。市民的な結社は対抗的存在を常に予定しているというわけではない。この点でも、労働者の団結を市民的な結社の単なる一種として把えるわけにはいかない。

3 「労働の従属性」

使用者ないし使用者団体の存在を対極に予定している労働者の団結について団結権が認められるということは、労働者とくに団結していない労働者の使用者に対する従属、いわゆる「労働の従属性」というものに対する法主体のなんらかの認識が基底に横わっていることを意味する。こんにち資本主義労働法を、その対象の面で、労働一般の法ではなしに従属労働に関する法と解するのは、大陸法系にかぎらず英米法をも含めて、国際的に共通の傾向であり、かかる労働法の中核的領域をなすものが、団結権の承認を基軸とする労働団体法ないし集団的労使関係法にほかならない。

ただ、この場合の――団結権の承認によってなにほどか是正さるべき――労働の従属をいかなる意味の従属として把えるかについては、さまざまの議論、立場がある。

イ　二〇世紀憲法をもたず、労働組合運動もアメリカ的なビジネス・ユニオニズム（組合に加入すれば組合費等の納入とひきかえにその見返りとして賃上げその他のサービスを組合から受けとることができるという、基本的にはそれだけの労働組合観）に立脚するＡＦＬの運動が定着した段階で登場したワグナー法（一九三五年）以後今日にいたるアメリカ団結権法制は、労働市場＝流通過程における労使間の交渉力の不均衡の是正（balance of bargaining power）を理念とし、労働者という経済的階級的地位にある者の生存権的基本権という視角はほとんど欠如している。ワグナー法は、労働者の団結を促進・保護し使用者側の労働組合否認を排除することによって労働側の交渉力を増強し、交渉力の対等な労使の団体交渉を助成することによって、賃上げ等による労働者層の購買力の増大——大不況からの離脱と、使用者側の団結・団体交渉の忌避がもたらす州際商業の争議による阻害の除去（産業平和）とを意図する政策立法として現われたのであるが、同法下の労働組合運動の飛躍的な進展とともに、同じ「交渉力の均衡」という理念によって、労働組合側にも団交応諾義務を課し、争議行為にさまざまの制限を加えるタフト・ハートレー法（一九四七年）にとって代られることになったのである。

ロ　これに対して、結社の自由と別に団結の自由をはじめて掲げたワイマール憲法下のドイツでは、「労働の従属性」ないし「従属労働」の問題について、個々の労働者と使用者との間の経済的な力関係の重要な差違としてこれを把える立場もみられた（経済的従属説）が、労働力と労働者の人格の不可分性に注目する人的従属説や、経営という組織体における・使用者による・労働条件の集団的決定の必然性に着目する組織的ないし技術的従属説など、労働過程・生産過程における従属現象に注目する立場がむしろ有力であった(6)。

わが国の戦前戦後の従属労働論に決定的影響を与えたのは、右のワイマール・ドイツ学説のなかのジンツハイマーの所説である。彼がマルクス『資本論』をも引用しながら『労働法原理』（一九二七年第二版。邦訳＝楢崎・蓼沼）で展開した従属労働論の内容や、『法における人間の問題』（一九三三年）において、市民法上の人間像と労働法上のそれとを対比し、前者における抽象的・孤立的個人としての自由な法的人格者（Person）に対して、後者における階級としての人間（Mensch als Klassenwesen）を措定したことは(7)、今日の労働法研究者にはすでに周知のことがらに属するであろう。わが国の労働法学において、これまでの従属労働論のいわば決定版ともいうべきものは、沼田教授の説である(8)。教授は、労働の従属性を「まず、社会のいわば下部構造における現実の従属性としてとらえ」るべきものとされ、これを「個別的資本家の被傭労働者に対する支配＝従属と、社会的総資本――資本家階級――の総労働力――労働者階級――に対する支配＝従属と二重の意味」における従属に求められる。そして、このような現実の従属性は、「労働者階級の自覚的法意識においては、止揚さるべき」ものとして、その止揚をめざす労働者階級の闘争を生み出さざるをえないものなのであるが、「労働法においては、〔この現実の従属性は〕根本的には固定し維持すべき労働者のあり方にほかならないのであり、そのためにこそ緩和し修正すべき状態なのである」。労働法は労働者を、「人的従属下に労働すべき雇傭契約――労働契約――の締結を、生活上不可避とする者、および不可避なものとしてかかる雇傭契約下に労働している者」として把えるが、「それを階級的従属としてはとらえない」。団結権の承認についていえば、「階級的約束＝団結権及び団体行動権をみとめても、それは個々の労働者の労働条件の改善、あるいは経済的地位の向上――従属性を否定するものではない――のための個々人の権利としてのみ概念せられる（労働組合も団結権をみとめられるが、組合は、もはや従属的な存在とせられない）」と説かれる。

ただし、沼田教授は、右の下部構造における現実の従属性が生み出す労働者階級の闘争を基盤として、「市民的モラルと性格を異にする労働者階級のモラルを基調とした」生ける社会規範が生成展開していくことを注視されて、「資本主義国家の法秩序の中に市民法とは一応基調を異にする〔労働法・社会法の〕法体系が樹立される規範的な基盤」は、かかる社会規範の「展開によって築かれるのである」とされ、「団結権の法認は、資本制社会における労働者の社会的経済的地位から根源的に生成する団結を一つの組織と秩序のある社会として、すなわちその生成した母胎である労働者階級の規範意識を基調として規範的に秩序づけられた社会として法認したことを意味する」のであって、労働者団結の内部法はこのような基本的観点から把えるべきであること、また、労働者団結の「団体交渉とそれにともなう争議行為の自由を法認するということは、それによって形成せられる〔社会自主法としての〕協約規範をブルジョア法秩序のなかに組み入れること」を意味するが、各国協約法制の具体的様相の相違にかかわらず、資本主義法は「今や協約規範が市民法的な規範意識と一応異なった階級的規範意識を基調としている事実を肯認せざるを得な」くなっていることを説かれ、いわゆる集団的労働法の現に妥当している規範的意味構造の動態的・法形成的認識＝解釈は、「そのトレーガーたる団結の規範意識ないしはモラルに即して」行なわれなければならないことを強調される。(9)

4　わが国の現実の団結権主体＝労働者

団結ないし労働組合運動が労働者の賃金生活者としての生活の擁護・向上に決定的重要性をもつといっても、国家権力による団結への強制は、憲法二八条に違反し許されない。団結権は、このような国家権力からの自由を生命とする〔国家権力による団結の不当な妨害・干渉のみならず団結への強制も許されない点では、団結権も結社の自由と共通性をもつといえる〕。これに対し、既述のように、労働者相互間での団結強制、即ち組織労働者による未組織労働者に対する団結への強制は特別の事情がない限り適法であるが、実際には、各資本主義国とも組織労働者の比率は高くはない。

わが国の場合、推定組織率はほぼ一貫して三五％前後にとどまっている。この数字は他の資本主義国に比べ高い方では決してないが、異常に低い方でもない。しかし、わが国の組織労働者は大・中堅企業に偏して存在し、中小企業の労働者はほとんど未組織であること、しかも労働組合は日本的な企業別組合であることが大きな特色をなしている。即ち、単に組織形態が欧米の職業別、企業別等に比べて企業別であるというだけでなく、企業内労働者の全員組織ではなく、ほとんどが臨時工・臨時職員・社外工・パートタイマー等を除いた本工・本職員のみの企業別組合であり、行動パターンからみると、このような本工・本職員の特質によって規定された企業内組合という特色をもっている。そして、このような企業別・企業内的組織のために、欧米的な眼でみれば、労働組合と工場委員会の性格をあわせもつ日本的組織のようにみえてくる。なお、組織労働者のなかで大きな比重をしめる官公労働者は、争議行為を禁止されているが、この問題の考察は別の執筆者が予定されているので、ここでは取り上げない。

（1） 五現業公務員の一つである郵政職員に関するものとして最大判昭四一・一〇・二六（全逓中郵事件）、非現業国家公務員に関するものとして最大判昭四八・四・二五（全農林警職法事件）。後者は周知のように、前者と基調を同じくする最大判昭四四・四・二（都教組事件および全司法事件）における二重の限定解釈論をしりぞけた逆転判決である。

（2） もっとも争議権については、法文上「罷業権」の保障をかかげるもの（仏・伊）、これをかかげないもの（西独・州憲法には、「罷業権」の保障をかかげるものあり）、わが国のように「団体行動をする権利」と定めるものに分れる。

（3） 労働条件および経済条件の維持促進を目的とするVereinigungsfreiheitまたはかかる目的をもったVereinigungを組織する権利を何人に対しても、またすべての職業に対して保障すると定める。これは労使の何人に対してもKoalitionsfreiheit（団結の自由）を保障したものと解されている。ちなみに、イギリスにおける団結権保護の諸立法においても、trade unionは労働組合のみならず使用者団体をも含む。

（4） 最三判昭五〇・四・二五（丸島水門製作所事件）。ただし、判決はこの説示に続けて「そうであるからといって、使用者に対し一切争議権を否定し、使用者は労働争議に際し一般市民法による制約の下においてすることのできる対抗措置をとりうるにすぎないとすることは相当ではない」という。

（5）ワイマール憲法下の状況と異なる。もっとも消極的団結権の保障をも含むと解する根拠については、団結しない自由は団結する自由と当然のことながら表裏の関係にたつから、ボン基本法九条三項の「Vereinigung を組織する権利」のなかにはこれら二つの自由が含まれているとする立場、消極的団結権は基本法二条一項の国民各自の人格発展の自由 Freiheit der Entfaltung der Persönlichkeit から導き出されるとする立場、これらの二つを根拠にあげる立場の三つに分れる。

Hueck=Nipperdey, Lehrbuch des Arbeisrechts, 7. Aufl., 2. Bd. SS. 154〜5, 1967.

（6）現在の西独においても人的従属を基本において労働の従属性を把える立場が支配的である。

（7）その批判的検討について片岡曻「労働法における人間」（同『労働法の基礎理論』所収一頁以下）。

（8）沼田稲次郎「労働の従属性―法的人格者の虚偽性」（同『社会法理論の総括』所収二一八頁以下）。

（9）沼田教授の著書論文は数多いが、ここでは『社会法理論の総括』一四九―一五七頁から抜萃・引用した。

二　「労働者の生存権的基本権」論と「労働者＝市民の市民的基本権」論

戦後わが国の労働法学は、基本的立場や細部の叙述に差はあっても、ほぼ一致して、団結権を「市民的な結社の自由」との対比において「労働者の生存権的基本権」として性格づけてきた。これに対し、戦後日本労働法学には固有の意味の法社会学がほぼ欠落していることを強調される渡辺洋三教授は、かかる戦後日本労働法学＝法解釈学における団結権論に「大別して二つの流れ」があるとし、これら「二つの考え方の基礎にある認識論のいずれにも納得できないものがある」と言われる。教授によれば、右の「二つの流れ」とは、一つは、「労働者が生産手段の非所有者であるという点に重点」をおく立場、あるいは「ドイツの影響をうけて、従属労働の法理を発展させ『生存権』法理に依拠する説」であり、他は、労働者が、「労働力商品の私的所有者」であり「労使関係がやはり商品交換関係であるという点に重点」をおく立場、あるいは「労働力の集団的コントロールの法理(アメリカ型)、集団的自由放任の法理(イギリス型)の思考」に立脚する説である。(1) 私がここで検討したいのは、前者の立場に対する渡辺教授の批判についてである。

教授も、団結権の保障は「労働者団体に結社の自由以上の特別の保障を与える」ものであると解される。この限りでは、労働法学説と同じである。しかし、教授は、かかる団結権の保障は「労働者を一般商品所有者としての地位にまでひきあげるためのもの」であること、団結権は「生存権とむすびつく、あるいは……生存権を基礎にしているといってよい」が、「しかし、このばあいの生存権とは、抽象的な超歴史的な人間の生きる権利をいうのでなく、資本制社会を前提とし、したがって価値法則の実現をつうじて健康で文化的な最低生活を営む市民=商品所有者の権利をいう」のであって、その意味で団結権=労働基本権は「労働者たる市民の市民的基本権」として把えなければならない、と主張される。(2) しかし、教授のこのような主張には、独特の用語法とともに、次にのべるような疑問点が含まれている。

(1) 教授は、まず、「労働者が生産手段の非所有者であるという点に重点」をおく労働法学者多数の立場においては「当然のことながら、生産手段の非所有者としての労働者の階級的従属的立場が正面から法の世界にとり入れられ、労働法は、この従属的非所有者の利益に注目する『階級的』基本権保障の法として評価される。したがってまた労働法原理は、この従属的非所有者の人間らしく生きる権利すなわち生存権原理によって支えられ、平等な主体者間の商品交換の法原理である市民法原理とは、原理的に鋭く対立するものとして把握されることになる」と述べられたのち、このような「生存権原理」の把え方には、資本主義法上の法イデオロギーとしての生存権の限界をわきまえない決定的な誤りがあると批判される。教授は「何か生存権＝人間らしく生きる権利というものが超歴史的一般的にあって、資本主義のもとではそれを完全には実現できない限界があるというようなものではないのである。資本主義社会では労働者の生存権とは、もともと、労働力商品の販売という形においてしか実現しえない歴史的制約をうけている」ことを指摘され、労働法学界では「労働者階級の規範意識」や「階級闘争」を強調する傾向が強いようであるが、しかし『人間が人間らしい生活を営む権利がある』という労働者階級の意識は、直接に資本主義労働法原理を支える意識ではありえない。それは「むしろ人間解放の理念であり、労働力の商品形態からの解放によってのみ達せられる革命の理念である。……賃労働からの解放によってのみはじめて達せられる権利が、賃労働を前提とした法の原理たりえないことは明らか」であると言われる。また、階級闘争についても「階級闘争からただちに資本主義労働法をみちびきだすことはできない。階級闘争の資本主義的形態こそが問題だからである。労働者の生存要求は、資本によって付与された労働力商品の私的所有者という資本主義的形態のもとに包摂され、かかる形態規定をうけたものとして、商品交換法としての労働法のレヴェルの中に自己を実現してゆく。この意味で、生存権原理は、即自的には、労働法の原理たりえない」ことを警告される(3)。

しかしながら、教授の右のような批判・立論には、標的なきに矢を射るものという感を禁じえない。たしかに、「労働者の階級的従属」を現実の従属の把握にあたって強調する労働法学説は少なくない。しかし、教授がいわれるような「労働者の階級的従属が正面から法の世界にとり入れられ」ると解する説、したがってまたこの階級的従属を排絶して人間らしく生きる権利を追求する階級闘争の権利として団結権が保障されたと解するような説が、果して労働法学界に存在した（また存在する）であろうか。さきに紹介したように、労働の従属性について、現実の従属性の本質を階級的従属に求めるべきことを強調される沼田教授も、労働法は労働の従属性をかかる階級的従属の意味においてそのまま把えるものではないと明言されている。[4]

また、「何か生存権＝人間らしく生きる権利というものが超歴史的一般的にあって」云々という渡辺教授の立論にあてはまるような労働法学説も、果して存在するものであろうか。なるほど、古典市民法による法的人格者各自に対する市民的自由の保障のみによっては法的人格者ないし市民のうちの労働者の現実の生活（もとより労働者としての生活）は保障されないという現実が、生存権的基本権としての団結権を生み出す契機となっていることを、多くの労働法学者は強調する。しかしこの場合に、「人間らしく生きる権利」という「超歴史的な生存権」なるものを構想して、資本主義社会でもこの権利がはじめから当然承認されるべきであったのに、労働組合運動の進展を媒介にしておくれてやっと承認されたというような把え方は、まず見あたらない。[5]あくまで資本主義社会における労働者について、古典市民法のもとでの労働者としての生活の現実に眼を向け、それを社会的基盤とした労働組合運動の生成・展開を現実の推進力として、資本主義法のなかに、市民的な結社の自由以上の法的地位ないし保護を団結権の名において労働組合運動に認める（この点は渡辺教授も結論的に認められる）新たな法が生れるにいたるとするものである。この場合、労働法学者は市民的自由の秩序のもとでの労働者の現実の生活との対比において、市民的自由の法理念ないし自由権的基本権と生存権の法理念ないし生存権的基本権とを性格を異にするものとして対置するのであるが、しかしもとより、「賃労働からの解放によってのみはじめて達せられる」人間らしい生活の権利といったものが資本主義法上認められるとするものではない。労働法学者が団結権を支える法理念は労働者の生存権であるという場合、団結権は労働者の賃金生活者としての「健康で文化的な最低限度の生活（憲法二五条）」あるいは「人たるに値する生活」という法理念に立脚するものとして把えているのであって、賃労働そのものを止揚した社会主義下の生存権と同一線上でこれを把えているわけでは毛頭ない。

さらに、「労働者階級の規範意識」についても、これをとくに強調される沼田教授は、早くに「労働組合が、その歴史的社会において位置づけられている革命的階級の組織として必然的に要請せられている目的と機能とを、労働法は真実態において把握し承認するものではない」と言われ[6]、また、団結権保障の意義は「労働者集団の〔階級的陣営の連帯性の要請する〕モラルに基づく団結活動も原則として法認する（傍点蓼沼）」と述べられており[7]、革命的階級意識にもとづく団結活動が団結権の名においてそのまま全面的に法認されるものとはしていない。

なお、労働法学者のなかに労働組合の「最も基礎的且つ主要な機能」を見誤まって「あたかも、即自的に反体制的な、したがって資本主義変革をめざす階級闘争の組織であるかのように見る傾向があった」とする渡辺教授の労働法学者批判については、後にとりあげる。

(2) 渡辺教授は、資本主義社会の労働者について法上の「生存権」を語る場合には、労働者が資本主義社会のなかにおかれている限り労働力商品の所有者として労働力商品の販売によってしか生活していくことができないという体制的な制約下におかれていることを看過すべきでないとされる（このこと自体に異論はない）とともに、労働力という商品の特殊性から、これを価値通りに販売するためには労働者は「団結して取引能力の弱さを克服し、団体の取引力に依存」しなければならぬことを指摘される。かくして教授は、資本主義法が労働者に団結権を保障するということは、労働力商品の価値通りの販売を可能ならしめる右のような団体の取引力への依存を保障するということであり、それなくしては労働者は自己のもつ労働力という商品を等価交換しえないのであるから、団結権を保障されない労働者は他の商品所有者ないし「一般商品所有者よりも低い地位」におかれているのであり、団結権の保障は、このような労働力＝商品所有者を「一般商品所有者の地位にまでひきあげるためのものである」と言われ、つづいて、団結権の「保障なくして、労働者は、市民としての生活をさえ確保できないという意味で、労働基本権は、労働者たる市民の市民的基本権である」と結ばれる。

しかし、このような「市民的基本権」という用語法は、これまで労働法学者が団結権を「市民的自由」(これを「市民的基本権」とよぶこともできる) と対比させて労働者の「生存権的基本権」と性格づけてきた用語法とは全く無縁な、教授独特の用語法である。労働法学界は、教授も承認されるところの団結権の承認が結社の自由という市民的自由＝市民的基本権以上のものを労働者に認めるものであることを、それが実定憲法に登場する生存権の理念に立脚する点に着目して生存権的基本権とよんできたのである。労働力商品の一般商品と異なる特質から、労働者は、団結しての商品交換でなければ等価交換ははじめから期待しえないということは──労働力商品はたとえ等価交換がなされてもなお剰余価値を生むという特質とともに──「労働の従属性」を論ずる際に多くの労働法学者がとりあげてきたといってよいのであろう。「市民」はたしかに資本主義社会における労働力商品所有者を含む商品所有者の法的投影にほかならない。しかし団結権の承認なしに労働力商品の等価交換はありえないということから、団結権は労働者を団結権の承認がなくても等価交換の可能な他の商品所有者と実質的に平等の地位に引き上げるものである、というそれだけのことを表現するために団結権を「市民的基本権」とよぶのであれば、労働法学者は、これまでの労働学界での用語法と異なるのに戸惑いを感ずるだけである――あえて誤まりとしてこれを排斥することはしないであろうが。

(1)(2)(3)　渡辺洋三「労働法の基本問題」（同教授『法社会学の課題』〔昭和四九年〕所収一五四―一七八頁）、同「労働基本権」（同教授『現代法の構造』〔昭和五〇年〕所収八〇―九四頁）。

(4)　もっとも渡辺教授は沼田説を批判されているのではなく、他の学説を批判されていると思われるのであるが、具体的に誰の説を批判されているのか明らかでない（名前は全くメンションされていない）。私個人についていえば、すでにジンツハイマー『労働法原理』邦訳（楢崎教授と共訳。昭和三〇年）の「あとがき――原著解題をかねて」において、ワイマール・ドイツ学説がとりあげた人的従属、組織的従属等が「労働の階級的従属から派生する諸従属現象」に注目するものであり、労働法はこのような「労働の階級的従属が生み出す諸現象に対し新たな法的規制」を加えようとするものであること、「但しあくまで階級的従属から派生する諸従属現象に対する法的規制にとどまり、資本制社会の法である限り、労働法といえども階級的従属そのものを廃棄するのではない」と述べている〔本著作集別巻三六六―三六七頁〕。

(5)　渡辺教授の批判が野村教授の説に向けられているとは思われないのであるが、野村教授は「人間らしく生きる」などの「労働者の基本的要求」を出発点として労働法の成立を説かれている（野村平爾「資本主義と労働法」学会編・労働法講座第一巻所収）。即ち「働くこと」「人間らしく生きること」「団結すること」という三つの「労働者の基本的な要求」から出発して、これが「労働組合運動を媒介として、労働者の権利意識、基本的な規範意識に生長し転化して」ゆき、「労働力の再生産は、理論的には、資本主義生産の存続するための条件である」ことから、資本主義国家が「現実に、労働組合運動に刺激されつつ」、右の「労働者の基本的な要求を承認せざるをえなくな」って労働法が成立する、と述べられている。しかし、野村教授も「『人間らしく生きること』という要求は、資本主義的生産という条件の下で必然的に起る（傍点蓼沼）」と言われているのである。そしてここでも、渡辺教授のいわゆる超歴史的な生存権の観念から出発する労働法学者が誰なのかは全く不明である。

(6) 沼田稲次郎『労働法論序説』(昭和二五年) 一九〇頁。なお「労働者階級の自覚的な規範意識——革命的な——に対して、労働法原理……が抑制的に機能」するとも言われている(同教授『団結権擁護論』(昭和二七年) 一六六頁)。

(7) 沼田『団結権思想の研究』(昭和四七年) 一三七頁。なお片岡教授も「労働者概念は、階級的規範意識に基づいて行動すべき現実的人間を原型として構成された、法的人間像にほかならない」とされ、かつ「労働者階級の体制的批判意識は、団結権をして権利たらしめるために欠くことのできない契機」とされながら、「資本主義法秩序のもとにおける団結権は、とうていかような労働者階級の意識をそのまま容認するものではない」と言われている(同教授『労働法の基礎理論』二一九、二二三頁)。

三 団結権とその主体=労働組合

憲法二八条における団結権の保障は、直接には、文言どおり、労働者各自に対する基本権としての団結権の保障であるが、それは同時に、各個労働者のこの基本権の行使——通常は労働組合の結成またはこれへの加入——によってその労働者が包摂される労働者団結体じたい(通常は労働組合)の団体としての権利の承認をも意味している。憲法上の団結権の保障によって、労働者個々人のみならず労働者団結体じたいの団結権も承認されることは、最初の二〇世紀憲法であるワイマール憲法下のドイツ学説により肯定されて以来、二〇世紀憲法下の大陸法系諸国で肯定されており[1]、日本国憲法下においても同様である[2]。

1　労働者団結ないし労働組合の法的概念

資本主義国の二〇世紀憲法に普遍的な団結権の保障は、西独のように使用者側の団結をも含む法形式をとる場合も含めて、資本主義の歴史とともに古い・労働組合運動の展開に伴って形成され固まってきた団結概念を前提としているものと解される。換言すれば、団結権という場合の団結は、一時的団結も含むが、まず第一に持続的団結としての労働組合を念頭におくものであり、一時的団結は労働組合を基準としてその対比において捉えられるにすぎないと考えられる。

問題は、憲法上の団結権保障がこのように念頭におく労働組合とは何か、即ち資本主義法上の基本的な労働組合像いかん、である。周知のようにわが国の現行法は労働組合の定義規定を掲げている（労組法二条）が、この定義規定は法文上それほど不分明な個所はないにもかかわらず、上位規範である憲法の団結権保障規定の把え方との関連において、その解釈に微妙な差を生じさせるばかりでなく、労働組合の活動とくに政治ストの正当不当の解釈論などにも論者の労働組合観のいかんが大きな影響を及ぼしているように思われる。

右の問題について、渡辺洋三教授は、さきに触れたように、労働組合を「即自的に反体制的な、したがって資本主義変革をめざす階級闘争の組織であるかのように見る」多くの労働法学者の傾向、また「それのイデオロギー的反映として労働者権、労働法原理をみる」態度を批判される。たしかに「労働組合が、その歴史的社会において位置づけられている革命的階級の組織として必然的に要請せられている目的と機能とを、労働法は真実態において把握し承認するものではない」という、さきに紹介した沼田教授の立論など[(3)]には、渡辺教授が右のような受けとめ方をされるのも、一見やむをえないと思わしめるものがあろう。しかし、沼田教授が「労働組合が……革命的階級の組織として必然的に要請せられている目的と機能とを」即自的、普遍的にはじめからもっている、しかし、これを「労働法は真実態において把握し承認するものではない」というように解されているとは思われないのである[4]――もっとも、労働法学説のなかで労働組合を即自的に反体制的ないし革命的闘争組織と解している人々が誰々なのか、渡辺教授は名前を挙げられないので不明なのであるが[5]。史的唯物論を標榜される沼田教授は、渡辺教授の指摘をまつまでもなく、労働組合は、賃金労働者の大衆組織であり「特定の歴史的条件のもとで、そして前衛政党の正しいリーダーシップのもとにおいてのみ、革命的なものに転化する」[6]と考えられているものと思われる。

私は、渡辺教授が「資本主義労働法一般を論ずるなら、……私的商品所有者の商品取引の組織としての労働組合から、つねに出発しなければならない」と言われることに賛成である。しかしこれに続けて「この原則が、特定の歴史的社会で貫徹される、あるいは貫徹されないしくみは、さまざまの歴史的条件（資本主義の段階、労働力の質と量、権力の役割、政党のリーダーシップ、労働者の意識等）によって異なっている」とされる点は疑問である。私は、資本主義労働法上の労働組合は、国ごとに異なった特色をもつ現実の労働組合を、使用者側との広義の団体交渉collective bargainingによって労働条件（広義）の維持改善を計る労働者団体という点において共通に把えるものと解する。換言すれば、かかる広義の団体交渉こそ、それなくしては――他にいかなる機能を営もうと――当該労働者団体を法律上労働組合たらしめないものであるとともに、それがありさえすれば――かりに他にいかなる機能も営まなくても――当該労働者団体を法律上労働組合たらしめるものであると考える（現行日本法即ち労働法二条の解釈についても同じことがいえる）。このことは、資本主義労働法を「貫徹する」ものではなかろうかと考える。

広義の団体交渉を通じての労働条件（広義）の維持改善という機能こそ、労働組合に固有かつ不可欠の機能であるが、労働組合がこの機能以外の機能を果さないということは、実際上まずありえない。労働組合は、産業資本主義段階からすでに公権力に向けられた政治的活動を展開してきたし、また、周知のように組合員のための共済活動なども行ってきた。そして、労働組合がこれらのさまざまの機能のうちで、団交（広義）という機能にどれだけのウェイトをおくかは、国により時代により異なっている。

労働組合は、現に資本主義体制下における労働者という地位におかれている者の、かかる者としての生活と権利の擁護向上を目的とする団結であり、この目的達成のために使用者側との団交（広義）により労働条件（広義）の維持向上を図ることを第一次的機能とする。労働組合はこのような目的・機能をもつ賃金労働者の大衆組織であり、政治的信条の同一性を前提として体制変革ないし革命を目標とした戦略的・戦術的な政治活動の展開を目的とする労働者前衛政党と区別されると同時に、両者の間には多かれ少なかれ密接な関係が生じざるをえない。ただし、労働者前衛政党と労働組合運動との結びつきの具体的態様は、社会的歴史的諸条件によって異なってくる。戦前のわが国や現在もいわゆる発展途上国にみられるように、労働組合の団交（広義）を通じての労働者の生活と権利の擁護向上が、政治権力による組合運動の否認・弾圧やその他の事情によって、成果を期待しうる度合いが少ければ少いほど、労働組合の政治活動の比重が増大し、労働者政党との結合度が高まる。逆に、戦後日本資本主義の「高度成長」下では、民間大企業労組の間に——使用者側や政府等の動きとの関連を無視すべきでないが——いわゆる経済主義的傾向が生まれている。

2　団交（広義）以外の組合機能の増大

資本主義が独占段階に進むにつれて国家の経済社会に対する直接間接の介入が次第に増大する。他方、資本の蓄積に伴う、資本による労働の形式的実質的包摂が進み、熟練の分解が進行するから、労働組合の組織も熟練労働者を構成員とする職種別・職業別組合から、半熟練・非熟練労働者を主体とした産業別組合に移行する傾向が一般的に出てくる。相対的に低賃金の半熟練・非熟練労働者からは、職業別組合が行ったような高い組合費を徴収して高い組合給与を支給するという方針をとることは実際上もはや困難であるから、従来組合が行ってきた失業手当の支給その他の共済事業は、一部または全部を国家の社会保障に肩代りさせることが企てられ、これを要求する国家に対する立法闘争＝政治闘争が産業別組合の一つの重要な機能となる。

3　完全雇用政策下の組合の機能

最近の国家独占資本主義下の国家権力の動きとしては、いわゆる完全雇用政策が恒久的政策目標となり、これとの関連で国家の経済政策ないし経済社会への介入がいっそう広くかつ深くなりつつあることが注目される。雇用政策とくにいわゆる労働力流動化政策ないし積極的労働力政策によって、国家はいまや労働市場における労働力の需給関係を操作するにいたっており、労働組合と使用者側との団交（広義）による賃金等の決定は、渡辺教授の指摘されるように「つくられた市場関係を前提として」機能するにすぎぬものとなっている。(7)このような経済・労働政策は、組合運動の歴史の古いイギリスなどでは、スタグフレーションの問題を生み、組合側は「所得政策」という名の国家の強権的な賃上げ規制や、「社会契約」という名の自発的賃上げ抑制を、反撥あるいは逡巡しながら受認せざるをえなくなっている。わが国では、企業別本工組合の企業内組合的性格から、まだ所得政策や社会契約が問題となる段階にまでいたっていないようである。しかし、私企業における団交がかつてのような、国家のコントロールから自由な労働市場での私的な労働力集団取引きというだけのものではなくなっていることは、わが国の場合も欧米と共通である。

労働組合の第一次的な機能がどこにおかれているかに変りはないとしても、その他の機能の増大および労働組合をとり囲みあるいはとりこんでいる国家のさまざまの規制に注目すれば、それらは一口にいえば、団交（広義）という労働組合の第一次的機能の相対的、実質的な比重低下をもたらしているといえるであろう。

他方、戦後の国家独占資本主義の発展は、第二次（または第三次）産業革命とよばれる技術革新＝オートメーションの進行を伴うものであったために、生産過程における「労働の疎外」現象はいちだんと鮮明化し、巨大独占資本の市場支配、国家の経済社会への広範な介入とともに、一口に「管理社会」とよばれる状況を現出させた。この「管理社会」の被管理者の大部分は、国民のなかでますますその比重を増しつつある賃金労働者である。

労働組合はいまや、このような「管理社会」において、労働者の生活と権利の擁護向上という目的を、団交（広義）機能の比重の相対的低下――政治的、社会的機能の相対的増大――のなかで、労働者の生活を管理または規定している諸条件を具体的に見定めつつ、達成してゆくべき大衆組織である。労働組合がそのためにどのような具体的活動方向をうちだすかはまだ流動的であるが、ともあれ、労働組合の対外的活動面での権利ないし自由の問題も、対内的な組合員に対する権限の問題も、新たな様相を呈せざるをえないであろう。

（1） さし当り片岡曻『団結と労働契約の研究』二五-七頁。
（3） なお前述二注(7)にあげた片岡教授の立論参照。
（4） 沼田教授は、労働法学者に対するこの渡辺批判について「いささか唯物史観のＡＢＣの教説を承っているようである」と評されている（沼田『労働基本権論』一四八頁注〔5〕）。
（5） 私個人の労働組合観については、拙稿「組織と個人――労働組合を素材として――」井上茂編・現代法の思想（現代法講座13〔本巻一一一頁以下〕）所収。
（6） 渡辺『法社会学の課題』一七五頁。
（7） 渡辺『現代法の構造』一六九頁。

（季刊労働法一〇〇号、一九七六年、総合労働研究所）

7　労働法の対象
――従属労働論の検討――

はじめに

労働法の対象、すなわち労働法は人間の社会生活関係のいかなる部分ないし側面に対して法的規制を加えるものであるか、という問題は、労働法の概念、すなわち労働法とは何かという問題と、不可分に結びついている。労働法を、人間の労働に関するあれこれの雑多な法的規制の総体（単なる寄せ集め）と解する場合には、これらの法的規制の及ぶ範囲内の生活関係はすべて労働法の対象であるということになる。かくて、この場合には、対象である諸生活関係が一つの統一的な法理念によって規制されているか否か、あるいは、対象である諸生活関係になんらか共通のメルクマールがあり、それに着目して法的規制が行われているかは、問題にならないのである。これに対し、労働法を、民法、刑法などと並ぶ一個独自の法体系として捉えるべきである、あるいは捉えうると解する場合には、かかる独自の法体系としての労働法の対象と理念、すなわち他の法体系と区別される労働法独自の理念によって規制されるべき（あるいは現に規制されている）なんらか共通のメルクマールをもった社会生活関係の範囲いかん、が問題になる。

およそ、ある法が一つの独自の統一的法領域を構成し、かくして他の法領域・法体系と並立して存在するといいうるためには、その法に独自の理念と対象とが存在しなければならない。労働法についても、人間の労働に関係のあるあらゆる生活関係ではなしに、そのなかの一定範囲の生活関係が、他の法体系とは異なる労働法独自の統一的な法理念によって法的規制をうけている（またはうけるべきである）ということが肯認されてはじめて、労働法が民法などと並ぶ一個独自の法体系・法分野として存在しているといえるのである。

「労働法の対象」問題は、これまで、一個独自の法体系・法分野としての労働法のとりわけ成立期に「従属労働（労働の従属性）」論として展開されてきた。しかし、これまでの従属労働論には、従属労働をいかなる意味内容のものとして把えるかについて諸説の対立があるばかりでなく、従属労働をとりあげる問題次元ないし視点に相違があるにかかわらず、問題次元ないし視点の相違が従来必ずしも明確に意識されず、議論がかなり錯雑している。この錯雑したさまざまの議論を論理的に整序し、諸問題の全容を明らかにすることは「『従属労働の本質』、『労働法と市民法』、『社会関係と契約類型』などといった巨大なテーマが脳裏をよぎ」る「広く深い問題性をはらんで」(1) いるが、本稿では「労働法の対象」問題に焦点をあてて、必要な限りで他の問題に触れることとする。

一 三つの従属説

労働法を人間の労働に関する雑多な法規の単なる集合としてではなしに、既存の法体系と並ぶ一個独自の新たな法体系として捉え、「労働法」の語をかかる意味で用いるべきであるとする主張が、最初に一般的に承認されるにいたったのは、第一次大戦後のドイツにおいてである。第一次大戦後の共和国ドイツでは、最初の二〇世紀憲法であるワイマール憲法が、市民的な結社の自由と別個の団結権の保障、労働権の宣言、「労働力は国の特別の保護をうける」という規定など、一八・九世紀の市民憲法典にはみられないかなりの数の労働条項を掲げ、「国は統一的労働法（einheitliches Arbeitsrecht）を創設する」（一五七条二項）とうたうとともに、これらの労働条項を具体化するいくつかの立法も行われた。新たな「統一的労働法」の観念がゆきわたったのは、このような憲法典をはじめとする実定法の展開を契機とするものであった。

問題は、右のような一個独自の法体系としての労働法の成立ないし存在をいかにして語りうるか、であった。この点について、ワイマール・ドイツでは、労働法を、人間の労働一般に関する法（労働の法）ではなく、また他人のために行われる人間の労働一般に関する法でもなく、「従属労働（abhängige Arbeit）」に関する法であるとする立場が、通説となった。しかし、従属労働の意味をどう捉えるか、この場合の従属をいかなる内容・性格の従属と解するかについては、ついに通説というべきものが形成されるにいたらなかった。

こんにち、労働法が従属労働または労働の従属性（Abhängigkeit der Arbeit, travail subordonné, subordination of labour）に着目して法的規制をくわえるものであるとの認識は、ドイツ以外の国も含め、各国共通のものとなっているといえる。その意味では、従属労働というメルクマールと結びつく生活関係のみが労働法の対象となるということは、すでに国際的に確立されているといえよう。しかしながら、このメルクマールをいかなる内容のものとして捉えるかについては、なお議論は分れている。

1　人(格)的従属

労働が他人（使用者）の指揮・命令・監督に服して行われる点に着目して、そこに、労働する人間の一種の人（格）的従属（persönliche Abhängigkeit）を見出すのが、人（格）的従属説である。しかし、「人（格）的」従属の意味、すなわち具体的にどのよう状態を指して「人（格）的」従属とよぶのかは必ずしも明らかでない。

(1) この点について、ワイマール・ドイツでは、労働する人間の他人＝使用者の意思への服属とする説をはじめさまざまの説があったが[2]、第二次大戦後の西ドイツでは、他人＝使用者の労働する人間に対する指揮権（Direktionsrecht）とこれに対する労働する人間の服従義務（Gehorsamspflicht）が生ずる労働、換言すれば、使用者が指揮権にもとづいて労働の場所、時間、種類等を――法律、労働協約、経営協定（Betriebsvereinbarung）および労働契約に定めのない限り――使用者が一方的に決定するという意味での他人決定労働（fremdbestimmte Arbeit）[3]である点を目して、「人（格）的従属」とよび、しかも、「人（格）的従属」労働関係は、単なる財産法上の給付の交換関係につきるものではなく、「人（格）法的共同体関係（personenrechtliches Gemeinschaftsverhältnis）」であるとする説[4]が代表的学説となっている[5]。

(2) これに対し、わが国では、労働の従属性の少なくとも中心的一面を「人（格）的従属」に求める説が支配的である――その限りでは西ドイツと共通――とはいえ、そのいわゆる「人（格）的従属」の意味については、資本制労働＝賃労働の本質（経済的実体・特質）は労働力＝商品の売買という点にあるとの認識を前提にして、労働力＝商品は一般の物＝商品と異なり労働者の人格そのものと不可分であるために、その売買によって生ずる労働力＝商品に対する買主＝使用者の支配は人格的支配とならざるをえないと説く立場が多い[6]。この場合の「人格的支配」が西ドイツの支配的学説のいうような使用者の一方的決定権の肯定――「他人決定労働」の意味を有するのかどうか、「人（格）的従属」労働関係は、民法上もしくは労働法上（または両法上のいずれにおいても)、西ドイツ学説のいうような「人(格)法的共同関係」であると解するのかどうか、は明らかでない。しかし、西ドイツの支配的学説ときわめて類似した説明もみられる。(7)

2 組織的従属

(1) 多数の労働者が使用者の経営体＝組織体のなかに組みこまれ、使用者の指揮・統括のもとに労働が行われる点に注目し、そこに労働の従属性の核心を見出すのが組織的従属(organisatorische Abh.)説である。ワイマール・ドイツでは、労働する人間が自己自身と不可分の労働力そのものの処分を他者＝使用者に委ねるものであること、人間の間には個人対個人の関係と組織的関係、または個人法の支配する個人間の債権的関係と統一体の法の支配する組織的関係の二種があり、使用者は自己に処分を委ねられた労働力を一つの組織ないし統一体に総括して経営＝組織体の目的達成ないし価値実現を図るものであることを強調し、かくて、労働者は経営＝組織体を統括する使用者の経営に編入される(ポットホフ)、あるいは組織体を統括する使用者の権力のもとに身を委ねる(ジンツハイマー)ものであると主張するポットホフ、ジンツハイマーの説が代表的なものであった(8)(わが国では、戦前、戦後を通じ、ジンツハイマーの従属労働論が大きな影響力をもってきた)(9)。戦後の西ドイツでは、使用者の経営または所帯への編入(Eingliederung in den Betrieb oder Haushalt des Arbeitgebers)を強調するニキッシュの説が代表的である。(10)

(2) わが国では、ドイツの組織的従属説と同じく、労働者は労働力そのものの処分を使用者に委ねるものであると解しつつ、既述のようにこれを人(格)的従属の実質的な内容として捉える立場が支配的である。このことが主因となり、そしておそらくは、ドイツの組織的従属説の強調する個人法と区別された組織体・統一体の法理なるものの排斥に立脚してのことであろうが[11]、一般に、組織的従属なるものは、人(格)的従属性と本質的に異なる別個独自の従属性として捉えるべきではない、とされている[12]。

3 経済的従属

(1) 経済的弱者として労働者は、使用者との契約締結に当り使用者の申出た条件を現実には甘受せざるをえない、という点に着目するのが経済的従属説である。問題は、この場合「経済的弱者」をいかなる意味内容において捉えるかである。ワイマール期の代表的な経済的従属説[13]と同様、現在の西ドイツの支配的学説も、これを、生活資料を得るために「生産手段の所持者である使用者に対し、自己の労働力の換価を経済的に強制されている無資力の労働者」という意味で捉えている[14]。

(2) わが国では、労働者の経済的従属を、契約締結時に使用者の申出た条件を甘受せざるをえないという点、すなわち労働契約のいわば附合契約(contrat d'adhésion)的性格に焦点をあて、これをとくに強調する見解が戦前からみられるが[15]、かかる附合契約的性格だけではなしに、その基礎をなす、現実の生活のためには労働力=商品を使用者の誰かに売らざるをえないという労働者の経済的社会的地位をも含めて、しかも後者にむしろ重点をおいて、経済的従属を捉える立場が支配的である[16]。

4 人(格)的従属と経済的従属との複合

西ドイツの支配的学説は、労働法を「従属労働者」(Arbeitnehmer)——現行日本法との対比でいえば「労働者」——の特別法とし、労働法の対象である従属労働者の範囲の画定については、既述の人(格)的従属性を不可欠のメルクマールとみる。したがって、家内労働者など、人（格）的従属性を欠く者は、本来の従属労働者ではなく、従属労働者類似の者（arbeitnehmerähnliche Person）とされる。[17]

これに対し、わが国では、組織的従属を既述のように人（格）的従属と別個独自の従属とみない立場から、労働法の対象を画定するものとしての従属労働の内容を、人（格）的従属を中核または基底として、これと経済的従属との複合と捉えるのが多数説である。[18]

二　従属労働論の検討

以上、労働法の対象を画定するものとしての労働の従属性ないし従属労働について、ドイツとわが国のこれまでの議論を整理・要約した。これをふまえて私見を述べるにあたり、あらかじめ、次の点を注意しておかなければならない。それは、さきにも触れたように、従属労働論は、もともと、労働法の対象画定という問題の次元でとりあげられたものなのであるが、しかし、この対象画定問題と関連しているとはいえ、それと区別されるべき他の問題の次元においてもとりあげられている、という点である。[19] 問題次元ないし視点が違えば、従属労働の意味内容も本来異なってくるはず（結果的に同一になることはありえても）であり、後述のように、西ドイツの支配的学説は、労働法の基本的性格ないし成立根拠という問題次元では、従属労働の内容を、労働法の対象画定の問題次元におけるそれとは別異に解している（ただし、西ドイツの支配的学説の労働法の基本的性格に関する考え方の当否は別問題である）のに対し、わが国では、従属労働は労働法の対象画定概念にとどまらず、労働法の「基礎概念」とする立場が有力であるが、右のような問題次元ないし視点の違いが十分明確に意識されてきたかどうか、甚だ疑問である。

1　労働法の「基礎概念」としての従属労働

一　労働法の基本的性格を規定するものとしての従属労働（西ドイツ）

西ドイツの支配的学説は、労働法の対象画定の問題では、既述のように、従属労働の内容を人（格）的従属に求め、経済的従属をこれに含めないのであるが、しかし、労働法を「従属労働者の保護法」と性格づける（ただし、この場合の「保護」は最広義に解すべきものとする）とともに、この性格づけとの関連では、「従属労働者の特別の保護必要性は二重の基礎をもち」、この「基礎」である従属労働は、人（格）的従属と経済的従属との二つを含むとする。そして、これら二種の「従属から〔従属労働者に〕生ずる諸危険を制限することが、労働法の第一の、本源的に最も重要な任務」であるとする。[20] 換言すれば、経済的従属のみしか存在しない場合には労働法の対象である従属労働者は存在しないが、人（格）的従属にしたがって従属労働者の存在する場合には、たいていの場合そこに経済的従属の存在も同時にみとめられるから、従属労働者保護を目的とする労働法の規制は、人（格）的および経済的の両従属から生ずる危険の制限を図ることとなる（経済的従属のみしか存在しない従属労働者類似の者については労働法的規制と類似の保護が加えられる）、と解するわけである。問題は、労働法の右のような性格づけが果して十分に妥当なものかどうかであるが、本稿では立ち入らない。

二　労働法の基礎概念としての従属労働（わが国）

わが国では、従属労働を、単に労働法の対象画定概念にとどまらず、それ以上のものとして捉える立場が有力である。たとえば、①「労働法の、他の法分野からの独自性を示す中核的概念であるとともに、労働運動をとおしてその止揚が自覚されねばならないところの指導原理ないし理念でもある」という意味で、従属労働概念は「労働法の基礎概念」である。(21)②従属労働を矛盾とする労働運動の展開により「労働者の批判的法意識が市民法秩序によって摂取されることを通じて、はじめて労働法の成立が認められ、また、労働の従属性がこのような労働法を基礎づける中心的概念となりうるのである」という意味で「労働の従属性は労働法を独立の法分科たらしめる中心的基礎概念」である、(22)③「労働保護法の法理を構成するにあたって」も「労働組合の諸活動を中心とする法領域を原理的に把握するためにも、きわめて有効」であるという意味で、(23)従属労働概念は「労働法の基礎概念」であるなどと説かれている。この場合、従属労働の意味内容としては、人（格）的従属と経済的従属の二つがあげられている。換言すれば、西ドイツの支配的学説と異なり、労働法の対象画定概念としての従属労働の意味内容も、また、それにとどまらない労働法の「（中心的）基礎概念」としての従属労働の意味内容も、同一に捉えられているのである。

このうち、①②は、「現実の従属性」を労働者の「階級的従属」に見出し、この「従属の必然性とその必然的止揚」を自覚した労働運動の展開が資本主義のなかに市民法理を修正する新たな労働法をうみ出していくとする沼田教授の従属労働論(24)の影響が看取される。

2　階級的従属

資本主義社会の労働者の従属の社会科学的把握は、資本主義体制そのものに規定された資本＝賃労働関係における労働者の従属の本質、すなわち階級的従属にまで遡らなければならないし、法学における従属労働論は、労働者のかかる従属（従属労働の経済的・社会的本質）を前提とし、これに関連づけて、法の世界における従属労働の内容・性格を捉えなければならない。

一　その意味

この場合、階級的従属は、まず第一に、資本主義社会における労働者の二重の意味で自由な経済的・社会的地位（とくに生産手段の所有からの自由）に内包される従属を意味する。資本主義社会の労働者は、労働力＝商品の所有者として、一方で商品所有者としての自由（法の世界における・労働者も含めたすべての個人の自由な法的人格の経済的基礎）を認められるとともに、他方で、この自由な生産手段の所有からの自由と結びついているため、労働力＝商品を生産手段の所有者（ないし所持者）＝使用者に売ることによってしか自己の労働による生活を現実に営みえない労働者は、労働力＝商品を――生産手段の所有（持）者の誰に売ろうと自由であるが――生産手段の所有（持）者の誰かに売ることを現実に余儀なくされている。したがって、労働者は、労働力＝商品の売買により特定の使用者の指揮・命令・監督下に労働する関係（人〔格〕的従属説のいう人〔格〕的従属関係）に入りこむ前においても、特定の使用者に従属するものではないが、使用者の総体に従属する地位におかれているといえるのである。それは、労働者ひとりひとりの従属であるとともに、生産手段の所有・非所有にもとづく労資間の、すなわち労使総体間の従属関係にほかならない。この従属は封建的な生得的・固定的な従属ではない。しかも、体制必然的・基底的な従属であるにかかわらず、法の世界には従属として現われない。それは「身分」としての従属ではなく、自由な「法的人格者」の従属である。労働者の「階級的従属」はこれまでの従属労働論においてもしばしば言及されているが、「階級」概念は元来生産手段の所有・非所有関係の視点から捉えられるべきものであるから、この語は、まず第一に、右に述べた意味で用いられるべきである。

二　労働力＝商品の特殊性、機械体系への従属との結合

労働者の二重の意味での自由に基礎をおく労働者の階級的従属は、労働力＝商品の特殊性のために、労働者が使用者の誰かに労働力＝商品を売ろうとする際の実質的不対等＝従属をうみ出す要因を、それ自身のなかに内包している。労働力＝商品の特殊性とは、しばしば指摘されるように、物＝商品の場合には、売り惜しみのきかない物は――たとえば腐敗しやすい物のように――例外的であるのに対し、労働力＝商品の場合は絶対的に売り惜しみがきかないという点にある。しかも、資本主義の成立・発展とともに必然的に労働者の機械体系への従属が一般化し、また、労働市場において一般的な慢性的供給過剰の状態が現われることに注意しなければならない。すなわち、資本制生産様式の確立は、産業革命による機械体系にもとづく工場制度の出現と時期を同じくしており、かくして、生産過程における機械体系への労働者の従属を伴っているのであるが、資本主義の発展はかかる機械体系への従属をしだいに拡大・普遍化することによって、機械体系出現前に職人たちが生産過程においてもっていた――したがって彼らの労働諸条件について彼らがもちえた――実質的な規制力の基礎をしだいに掘りくずしていく（資本による労働の実質的包摂）。また、資本主義の発展は、資本の有機的構成の高度化に伴う相対的過剰人口の創出によって、労働市場における一般的な慢性的供給過剰を生み出すのである。かくて、労働者が売り惜しみのきかない労働力＝商品の所有者として階級的従属の地位におかれていることを基底として、資本主義の成立・発展に伴う機械体系への従属と相対的過剰人口の創出のもと、労働力＝商品の売買にあたって、これまで経済的従属説や組織的従属説が注目したような労働者の使用者に対する従属現象が一般的に生まれることは必然的である。

なお、沼田教授は、資本制生産過程が労働過程と価値増殖過程との統一であり、労働者の従属は「階級的隷属＝階級的搾取関係」であること、すなわち労働者の階級的従属を、まず第一に、労働者のなかの生産的労働者、すなわち、資本によるその労働力の購入＝消費が労働力の価値を超える価値（剰余価値）をうみ出す労働者についての従属＝搾取関係として捉えるべきことを強調される。(25) 資本主義の発展によってもたらされた第三次産業の労働者の比重増大を前にして、生産的労働の概念・範囲をいかに捉えるべきかについては、最近争われているようであり、(26) この問題は、労働法理との関連の問題(27)も含め、今後の検討にゆずりたい。

3 いわゆる人（格）的従属

一 民法上の雇傭契約的概念との関連

ドイツ民法上の雇傭契約は、日本民法と異なり、およそ報酬を得て他人のために――労働の成果の引渡し（請負）でなしに――「労働する」こと自体が約束されるすべての場合を含み、他方、委任契約を無償のものに限定しているため、労働力＝商品の売買とは無縁な独立労働（たとえば依頼人のための弁護士の活動）まで雇傭契約概念に包摂されることになった。ドイツ労働法学が、労働法の対象画定のために、従属労働というメルクマールを一致してかかげ、従属労働の意味についてなお諸説があるとはいえ、民法上の雇傭契約（Dienstvertrag）と異なる、従属労働のみを対象とする労働法上の労働契約（Arbeitsvertrag）概念を異論なく設定することとなったのは、(28) 右のような独立労働を労働法の対象外に排除し、労働法を非独立労働＝従属労働に関する法に限定すべきであるとする点においては諸説が一致したことを示すものであり、雇傭契約、労働契約両概念の右のような区別はかかる限定のために(28)不可欠であったのである。

「労務ニ服スル」場合のみが雇傭契約であり、委任が無償に限定されない日本民法のもとでは、ドイツにおけるような従属労働概念を媒介とする雇傭契約、労働契約概念の区別は不要である。(29) 日本民法上、雇傭契約概念は独立労働を排除しており、労働力＝商品の売買の法形態としてドイツ民法の場合よりもいわば純化されているのである。(30)

したがって、労働法を「従属労働に関する法」であるとしてその対象を限定し、かつ「従属労働」を「人（格）的従属」と解する場合に、人（格）的従属をわが国のこれまでの通説のいう意味に解する限り、その「従属労働」は、日本民法がまさに雇傭契約概念によって「労務ニ服スル」という表現ですでに捉えているものなのである。けだし、通説は「人（格）的従属」を、労働者が使用者に「自己の労働力に対する処分権を譲渡」することによって、労働力と労働者の人格との現実の不可分性のうえに、労働力処分の過程（労働過程）において生ずる労働者の使用者に対する人（格）的従属と解しており、これは「労務ニ服スル」ことの内容に他ならないからである。民法上の雇傭契約概念も、労基法その他実定労働法上の労働契約概念も、その対象は、労働力＝商品の売買関係であって、独立労働を含まない点においては、同一である。ドイツ法の場合と異なり、日本法上は、「人（格）的従属労働」は、民法上の雇傭契約概念によっては捉えられていない・労働法上の労働契約概念によってはじめて捉えられた・労働法独自の対象というわけではないのである。

二　いわゆる人（格）的従属と日本法

イ　日本法上、雇傭契約と労働契約とは、ともに労働力＝商品の売買関係を対象とし、その限りでは違いがないが、しかし、この同じ対象に対し、前者は古典市民法的規制を体現するものとして、後者はこれと法的規制の理念と方法を異にする労働法上の一概念として、明確に区別されなければならない。労働力＝商品の売買関係は、古典市民法的規制においては、二人の法的人格者間の自由な契約関係として捉えられ、かつ、ほとんどかかるものとしてのみ規律されるにとどまる[31]（契約法規の原則的任意法規性）。そして、この場合の「自由な契約」こそ雇傭契約に他ならない。これに対し、労働契約の当事者は、「法的人格者」よりも具体的な「労働者」と「使用者」という概念で捉えられた当事者間の契約であり（労基法第二章参照）、また、労働力＝商品の売買関係を実質的に規制するものは、もはや労働契約のみでないばかりか、労働契約の規制力は労働保護法や労働協約等によって大幅に縮小されている（労基一三条、労組一六条等）。このような両契約間にみられる、契約当事者の法的人間像の相違、および契約の規制力の広狭に示される・対象に対する法的規制のあり方の相違は、法的人格者の市民的自由という古典市民法的規制の理念と労働者の生存権という労働法的規制の理念の相違に結びついている。労働者の生存権の理念にもとづく、労働者の団結権（広義。労働組合運動の権利）の承認と成年男子労働者をも対象とした本格的労働保護法の出現に立脚する労働法的規制においては、資本＝賃労働関係は、古典市民法的規制におけるように、個々の労働力＝商品の売買関係を捉えた雇傭契約概念によって、個々の労働者と使用者との関係として規制されるにとどまらない。労働法上の資本＝賃労働関係は、かかる売買関係＝個別的労使関係のみならず、労働者団結と使用者または使用者団体との間の広義の団体交渉関係（集団的労使関係）をも含むこととなり、前者における個別労使契約＝労働契約の内容は、その最低限が労働保護法によって直接規制され保障されるとともに、労働協約の規律下におかれる。雇傭契約と労働契約との相違は、資本＝賃労働関係に対する、右に述べたような古典市民法的規制から労働法的規制への推移のなかで捉えなければならない。そして、この推移をもたらした契機となったものとして、すでに述べた労働者の階級的従属を基底とした経済的および組織的・技術的従属現象に注目しなければならない。

ロ　「人（格）的従属」の意味をわが国のこれまでの通説に従って理解するかぎり、既述のように、日本法上は雇傭契約も労働契約も、労働者がそれにもとづいて「労務ニ服」し、通説のいう「人（格）的従属」労働が生ずる点においては、違いがない。この場合、労働力が現実に労働者の人格と不可分であることを根拠として、「労務ニ服スル」ことを「人格的」従属のもとでの労働と称することは、使用者と対等な労働者の法的人格そのものが使用者に従属することとなるかのような誤解を与える点で、適当ではない。資本制経済における労働力の商品化（「労務ニ服スル」）こそ近代法における万人の法的人格の基礎をなすという一見パラドキシカルな事態の本質に注意すべきである。わが国で、かつての「人格的」従属に代って、こんにちでは「人的」従属の語が用いられるにいたったのも、この点を考慮してのことであろう。そして、通説のいう「人的」従属労働の意味がもしも「労務ニ服スル」ことの言い換えにすぎないとすれば、「人的従属」は、民法と区別された労働法のみの対象である労働の特質を示すものではなく、その意味では、「人的従属」は労働法独自の対象である労働の範囲を画定する概念ではないといわざるをえない。

ハ　もしも「人格的」従属の語を、実質的に法的人格そのものの従属に近い従属という意味で用いるのであれば、それは、——従来いわれてきた「人（格）的従属」でなしに——階級的従属とそれを基底とする経済的、組織的従属のすべてを包括する従属（経済的・社会的本質としての従属労働）を指すべきであろう。法的人格の核心が自由意思の主体としての独立性にあるとすれば、かかる従属は労働者の自由意思の主体性のまさに実質的な形骸化以外の何ものでもないからである。しかし「人格的」従属のかかる用語は、これまでのそれと異なる。

ニ　西ドイツ学説の「人（格）的従属」論は、「人（格）的従属」の意味を、労働の場所・時間・種類等を一方的に決定しうる使用者の命令権と労働者の服従義務を含むものとして捉え、また、「人（格）的従属」労働関係を「人（格）法的共同体関係」と解することによって、「人（格）的従属」概念は、西ドイツ法上の労働契約（雇傭契約と異なる「従属労働」契約）や労働（契約）関係の内容や法的性質の把握において、重要な機能を果している。私はこれらの西ドイツ学説の考え方に賛同することができないが、日本法上の雇傭契約・労働契約、労働関係の内容や法的性質の把握にとって、西ドイツ学説の説くような「人（格）的従属」論が果して、またどの程度の意義をもちうるかについては、ここでは立ちいらない。

4　組織的従属

(1)　従属労働の経済的・社会的本質の認識という問題次元では、「組織的従属」という語のもとにこれまで注目されてきた事実は、既述の「機械体系への従属」（技術的従属）を中心に据えて捉えるべきである。わが国の従来の通説は、「人（格）的従属」をすでに紹介したような意味で捉え、「組織的従属」は「人（格）的従属」と別個独立のものではないとするが、現実の従属現象の把握としては、通説のいう「人（格）的従属」すなわち「労務ニ服スル」（使用者の指揮・命令・監督のもとに労働する）ことと「機械体系への従属」とは別個のものとして区別しなければならない。問題は、「機械体系への従属」を念頭において観念すべき「組織的従属」のもとで使用者の指揮・命令・監督のもとに労働がなされる（いわゆる人（格）的従属）という現実と、法とのかかわりをいかに捉えるかである。

(2)　労働法の対象画定という問題次元では、西ドイツの組織的従属説はとりえない。同説は、組織的従属すなわち使用者の経営＝組織体への編入がない限り、「人（格）的従属」（使用者の指揮・命令・監督のもとでの労働）があっても、労働法の対象としての従属労働は存在しないと解するのであるが、組織的従属ないし組織体への編入がない場合の労働者を労働法の対象外に除外することは——かかる場合は例外的とはいえ——妥当ではない。(32)(33)

(3)　組織的従属という事実のもつ法的意義は、これによって工場・事業場ごとに、多数の労働者の労働条件がその基底において集団的・画一的に決定されざるをえないという点にある。ところで、労働法の対象は人間の労働一般でなく、また、他人のためになされる労働でも請負契約の場合のような独立労働は除かれるという意味で、労働法の対象を従属労働に限定するのは、決して誤まりではない。しかし、くり返し述べるように、日本法上の雇傭契約概念は、ドイツ民法上のそれと異なって、独立労働を含まない。それは、まさに資本制賃労働を対象とし、これをもっぱら個々の労働者と使用者との契約という次元で捉えたものに他ならないのであるが、この場合注目すべきことは、古典市民法的規制においては、労働者団結は禁圧されるかまたは放任されるにとどまるために、集団的労使関係が独自の法律関係として登場しないという点である。したがって、近代的な工場制度のもたらした多数の労働者の「組織的従属」に伴う労働条件の集団的・画一的決定の必然性は、この段階では、かかる集団的・画一的決定が「自由な雇傭契約」を通じ現実には使用者のみによって専権的に行われるという事態に手をつけることなく行われる初期的労働保護法において、工場監督制度と結びついた就業規則法制のなかで特殊＝例外的に考慮されるにすぎない。その意味では、「民法上の雇傭契約には、組織的集団的な意味での人的従属性という属性をもとめることのできないことは疑ない」(34)

ともいえよう。しかし、だからといって民法が対象としていない「組織的集団的な人的従属」労働だけを労働法の対象とし、「個別的な人的従属」労働を労働法の対象から除外することは妥当でないと考える。日本民法上雇傭契約概念によって捉えられる生活関係のすべてが、現在では実定労働法に現われる労働契約概念によって捉えられるのであって[35]、「労務ニ服スル」ことを基軸とする個々の労働者と使用者との関係（個別的労使関係）は、すべて労働法の対象であり、古典市民法的規制と異なる労働法的規制に服するのである。

(4)　集団的・組織的に「労務ニ服スル」場合だけが労働法の対象となるのではないが、実際にはかかる場合がほとんどである（したがって、社会現象を大量現象として歴史的動態においてとりあげる社会科学的本質認識においては、組織的・集団的従属の看過は許されない）。そして、かかる組織的従属の存在する場合には、雇傭ないし労働契約概念によって捉えられる契約関係の内容（当事者の権利・義務）の具体的確定にあたり、組織的従属による労働条件の集団的・画一的決定の必然性の認識は、必要不可欠である[36]。また、労働保護法中にはかかる組織的従属という事実を前提とした制度ないし規定（たとえば就業規則法制）もみられる。さらに、労働組合の団体交渉（広義）―協約による労働条件の規制とこれに関する国家法の態度の把握にあたっても、組織的従属という現実のもとでは、労働者が労働者側の意思を労働条件の決定になにほどか現実に反映させようとすれば、自分の意思でなしに、自分たちの意思（団結体の意思）を使用者側に明示してその実現を図る以外に方法がないという事情の認識が、きわめて重要である。かくて、労働契約法ないし個別的労使関係法と集団的労使関係法のいずれにおいても、組織的従属という事実とその法的意義の認識は、労働法理の構成のうえで重要な機能を果すものといわなければならない。

なお、西ドイツにおける労働法の対象画定問題における人（格）的従属説と組織的従属説の対立は、労働契約と労働関係との関連に関する法理構成についてのいわゆる契約説（Vertragstheorie）と編入説（Eingliederungstheorie）との対立に結びついているが、ここでは立入らない(37)。

5　経済的従属

(1)　従属労働の経済的・社会的本質の認識という問題次元では、「経済的従属は、労働者の階級的従属を基底として生ずる従属現象のなかで、個々の労働者が労働力＝商品の売買にあたり「経済的弱者」として、使用者の提示した条件を甘受せざるをえない状態をさす語として理解するのが適当である。「機械体系への従属」＝組織的従属においては、労働条件が基本的に集団的・画一的に決定されざるをえない性質のものとなっており、個々の労働者がそれぞれの自己の意思をバラバラに使用者に提示して労働条件を約定することはことがらの性質上不可能となっているため、労働者団結の存在しない場合には使用者側のみで決定した条件を労働者側で甘受せざるをえなくなる（技術的従属）のに対し、労働力＝商品の売買にあたっての当事者間の経済的な力関係のかなりの相違、またはいわゆる交渉力（bargaining power）の不対等によって、使用者側の提示した条件をうのみにせざるをえない状態を経済的従属とよぶことができる。この場合の個々の労働者の「経済的弱者」性を、西ドイツの支配的学説のように、生活のためには労働力を使用者に売ることを経済的に強制されている無資力者という点に求めるのであれば、それは経済的従属を、結局は階級的従属と同視するか、少なくともこれに近いものとして観念するものといえる。

わが国では、労働力＝商品の売買においては労働力と労働者人格との不可分性のゆえに労働者の「人（格）的」従属が生ずると解する「人（格）的従属」説が支配的であり、労働力＝商品の売買という経済的実体に注目するかかる「人(格)的従属」説においては、現にそうであるように、経済的従属は当然に、階級的従属(労働によって生活するためには生産手段の所有者に労働力を売らざるをえないという生産手段の所有から自由な労働者の経済的・社会的地位にもとづく従属)と同視され、あるいは、階級的従属に力点をおいて、捉えられることになろう。しかし、経済的従属をこのように労働力の商品化ないし階級的従属に結びつけて捉えるのであれば、労働力=商品が絶対的に売り惜しみがきかないという点も、労働力=商品の売買に際しての労働者側の特有の経済的弱みとして指摘しなければ十分でない。

(2) 労働法の対象画定という問題次元では、経済的従属を厳格に、労働力を売る以外になんらの生活手段・資産をもたないという意味に用い、かかる従属の存しない場合は労働法の対象外であると解すると、資産のある者が他人に雇われて「労務ニ服」しても、彼は労働法上の労働者としての保護はうけないこととなろう。[38] しかし、資産家やその子弟が他人にかなり長期に雇傭されて働くことは実際上稀であるとはいえ、生産手段の所有からも自由な労働者のほとんどが、労働力=商品以外に文字通りなにものももたない・完全に無産の労働者であるというわけではない。もとより、労働者のもっている資産は一般にわずかなものでしかないが、厳格な意味で完全に無産の労働者だけを労働法の対象と解するのは、労働法の対象を不当に狭めるものといわざるをえない。また、経済的従属を契約締結時の経済的な力関係の相違ないし交渉力の不対等として捉える場合にも、個々の具体的場合について例外的にかかる相違ないし不対等の存在しないとき、当該労働を労働法の対象外に排除することは、妥当と思われない。

(3) 西ドイツ学説は、家内労働者を、経済的従属があるのみで人(格)的従属または組織的従属がないという理由で、従属労働者そのものではなく、これに類似の者として一定の範囲で従属労働者に対すると同様の保護・規制下におかれるべきものとする。わが国の学説では、労働法の対象画定概念としての従属労働について、人（格）的従属と経済的従属との複合と解する説がこれまで支配的であり、経済的従属が加えられている点で西ドイツの支配的学説とは異なるが、人（格）的従属が中核的要素とされているかぎりでは、家内労働者はやはり従属労働者類似の者ということになろう[39]。

ところで、家内労働者が労働法上の労働者か否かという法律問題は、当事者が形式的には雇傭契約（日本民法上の）でなく請負契約で結ばれている点で外勤労働者と異なる（後者は出来高給雇傭契約下にある者で、名実ともに従属労働者である[40]）が、実質的には当事者の一方が経済学でいう事実上の（de facto）賃労働者とみられる場合に、具体的に立法や法の解釈・適用の面で、どの範囲で外勤労働者と同一またはこれに準じた取扱いをするかという問題として、これを捉えなければならない。そして、事実上の賃労働者は、当事者が右のように請負契約で結ばれている場合に限らず、委任契約あるいは混合契約で結ばれているとみられる場合にも存在しうる。したがって、家内労働者のように特別の立法の存しない事実上の賃労働者については、たとえば労基法等の就業労働者保護規定の適用に関し、必要・妥当な範囲で、当該賃労働者を労基法上の労働者とみてあるいは当事者間の契約を同法上の労働契約とみて、同法の適用または準用を認めるべきである。その限りで、労基法上の、ひいて労働法上の労働契約は、契約類型としては、民法上の雇傭契約のみでなく、請負、委任等の契約も含む独自のものと解すべきこととなる[41]。

(4)　経済的従属が階級的従属と同義で用いられている場合はしばらくおき、それが附合契約的現象と結びつけて捉えられている場合については、附合契約的現象（契約内容が事実上使用者の一方的決定に委ねられるという現象）こそ、資本主義法が古典市民法的規制の必然的にもたらす弊害として注目し、なんらかの修正をうち出さざるをえなかったものであり、それが労働法出現の契機となっていることが強調されなければならない。その意味で経済的従属の認識は、労働法の成立契機の把握にとって有意義である。ことに、経済的従属説の指摘する個々の労働者の契約締結時の交渉力の劣位・不対等は、これをカバーするものとしての団体交渉(広義)——労働者団結(通常は労働組合)による交渉——や、これを通じての労使の交渉力の均衡、労使の実質的対等という観念につながる点において、労働法中の集団的労使関係法の把握にとって重要な意義をもつ。こんにち、憲法上労働組合運動が労働者の特別の権利(広義の団結権)として承認されず、市民一般の「結社の自由」が保障されるにとどまる場合でも、古典市民法上の「契約自由」の原則や「自由競争」の理念に実質的内容をもりこむものとして、この運動が法認され所要の保護・助成策がとられて、いまや組合運動権は現代資本主義諸国に普遍的に認められる権利となっているが、このことは、経済的従属と組合運動との関係に対する右のような理解を前提にしてはじめて可能である。しかし、現実の労働組合運動が常に右のような交渉力の均衡の獲得・維持増大とそれにもとづく使用者側との交渉のみを志向するか否か、労働者の団結権(広義)を右のような交渉力の均衡という視点でのみ捉えるべきかは別個の問題である。しかも、右の附合契約的現象も、単に経済的従属のみならず、事実認識の問題としては、既述の組織的ないし技術的従属に起因するものとして、さらに遡って、労働力=商品の特殊性を内包する労働者の階級的従属に由来するものとして捉えなければならず、現実の組合運動の基本的性格も、かかる階級的従属に対する労働者階級全体の運動(労働運動)のなかにそれが現実にいかに位置づけられるかによって決定されなければならない。

三　むすび

従来の従属労働論に対する以上の検討を、若干の補足を加えながら要約して、むすびとしたい。

(1)　従属労働の概念はもともと労働法の対象画定という問題次元でとりあげられたものである。この場合、労働法を「従属労働に関する法」と称することは、労働法が「労働（一般）の法」でなく、また、他人のための労働であっても請負契約などの独立労働は除かれるという意味では、決して誤りではない。労働法はたしかに、非独立労働＝従属労働に関する法といえる。しかし、かかる意味の従属労働は、労働法によってはじめて捉えられた、労働法独自の対象ではない。民法がすでに資本＝賃労働関係という他人のための非独立労働を雇傭契約概念によって捉え、市民的自由の理念のもとに二人の法的人格者間の自由な契約関係として規律している。しかも、ドイツ民法上の雇傭契約は独立労働の混入を許すものであったのに対し、日本民法上のそれはかかる混入を許さない純化されたものとなっている。したがって、これまでの学説のいう「人（格）的従属」労働の概念は、日本法上の労働法の対象画定概念としては不要である（なぜなら、これまでの学説は労働力＝商品の売買という経済的実体の必然的帰結を法的に「人（格）的従属」労働と表現するにとどまるものであり、まさにそれは民法が「労務ニ服スル」という表現で捉えているものに他ならないからである）。日本民法上の雇傭契約はいまやすべて労働法上の労働契約であり、両者間に対象の面での違いはない。しかし、同一の対象に対する古典市民法的規律と労働法的規律の間には、規律の理念（法的人格者の市民的自由と労働者の生存権）においても、具体的な規律のしかたにおいても、大きな違いがあること（とくに労働契約を規律するものとしての本格的労働保護法と労働者の団結活動とくに労働協約）に注意しなければならない。ただし、労働契約は契約類型としては、ある範囲で請負契約等をも含むかぎりで、雇傭契約より広くなる。なお、「人（格）的従属」を、西ドイツ学説のいう財産法的有償双務契約関係にとどまらない・人（格）法的共同体関係として特色づけられた労働（契約）関係の観念に結びつけて捉える立場は、支持しえない。

組織的従属は、近代的な工場制度下の資本＝賃労働関係に普遍的にみられる現象であり、これに対する事実認識は労働法上の制度の理解や労働法理の構成にあたって重要な役割を果すが、しかし、組織的従属ないし経営への編入がない限り、労働法独自の対象である生活関係は存在しないとして、これに労働法の対象画定の役割をもたせることは妥当でない。経済的従属は、わが国では階級的従属とほぼ同視されるか、または、人（格）的従属と複合して従属労働を構成する副次的要素と解されているが、前者の場合、生産手段の所有からの自由という労働者の階級的地位を、完全に無産・無資力の者として捉え、かかる者だけが労働法の対象となると解するのは、労働法の対象を不当に狭めるものである。後者の場合も、個々の具体的場合に契約締結時に使用者の提示した条件を一括うのみにする（附合）わけではない労働者がいるときに、かかる例外的場合について、経済的従属の欠如を理由にこれを労働法の対象外に排除することは妥当でない。西ドイツ学説は、家内労働者を経済的従属はあるが人（格）的従属はないとして従属労働者（日本法上の労働者）類似の者とするが、家内労働者と労働法との関係は、経済学でいう事実上の賃労働者に対し、一般の賃労働者と同一または類似の法的取扱いをいかなる範囲で認めるかという法解釈論上および立法政策上の問題の一環として捉えるべき問題と考える。

(2) 現代労働法は資本主義労働法と社会主義労働法に大別されるが、わが国では、単に「労働法」という場合、前者のみを指す意味に用いるべきである。かかる労働法の対象は、資本＝賃労働関係であり、それは経済的には個々の労働者の使用者に対する労働力＝商品の売買関係を核とする関係に他ならない。この労働力＝商品の売買関係は、日本民法が「労務ニ服スル」雇傭契約として捉え規律したものである。「労務ニ服スル」こと自体を「人的従属」労働とよぶことには、表現の簡略化のための言い換えという意味で反対しないが、単に労働力と労働者の人格との不可分のみを理由として、これを「人格的従属」とよぶことは不当である。

資本＝賃労働関係の総体およびその要素である個々の労使間の労働力＝商品の売買関係における、労働者の使用者に対する従属の経済的・社会的実体は、売り惜しみがきかないという特殊性を内包する労働力＝商品の所有者として、生産手段の所有からも自由である労働者の階級的地位＝従属を基底として、資本主義の成立・発展に伴う機械体系への従属（組織的・技術的従属）と相対的過剰人口の創出のもとで、現実に労働力＝商品の売買にあたり一般的に生じざるをえない従属現象として捉えなければならない。従属労働の本質をこのように労働者の階級的従属を基底にして捉えないかぎり、組織的従属もいわゆる人（格）的従属も、資本主義下の従属としてでなしに、超歴史的にみられる従属として捉えられ、その歴史的特質が見失われることになろう。

右のような労働者の従属は、法的には、資本＝賃労働関係を個々の労使間の労働力＝商品の売買関係の法的形態である雇傭契約概念によって捉え、かかるものとしてのみ規律するにとどまる古典市民法的規律においては、経済的従属説が附合契約的現象として注目した・労働条件の使用者によるほぼ全面的・一方的な決定が、古典市民法の「自由な契約」による決定の名のもとに一般的に貫徹・保障される現象に他ならない。

それが、労働者の自由意思の主体性の実質的形骸化であるとすれば、法的人格そのものの従属に近い状態として「人格的」従属とよぶことも必ずしも過言ではない（ただし、この「人格的従属」は、これまでの「人（格）的従属」の用語とは意味が異なる）。かかる従属との関係において労働組合運動の基本的性格、資本主義法の労働組合運動のとりこみ方、さらには労働保護法の展開をいかに捉えるかが、労働者の団結権（広義）や労働法の理念である生存権の基本的性格規定につながる。その意味で従属労働論は、労働法の基本問題ということができる。

資本＝賃労働関係に対する古典市民法的規律から新たな労働法的規律への推移は、右にのべたような使用者による労働条件の事実上一方的な決定（↓低下）および解雇の自由が必然的にもたらした、人格的従属に反発して人たるに値する現実の生活を求める労働組合運動を含む労働運動の展開を、多かれ少なかれ媒介としている。[42] そして、現実の労働運動を担う「労働者階級の自覚的法意識においては、〔階級的従属を基底とする労働者の〕従属関係は止揚されるべき労働者のあり方でもある」としても、もとより「〔資本主義〕労働法においては、根本的には固定し維持すべき労働者のあり方にほかならない」[43]のであって、具体的に従属労働現象にいかなる面を捉えていかに労働法的規律・修正をくわえるかは、資本主義の段階に応じて異なり、また、国により時代によって異なりうる。

(3) 労働法の対象は、資本＝賃労働関係における賃労働者（〔事実上の賃労働者〕を含む）の諸関係である。資本主義社会においても存在する自営の農商工業者等は、家内労働者その他事実上の賃労働者と認められる場合を除き、労働法の対象ではない。現行法と関連させて表現すれば労働法は、自己と家族の生活の基礎を、報酬を得て「労務ニ服スル」こと（〔人的従属労働〕と言いかえてもさし支えない）または実質上これと同視しうる労働に求めざるをえない地位におかれている者——これは現行労組法三条にいう労働者と同一と解しうる——の諸関係に関する法であるということができる。それは、現にどこかに雇傭されて「労務ニ服」しまたはこれと実質上同視される労働に従事している者（就業労働者）に限らず、失業中または休職中の者を含む。右の就業労働者は労基法九条にいう労働者と家内労働法二条にいう家内労働者等を含む。

古典市民法的規律においては、資本＝賃労働関係は、個々の労使間の労働力＝商品の売買関係だけが自由な雇傭契約関係として規律されるにすぎなかった。労働組合は禁圧されるか、放任されるにとどまったから、労働組合と使用者または使用者団体との間の争議行為を含む広義の団体交渉関係が、一個独自の法律関係として認められその特質に即して規律されるにはいたらなかった。労働組合運動の権利（広義の団結権）が法認される労働法（的規律）においては、かかる団体交渉関係が、個々の労働者と使用者との間の労働力＝商品の交換関係とともに、独自の法律関係として規律され、他の法領域にみられぬ労働法特有の法理が登場する。かくて法律上の労使関係は個別的労使関係と集団的労使関係の二つから成ることになり、労働条件については、女子・年少者の特殊＝例外的保護に代る本格的労働保護法の出現によって、「自由な雇傭契約」による決定に代って、就業労働者保護法が、個別的および集団的労使関係の双方を通じ最低限を保障することとなった。この最低限保障は、「自由な雇傭契約」への放任によって生ずる労働条件の低下に一定の歯止めをかけるものであるが、労働組合運動の法認により、この最低限を超える労働条件の獲得・維持が、組合運動にとって——この運動の単なる放任の段階と異なり——法的に正式に可能となっている。なお、労働保護法は就業労働者保護のほか、失業者・求職者保護を含む。

(4)　もともと従属労働論は、一個独自の法体系としての労働法はいかにして成立可能かという問題の一側面である労働法の対象画定問題として、労働法および労働法学の成立期にとりあげられたものである。しかし、一個独自の法体系としての労働法が市民権を確立した現在、「労働法の対象」というテーマのもとでは、これまで論じられてきた対象画定の問題のほか、対象である集団的・個別的労使関係の普遍的および日本的な実体面での特色をふまえた集団的・個別的労使関係法の諸側面の特質の解明という、これまで十分に論じられていない問題にも言及しなければならない。また、最近の「積極的労働力政策」のもとでの失業・求職者保護の新展開にも触れる必要があろう。しかし、すでに与えられた紙幅を大幅に超えており、これらの問題は別の機会に譲る。

（1） 下井隆史「雇傭・請負・委任と労働契約―『労働法適用対象画定』問題を中心に」甲南法学一一巻二・三合併号二四三頁。

（2） ワイマール期のさまざまの従属労働論について、戦前の詳しい紹介・批判的検討として津曲蔵之丞『労働法原理』（改造社）一七〇頁以下（同書では人（格）的従属説は身分的従属説とよばれている。二〇〇頁以下）。戦後のものとしては加藤新平「労働の従属性」法学論叢五五巻五・六号一四九頁以下。

（3） ワイマール期の従属労働論争のなかで、従属労働を法律効果としてうみ出す労働法特有の契約（労働契約）の法律要件の解明こそ中心問題であるとし、これを「労働の他人決定性」に求めたのは、ヘーゲン＝ヴェーレである。津曲・前掲書一七九頁参照。

（4） Hueck-Nipperdey, Lehrbuch des Arbeitsrechts, 7. Aufl., Bd. II, SS. 41, 128, 158 ff. なお、下井・前掲論文二四一頁以下、とくに二五九頁以下。

（5） 従来の従属労働論ないし使用者の指揮権論についての最近の批判的検討の動きについて、渡辺章「労働給付義務と形成権の理論」有泉亨先生古稀記念論文集五九頁以下参照。

（6） 「商品たる労働力が、その所有者たる労働者の人格と不可分であるということが、商品たる労働力に対する支配を人格的支配たらしめる」（沼田稲次郎「労働の従属性」同『社会法理論の総括』〔勁草書房〕二二六頁。傍点蓼沼）、同旨、浅井清信「労働契約概念を規定するもの」（学会誌労働法四二号一九頁）、久保敬治『労働法（四版）』三頁など。

これらの見解が、雇傭ないし労働契約によって労働者は使用者に対し「自己の労働力に対する処分権を譲渡」する（片岡曻『労働法(1)』〔有斐閣〕四七頁）、あるいは「商品たる〔自己の〕労働力の処分権を委ねる」（林迪広「労働法の基礎概念——労働の従属性をめぐる問題」菊地勇夫編『社会法綜説』上〔有斐閣〕八七頁）と解するものであることは疑いない。

(7)　「人的従属性とは、労働者が現実の労働関係に入り、労働遂行をなすに当って現われる従属関係で、雇主の指揮の下に労働すべき地位、労働の時間・程度・種類等々において雇主の指示決定にしたがい労働すべき地位にあることをさす」（加藤・前掲論文一六三頁。傍点蓼沼）。なお、「労働者は使用者に〔人格と不可分の〕商品たる労働力の処分権を委ねる」ことによって「通常の給付の場合とことなり、単なる債権法的な関係をこえた人格法的関係が生ずる」（林・前掲論文『社会法綜説』上〔有斐閣〕八七頁。傍点蓼沼）とする説もみられる。

(8)　ポットホフ、ジンツハイマーの説にヤコビの見解を総合した、ワイマール期のニキッシュの組織的従属説について、津曲・前掲書二一六頁。

(9)　ジンツハイマーの従属労働論については、ジンツハイマー『労働法原理』樽崎・蓼沼訳（東大出版会〔本著作集別巻所収〕）一四頁以下。ジンツハイマーの所説の検討として、戦前のものとしては、とくに津曲・前掲書。戦後のものとしては、ポットホフとジンツハイマーの説を紹介・検討した加藤・前掲論文、片岡曻「ドイツ労働法学における団体法理論」法学論叢六〇巻三号、同六二巻四号、樽崎・蓼沼前掲訳書「あとがき」〔本著作集別巻〕三五八頁以下。

(10)　Nikisch Arbeitsrecht, 3. Aufl, 1961, Bd. I, S. 6ff.

(11) もっともポットホフと異なり、ジンツハイマーは、使用者による経営＝組織体内での労働力の処分・統括を、組織体に内在する超歴史的な権力法的効果としてのみ捉えず、近代社会における生産手段の所有権すなわち資本所有権の、自由人としての労働者に対する権力として捉えている（ジンツハイマー・前掲訳書二二頁以下）。
(12)「いわゆる組織的従属性は『人的従属性の特殊の態様、色彩』をのべたものであって……それ自身独立した別個のものではない」（加藤・前掲論文一七七頁）、「本質はあくまでも人的従属性にほかならない」（林・前掲論文九一頁）、「人的従属性は同時に集団的従属性ないし組織的従属性という契機をもってあらわれる」（久保・前掲書四頁）。
(13) メルスバッハの説。津曲・前掲書一七一―四頁参照。
(14) Hueck-Nipperdey, a.a.O.S. 26
(15) 孫田秀春『改訂労働法論総論各論上』（有斐閣）四六頁以下。
(16) 加藤・前掲論文一五八頁以下、林・前掲論文八五頁以下、甲斐祥郎『労働法学の基本問題』（法律文化社）三八頁以下、久保・前掲書三頁、片岡・前掲書四八頁、柳沢旭「労働契約論序説」九大法学三〇号六二頁、吉田美喜夫「従属労働論に関する一考察」立命館法学一九七六年四号五二三頁以下など。
(17) Hueck-Nipperdey, a.a.O.S. 41 ff., 55 ff.
(18) 加藤・前掲論文一六一頁、沼田・前掲論文二三一―二頁、片岡・前掲書四八頁。これに対し、久保・前掲書四頁は「人的従属の必然化されるのは、社会的・経済的従属性にある」という意味での両者の「有機的」関連と「統一性」を説く。
(19) 横井芳弘「労働の従属性と労働法の概念」片岡・横井編『演習労働法』（青林書院新社）一四頁以下も、これまでのさまざまの従属労働論が「いかなる視点から労働の従属性を問題」としているかに注目すべきものとする。吉田・前掲論文四九七頁も、これまでの従属労働論は「視点のズレがあって、共通な基盤の上での議論になっていない」と指摘する。

(20) Hueck-Nipperdey, a.a.O.S. 26. ff.

(21) 林・前掲論文とくに八一頁。

(22) 片岡・前掲書四九頁。

(23) 久保・前掲書二頁以下とくに六頁。

(24) 沼田・前掲論文のほか、同『労働法論序説』第三章『沼田稲次郎著作集』(労働旬報社)第二巻一四七頁以下。

(25) 沼田稲次郎『労働法論序説』同『著作集』(労働旬報社)第二巻一五二―三頁。なお同『団結権思想の研究』(勁草書房)三八頁以下。

(26) 飯盛信男『生産的労働と第三次産業』(青木書店)。

(27) 沼田教授は「職員ないし事務員、技術員或いは商業使用人など」も、「可視的には常に生産労働者であるという事態に照応して、広い意味で労働者階級に属する」とされ(前掲著作集第二巻一五五頁)、他方で、労働者階級を、生産的労働者に限らず「その労働が資本主義的生産、再生産に不可欠であるか、その労働が労働力を売って生活するものによって行なわれているか、その労働力が資本主義社会の収奪構造のなかで資本家階級のために収奪されているか、そしてこれらの諸契機のゆえに疎外された労働……に従事している社会集団に属するか、によってとらえる」べきものと説かれる(同『社会法理論の総括』二五三頁)。

(28) Arbeitsvertragは、周知のように当初は、ロトマールによって請負契約等も含め、報酬を得て労働給付がなされるすべての契約を包含する意味に用いられた。しかし、やがて従属労働論の展開とともに、従属労働の給付がなされる場合がAnstellungsvertragとよばれて、ロトマール流のArbeitsvertragやドイツ民法のDienstvertragと区別されるようになった。今日ではかつてのAnstellungsvertragに代ってArbeitsvertragの語が用いられる。

(29) 宮島尚史『労働法学』（青木書店）五六頁、下井・前掲論文二六〇・二六九頁、横井・前掲論文一七頁。

(30) 労働契約概念は、民法の雇傭契約概念を労働力＝商品の売買に関する有償双務契約として一層完成させたものであるとして、これを法的構成においても労働力売買契約として捉えるべきであるとする説（山中康雄「労働契約の本質」季刊労働法七号）に対するこれまでの批判としては、片岡曻『団結と労働契約の研究』（有斐閣）二〇八頁以下、宮島・前掲書五七頁。

(31) 「古典市民法的規制（律）」は産業資本主義段階の法的規律を——夾雑物等を除いて——典型的に捉えた場合の呼称であるが、産業資本主義段階ですでに現われる労働保護法は、ほぼ女子・年少者保護にとどまり、特殊＝例外的な弱者保護として、これだけでは古典市民法的規律と異なる労働法的規律の確立をまだ語ることはできない。なお古典市民法的規制としては、暴行・脅迫・監禁等の経済外的強制による労働の刑法による禁止があるが、これも、市民相互間の一般的な経済外的強制の刑法的禁止の一場合にすぎず、「労働者」の法益に対する特別の刑法的保護はまだ存在しない。

(32) Hueck-Nipperdey, a.a.O.S. 41 ff. 下井・前掲論文二六一頁参照。

(33) 「人的従属性は同時に集団的従属性ないし組織的従属性という契機をもってあらわれる」とする説（注(12)参照）は、「人的従属概念には組織的・集団的従属という意味が当然に含まれ」ているとして、労働法の対象画定の問題について人的従属説をとる。しかし、「人的従属」は常に「組織的従属」を内包するとは限らないということを前提にして、後者の存在しない例外的場合にも、前者の存在するいじょう労働法の対象である従属労働の存在を認めるかどうかが、労働法の対象画定問題におけるこの場合の中心論点なのである。

(34) 久保・前掲書五頁。ただし引用文は、本文で述べているような文脈のなかでの叙述ではない。

(35) 労基法八条にいう労働者が同居の親族のみである場合や家事使用人の場合の契約も契約類型としては労働契約と解すべく、労基法の労働契約等に関する規定の適用はないが、実質的に類推適用を認めるべきである。

(36) 秋田成就「労働契約論」沼田先生還暦記念下巻『労働法の基本問題』五一五頁以下。なお、教授は「労働

条件がほとんど画一化された近代的工場制度の下でも、なお、個々の労働者に固有の雇用条件が残されている余地は以外に多い」と指摘されている（五一七頁）が、この指摘も、教授が組織的従属現象を前提とする就業規則等の「抽象的性格」との関連でなされている点に注意すべきである。

(37)　この対立を紹介・検討した従来の文献としては、片岡曻『団結と労働契約の研究』（有斐閣）二四八頁以下。

(38)　下井・前掲論文二七九頁は、この場合、「かなりに資産を有している」者について「たとえば長時間労働禁止の制度の適用を受けるべきである」とするが、「解雇保護の制度」は、「経済的従属性をその主たる存在理由としている」と述べていることと考えあわせると、労基法のような就業労働者保護法全体の適用、少なくとも解雇保護の制度の適用は否定するのであろう。しかし「かなりに資産を有している者」の認定が問題である。

(39)　片岡・前掲『労働法(1)』は、従属労働を「人的従属性を中核または基底とし」た経済的従属性との複合と解しつつ（四八頁）、「家内労働者……の場合には、人的従属性は一般の企業労働者の場合に比して、稀薄ないし著しく弱い」とはいえ、人的従属が家内労働者の場合も存在すると解している。

(40)　いわゆる家内労働者のなかには、仕事場が自己自身の所有権・賃借権等のもとにあるという点を除けば、出来高賃金を支払われる外勤労働者と実態において変りのない者も多いであろう。かかる者は法的に外勤労働者と本質的に異ならない者とみるべきである。

(41)　直傭労働者の数・範囲をどこまでとするかは、そのときどきの経済的・社会的条件のもとで、いわゆる人件費等を考慮した使用者の判断で決まる。そして、直傭労働者のなかには、外勤労働者のように、請負・委任契約下の独立労働者と一見まぎらわしい者も一部含まれている。それだけでなく、直傭労働者以外の事実上の(de facto)被傭者には、家内労働者のように、自己の仕事場で事実上の使用者の労務指揮をうけることなく働く者と、社外工のように、直接の雇主である下請企業の指示により親企業の事業場で親企業の労務指揮のもとに働く者とがいる。社外工の態様はさまざまであるが、当該下請企業が実質的に独立の企業であるかぎり、これと社外工との関係は、雇傭かつ労働契約関係として労基法が全面的に適用されるとともに、親会社と社外工との関係も、必要・妥当な範囲で労基法上の使用者・労働者の関係とみて同法の適用を肯定すべきである（社外工については現代労働法講座第一〇巻、「労働契約」の項参照）。

(42) 古典市民法的規律における解雇の自由については、現代労働法講座第一〇巻「解雇」の項参照。

(43) 沼田・前掲『社会法理論の総括』二三五頁。なお、沼田教授のこの立論にとくに焦点をあてた従属労働論として、甲斐・前掲書五一頁以下、吉田・前掲論文五三頁以下。

（日本労働法学会編『労働法の基礎理論』、現代労働法講座一巻、総合労働研究所、一九八一年）

8 「労働法法社会学」の課題と方法

——渡辺教授の提言をめぐって——

戦後のわが国労働法学のほぼ支配的な傾向に対し、法社会学の名において、暫らく前に野村教授記念論文集の論稿でなされた渡辺教授の批判的な問題提起[1]は、周知のように、法社会学に親近性を感じていた労働法研究者の大きな関心・注目をあつめ、さまざまの反応を生んだ[2]。もっとも、戦後の労働法学が、渡辺教授のいわゆる「固有の法社会学」に属する研究業績を生むことなく、終始「実用法学」のなかの「社会学的」法解釈学にとどまっていたとの批判に対しては、これを事実として容認しつつも、そうならざるをえなかった特殊事情（かかる事情として何を重視するかについては必ずしも一致しないが）の存在したこと、また今日においてもこのような事情がなくなっていないことを指摘するという点では、労働法学者の間に共通の反応があったといえる。しかし、それ以上に、渡辺教授の提言を労働法学者の側でどのように受けとめたかという点になると、それは各人各様であったといっても過言ではないであろう。そして、渡辺教授の問題提起の真意がどの程度正確に受けとめられているか疑問だ[3]とか、問題提起とこれに対する反応との間で論点がかみあっていない[4]とかの歎きも聞かれたのであった。それにもかかわらず、渡辺教授の提言が、労働法研究者のすべてに対し、あらためて労働法学の課題と方法という極めて重要な問題について根本的な省察を迫るものであったことはうたがいない。ただ、絶えず研究者の顧みなければならぬこの重要な問題が、歴史のいずれも浅い法社会学と労働法学にとってはとりわけ困難な問題であったために、問題提起後直ちには、「共同の直接の成果をうまな」[5]かったにすぎないと考える。

しかし、労働法学の前進のために――また法社会学の前進のためにも――、われわれは問題点の所在を吟味・整理し、考察を掘りさげなければならない。労働法学説のなかには、労働法学の課題と方法について立入った考察を加えたものが以前にもなかったわけではないが[6]、この問題の本格的な検討をみないまま、労働法学界は渡辺教授の前記批判・提言を迎えることになったのであった。そこで本稿では、同一方向での問題の検討を深めるという角度から、渡辺教授の批判・提言に対して私なりの注文や疑問を、これまでほとんど取り上げられなかった点を中心に、提示してみたい。

(1) 渡辺洋三「法社会学と労働法」野村教授還暦記念論文集四七九頁以下。なお「法社会学と労働法学」法律時報三四巻九号。
(2) 座談会〈青木・片岡・川口・佐藤・蓼沼・本多・宮島・籾井〉「日本労働法学の方法論と課題」季刊労働法四五号。日本法社会学会編「労働法学と法社会学」(「法社会学的労働法学の実践的課題」に関する松岡三郎教授と佐伯静治弁護士の論稿、「労働法学と法社会学」と題する片岡曻、佐藤昭夫両教授の論説のほか、座談会〈有泉・戒能・野村・磯田・東城・西川・千葉〉「法社会学と労働法学」をおさめる)。
(3) 片岡・前掲論文。
(4)(5) 日本法社会学会編・前掲書はしがき。
(6) 沼田稲次郎『労働法論序説』昭和二五年刊。

一　渡辺教授は、「今日の法社会学会において……質量ともに重要な地位を占めている」多くの労働法学者は、労使関係の実態その他法をとりまく「社会的事実関係の認識」に努めるが、それは「実用法学者として、新しい法的構成をいかにこころみるかというそのゴールに達成するための一過程」としてなされるにすぎず、その意味で、かかる労働法学は「正確には、実用法学のなかの一方法論としての社会学的法解釈学に属する」ものであって、「実用法学と区別される意味での固有の法社会学に属する学問ではない」と言われ、こうした「固有の法社会学」に属する研究、「実用法学の問題からまったくはなれた地点で……法社会学的課題を追究する」教授のいわゆる「労働法法社会学」の必要性を強調される。[1] その際、教授は、「実用法学」とは何か、実用法学と「法解釈学」との関係、実用法学における教授のいわゆる「法的構成」と「法解釈」との関係についてなにも説明されていない。[2] しかし、教授の「労働法法社会学」の提唱は、実用法学ないし法解釈学を全面的に否定するものではなく、これとならんで、これとは「性質も目的も機能も異なる」「固有の意味の法社会学」に属する研究の必要を強調されるのであるから、[3] その点を問題とする本稿では、「実用法学」の意味づけなどに関するせんさくは重要でない。[4] ここでの問題の焦点は、こうした固有の意味の法社会学的研究の「性質、目的、機能」がどんなものであるか、とくに「実用法学の問題からまったく離れた地点で、私〔渡辺教授〕のいう法社会学的課題を追求する」ところの「労働法法社会学」なるものが、何を目的として、どんな事象を対象に、どういう方法で、目的達成のための分析・解明を進めていくのか、である。

ところで、右の点について、渡辺教授は、前掲記念論文集のなかで、「労働法法社会学」の具体的な研究課題をいくつか示されている。それらは、これまでの社会学的法解釈学としての労働法学では性質上とり上げられなかった研究課題であるか、あるいは実用法学的関心からのアプローチはなされたが、「労働法法社会学」の観点からの追究はなされなかった研究対象としてとりあげられたものである。したがって、前記の問題の焦点に関する教授の見解をうかがううえで、この点は重要な意義をもっている。ただ、そのなかに、私には用語の意味の判然としない個所が見出されるので、教授が問題提起の意図を明らかにするため続いて公けにされた論文（「法社会学と労働法学 一」法律時報三四巻九号）も参照し、また――「労働法法社会学」についてとくに論及されたものではなく、「法社会学」一般について論じられたものであるが――教授の主著『法社会学と法解釈学』を手引きとしながら、教授の提言を検討してゆくことにしたい。ここでこのような検討を行なうのは、教授の問題提起をうけとめるためにこのような検討がまず第一になさればならないにもかかわらず、いままでにそれがほとんどなされておらず、さればこそ、教授の問題提起に対する労働法研究者の側からの反応に対して、法社会学の側から、論点がかみあっていないというような歎きが聞かれることにもなったと思われるからである。

一　教授は、「労働法法社会学」にとって、「今日の日本の労働者の実態」、「労働者の権利意識の現実の存在形態」が「問題の出発点」であり、これらの多様性を確定することが、「労働法法社会学」の出発点である、と言われる。そして、この問題をとりあげるのは、実用法学であれば、これまで労働法学者がよくのべているように、労働法上の労働者とは市民と区別される「階級的存在としての規定性をうけた人間範疇をいう」というように、「『あるべき労働者』の人間像が観念的に想定され」れば十分であるのに対し、法社会学においては、「現実の経験的事実」即ち、現にわれわれのみる労働者は「まさに千差万別の具体的存在形態において存在し」、同一の労働者でも「階級的なものと非階級的なもの……が同居しているのが普通である」という現実の事実、から出発しなければならないからである、と説かれる。

⑴　しかし教授が、ここで、労働法上の労働者概念を右のように規定することに対して、「あるべき労働者」の人間像を観念的に想定するものと言われるのは、果して妥当であろうか。この概念規定は、決して労

働者の理想的人間像をのべたものではない。労働法上労働者に種々の権利、とくに市民法上の権利概念によっては十分にその特質を把ええない権利が認められることの根拠、さらには労働者権に関する諸制度の成立根拠なども、労働法が労働者を単に自由・対等の市民としてでなく階級的存在としての現実の被規定性になにほどか注目するものであることを前提として、あるいはこれとの結びつきにおいて、はじめてとらえうるものであるところから導きだされる概念規定であり、かくて労働法を一個の統一的な規範の体系として認識しようとする場合に措定されざるをえない概念規定なのである。したがって右の概念規定は、決して労働者に対し「労働者は階級的でなければならない（階級的に考え行動しなければならない）。現実に階級的に考え行動する者だけが労働法上の労働者といわれるべきである」というような意味での、労働者の理想的人間像の表明に直結するものではない。また、そのような教えを垂れることとも無関係である。同じ理由で、「実用法学の予定する『あるべき労働者』と現実の世界での労働者の存在形態との間にはおおくのギャップがある」という渡辺教授の指摘も、「実用法学の予定する」という語句を削れば意義ある指摘であるとしても、かかる事実の指摘は右の概念規定とはやはり無関係である。ただし、「労働法実用法学」上の労働者概念に関する教授の所見は、さきにあげた教授の問題提起のなかではもとより付随的なものにすぎないから、ここではこれ以上たちいらない。

(2)　教授が現実の労働者の権利意識の究明という問題を提起されたのは、労働基本権の憲法上の保障を頂点とする現行国家法上の労働者の諸権利が、現実の社会生活関係、とくに使用者との対抗関係の場において（いわゆる非国家法の平面で）果して現実に存在しているかどうか、どの程度実際に定着しているかが、法を国家法と「生ける法」との総体において把える法社会学にとっては、最も重要な第一の研究課題になる、との観点からであろう。これまでの労働法学がこのような問題にはなはだ不十分にしか取り組んでこなかったことは、率直に認めなければならない。実態調査にもとづくこの方面の考察は、これまでのところたしかに寥々たるものである[5]。「法社会学にとっての関心事は、団結権〔その他の労働者権〕の法理を構成し、説くことにあるのではない」とすれば、そして、かかる法理を構成し説くことは法社会学と区別される実用法学の課題であるとすれば、国家法上の労働基本権その他の労働者権の「生ける法」の面での存在形態を支えるところの労働者の現実の権利意識の究明は、「労働法実用法学」の課題には含まれない「労働法法社会学」独自の研究課題ということができよう。

しかし問題は、この権利意識の「現実の存在形態」を、どのようにして探究・分析していくかである。権利意識なるものは、一般的にいえば、権利内容とされている行為ないし状態の正当性とそのような行為・状態の阻害・撹乱の不当性に対する認識の有無・深浅と反応の強弱を示すものということができよう。たとえば、労働組合運動に関する団結権等の権利についていえば、権利意識とは、組合運動を行なうことじたいはなにも〝気兼ね〟のいらぬ正しいことだという意識、組合運動に対する妨害・干渉は許されぬ不正であるとの意識を意味するであろう。またその強弱も、とりわけ組合運動に関する権利意識については、組合運動の正当性に関する意識が、国家法上権利として承認されているが故に、組合運動は正しいと考えているのか、それとも国家法上承認されると否とを問わず、組合運動は労働者として行わざるをえないものであるが故に正しいと考えているのか（もとよりこのような正当性の意識は、組合運動が国家法上権利とされないこと、少なくともそれ自体違法とされることに対するきびしい非難と不可分であろうが）に依存するということができるであろう。そして、このような意味の権利意識やその強弱は、アンケートや面接などの「実態調査」によって、右にのべたような点に関する多数の労働者の考えを集めれば、いちおう知ることができるわけである。しかし、かくして得られた権利意識の状況は、必ずしも労働者の実際の行動を規定する権利意識を示さずに、単に労働者の頭の一隅におさめられている聞きかじりの知識や記憶を表わすにすぎないおそれが少くない。組合運動が大衆的な基礎を獲得したのがようやく戦後のことに属するわが国の場合はとくにそうであろう。

「生ける法」の次元における権利意識の究明として有意義なのは、労働者の実際の行動を規定する権利意識の究明である。渡辺教授が「権利意識の現実の存在形態」といわれるのも、かかる意味の権利意識を指すものと思われる。そうだとすれば、このような権利意識の究明は、労働者の実際の行動に即して、そのなかから具体的にその存在形態を探究するほかないであろう。ところが渡辺教授は「権利意識の高さや成熟度は、なにによって規定され測られるものなのか、そのモノサシがよく分らない」、なぜなら「はなばしい、あるいは尖鋭な闘争のある」ことや、「デモやその他の大衆動員のよくきく」ことなどは、必ずしも権利意識の高さや定着度を示すものでないからである、という疑問を提示されている。たしかに闘争の尖鋭度やデモ・大衆動員の頻度・規模によって直ちに権利意識の高さや成熟度を云々することはできないであろう。また、権利意識の高さや成熟度をはかる一般的な尺度は、現在ではまだ誰も提示しえないであろう。現状は権利意識の高さ・成熟度のいかんを問題としうる具体的な事件をできるだけ多く拾いあげて、各事件ごとにそのなかでの労働者の具体的な諸行動に即しその契機となったものを吟味・確定し、諸情況・諸行動・諸契機の比較・類型化・整序――ついで仮説の設定と検証――によって、右の一般的な尺度の発見に向って徐々に進んでゆくほかない段階ではなかろうか。これを例えば団結権についていうと、現状で必要かつ可能なことは、渡辺教授も触れられている組合分裂という現象を、団結権意識の高さ・成熟度のいかんを問題としうる生きた重要な具体的素材として、これを個々のケースについて右のように分析・究明してゆくことである。

(3) 渡辺教授は、組合分裂現象そのものに対する法社会学的研究の必要を強調され、実用法学が「どんなにすばらしい団結の法律論を展開したところで、現実の世界のうえで労働者階級の団結が実現されるのでなければ、学者の法律論も宙に浮いてしまう。……実用法学としてなら、団結の必然性の論証を基礎にすえるのもよいであろう。しかし法社会学としては分裂の必然性をこそ問題にしなければならない」と言われる。たしかに、団結権の憲法上の保障の力説からはじまる団結権の法理に関する教説に、組合分裂を実際に阻止する決定的な力は期待できない。この教説が、資本主義社会の労働者の「団結の必然性」から説きおこすものであっても、同じことである。解釈学上の法理そのものは、直接には、分裂が生じた後の法的効果を示すにすぎない。また、わが国現行法上の解釈論としても、分裂によって生ずる諸法律効果が、それ自体分裂・脱退者に対し第一組合への復帰を事実上強制するような力をもちうるかどうかは疑問である(6)。分裂を阻止するには、実際に起った多くの分裂事例について、分裂を必然的ならしめた外部的・内部的要因を究明することと、長期争議のように組合分裂の危機が顕在化ないし現実化しやすい情況のもとでこの危機をのりこえた事例について、その要因や講じられた対策の効果を究明することが、不可欠の前提である。そして、こうした究明に立脚する分裂防止対策に加えて、団結権の法理に立脚する組合脱退・分裂に対する強い規範的非難がなされてはじめて、後者もそれ相当の効果を生む。教授は、労働法研究者が団結権の定着のために法学研究者としてどんな協力をなしうるかを問題とされているが、それは右にのべたような意味での協力でなければならぬと思われる。教授の真意が団結権の法理を説くに急な者に対するこの点の警告にあるとすれば、なに人もその意義を否定しえないであろう。

ただ、教授が、社会政策学者（労働問題研究家）、社会学者などによって、分裂の実態や原因に関する実証的研究が大分すすめられていることを認めながら、この研究に法学者の参加と共同研究を要望される点に、問題がある。この研究は、労働法学の姉妹科学ともいうべき社会政策学（労働問題研究）の研究者に委ねても差支えなく、法学的アプローチが不可欠とはいえないのではなかろうか（労働法学がこの研究の成果にたえず注意していなければならぬことはもちろんである）。教授の指摘されるとおり、法学者の日本資本主義論が陥らざるをえない偏向や歪みをさけるためには、国家権力論ぬきの日本資本主義分析への参加が独自の意義をもち、法学者の分析視角はその際、他の学問分野研究者のそれと当然異なったものとなるであろう。しかし組合分裂というテーマについては、これと同じことが果していえるであろうか。既述のように、「生ける法」の次元における団結権の主観的側面＝権利意識の究明という明らかに法社会学固有の研究課題の追究にあたって、組合分裂を素材とすることはたしかに必要・重要である。しかしかかる素材としての観点を離れた分裂の分析は、法社会学的研究には属さないであろう。問題は、分裂という同一の社会現象に対する他の社会科学分野からのアプローチとは異なった法学的アプローチの具体的方法いかんである。この意味で教授が、教授のいわゆる「分裂の必然性」（正確には分裂を必然的に結果する要因と条件）の追究を強調されるのみでなく、右の点について教示されることを渇望してやまない。

二　教授は「労働法法社会学」の課題として、つぎに、「日本資本主義と労働法との相互関係の究明」をかかげられる。やや具体的にいえば、「資本主義社会において労働法のはたす役割、その進歩性と限界」に関する一般論はこれまで労働法学者もとりあげているが、「資本主義としての一般性と日本の資本主義としての特殊性」（「戦前から伝統的にもっている特殊のゆがみと、戦後のアメリカ帝国主義の支配との関係において新たに生じたゆがみと、そうした二重のゆがみをもちながら独占資本主義一般の法則を貫徹しつつある」）をふまえて、「法が権力の支配の道具であるとともに人民の闘争の道具でもある」という「ブルジョア法の二面性」――それは労働法においてとくに顕著に現われる――が日本の場合現実にどのように現われているかを究明すること、また、日本資本主義論が日本の権力構造をぬきにしては考えられない以上、「法と権力との矛盾」――それがもともと労働法ではきわだってあらわれる――が日本の労働法の場合、実際にどのような形で存在しどのように動いているかを究明すること（労働事件における裁判所や労働委員会その他の国家機関の役割をいかに考えるべきかも、「今日の日本の権力構造全体とそのなかにおける権力機構内部の相互矛盾との一定の関係」について、理論的な認識と展望がなくては解明しえない）の必要を、教授は力説される。ただし教授はここで、右のような究明への努力の欠如を、これまでの日本労働法学に特有の他の法学分野にみられぬ怠慢として責めておられるのではない。他の法学の領域でも「日本資本主義と法との相互関係」の具体的な様相に関する研究が不十分であることを認められ、労働法の特殊性にてらして労働法の分野におけるこの種の研究がとりわけ稔り多いものとなるはずであることを強調され、労働法研究者の先駆的な活動と成果を期待されているのである。

このような教授の指摘・教示に対しては、社会科学の一分野としての法学をめざすすべての労働法研究者が、全面的な共感を示すものと思われる。そして「日本資本主義と労働法」という課題に対する本格的な取り組みかたのこれまでの不足が真剣に反省されなければならない。しかしこの反省のためにも、教授のこの指摘・教示が真に余すところなく、労働法研究者によって理解されることが必要であり、かくして労働法研究者と法社会学研究者（というよりもむしろ労働法研究者を含む法社会学研究者）が、それぞれの当面する課題の関連性と究極的課題の同一性だけでなく、基本的に一致する方法論の明確な自覚のもとに課題の追究につとめることによって、はじめて十全の成果を期待しうると考える。そこで、あえて次のような点について疑問を提示しておきたい。

それは、一般的には「日本資本主義と法」、特殊的には「日本資本主義と労働法」というテーマを追究してゆくにあたっての方法に関するものである。教授は、この大きなテーマに含まれる課題として、「日本の労働法のどのような側面が資本主義労働法一般に固有の側面であり、どのような側面が日本労働法に特殊な固有の側面であるのか、そのような特殊性は、日本の資本主義との関連においてみた場合、なぜ、いかにして形成され、どのような意義をもつものなのか、その特殊な側面と一般的側面とは相互にどのように関係し、且つその相互関係は、なぜ、どのように変化しているのか等々のこと」をあげられる。これによって、ぼう大なテーマにアプローチする階梯としての諸課題はかなり具体的に示されているわけであるが、教授は「ブルジョア法としての労働法の二面性」を、労働法における「法と権力との矛盾」という視角からこれらの課題を追究してゆくことをもって、「法」社会学的アプローチとされるようである。このうち「ブルジョア法の二面性」ということの意味は――さきに紹介したように――教授じしんによって述べられているので、問題はないとしても、「法が権力の支配の道具である」とともに「人民の闘争の道具」でもあると言われる場合、法におけるこの二面は、単に相異なるだけでなしに一応相反するものとしてとらえられているように思われるのであるが、果たしてそう理解してよいのであろうか。そして、二つの面が一応相反するものとすれば、それは法というもののなかでいったいどのように関連・並存するのであろうか。また、この関連は法秩序全体のなかではじめて問題になりうるのか、それとも個々の法規のなかで認めうるのか、そのいずれであろうか。「法と権力との矛盾」については、その意味を教授は語られていないが、それは、教授が主著の一つ(『法社会学と法解釈学』)で説かれたような「国家権力の意思」と「法」との矛盾対立をいうのであろうか。このようなさまざまの疑問について、教授の解説を望むのは私だけではないであろう。

三　教授は、前掲記念論文集の論稿で、最後に、「市民法と労働法との関係」という問題を提起されている(詳細は別稿で説明されている)(7)。しかしこれは、教授が社会学的実用法学と規定された戦後日本のこれまでの労働法学の方法に対する批判(市民法原理というものを樹立しこれを一方的に強調することによって、ブルジョア法一般の属性を過少評価するとともに、解釈論の面でも効果的な論理構成に成功していないという批判)との関係で提示されたものであり、かかるものとして労働法学の側から検討されるべき意義をもつものではあるが、教授が問題の中心においておられる、いわゆる固有の意味の法社会学の課題と方法という観点からすれば、資本主義法内部における市民法と労働法との関係は、既にふれた「資本主義と労働法」、「日本資本主義と労働法」という問題の一環としてとりあげられるべきものであろうから、ここではとくにとりあげない。(8)

(1) 渡辺・前掲野村記念論文四八二頁。

(2) 教授は「実用法学」と「法解釈学」とについて、「法的価値判断というひとつのイデオロギー的実践的提言を論理的にきそづけるための実践的技術学=実用法学としての法解釈学」といわれ、これを「歴史的客観的に規定されたものとしてのイデオロギー規範構造を客観的理論的に認識するための経験科学としての法社会学」に対置させておられる(渡辺『法社会学と法解釈学』三七二頁)。また、「社会学的解釈学」を「従来の概念法学やその他さまざまの観念論的解釈学」に対比されるようである(同上、四八一頁)。

(3) 教授は後に、「法社会学と労働法学一」法律時報四三巻九号において、このような教授の問題提起の意図をはっきりのべられている。

(4) ただし、渡辺教授が「実用法学と法社会学とは、それぞれ性質も目的も機能も異なる学問であるということは、川島教授も私も、くりかえしのべてきた」と言われるにかかわらず(渡辺・前掲記念論文四八二頁)、川島教授の実用法学の意味づけは時期の前後によって違っているのではなかろうか。川島教授の『民法解釈学上の諸問題』のはしがきにおける意味づけ、とくに教養学的実用法学と「科学的実用法学」との区別と、『法社会学(上)』一〇頁以下の「実用法学と法社会学」に関する叙述、さらに『科学としての法律学』一七六頁以下における教授のいわゆる「非解釈学的法律学」ないし「市民的実用法学」(渡辺教授はこれを「科学的実用法学=市民的実用法学」とされる。渡辺『法社会学と法解釈学』三八-四〇頁)の提唱の間には、同一のものについて取り上げる側面や力点のおき方の違いに応じた相違だけでなしに、実用法学の意味づけ・把握のしかたじたいに、かなりニュアンスの相違の出ていることがたしかなように思われる。

(5) その稀な例として沼田稲次郎『団結の研究』。社会政策学者の組合分裂研究は、これにくらべると少くない。

(6) たとえば、学説では、分裂のための脱退は無効であるとか、第二組合の御用組合性が立証されなくても、唯一団交約款が第一組合・会社間の協約中に存在すれば、協約有効期間中は使用者が第二組合と団交をすることは協約違反となる、というような法理が主張されている。

(7) 渡辺「法社会学と労働法学一」法律時報三四巻九号。

(8) 渡辺教授は、これまでの「労働法実用法学」が労働法原理なるものの一方的強調によってブルジョア法一般の属性を過少評価している例として、団結権の法理をもっぱら団体主義的原理の上に構成していることをあげ、「資本主義市民法の個人主義原理は労働者集団のなかにも客観的に貫徹するのが現実の社会の法則」であるのに、これを看過していると批判される。ここには、渡辺教授が実用法学ないし法解釈学と法社会学との明確な区別を強調されながら、実用法学上の論理構成の是非を法社会学上の原理=法則そのものをもって論評しているという矛盾がありはしないだろうか。それとも法解釈学の論理構成も法社会学の科学的認識に支えられてはじめて「正しい」ものとなるという意味での論評であろうか。しかし、労働者団結のなかにおける団体主義的契機と個人主義的契機との間では、やはり前者が客観的事実としてヨリ基底的であることを認めざるをえない。この意味で、私は片岡教授の批判（前掲論文「労働法学と法社会学」所収）に基本的には賛成したい。なお、労働基本権の保障と「公共の福祉」との関係に関するこれまでの労働法実用法学の態度についても、渡辺教授の批判があるが、この批判にはだいたい賛成である。

二　右にみたように、渡辺教授の提言には、用語の意味ないし論旨についてもう少し詳しい叙述・展開を要望したい個所がそのなかにいくつか見出される。しかし最も重要なことは、この提言を通じて教授の意図されたところ（教授は別稿[1]でこれを次のように述べられている）――戦後法社会学が法学のなかに市民権を確立したかにみえるが、実はそれは法解釈学に役立ちうるかぎりで、法解釈学に従属するものとして、認められたにすぎない。法社会学会会員の多い労働法学においてさえそのようにみえる。そこで、法解釈学と法社会学とは性質・任務・方法も異なるものであること、かくして法社会学が法解釈学をはなれて独自の市民権を与えられるべきことを、法社会学のいくつかの具体的な課題に即して述べることにより明らかにしたい――が達成されたかどうか、換言すれば、教授の提唱されているようなかたちの法社会学の成立の可能性や存在根拠じたいは、疑問の余地なく承認されるべきものかどうか、である。法の「正しい」解釈とは、法的安定性と具体的妥当性との二つの要請にマッチした解釈をめざすものであるという前提のもとに、具体的妥当性の確保のために法の対象である社会的実態にたえず注視する必要があるとして、そこに（のみ）法社会学の存在根拠を求めるような考え方が、労働法学界のなかにも一部にはまだ残っているかもしれない。このような解釈論は、既に指摘されているように[2]、実態にあうという美名のもとにゆがんだ実態に迎合しあるいはこれを正当化する解釈をみちびく危険があるが、渡辺教授の主張がこうした浅薄な法社会学観を一掃するうえに大きな力をもつことはうたがいないであろう。しかし法社会学の任務は法現象の法則的解明にあるという、教授の強調される見解に同調する者に対して、「法社会学」の方法論を少なくとも基本的ないし決定的な疑問をよび起こすことなく受けいれさせることに成功しているであろうか。

一　さきにのべたように、教授は、「労働法法社会学」の出発点として現実の労働者の権利意識の探究をあげ、またその包括的な具体的任務として日本資本主義と労働法との相互関係の究明をあげるとともに、それにいたるまでに取り扱うべき具体的課題のいくつかも提示されたのであるが、のちに、「労働法法社会学」にとっての「基礎的な理論作業」は「資本主義労働法の構造分析」であるとされ、「法社会学」の観点からすれば、この分析の「基礎視点」は「矛盾の法則の解明」にあると述べられている。ここまでは何人も異論のないところであろうが、教授は右に続けて、この点すなわち、法社会学の基礎視点が矛盾の法則的解明にあるということは、「法解釈学において法は矛盾のないものとして論理的に説明」されなければならないのと異なるところであって、「法社会学」では「資本主義労働法の論理的構造の矛盾はなにか、どのような矛盾の展開が、どのような問題を必然的に生み出し、どのような展望をもたらすかについての基本構造」の問題をとりあげなければならない、と言われる。(3) しかし、残念ながら、私はここでもまた、用語の意味と提言全体の具体的意味について、教授の説明を求めざるをえないのである。

(1)　まず、ここにいわゆる「資本主義労働法の論理的構造」という語の意味、またその「矛盾」がいかなるものの間の矛盾・対立を意味するのか、が私には判然としない。教授は、主著の一つのなかで、ここでの用語と似た「法（法規・法規範）の論理的構造」(4) という語を用いられ、これを「法（法規・法規範）の社会的構造」という語に対比させ、「法的現象の運動法則を認識すること」を任務とする法社会学にとって、「法的現象を法規範の社会的構造と論理的構造との相互関係の過程として把握し、その過程の経験的観察にもとづいて法的社会現象の一定の歴史的在り方を検討し確定する」ことが「不可欠の課題」であるとのべられている。(5) そして、「法（規）の社会的構造」とは、教授によれば、「法規（およびそれを構成するもろもろの技術概念）をとおして表現されているところの（一定の）社会関係の実体」、「(法)技術概念でシンボライズされている社会関係の現実の構造」、あるいは「法規によって表現されるところの・あるいは法の適用、執行をつうじてあらわれるところの・現実の社会関係」を意味し、「法（規）の論理的構造」の分析とは、「かくて明らかにされた（法の社会的構造の分析を通じて明らかにされた―蓼沼）社会関係がなぜ特定の論理技術形態をとらざるをえないのか、また特定の論理技術形態をとることの法的意味はどこにあるのかという点の解明であり、それは「(法規の社会的構造の分析によって明らかにされた）その現実の社会関係についての、立法者の意思を媒介とした価値判断作用の論理的定着にほかならない」(6)。ここではまだ、「矛盾」という語は現われないのであるが、教授が右の二つのものの相互関係の過程に関する具体的な例として、わが国の漁業法の場合をあげられるところでは、この語が登場する。教授は、漁業法において、国家制定法上の漁業権は、「制定法のことばの上では……近代法上の物権」であるが、しかしこの「制定法のことばで表現されているところのものの社会的実態は、ことばどおりの近代的権利ではなく、古くからの慣習にもとづき漁村の構造にむすびついて存在している封建的権利である」とされ（法規の社会的構造）、「しかし次に、封建的権利としての実態をもつものが漁業権という近代物権として法的構成され、且つもろもろの公法的支配を受けることになった結果、どのような法的矛盾がそこに生ずるに至ったかが注意されなければならない」(7)と言われる（法規の論理的構造）とともに、「生ける法と対立する意味で国家法という場合」、すなわち「国家制定法（ないし判例法）の紙に書かれたことば、すなわち観念形態としての国家法」という意味で「国家法」の語を用いる場合には、「生ける法と国家法との相互関係を、法規の社会的（現実的）構造と論理的（観念的）構造との相互関係とおきかえてもよい」とのべられる。[8] そして、教授は、他の個所で、「法社会学は、国家法と生ける法との内的必然的諸関連、その相互関係の法則性、そのもつ意味等をとおして、法秩序を全体として描き出すことを目標としている」のであるが、「きわめて概括的に、この相互関係の在り方について」言えば、まず「国家権力の意思と生ける法とが一致する場合」と、あい矛盾し対立する場合の二つに大別され、これら二つがさらにいくつかの場合に分けられる、と説かれ、さきにあげた日本の漁業法の場合は、国家権力の意思と生ける法とが一致する一つの場合の一態様であり、国家権力の意思は現実の漁業関係の封建的本質の維持に向けられている点で生ける法とは一致しているのであるが、しかしその維持は近代的な法形態をとおして行なわれるのであって、この場合「生ける法と国家権力の意思との一致のしかたは、本質（内容）と形態（形式）との矛盾、対立というかたちであらわれ」ていること、「生ける法と国家法との現象的矛盾は、その本質的一致を否定するものでない」こと、かくて「規範の封建的内容と近代的形式との……矛盾」[9]が特徴的であること、を指摘される。

(2)　教授のいわれる「資本主義労働法の論理的構造の矛盾」なるものの意味をうかがうために、教授が法社会学の方法に関して既に公けにされているその見解をかなり詳しく——読者からあるいは不必要と言われるかもしれないほど詳しく——紹介した。そこから、資本主義労働法について教授が「法の論理的構造の矛盾」とよばれているものの意味内容が何であるかを推測してみると、それは「法の論理的構造」じたいの矛盾ではなく、それと「法の社会的構造」との間の矛盾をさすもののようであり、それは、法を定立する「国家権力の意思」が、その定立する「法の論理的（観念的）構造」と必ずしも照応・一致するものではなく、「法の論理的（観念的）構造」とは矛盾する「法の社会的（現実的）構造」、すなわち「生ける法」を、かかる矛盾において本質的に維持するような場合もあること、そしてかかる場合に生ずる「本質（内容）と形態（形式）との矛盾」あるいは「生ける法と国家法との現象的矛盾」に注目するものであるといえよう。(10) 渡辺教授が法社会学の基礎視点とされる「法の論理的構造の矛盾」なるものの意味を右のようにとらえるのが教授の真意に合致しているとすれば、かような基礎視点からの右にのべたような方法でのアプローチは、法解釈学のそれとは明らかに異なっているし、こうした学問体系を法解釈学に従属する二義的なものとみることができないのも明らかである。その意味では、法解釈学ないし実用法学（ただし社会学的）としてしか存在しない現在の労働法学のほかに「労働法法社会学」樹立の必要と大筋の方法論を労働法研究者によびかけられた教授の意図は、右の提言によって十分達成されるといえるであろう。

二　しかし教授のよびかけられた方法論が、労働法における法現象の解明にあたってどれほど有効適切であるかは、さらに検討を要する問題であるように思われる。教授の「法の論理的構造」と「法の社会的構造」との矛盾という分析視点は、わが国の労働法＝現象、とくに「労働の法」はあっても「労働法」の存在しなかった、戦前の労働関係上の法現象（私はこれを「労働法＝現象」に対し「労働＝法現象」と表現したい）の解明にはたしかに有効である。教授は、戦前のわが国の労働＝法現象を、さきに紹介した漁業法の場合と同様、「近代的法形態は半封建的身分的労働関係を保障する外被にほかならなかった」(11) というように把えられるとともに、「大正中期以降の日本資本主義の危機……のもとで（の）法的権利義務関係の広汎な展開」のなかで、労働関係をはじめとする社会的諸関係が前法的関係から法的関係に移ろうとする勢いを示したが、

「調停制度（労働関係については労働争議調停法）の導入と「取締法規（治安維持法等）」にもとづく労働運動等の弾圧を通じて、「天皇制権力の最も反動的な支配層」は「家父長制諸関係の解体と権利義務関係の展開を上から阻止再編成」しようとした、と述べられ、日本資本主義に内在する二つの矛盾、すなわち独占資本主義段階にまで到達した日本資本主義の「資本主義社会に固有の矛盾」と、それにもかかわらず依然その「基底」をなしている「半封建的諸関係に内在する矛盾」によって、民法その他の近代的法形態は、一方で「(本来の市民法段階より進んだ状態) 独占資本の国民に対する支配」を、他方で「(本来の市民法段階よりおくれた状態) 地主層の国民に対する支配」を「二重の意味において保障するものであった」と説かれる。[12] 戦前の日本の労働＝法現象に関するこの叙述の出発点、立論、結論は現在通説化しているといってよいであろうし、私も基本的にはこれを支持するが、十分なものとは思わない。[13] しかし、社会的実体の半封建的本質と法規の近代的形態との矛盾に対する「国家権力の意思」という視点からの教授の方法論が法現象の動態的把握の方法論という性格をそなえているかどうかという点については、戦前の日本の労働＝法現象に関するかぎりでは、明らかにこれを肯定しうると思われる。

しかしながら、教授が「資本主義労働法の論理的構造の矛盾」と言われる場合、それは日本の、それも戦前の、労働＝法現象の運動法則解明のための視点を問題とされているのでなく、資本主義一般についての労働＝法現象および労働法＝現象の法則的解明が念頭におかれているように思われる。ところが、この観点から、「資本主義労働法の論理的構造の矛盾」——さきに私が推定した意味での——をみてみると、私にはその有効（適切）性が疑問なのである。もっとも教授は、既にのべたように「国家権力の意思」と「生ける法」とが矛盾・対立する場合と、これら両者の一致する場合とを対置し、前者の「典型的」な場合として、労働法現象にみられるように、「新しい行為規範のにない手」が、「国家権力をにぎる支配階級と正面から対立する諸階級」である場合をあげ、そのなかに、「新しく芽生え生成しつつある行為規範が既存の国家法秩序に矛盾するとき、国家権力はこれを抑圧する」場合として、生産管理に対する違法判決を例にあげ、「国家権力が、新しく生長する行為規範を禁圧するだけでなく、さらに、既存の行為規範をふみつぶし、その既得権をうばってゆく」場合として、その例にスト規制法をあげられている。しかし、これが資本主義一般における労働法＝現象の分析視点として、どれほど有効であろうか。起りうる場合を羅列したにとどまり、労働法＝現象の法則的解明のための視点としてはほとんど役立たないのではなかろうか。そのように考えてくると、ひるがえって教授の「資本主義労働法の論理的構造の矛盾」といわれるものの意味について、私が全く見当違いの推定をしていたのではないか、という危惧をいだかざるをえない。かくて私は、「労働法法社会学」の確立のため、また「労働法学」の前進のために、基礎視点について、教授が論旨を少くとももう少し詳しく展開される機会を得られるよう切に要望せざるをえないのである。

私は法学が、社会現象の法的側面＝法現象の動態的・法則的認識を目的とする「固有の法社会学」を中心におき基礎とするかぎりで、社会科学の一分野としての性格をもちうるのであり、法解釈は、法廷等での諸法源の意味付与とその選択を通じてのすぐれて実践的な、具体的法定立のための論理構成・推論という性格において、法現象の客観的理論的認識そのもの、即ち法社会学的認識と区別されるが、その論理構成とりわけ法技術的な諸概念・命題の内包外延の確定にあたっては、それらの経済的社会的基礎に対する法社会学的認識が前提されなければならず、その意味で法解釈学は「社会学的」法解釈学でなければならぬと考える。ところが労働法では、いわゆる法規の欠缺や白地規定が市民法とは比較にならぬほど多いため、労働法学の課題と方法に対する省察を省略・軽視して「社会学的」法解釈に安住する傾向があった。この安易さを、かかねて法学方法論を掘りさげられていた渡辺教授から、労働法学界は鋭く衝かれたのである。しかし労働法現象を対象とする場合はとくに、固有の法社会学的研究の方法につき、本稿でのべたように、教授の提言にもかかわらず、基礎的な点についてさえなお検討の余地がかなり広く残されているように思われる。

(1) 渡辺「法社会学と労働法学一」法律時報前掲号。
(2) 佐伯静治「労働法学における法社会学」(前掲日本法社会学会編「労働法学と法社会学」所収)。
(3) 渡辺「法社会学と労働法学一」法律時報前掲号。
(4) 教授は『法社会学と法解釈学』一九八頁-二〇六頁において、法規の「論理的構造」、同「社会的構造」の語を用い、まれに「法規」を「法規範」(一九八-一九九頁)、「法」(二〇五頁)と言いかえておられる。
(5) 渡辺『法社会学と法解釈学』一九八頁-一九九頁。
(6) 同右、一九八頁-二〇五頁。
(7) 同右、二〇〇頁註(4)。
(8) 同右、二〇六頁。
(9) 同右、一八一頁-一八二頁。ただし、近代的法形式をとったことによって「国家権力がその封建的内容を解体させてゆく」ことにもなった点を指摘されている(一八七頁註(6))。
(10) 渡辺教授は、「本質(内容)と形態(形式)との矛盾」として、漁業法の場合のように、前者が「封建的」、後者が「近代的」の場合を、とくに日本法に関しては注目すべき旨強調される。このことの正しさはいうまでもないが、私は、資本主義法の動きを認識するためのひとつの道具=概念として、「法の論理的(観念的)構造」に、古典市民法を中心にして、前市民法的・市民法的・後市民法的(労働法などのいわゆる社会法の場合)——ここで「市民法」とは資本主義古典市民法をさし、従って「後市民法」とは社会主義法を意味するものではない――という種別を設け、かくしてさきの矛盾としては、「前市民法的」と「市民法的」との矛盾――右の「封建的」と「近代的」との矛盾に対応するもの――のほか、「市民法的」と「後市民法的」との矛盾に注目すべきものと考える。そして、独自の法分野・法体系としての労働法の成立過程における、とりわけ争議権をめぐる法現象は、「法の社会的構造」＝「生ける法」＝「後市民法的」と、「法の論理的構造」＝「市民法的」との矛盾を中核として把えることになるのであるが、本文にものべるように、この点の教授の見解は明らかでない。

(11) 渡辺、同右三四三頁。このことによって、近代的法形態に対する「概念論理的基礎づけを与える解釈学理論は、……半封建的諸関係の維持温存に役立つという〔客観的〕結果を招いた」（三四四頁）との指摘は、法社会学的な指摘として甚だ重要である。しかし解釈学上の問題として、たとえば、民法六二七条を大審院判例（大正四年）のように任意規定と解釈することが「資本の〔半封建的な〕圧倒的支配を合法化した」という場合（三四三頁）、「法的概念構成〔ないし法規〕とその基礎にある社会的事実との対応関係」（八九頁）からして、少くとも大正初期までの日本の労働関係はすべて半封建的労働関係として民法の適用外であり、六二七条で問題とする解約告知についていえば、即時解雇を許さないという、半封建的慣習に従う旨の黙示の別段の合意が一般的に存在するとか、かかる慣習法が存在するとかいう論理構成によるべきか、それとも末弘博士の主張されたように使用者側からの解約告知についてのみ六二七条は強行法規であるという論理構成によるべきか、教授の御教示を得たい。これは教授の言われる結論＝価値判断の正しさのなかでの説得力の有無・強度という問題であるが、前者は慣習ないし慣習法の内容が「半封建的」であることを正面きってうち出す点に難点があり、後者は半封建的な社会的実体に対して「後市民法的」論理を主張する点に問題がある。

(12) 渡辺、同右三八四頁、三五〇頁。

(13) まず、日清戦争後の日本資本主義の基礎確立期における熟練工の渡り職人的性格と紡績業等の女子・年少者の人身拘束的労働との矛盾対立に注目すべきである。前者については開かれた市場での「自由な賃労働」の関係が望見されるにいたったこと、しかし近代化の担い手である熟練工を中心とした組織労働に対する治警法の制定により、工場法案の出現以来使用者側から主張された「日本古来の醇風美俗」に立脚する前近代的・「主従的」労働関係が維持温存される結果になったこと、大正中期以後の組合運動の進展、労働関係の権利義務関係化の動きに対処して、大企業は、国家権力が治安維持法制定等による組合運動抑圧をはかるなかで、終身雇傭・企業内福祉と企業内労使協議制とを通じ、明治以来の主従的労使関係を新たな形で再編成したことなどが看過さるべきでない。これらの点については、別の機会に詳論したい。

（日本労働法学会誌二四号、一九六四年）

9　日本労働法学における「解釈」論の問題について
――日本労働法学の一課題――

一

(1)　私は、別の機会に、戦後の日本労働法学の歩みを、それをとりまく諸条件・諸情況のなかで概観した際、現在早急に労働法学のとり組まなければならない問題として二つを指摘しておいた。(1) 一つは、戦後日本の労働法学には、「実用法学と区別される意味での固有の法社会学」に属する研究がなく、「実用法学のなかの一方法論としての社会学的法解釈学」しか存しなかったという渡辺洋三教授の批判と「労働法法社会学」の提唱に対して、労働法学の側からどのように応えるべきか、という問題である。もう一つは、そのことと密接に関連するが、これまで体系的な理論の極めて少い日本労働法の分野で、いまこそ、戦後二〇年の労働法理論の成果をふまえて、労働法全体にわたる体系的理論の提示という方向への本格的精力的な努力を開始しなければならないのではないか、という問題である。

これら二つの問題は、いずれも、そのなかに、かなり多くの問題を含んでいる。とくに第一の問題がそうであるが、既にいくつかの反応・反論が提示されてはいる。(2) 第二の問題についても、通説的立場を真向から批判する大胆で意欲的な企てをみることができる。(3)

私も、以前に、渡辺教授の提言にふれたことがある。[4] それは、渡辺教授の戦後労働法学批判に対して労働法学者の側から反論がだされたにかかわらず、これを掲載した法社会学の学会誌上に、両者の論点がかみあっておらず成果はまだ生れていないとの見解が表明されていた状況のなかでなされたのであり、[5] 渡辺教授の問題提起の重要性にてらして、主に、教授が「(日本)労働法法社会学」の具体的な研究課題として提示されたいくつかのことがらについて、疑問と思われる点や論旨不明確と思われる点を指摘したものであった。

(2) しかし、そのさい私は、労働法学も、他の法分野における学問と同様、法現象の動態的・法則的認識を目的とする「固有の法社会学」を中心におき、かつ基礎とするものでなければならず、法解釈はしたがって「固有の法社会学」を基礎とするものでなければならない、ということを、もとより前提としていた。したがって、その意味での「労働法法社会学」の重要性を承認する点においては、渡辺教授と全く軌を一にしていたのであるが、そればかりでなく、戦後の労働法学における固有の意味における法社会学的研究の不十分さを肯定する点においても、教授と見解を同じくしていた。とくに、日本資本主義の構造的な動態との関連において労働法の構造・機能の全体像を浮びあがらせ、その運動の具体的な様相を合法則的現象として明らかにするような研究がほとんどなかったことは——既に指摘されているように戦後の労働法学が「社会学的法解釈学」に精力の大部分をそそがざるをえなかった特殊の事情があったとはいえ[6]——争いえない事実であった。かくて私の眼には、「労働法法社会学」の方法論それ自体の検討が極めて重要な問題として映ずることとなった。そのため、私は渡辺教授の提言に対して、教授が「労働法法社会学」の研究課題として提示されたいくつかの問題とそれに関する行論について、できるだけ忠実に教授の文章に即して、私の疑問とする点を指摘し、あるいはより詳細な論旨の展開を要望するにとどまり、紙幅の制約もあって、あえてそれ以上に論及しなかったのであった。

しかし、渡辺教授の提言のなかには、「労働法法社会学」の方法論について説かれた部分だけでなく、その他の点でも問題が含まれていた。その一つは、「労働法法社会学」と「労働法法解釈学」との関係に関する問題である。横井教授が私と同じ時期に渡辺教授の提言に対して提起した疑問点は(7)、まさにこの問題にかかわるものであった。第二は、戦後労働法学における「社会学的法解釈学」に対して渡辺教授の下された批判、すなわち「市民法原理」と異なる「労働法原理」なるものを一方的に強調することによって、「市民法にも労働法にも共通するブルジョア法一般の属性が過小評価されがちであった」のではないか、という批判に関するものである。これは、市民法と労働法との関係をどう把えるか、労働法原理の特色をどこに求めるか、という、これまた労働法の基礎理論にかかわる問題を含んでいた(8)。

本稿は、私としてまだ言及していない右の二つの問題を、私なりに考察しようとするものであるが、第二の問題に関連して、石井教授の戦後労働法批判をもとりあげなければならない。というのは、石井教授は、方法論的な立場において渡辺教授と全く対蹠的であるが、戦後の労働法学のなかに、市民法理をとびこえて労働法独自の法理なるものを安易にふりかざす「プロ・レーバー」的解釈の傾向が著しいと指摘されているからである。しかし、紙幅の関係で石井教授のこの批判について考察することは別の機会に譲りたい。

（1）　拙稿「労働法」（法律学の成果と課題）法律時報三七巻五号・特集「戦後法学——問題史的回顧と展望」。

（2）　労働法学会誌労働法二四号（特集「労働法学の方法と課題」）の論文の多くは、直接間接に渡辺教授の提言にふれている。

（3）　宮島尚史『労働法学』。これに関する片岡曻教授の書評（法律時報三六巻五号）とこれに対する宮島教授の反論(法律時報三六巻六号)参照。なお、宮島教授の基本的立場を明確に示すものとして、同教授「日本労働法の基礎構造――労働運動と『市民法の修正』との接点について」(思想一九六三年七月号)。

(4) 拙稿「『労働法法社会学』の課題と方法――渡辺教授の提言をめぐって」前掲学会誌労働法二四号(本巻二〇七頁以下所収)。

(5) 法社会学会編『労働法学と法社会学』はしがき。

(6) 片岡曻「労働法学と法社会学」(前掲法社会学会編『労働法学と法社会学』所収)。

(7) 横井芳弘「労働法の解釈――二、三の方法論的疑問について」前掲学会誌労働法二四号。

(8) このように述べてくると、渡辺教授は、戦後の労働法学と正面から全く対立して論争を挑んでいるように誤解される危険があるかもしれない。しかし教授は、石井教授によって過度に「プロ・レーバー」と指弾された戦後労働法学の「社会学的法解釈論」に対し、親近感をもって、これこれの点について労働法学者の見解をききたいと言われているのであって、戦後の労働法学者と法社会学者との二つの研究方法の流れの間に架橋をこころみられていることは明らかである。

二

「概念法学」を排斥して「法社会学的」考察方法の必要性・有効性ないし重要性を承認することは、今日では、すべての法学者に共通の態度であるということができる。「概念法学」という言葉は、いまでは、全く嫌悪感をもって語られる。しかし「法社会学」ないし「法社会学的」方法に対する考え方は、現在でも、基本的な点においてさえ必ずしも一致していない。ある法学者ないし一部の法学者が「法社会学的」方法の必要性などについて語っても、それに対して「法社会学的」という語の誤用・濫用だという批判・非難の発せられる場合が少くないのは、その証拠である。しかし、「法社会学的」考察を法解釈に際してのアクセサリーとして、あるいは法解釈に有用な限りでこれに従属するものとしてとらえる態度は、しばらく前まではたしかに少からずみられたけれども、いまでは、こうした態度を語の真の意味での「法社会学的」考察に属さないと断じ、かつ「法社会学」を法現象の法則的認識を目的とするものと解する点において一致する法学者が、ますます多くなっているように思われる。そして、このような現況ないし「法社会学〔法の社会科学〕」観のもたらされたことについてもっとも功績のあったのが、川島教授およびとくに渡辺教授であることを、誰も疑わないであろう。

しかし、「法社会学」そのものの基本的なとらえ方について一致がみられても、問題は、これと法解釈ないし法解釈学との関係をどのように考えるべきか、である。

(1)　この点に関して、横井教授が提起された渡辺教授に対する疑問は、法社会学と法解釈との関係に関する渡辺説によっては、まだ「正しい」法解釈は導き出しえないのではないか、というものである。横井教授は、渡辺教授が「法解釈の正否は歴史的社会の現実に対する認識とそれに対する解釈者の価値判断をめぐって争われ」なければならず、そのために「その実質的理由づけを提供するものとして法社会学的方法が採用されなければならぬ」と説かれ、かくして法現象の客観的法則的な認識としての「法社会学」と法解釈とを関連づけることに異論はないとされつつ、他方つぎのように言われる。法社会学によって「法の趣旨〔やその〕限界などの歴史的性格や内容が客観的に認識されたとしても、これがそれだけでただちに法の解釈のなかみを構成するわけではない。」それは渡辺教授自身認められるように「法解釈の基準」となるにすぎない。「よしんば法の目的や限界が経験科学的〔法社会学的〕に確定されたとしても、このうえにたっての価値判断＝意味付与の作用（すなわち法解釈）はさまざまでありうる。法の目的や限界についての経験科学的な確定が、ただちに一義的な法の解釈をもたらすものではない。」だから法社会学的な認識は「法解釈の正否を判定する一つの基準」とはなりうるが、「唯一の判定基準とはならないはず」であり、実は『法の解釈』におけるもっとも困難な問題は、まさにこの点にこそある。」しかるに渡辺教授は、この点についてはほとんどふれるところがない。だから、法社会学的認識に立脚する法の趣旨や目的の確定を基礎にしてどのようにして正しい「法の解釈」を導き出すのかという問題は、渡辺説によっても依然として解決されてはいない。これが、横井教授の渡辺説批判（正確には批判というより疑問の提示）である。そして横井教授は、少くとも労働法においては「法の解釈すなわち法の規範的意味構造の把握」は「実践的形成的」に行なわなければならないのであって、「単に客観的対象的なものとして、認識されるべきではない」ことを強調される。おそらく、教授は、少くとも労働法に関するかぎり、「正しい」法解釈は、法の目的・趣旨に関する「法社会学的」認識から直ちに導き出しうるものではなく、「実践的形成的」な解釈がすなわち法の規範的意味構造の認識に連なるのであって、「法社会学的」認識すなわち労働法現象の法則的解明がかような解釈ないし認識にとって必要不可欠であるという関係にたつのである、と解されるのであろう。教授は、渡辺教授の「法の解釈を峻別する見解」に強く反対される。

労働法の解釈が「実践的形成的」でなければならないという点の吟味は、後に行なうこととして、ここではまず、法社会学的認識と法解釈との区別および両者の関連に関する渡辺、横井両教授の見解を検討しながら、これらの点について私見をのべてみたい。

(2) 議論の混線を防ぐために、はじめに用語の意味内容を限定をしておくことが適当であろう。渡辺教授のいわれるような「法社会学」の意味づけそのものには、横井教授も基本的には反対でないようであるが、「法の解釈」という語を横井教授は「法の規範的意味構造の把握ないし解明」という意味で用いられるのに対し、渡辺教授は、この同じ言葉に「法の解釈・適用」としばしば呼ばれる意味をもたせておられる。(1) つまり、渡辺教授は「法の解釈」を、具体的な法的問題ないし紛争、とりわけ裁判所でとりあげられるべきそれに対して、「解釈」者が一定の価値判断を前提として、望ましいと認める結果(「解釈」者が裁判官の場合には判決などを意味することになる)を導き出すために行なう推論の全過程としてとらえ、かくして法のいかなる「解釈」が正しいかの問題は暫らく措いて、立場ないし価値判断の相違に応じて成立する複数の解釈のなかからの特定のものの選択である点において、「客観的法則の科学的認識ではなく……一つの実践」(2) であることを強調される。このような意味をもつ「法の解釈」を、渡辺教授は「法規の解釈」と区別される。後者は、右にのべたような意味での「法の解釈」の三段論法的推論の形式上は第一段階に位置するところの法規の意味内容の確定を意味する。(3) しかも「法の解釈」が複数の解釈のなかからの選択＝実践であって科学的認識でないのに対して、「法規の解釈」においては、「法規が論理的＝歴史的体系として客観的に存在する制度……として科学的分析の対象たりうる客観的現象である」ことからして、「その〔法規の〕趣旨や目的(法規が目指している価値判断)」を「社会的歴史的根拠にもとづいて」明らかにすることは可能であり、(4) それは「客観的認識の領域に属する(傍点、蓼沼)(5)」のであって、そこには「客観的に正しい認識が存在する〔しうる？――蓼沼〕」し、この認識のためには経験科学にもとづく分析(6)」すなわち「法社会学的認識」が不可欠の前提となる、とされる。そして、教授はかかる「法社会学的認識」に立脚して当該法規の「存在意義と限界」あるいは「目的や趣旨」を明らかにし、これを基準とした解釈を行なうことが正しい解釈であり、また「法解釈学の出発点（傍点、蓼沼）」であるとされる。(7)なお、教授は、「法の解釈」という最終的には三段論法の形式をとる推論において第二段階に属するところの「事実関係の分析（・確定）」についても、それが、第一に、「事実そのものの正確な確定を意味するだけでなく、当該事実の発生を必然的ならしめた本質的理由の確定を意味するもの」、すなわち「いかなる諸条件が必然的に一定の現象として帰結せざるをえないかという法則性を明らかにする」ものとして、第二に、一定の社会的事実を「経験科学的に証明される方法をもって」法的事実に再構成することを任務とするものとして、取り扱われるのであれば、「事実関係の科学的分析」と「科学的論証」として、正しい「事実関係の分析（・確定）」が可能となる、と主張される。

こうしてみると、横井教授が「法の解釈」といわれるものは、渡辺教授においては「法規の解釈」に相当すると解してよさそうである。そこで問題は、横井教授の渡辺説批判を、法規の趣旨や目的が法社会学的方法により客観的・科学的に認識・確定されたとしても、それが直ちに正しい・唯一の「法の解釈」を導き出すとは必ずしもいえないのではないか、こうした認識・確定は渡辺教授じしんも認められるように「法規（の）解釈の基準」となるものではあっても「法規の解釈」を一義的に規定するものとはいえないのではないか、というようにうけとった場合に、この批判が妥当であろうか、ということになる。

(3) 私は、「法の解釈」をそのなかに含む「法の解釈（・適用）」について、次のように考える。適用すべき制定法規の不存在を理由に裁判を拒むことのできない私法・労働法などの場合にとくに問題が多いから、かかる場合を念頭におく。

1 「法の解釈（・適用）」は、具体的な法律問題ないし法的紛争に対して、解釈者が一定の価値判断のもとに望ましいと認める結論（裁判においては判決など）、すなわち事案に応じた具体的に妥当な結論を与えることを目的とする。しかし、それは、要求される方式すなわち法規を大前提とし、これを小前提たる事実にあてはめて結論を出すという三段論法的推論の形式に従って、かつこの推論の各段階において論理的に矛盾のないように、構成・表示されるものでなければならない（裁判は「法による」裁判であることを要するから）。導き出される結論の具体的妥当性の大小は、かかる方式が要求されていることによって制約をうける。かくして、裁判官・法学者・法曹は、しばしば指摘されるように、事実認定の過程でもっとも望ましいと考える結論を一応出して、これを根拠づけるような法規の選択・措定その他要求される方式の具備が可能かどうかを検討し、不可能と認めるときは、次善に望ましいと考える結論を出して同様の吟味をくわえることとなる。概念法学を排斥する場合の「法の解釈（・適用）」においては、結論（判決など）は、できるだけ大きな具体的妥当性という要請と、要求される三段論法的推論の全過程の論理的整合性という要請との調和点に現われる。

2　「法の解釈（・適用）」を領導する・解釈者が望ましいと考える結論は、問題＝事実に対する一定の価値判断を前提として導き出されるが、個別的な価値判断は統一的な価値体系を前提としている場合が少なく、また、価値体系・価値判断は、特定の根本的な価値観から流出するものと考えられる。価値観──→価値体系──→価値判断は、この順序で下にくるほど多彩となり、価値観を同じくする者の間で価値体系が必ずしも共通でなく、価値体系を同じくする者の間で具体的な価値判断を異にする場合が少くない。なお、根本的価値観それ自身は実定法を超えた世界観によって規定されるものであるが、法の世界における価値観・価値体系・価値判断は、実定法法秩序全体・そのなかの各種法体系・法制度・諸法原理または個別的実定法規のなかに求められ、法内在的なものとしてとらえられなければならない。

注意すべきことは、現代資本主義法が資本主義法である以上はもたざるをえない根本的な法価値を堅持しつつも、資本家ないし経営者と労働者との価値体系の分裂という社会的事実を前提とした法体系の基本的な分立(市民法と労働法)をそのなかに含むにいたっている点である。このほかにも現代資本主義法における法体系の分立を認めうるが、もっとも基本的なものは上記の分立である。もっともここにいう労働法はもとより資本主義法の一部として、市民法と共通の基盤の上に立つ。

3　「法の解釈(・適用)」の過程中の「法規の解釈」にあたっては、渡辺教授の言われるような「法規の趣旨ないし目的」の、法社会学的認識にもとづく確定が指導的役割を果さなければならないが、しかし制定法を第一次的法源とするいわゆる成文法国の場合には、まず一応は、制定法の文理解釈により、文理上超えることのできない意味内容上の限界をたしかめ、その限界のなかで、一方でいわゆる論理解釈その他の解釈方法により、他方でいわゆる法解釈上の「わく」にしたがって、意味内容の確定がなされなければならない。右の文理上の限界は、法解釈における法創造的機能と新たな立法との違いを示すものである。また、いわゆる法解釈上の「わく」としては、法規が憲法を頂点とする上下の階層的構造をなす法秩序のなかでより高次の法規に拘束されるものとして、かつ他の法規との間に矛盾のないように、その意味内容が確定されなければならないという制約と、行論の全過程における論理性をあげることができよう。

ただ、実際上、制定法をそのまま大前提として用いることのできる場合はむしろ少いといえる。制定法は、すべてが、一定の法的要件があれば一定の法的効果が生ずるという法規(法規範命題)の形式をとって存在するものではなく、単なる定義規定をも含む複数の制定法のなかから、大前提として用いうる法規を導き出さなければならない。その際、各制定法の制定の趣旨や目的——前述のように法社会学的認識に立脚して確定されなければならない――をいわば統轄するものとして、法秩序・法体系（法分野）のなかでの各種法制度（法機構）それぞれの目的や趣旨が存在し、さらに各種制度（機構）とそれらを含む法体系（法分野）との間、各法体系（法分野）とそれらを含む法秩序全体との間にも、同様の統轄関係があること、かような統轄関係のなかで制定法の文章中にも現われる法的諸概念の法社会学的な（すなわちその経済的・社会的基礎との関連における）解明に立脚した内包・外延の確定と、法制度・法体系・法秩序を支えるいわゆる指導原理――法社会学的認識に立脚してはじめて抽出することができる――との関係で、制定法として存在する諸法規の間の空隙をうずめる法規を導き出すことができるし、導き出さなければならない。

4　右にのべたことがらのなかでの「法社会学的認識」とは、法をその経済的・社会的基盤との合法則的な関連関係において構造的・機能的に把える態度を意味するから、この基盤の動きにともなって（動きに正比例してという意味ではない）変動することはいうまでもない。したがって、ある具体的な問題に対する「法の解釈（・適用）」は、制定法規に変化がなくても、固定的・静止的なものではない。

5　制定法規それ自体、または制定法規を手がかりとした右にのべたような操作によって、望ましいと認める結論に到達することができないときは、慣習法その他の第二次的法源――通常、社会的事実として存在する慣習を資料として、結論との関係で要件→効果という法規の形態に構成する操作が必要――を、大前提に用うべきこととなる。第二次的法源の抽出・構成にあたっても、制定法それ自体を大前提に用いる場合またはこれを手がかりとして大前提を構成する場合と同様の制約の存在することはいうまでもない。

6　小前提となる事実の認定については、実際上とくに重要な意味をもつ裁判における「法の解釈（・適用）」の場合、民事訴訟では刑事訴訟と異なり、訴訟資料の蒐集について弁論主義がとられ、当事者が主張・提出しない事実は裁判の基礎に採ることができず、当事者間に争いのない事実はその真実性に疑のあるときでも必ず裁判の基礎に採用しなければならないとか、職権証拠調の禁止などの制約があることに、まず注意しなければならない。最近は、古典的弁論主義の修正、裁判官の釈明権の重視などが強調されているが、それでも刑事訴訟の場合にくらべて民事裁判では、裁判の基礎に採用される事実が現実に存在した事実の一部にすぎないという性格が、一般にはるかに強いといえよう。渡辺教授も「解釈の基礎となる事実は、現実の客観的事実そのままの再現ではなく、法的価値判断の対象ないし素材たる事実」であると言われるが、しかし教授は、これにすぐ続けて「したがって、〔それは〕すでに解釈者の価値判断のふるいにかけられ、再構成された法的事実」であるとのべられる。なるほど当事者の事実主張は、自己の側に有利な法的結論を導き出そうという観点から、かかる結論＝価値判断との関連において、現実の諸事実から好都合なものを選択・抽出する行為としてなされるのが普通であろう[8]。しかし、現実に存した事実と裁判の基礎になった事実との範囲の相違については、こうした事情のほかに、弁論主義による制約も看過することができない。

さらに、小前提たる事実の認定は、通常は、性質の異なる二種の段階的操作から成ることに注意しなければならない。事実認定の第一の段階は、主張された動作や言語・文字などの現実の存否、その自然的内容の確定を任務とする（実際の裁判では、これが裁判過程の第一段階に属する）。これがそれ自体においては、純然たる事実問題（法律問題と対比される意味での）に属することは疑ない。しかし、こうした操作だけで、大前提である法規の要件事実の存否を確定しうる場合（たとえば未成年者の行為能力に関する法規が大前提となるべき場合に、未成年者かどうかの認定）はむしろ少く、通常は、右の第一段階で確定された自然的諸事実に対してどのような意味を認めるべきかを判断してはじめて、法規の要件事実の存在を認定しうる。このような事実認定の第二段階の判断は、いわゆる経験則・実験則・条理を用いて行なわれる法的な評価・意味付与にほかならないから、それが事実認定の一過程に属していても、法律問題であることは疑ない（法律行為の解釈がその適例）。そして、既に指摘されているように、もしも裁判官が、判例に反する法規を大前提にすることを避け、大前提については従来の判例に従いつつ、事実認定の第二段階を巧妙に行なうことによって、裁判官の望ましいと認める結論（判決等）への到達をはかりがちな傾向があるとすれば、こうした傾向は、法の解釈・適用に、裁判官の選んだ結論の不動性を前提とした〝つじつまあわせ〟ときには〝こじつけ〟という性格を与えることになろう。したがって、もとより望ましくないが、しかしこうした傾向が事実として存在するとすれば、ブームといわれる「判例研究」にあたってこれを看過することは許されない。そうしないと、判例における法の解釈（・適用）の具体的様相について誤解に陥ることになろう。

裁判における「法の解釈（・適用）」において裁判の基礎としてとりあげられる事実に右に述べたような制約があるとすれば、確定された・制約された諸事実について、渡辺教授のいわゆる「事実の科学的観察」（「その現象を生み出さずにはおかなかった社会的必然性にまでさかのぼって……いかなる諸条件が必然的に一定の現象として帰結せざるをえないかという法則性を明らかにすること」）の重要性は理解しうるが、「事実関係の正しい分析」（「事実そのものを客観的に確定すること」）の強調が、裁判における事実認定の本来の性質に合致するものであるかどうか、疑問に思われてくるのである。

(3)　「法の解釈（・適用）」という操作の内容を右のように解するのが正しいとすれば、さきに紹介した横井教授の渡辺説に対する疑問の提示、すなわち、渡辺教授のいわれるような「法の解釈」によっては、「正しい・唯一の」解釈に到達することはできないのではないか、という疑問については、次のように考えるべきことになろう。教授が「法の解釈」を渡辺教授のいわれる「法規の解釈」の意味に理解されたうえで、法規の趣旨・限界が「法社会学的認識」によって正しく把握されても、そのことが直ちに法規の意味内容そのものの一義的な解明、つまり唯一の正しい「法規の解釈」をもたらすものではないといわれることには、それ自体としては異論をさしはさむ余地がない。渡辺教授も、法規の趣旨・限界の右のような認識が「解釈の基準」となるといわれているのであるから、右の点に関するかぎりでは、反論されないであろう。問題は「法の目的や限界が経験科学的〔法社会学的〕に確定されたとしても……ただちに一義的な法の解釈をもたらすものではない」という横井教授の立論における「法の解釈」という語を、本稿で論じてきたように、また渡辺教授も採られてきたように「法の解釈・適用」という意味に用いる場合に、右の立論が正しいかどうかであろう。右の立論において「法の目的や限界」は「法規の目的」や「法規の適用の限界性」の意味で用いられているから、吟味されるべき問題は「法規の目的や法規の適用の限界性が経験科学的〔法社会学的〕に確定されたとしても……ただちに一義的な法の解釈・適用をもたらすものではないのではないか」ということになる。(9)

この点について私の第一に指摘したいことは、渡辺教授が「法規の目的」や「法規の適用の限界性」といわれる場合に、「法規」の語を各箇の制定法（またはこれと確立された判例法理の二種）の意味で用いられ、(10)しかも、他の個所では「法規」を「法の解釈〔・適用〕」において大前提として用いられる法規命題」の意味で用いられていることである。(11)しかし、既にのべたように、「法の解釈〔・適用〕」において大前提として用いられる法規命題」は、制定法そのものとして、存在する場合は少ない。また、確立された判例法理をそのまま大前提として用いうる場合も、そう多くはない。大前提となる法規命題、すなわち一定の事実を要件とする一定の法的効果の発生・消滅（民事裁判では一定の法律事実・法律要件を前提としての一定の権利変動の発生）という命題は、複数ないし多数の制定法や制定法以外の法源（判例法を独自の法源として認めないときはさらに判例法）に依拠した、それらの総合的・体系的な相互に矛盾のない構成——各個の制定法やその他の法源はこのような構成のなかに位置づけられるように「解釈」されなければならない——によって、はじめて抽き出される場合が普通である。しかも各箇の制定法は、通常、他の制定法などとともに一箇の機構・制度を構成し、機構・制度はさらに相寄って一箇の法分野・法体系を形成し、最後にそれらを統合する一箇の法秩序全体が存在するのであって、各箇の法規の目的・趣旨は、いわば上位の機構・制度、法分野・法体系、法秩序全体の目的・趣旨によって規定・制約されている。それ故、これらの上位の各段階における目的・趣旨、とくに当該制定法を含む機構・制度の目的が、「法社会学的」な「認識」を通じて確定された場合、なるほど、その機構・制度の目的にてらして当該制定法の目的を確定しそれに指導された当該制定法の解釈を行なうこと（いわゆる目的論的解釈）により、その意味内容を一義的に確定することが可能となる場合を生ずるであろう。しかし、機構・制度の——法社会学的認識を通じて確定された——目的にてらして、これを構成する諸制定法の空隙をうずめる法規〔命題〕を帰納・抽出しようとする場合（その方法の一つが制定法の類推「解釈」という名の別箇の法規〔命題〕の抽出である）には、正確な推論がなされる場合でも、一義的に明確な法規〔命題〕あるいは唯一の正しい法規〔命題〕を抽出することができず、複数の法規〔命題〕が成立しうることを容認せざるをえない、という場合が少くないのではなかろうか。ときには、各箇の制定法の法規命題の目的についても、一義的に明確な確定のできない場合があろう。このように考えてくると、「当該法規〔＝制定法〕を生み出した客観的歴史的条件」が「法社会学的」な客観的「認識」の対象となりうるものであることは疑の余地がないが、かかる「認識」によって「当該法規の目的や趣旨」が常に一義的に確定されるとは限らず、また、それが一義的に確定され、かくして「当該法規の適用の限界性」が明らかにされたとしても、「それだけで一義的な法の解釈〔・適用〕」――とくに大前提たる法規命題の確定――がもたらされるものではない」ということができる。そして、裁判官の行なう「法の解釈〔・適用〕」――しばしば法学者の〝判例批評〟や〝判例研究〟の対象となる――においては、大前提となる法規命題の確定が、事実の認定との相関関係において、具体的に妥当な結論（判決など）の抽出という目標に導かれて行なわれることが多く、しかも事実の認定に、既述のような弁論主義による制約があるいじょう、法規命題の確定を、現実の客観的な事実の一部をとらえるにすぎず、かつ法的な加工・構成のほどこされた、事実認定との関係を無視して論ずることはあまり意味がない、という点も看過してはならない。

(1) 「法の解釈とは、一定の社会的事実に法規を適用して結論を下し、その事実に対する法的価値判断を定着するということである。それはいうまでもなく、一定の論理的形式、すなわち法規を大前提とし、事実を小前提とする三段論法形式によって媒介される。」（渡辺『法社会学と法解釈学』一一四頁）。
(2) 渡辺・前掲書一一二頁。
(3) しかし渡辺教授は「法の解釈」と「法規の解釈」とを区別されながら、「法の目的・趣旨」と「法規の目的・趣旨」とを、とくに区別せずに用いられる（前掲書一二〇頁以下、とくに一二二頁以下）。なお註(9)参照。
(4) 渡辺・前掲書一一五-六頁。
(5) 同右、一二二頁。
(6) 同右、一二〇頁。
(7) 同右、一一六頁。

(8)　裁判において判決の基礎となる事実が現実の事実そのものでなく、弁論主義等の制約のもとでのその一部についての「構成された法的事実」にすぎないことは疑ないが、事実認定において、裁判官が自分の望ましい結論を得るために、裁判の基礎に採るべき事実のなかから、自由心証主義のもと適宜に取捨選択を行なうことも、度がすぎると、法の解釈〔・適用〕の過程に〝こじつけ〟の性格を露骨に与えることになろう。しかし、制定法の改正や新立法が実際上そう簡単になされないために、社会生活の進展に即した望ましい結論を導き出すために、〝こじつけ〟という非難をあえて意に介さずに、認定された自然的事実に法的意味づけをすることが正しいのか、それとも、こうした〝こじつけ〟を避けて解釈論と立法論との混同という非難をうけないようにするのが正しいのかは、具体的な場合に決定の困難な問題である。その一例として借地法制定前の有名ないわゆる例文解釈をあげることができる。

(9)　「法の趣旨や目的、その立法理由等は、当該法規を生み出した客観的歴史的条件の中でのみ、その歴史的性格と内容を確定しうる……。法解釈の基準となる法の趣旨や目的の分析とは……特定の法規がいかなる客観的歴史的条件の中で、また何故に成立することを客観的に必然づけられていたか……〔などの〕客観的認識の領域に属する……。この認識の上に立って、人は、当該法規が、どのような社会的経済的条件のもとで妥当すべきものであるか……〔など〕を明らかにしうる……。法規の目的や趣旨を、その社会的条件との関連で認識することは、また法規の適用の限界性という問題を提起する。」（渡辺・前掲書一二二頁。傍点は蓼沼）。「法の趣旨や目的」と「法規の目的や趣旨」という違った言葉が用いられているが、両者は同じ意味に用いられているとしか理解できない。

(10)　右(9)で引用した個所において「法規」が各箇の制定法（ときどき一部のひとが制定法規とよぶもの）を意味しているか、そうでなければ、これと、確立された判例法理との両者を意味することは疑ないと思われる。

(11)　註(1)に引用した文章にすぐ続いて、渡辺教授は「法の解釈〔・適用〕」の例として『配偶者に不貞の行為があったときは離婚の訴を提起できる』という大前提（法規命題）……」とのべられ（前掲書一一四–五頁）、またそのしばらくあとで「大前提たる法規そのものについていえば……」といって、かかる「法規」の例として民法八五条の「物」の定義規定をあげられている。しかし定義規定が直ちに大前提たる法規そのものになるわけでないから、この設例は不適当と評するほかない。

三

(1) 労働法の領域における「法の解釈〔・適用〕」については、いわゆる労働刑法におけるそれをしばらく措いて、民法、商法などにみられない特殊な事情がある。それは、労働法における制定法の数が民商法にくらべてはるかに少ないだけではなく、重要な規定がいわゆる一般条項・白地規定として存在する、ということである。たとえば、争議行為が「正当」なものであれば、いわゆる民事免責が認められ（労組法八条）、また争議行為が「正当」であれば、解雇その他の不利益な取扱が不当労働行為の一種として許されない（労組法七条一号）という制定法＝法規の存在することは、争議権の保障をかかげる憲法二八条の規定の存在とともに、疑のないところであるが、これらの制定法は、争議行為が「正当」なものであれば、という法律要件をかかげるにとどまる白地規定である。民商法における一般条項、たとえば民法九〇条の規定が、「公序良俗違反」の具体的な意味内容の決定を、判例法を通じての漸次的形成に委ねたものと解されているように、右の労働制定法規における「正当」な争議行為の具体的な意味・範囲の決定を判例（および労組法七条一号については労委命令）による漸次的形成に委ねた趣旨であると解されることについては、異論をみないであろう。ただし、労働事件のなかで大きな比重をしめる労組法七条一号関係の民事事件では、被解雇者がいわゆる地位保全の仮処分を申請するケースが圧倒的に多く、仮処分事件は高裁が終審であって、憲法違反を理由とするのでなければ最高裁に上告することができず、また、本案訴訟の提起されることが稀であることから、最高裁の判決が労働民事事件について出ることは稀となること、さらに、労働民事事件では一審において仮処分申請が認容されるかどうかで、事実上争いの勝敗が決定的となる場合の多いこと、に注意すべきである。裁判例の統一は、最高裁が終審裁判所であることから、事実上最高裁の判決を通じてなされ、かくして判例法理の漸次的形成が、たしかに市民法の場合には最高裁判決を通じて期待しうるのに対し、労働民事事件に関しては、このような最高裁の機能をほとんど期待できないのである。

こうして、労働法における「法の解釈〔・適用〕」については、大前提となる法規命題の定立にあたって、依拠すべき制定法や判例法の数が少く、しかも前者について白地規定が多いために、これらの制定法や判例法の空隙に位置する法規命題を、制定法・判例法の論理的な帰納によって抽出し、かくして異論をさしはさむ余地のないような法規命題を定立するということは、ほとんど不可能である。民商法では、ある事項について定めた制定法・判例法、さらには類似の事件について定めた制定法・判例法が甚だ多いために、各箇の制定法・判例法の趣旨・目的や、それらを包摂する制度・機構などの趣旨・目的について、掘下げた法社会学的認識を通じての解明がとくになされなくても、諸制定法・判例法の論理的帰納のみによって、かくして異論の余地のないかたちで、制定法・判例法の間の空隙に位置する法規命題を抽出しうる場合がかなりあるように思われる。しかし、労働法では、こうした場合はほとんど皆無といってよいであろう。さきにあげたような制定法の極めて抽象的な規定、たとえば争議行為が「正当」であればいわゆる民事免責が認められるという規定を根拠にして、問題となったある態様の争議行為は「正当」であるという、大前提となる法規命題を定立するに当っては、争議権の保障をうみ出した客観的歴史的条件に対する法社会学的認識に立脚して争議権保障の意義や趣旨・目的とその限界を明らかにするという、労働法の一分野である労働争議法の基礎的な、かつ困難な問題の解明が一方で要求されるとともに、他方では、当該争議行為の態様の認定にあたっても、それを当該労働争議の全過程のなかの有機的な一環としてとらえ、その内在的な特質を見失わないようにすることが要請される。小前提である事実認定にあたって、事実の内在的特質を見失わないようにすることは、具体的に妥当な結論（判決など）をひき出すことを目的とする「法の解釈（・適用）」において、結論は妥当だが〝こじつけ〟だとか〝軽わざ的〟な論理操作だというような非難をうけないために、法分野のいかんを問わず、常に要請されることがらである。また、認定された自然的事実を、いわゆる経験則・条理にもとづいて法的に意味づける場合に、関係法規・法機構・法分野の目的・趣旨や原理によって制約されるという点についても、同じことがいえるであろう。しかし民商法では、これらの点を自覚的に意識していなくても、法の解釈（・適用）が結論において著しくかけ離れたものとなることはほとんどないのではなかろうか。しかし、労働法では争議行為の態様を労働争議の全過程のなかでとらえ、その内在的特質を見失わないようにすることが、労働争議法の趣旨・目的にてらして要請されるばかりではなく、このようなとらえ方を自覚的に意識して行なうかどうかによって、事実認定の第二段階をなす、認定された自然的事実に対する法的意味づけが、かなり大幅に違ってくるのである。こうした点に、労働法の領域における法の解釈（・適用）の特殊性を見出すことができる。

(2) 戦後の労働法学が、渡辺教授のいわれるように、「固有の意味における法社会学」の研究成果について十分でなかったとはいえ、多くの学者が、資本主義社会における労働法成立の必然性や、労働争議法の分野における争議権保障の社会的歴史的必然性などについての一応の認識をふまえたうえで、争議行為の各種態様の「正当」性に関する解釈論を展開してきたことは、疑う余地のないところである。

ただ、わが国の労働法学の解釈論には、欧米にみられぬわが国特有の事情がまつわりついている。それは、争議権その他の労働基本権ないしそれをとりまく労働者権が、労働運動の成果としてかちとられたものを基礎とした、確認的なものとして、憲法その他の実定法規のなかに書きこまれたものではなく、将来現実に定着せしめられるべき、課題的な意味をもつものとして、実定法規のなかにかかげられた、という事情である。労働基本権の憲法上の保障等は、主として国際的な労働運動の成果を背景として、日本国憲法のなかに書きこまれたものであるから、争議権保障の意義や限界は、欧米における争議権の歴史的確立過程にてらして決定しなければならないが、しかし、欧米における労働争議法理をわが国における労働争議法理にそのままもちこむことは許されない。それは、欧米の労働争議・争議行為とわが国のそれとの間に、その具体的な主体、態様の面で相当のへだたりがあることによるだけではなく、現実の労働争議・争議行為の展開・進展に即して、いわば形成的に、争議権の具体的な内包・外延が決定されなければならないことにもとづくのである。もっとも横井教授が、労働法における解釈は「実践的形成的」でなければならないといわれるとき、それは、「認識」と「実践」との峻別を排斥して、「認識」が単に客観的対象的になされうるものではなしに、主体的実践的にのみなされうるという、認識論上の基本的立場の表明をも含んでいるようである。しかし、この基本的な問題の考察は、かなりぼう大な紙幅を必要とするので、別の機会に譲ることにしたい。

（一橋論叢五四巻三号、一九六五年）

10 労使慣行

一 はじめに

「労使慣行」という言葉自体は、学界でも実務界でも完全に定着しているが、その意義については、学説はいまなお多岐に分かれ、裁判例の態度も固まっていない。実はこの問題は、労使慣行にどのような法的効果が認められるかという問題と不可分に結びついている。そして労使慣行の法的効果については、法例二条と民法九二条の掲げる法理——慣行について慣習法（法たる慣習）と事実たる慣習を区別し、前者には法例二条所定の、後者には民法九二条所定の効果が認められるとする既存の一般法理——に安易に依拠するのでは、労使慣行に対して、その実態に即した妥当な法的効果を与えることができないのではないかが、多くの学説によってとりあげられてきた。なお、労使慣行の意義との関連で、労使慣行の成立要件も問題となるが、この問題は実際には、日本経済の高度成長が本格化した一九六〇年代後半頃から多発するにいたった、ほとんどの場合使用者側からなされた労使慣行の破棄という問題とからんでいる。

以下、右に挙げた諸問題を考察する（本文中の略称については〔参考文献〕の項参照）。

二　労使慣行の意義

⑴　労使慣行を、労使関係という場（部分社会）において、同一の行為又は取扱いが長期間反覆継続して行われていること、又は反覆継続して行われているそのような行為・取扱いを意味するものとして捉える点では、学説・裁判例とも一致している。その限りでは、労使「慣行」は法例二条や民法九二条に現れる「慣習」と共通である。

⑵　これまでの労働法学説では、慣習法と事実たる慣習に関する旧時の通説に立脚して、利害対立と抗争の激しい労使間には労使の「法的確信」に支えられた慣習、即ち慣習法は成立し難く、労使慣行のほとんどは事実たる慣習に属すると説くものが多い。

多くの学説は、右のように、労使関係の場では法的確信に支えられた慣習法は一般に成立し難いとしつつ、他方で、だからといって労使慣行を「事実たる慣習」として捉えるべきではない（あるいは、「事実たる慣習」によっては捉えきれるものではない）とし、労使関係の場における「規範」として捉えるべきことを強調する（「規範説」）。その理由として、事実たる慣習の法理によれば、当事者、例えば使用者がその慣行によらない旨を表示さえすれば、慣行は当事者間の関係を規律する効力をもちえないから、労使慣行のもつ集団的組織的性格が看過され、労使慣行が個人の意思をこえて事実上の拘束力をもつことに即した法的処理ができなくなる、という点があげられる（本多、籾井）。規範説のうち、事実たる慣習の概念によって労使慣行を捉えるべきでないとする立場では、労使間で現実に「規範」として機能している慣行的事実をひろく「労使慣行」として捉え、これを「法的拘束力」を認められるべきものとそうでないものに分けて、前者の成立要件は何かを問うべきものとする（金子）。

(3) 労使慣行を事実たる慣習の概念・法理によって捉えるべきではない（又は捉えきれるものではない）とする多数説に対して、不文の労使慣行に「当事者間の法律関係を直接規律し権利義務を発生させる力（規範的効力）」を認めることはできないことを強調して、労使間に単なる先例的事実と区分される慣行的事実が存在する場合、それが民法九二条の事実たる慣習と認められるときは、同条所定の法的効力が生ずるとする説（山口）がある。なお、この「事実たる慣習説」は、企業内慣行は本来民法九二条の慣習には含まれないとしつつ、一定の要件のもとで企業内慣行にも同条所定の法的効力を肯定する（後述）。

三 労使慣行の成立要件

(1) 規範説のなかで、法例二条や民法九二条にとらわれずに、労使慣行のうちいかなるものに「法的拘束力」が認められるべきかを追究すべきものとする前掲の学説は、「法的拘束力」を認められるべき労使慣行の成立要件として、(1)集団的労使間（労組または従業員集団と使用者との間）に存在する慣行的事実であって、(2)その事実が反覆・継続しており、(3)労使双方の「規範意識」が推定できるもの、という三要件をあげる。全体社会・部分社会のなかでの同一の行為・取扱いの反覆・継続が「慣習」の要素であるとすれば、(3)の「規範意識」が労使慣行に特有の成立要件ということになる（金子）。そして、この「規範意識」との関係で、労使慣行を、一使用者側のイニシアチブによって形成された労働条件慣行である「就業規則規範的慣行」

(当該企業・事業所の労働者集団の規範意識に支えられているという成立要件をみたしてはじめて「規範」としての効力を認められると解するようである)、(2)慣行形成の過程で労使双方の合意が推定される「協約規範的慣行」、(3)「団結承認慣行」の三種に分類する。これに対し、規範説のなかには、就業規則の「規範的効力」(労基法九三条)は使用者と従業員集団との間の「集団的合意」に基づいてのみ生ずると解する立場から、使用者と従業員集団との間の「黙示の集団的合意」の存在を認めうる場合には、当該慣行は「不文の就業規則」として「規範的効力」を認められるとする説もある(浅井)。

(2) 事実たる慣習説では、事実たる慣習と認められる労使慣行の成立要件は、民法九二条の「慣習」の成立要件と同じであるが、わが国の労使慣行の大部分をしめる企業内慣行について、同条の「慣習」の成立要件である「普遍性(当事者の職業、階級に普遍的なものであること)」に欠けるとはいえ、それが企業内労使の「ある程度の義務意識(規範意識)」によって支えられていれば、事実たる慣習としての労使慣行の成立を認めてよいとする。

(3) 裁判例では、「法的拘束力」をもつ労使慣行を、旧時の通説に従って、「法的確信」の有無によって区別される法例二条の慣習法と民法九二条の事実たる慣習のいずれかによって捉えるべきものとし、事業所内慣行については、慣習法の成立する余地はなく、「事実たる慣習の存否だけが問題となる」としたうえで、事実たる慣習としての労使慣行の成立要件として、(1)同種の行為・事実の長期間の反覆継続(「慣習的事実」)、(2)その行為・事実が多数の当事者間で行われ又は存在していること(「普遍的」)のほか、(3)当該労働条件についてその内容を決定しうる権限を有し、又はその取扱いにつき一定の裁量権を有する者が規範意識を有していること(「規範意識の存在」)を挙げるものがある(三菱重工業長崎造船所事件・長崎地判平成元・二・一〇労判五三四号一〇頁）。しかし、(3)がなぜ成立要件の一つに加わるのかについては、判決はなにも述べていない（なお、この事件で問題となったのは、始業終業時の作業服・保護具の着脱等を所定労働時間内に行うという慣行の存否であったが、判決は(2)の要件の不充足を理由に、(3)の要件には触れることなくこれを否定した）。

同じく、理由を述べることなく(3)を労使慣行の第三の成立要件に挙げている裁判例として、二つの地裁判決がある（国鉄池袋・蒲田電車区事件・東京地判昭和六三・二・二四判時一三七四号一三三頁、国鉄国府津電車基地事件・横浜地小田原支判昭和六三・六・七労判五一九号二六頁。いずれも勤務時間内洗身入浴の労使慣行の成否が争われている）。しかし、前述の長崎地判が、事実たる慣習としての法的効力をもつ労使慣行についての説示であったのに対し、右東京地判は、労使慣行の法的効力について、「労使慣行は、それが労働契約の内容となる場合には労働契約としての、就業規則ないし労働協約の解釈基準等としてそれらと一体のものとなるときは就業規則、労働協約としての効力を持つ」と述べている。また、右東京地判は、かかる法的効力をもつ労使慣行の第二の成立要件として、前記長崎地判と異なり、「当事者が明示的にこれによることを排斥していないこと」を挙げており、かつ、それにもかかわらず、「事実たる慣習」の語は判決中に登場しない。他方、右横浜地小田原支判は、労使慣行の第二の成立要件については右東京地判とほぼ同旨のことを述べ（「双方の明示の意思に反しないこと（異議をとどめなかったこと）」）つつ、「就業規則に反する労使慣行が継続しそれが事実たる慣習にまでたかめられた場合には、労使関係を規律する一つの法源と認められることもある」としたうえで、かかる効力をもつ「事実たる慣習としての労使慣行」の三つの成立要件について説示したものである。

四　労使慣行の効力

(1)　規範説の論者は、既述のような成立要件をみたす労使慣行に対して、法規範的効力ないし法源性を肯認すべきものとする。例えば、(1)労使慣行を前述のように「就業規則規範的慣行」、「協約規範的労使慣行」、「団結承認慣行」の三つに分類する説は、それぞれが「就業規則を補充する法的性質」、「労働協約に準じた法的性質」、「当然に使用者の承認（受忍）義務を生ぜしめる法的性質」と、それに応じた法的効力をもつとする（金子）。このほか(2)不文の就業規則又は協約としての性格をもつ労働条件慣行は「労働条件の最低基準規範として、その法源性を承認すべき」ものとする説（本多）、(3)労使慣行が使用者と従業員団又は労働組合との間の「黙示の集団的合意」に基づくと認められる以上、これに不文の経営協定又は協約としての効力を認めるものとする説（浅井）などがある。しかし、規範説のなかでも、労使慣行を事実たる慣習の概念・法理によって「捉えきれない」とする説は、労働条件慣行の分類にあたって「就業規則規範」的慣行、「協約規範」的慣行等とともに「事実たる慣習」的慣行をあげている（籾井）。

(2)　これに対し、事実たる慣習説は、既述のような成立要件をみたす労使慣行に対し、事実たる慣習としての効力（「契約の補充効」）を認め、個別労働契約の当事者間又は集団的労使関係の当事者間に当該慣行の内容に応じた権利義務関係が生ずるとする。

(3)　裁判例では、前掲長崎地判が労使慣行の「法的拘束力」として事実たる慣習としてのそれのみをとりあげているのに対し、前掲東京地判と横浜地小田原支判は、既述のようにこれと異なる説示を含んでいる。

五 労使慣行の破棄

(1) 規範説のある論者は、労使慣行の破棄について、労使慣行を(1)関係当事者の合意によらなければ破棄しえない慣行（例、団結承認慣行）、(2)一方当事者の意思表示による破棄の許される慣行（例、労基法違反の慣行）、(3)一定の要件――労使間協議の履行、慣行破棄の合理的理由の提示・立証、相当な猶予期間の設置――を充足することにより破棄しうる慣行（例、保安要員慣行）の三種に分けている（深谷）。

(2) 事実たる慣習説は、事実たる慣習と認められる労使慣行の破棄には、(1)合意による方法、(2)一方的告知による方法、(3)当該慣習と別異の事実の形成による方法があるとし、他方で、事実たる慣習としての法的拘束力を認められない慣習的事実についても「将来の対応について信義則や権利濫用の法理の適用がある」とする。

(3) 前掲二判決（東京地判昭和六三・二・二四、横浜地小田原支判昭和六三・六・七）は、いずれも、賃金カットなしの勤務時間内洗身入浴につき、それが法的効力のある「労使慣行」として成立していたことは否定したが、それが「慣行的事実」として存在していた以上、その一方的変更については従業員に対する直接の事前警告又は告知が必要であると判示し、二判決の一つは、その根拠として「信義則」をあげている。

(4) 規範説に反対する学説中には、労使慣行は、黙示の合意又は事実たる慣習として労働契約の内容となる場合には労働契約の効力を、就業規則や労働協約の解釈基準としてそれらと一体のものと認められる場合には就業規則又は協約の効力を認められるとし、労働協約の効力を有する労使慣行は、協約の解約・改定の方法によらなければ破棄・変更しえないが、労働契約又は就業規則の効力を認められる労使慣行は、就業規則の一方的不利益変更に関する判例法理に従って破棄・変更しうるとする説がある(菅野)。

六　検　討

右にみたように、労使慣行に関する学説・裁判例は多岐に分かれ、まだ混沌状態にあるといっても過言でない。

(1)　労働法は公私両法にまたがるので、労使慣行の「効力」の語を、労使慣行の存在がなんらかの法的作用・効果をもつすべての場合を含む意味で用いるとすれば、その範囲は広大となる。例えば、労働者団結活動の正当性(労組法一条二項・八条)――いわゆる刑事、民事の免責の有無――の判断において、当該活動についての労使慣行の存在が法的効果を及ぼすとすれば、これも労使慣行の公法的・刑事法的または私法的効果といえる。しかしこの問題は、労働者団結活動の刑事、民事のいわゆる免責という問題のなかで取り扱うのが適当である。また、不当労働行為例えば労組法七条一号の差別待遇の成否の判断に当たって、いわゆる不当労働行為意思の存否が問題となる場合に、当該不利益取扱いに関する使用者の従前の取扱いにつき「慣行」の存在することが効果を及ぼすとすれば、これも労使慣行の一効果といえよう。しかし、この場合は、使用者の従前の取扱い(先例)が、それが「慣行」になっている場合に限らず、ひろく問題になるのであるから、むしろ「先例」の法的効果というべきものである。しかも、不当労働行為の成否の判断は、次に言及する問題、即ち労使慣行の存在が当該慣行圏内の労使当事者間にどのような私法上の権利義務関係を生じさせるかという、労使慣行の私法上の効力の問題とは、別個の問題である点に注意しなければならない。

(2) 労使慣行の私法上の効力については、一方で法例二条及び民法九二条との関係が、他方で就業規則（労基法八九条・九〇条）及び労働協約との関係が問題である。前者につき、これまでの労働法学説は、旧時の通説に従って、「法的確信」に支えられているか否かによって慣習を「慣習法」と「事実たる慣習」に区分し、慣習法には法例二条が、事実たる慣習には民法九二条が適用されると解してきた。しかし、最近の民法学説に従い、両法条とも「慣習」の私法的効力について定めたものと解すべきである（ただしこのように解したうえで、法例二条では慣習は当事者の意思や知不知にかかわらず適用される以上、「法的確信」によって支えられ、かつ、その内容が「合理的」なものであることを要すると解すべきである（拙稿））。

就業規則、労働協約との関係では、就業規則条項や協約条項の内容不明確ないわば空隙部分を埋める慣行とその他の慣行を区別すべきであり、前者は当該就業規則・協約条項と一体のものとして、その効力は就業規則ないし協約条項の効力という問題に吸収されると解される。これに対し、就業規則ないし協約に規定のない事項に関する慣行については、それが強行法規ないし公序良俗違反でない限り、まさに法例二条・民法九二条の規定を視野にいれた、労使慣行の私法的効力（従業員と使用者、組合と使用者・使用者団体又は組合員と使用者との間に、慣行がいかなる要件のもとにどのような権利義務関係を生じさせるか）が問題になる。

(3) これまで「規範」説は、労使慣行が現実に多数の労働者に集団的・組織的に適用される規範としての性格をもつことを強調し、労使慣行を「事実たる慣習」によって捉えるときは、当事者が、その慣習を排斥する意思を表示すれば慣習による規律を免れうることとなるから、労使慣行の「規範」性を正しく捉ええない結果に陥ると主張してきた。しかし、民法九二条も、現実に「社会規範」として存在する慣習をかかるものとして捉え、同条所定の要件のもとで、それが現に妥当している全体ないし部分社会の構成員間の権利義務関係を規律する法的効力をもち、かくて妥当する慣習の内容に従った権利義務関係が構成員間に生ずることを定めたものである(詳しくは拙稿)。たしかに事実たる慣習は、法例二条の場合と異なり、当該慣習圏内の構成員は、契約締結時にその慣習によらない旨をとくに表示することによって、その慣習による規律を免れうる。多くの労働時間慣行のように、工場労働者全員につき集団的・画一的に決定されるべき事項についての慣行に関しては、個別労働契約の当事者の合意(現実にはほとんど使用者の意思)によって、一部の労働者につき慣習による規律を排除しうるとするのは、不都合のようにみえる。しかし、労使間の慣行には、労使双方にとってそれなりの存在理由があり、右のような慣行について一部の労働者につき慣行と異なった取扱いをすることは、もともと非正規的・例外的なのである。かかる取扱いに合理的理由がない場合には、不当労働行為等、現行法上違法な差別的取扱いにあたらないときでも、それが著しく不合理と認められるときは、条理としての平等取扱い(均等待遇)の原則に反するものとして、慣行排除の特約を無効と解すべきである。

就業規則や労働協約の労働条件基準条項と一体のものと認められる労使慣行には、たしかに最低基準効(労基法九三条)や規範的効力(労組法一六条)が認められ、労働契約当事者がかかる慣行によらない旨を明示していても、最低基準効や規範的効力が及ぶ。しかし、労使慣行のすべてについて慣行排除の特約を全面的に否認しなければ労使慣行の「規範」性を無視ないし軽視することになるとは思われない。就業規則や協約に規定のない事項に関する慣行であって、強行法規・公序良俗に違反しないものについては、法例二条の法理に従い、それが当該慣行圏内の労使の法的確信に支えられ、その内容が合理的であることを要件として、当事者の意思いかんにかかわらず（即ち、当事者が該当慣行によらない旨を明示したときでも）、また当事者の知不知にかかわらず、当事者間の関係を規律するものと解するのが妥当と思われる。

実際上問題となるのは、一部の労働者について慣行上の取扱いをしないことではなしに、むしろ、現に存在する労使慣行それ自体の――これまではほとんどの場合使用者側による――否認や、一方的な破棄・変更の通告・実施なのである。

(4) 事業場・企業に労働組合が存在する場合には、労使慣行については、とくに労働協約条項との関連に注目すべきである。協約条項の空隙を埋める慣行は協約条項と一体のものとして、協約所定の有効期間中は、その一方的破棄通告、即ち解約申入れは、一般に無効である。それ以外の、協約に規定のない事項に関する慣行は、協約両当事者の「黙示の合意」による不文の、期間の定めのない協定として、その破棄通告については、期間の定めのない協約の解約申入れに関する規定（労組法一五条）が準用されるべきである。協約失効後も協約条項に従った取扱いが継続し慣行となった場合も、同様である。いわゆる団結承認慣行は、それが団結権保障に基づく使用者の「最低限の団結承認義務の履行としての意義をもつ」ものである限り、組合側の同意がなければ破棄は無効と解する（深谷）よりも、かかる団結承認義務不履行は不当労働行為として捉え処理する方が妥当である。そして、組合活動慣行など、集団的労使関係上の慣行の一方的破棄については、破棄前後の諸事情に照らし、不当労働行為や権利濫用の成否が、常に問題とされなければならない。

〔参考文献〕 本文中に氏名を記した順に挙げ、同一誌上に掲載されたものは同時に掲げた。

本多淳亮「労働法の法源」労働法学会編・現代労働法講座１一二八・一二九頁

(1)　労働法一般・方法論

籾井常喜「労使慣行とその法的検討の問題点」労働法律旬報一〇七〇号四頁以下
学会誌労働法六二号（特集労使慣行論）――金子征史、深谷信夫氏らの論文
山口浩一郎「労使慣行と破棄の法理」季刊労働法一三三号六七頁以下
浅井清信・日本労働法原理三一頁
菅野和夫・労働法〔第二版〕九四頁
蓼沼謙一「最近の裁判例における労使慣行とくに労働時間慣行に関する法理の考察一～六・完」判例評論三六〇～三六五号（判例時報一二九四号～一三〇九号）〔本著作集Ⅶ巻所収〕
そのほか、右拙稿中に掲げられた諸文献

（労働法の争点（新版）・ジュリスト増刊、有斐閣、一九九〇年）

(2) 労働法学史研究——一橋大学と労働法学——

11　吾妻光俊先生の人と学説

一

「理論を現実で呵責なく洗って見ることである。どんな恰好のよい理論、体裁のととのった学説でも、現実でゴシゴシ洗って見れば、忽ち色あせるものが少なくない。そのような理論は、いままでの学者や学説（それも欧米風のそれ）でメッキをかけた借り物の理論でしかない。」

この文章を読んだほとんどのひとは、経済学者か社会学者かが、自分の専門領域のことについて語っていると考えるのではなかろうか。経済学や社会学にとっては、「理論を現実で洗う」ことはほとんど自明のことである。ところが、法学——伝統的な意味では法実証主義的解釈学——については、どうであろうか。「理論を現実で洗って見る」というようなことがいったい問題となるだろうか、そういう発想が法解釈学者に果して可能だろうか。こうした疑問が、法学を意識的無意識的に法実証主義的解釈学と同視している多くのひとびとの念頭に浮ぶのではないかと思う。しかし右の文章は、労働法学者としての吾妻光俊先生が一橋を停年退官される直前、長い研究生活をふりかえられながら、現在の日本労働法理論について率直に所感をのべられたものである（さらに詳しくいえば、一橋学生法学会編『橋人法学』第八号の巻頭言にのせられた「ある労働法学者の告白」中の一節である。）。

周知のように、吾妻光俊先生は戦後かなり早い時期に、『労働法の基本問題』を書き下されて、「労働力のコントロール」概念を軸としたユニークな労働法の理論体系を大胆に提示され、以後これを彫琢されて学界にゆるぎない地位を築かれたのであった。その吾妻先生が、いまにして、現実で洗っても色あせぬ労働法理論の隆昌をねがい、現実の前にもろくも欧米風の金メッキがはげてしまうような理論であってはならぬと警告を発しておられる。そこに、吾妻理論の特色のひとつをうかがうことができると同時に、なにごとにつけ年寄り扱いされることを忌み嫌われる先生の、労働法学に対するいつに変らぬ厳しくはげしい情熱に接することができるように思う。悟りすましたような老大家の回顧談は、吾妻先生からは聞けそうもない。

二

吾妻先生は、明治三六年一一月九日、東京麻布の三軒家町にお生まれになった。父君は、大審院長として知られ、また学者としても民法関係の著述を残されている横田秀雄氏。兄君は、戦前大審院判事をつとめられ、現在最高裁判所長官の要職にあられる横田正俊氏。弟君にも、惜しくも戦死されたが弁護士をされていた雄俊氏がおられる。また、最後の大審院長をつとめられた霜山精一氏は、先生の御兄弟にとっては母方の叔父にあたられる。こうした文字通りの法曹一家に生まれられて、兄君ともども、学習院初等科、同中等科を経て、第一高等学校、東京帝国大学法学部へと順調に進学され、東大（当時は帝大）では法律学科で英法を専攻された。吾妻姓に変られたのは、令夫人と結婚されて吾妻家に入ってからのことである。令夫人もまた名門の出で、父君は京都大学教授、浜田病院副院長をつとめられたのち吾妻病院を開かれた吾妻勝剛氏である。氏は、関東大震災の折、山階宮妃の侍医として鎌倉の同官邸に伺候中、不幸にも職に殉じられた。

この間、吾妻先生には、学習院初等科で、わずかの期間ながら、明治の武将として有名な乃木希典院長の謦咳に接しておられる。また、一高では――はじめて聞くひとはたいてい驚くことであるが――野球部で四番打者のセンターとして活躍された。当時の先生は、朋友から「よこみつ（横光）」――横田光俊の略――の愛称でよばれていたようである。

昭和三年三月、先生は帝大法学部を卒業された。

三

1　昭和三年四月、先生は東京帝大法学部助手に任ぜられ、学問の道に第一歩をふみ出されることになった。明治以来わが国法学界は東大法学部を中心にして動いてきたが、先生はその東大法学部で、法学者としての本格的な修業をされることとなったのである。ここで、当時の法学界の情況を一瞥してみよう。

周知のように、第一次大戦中に日本資本主義は飛躍的な発展をとげた。しかし、それは同時に、従来からの社会的矛盾の増大と新たな社会問題の発生をもたらさずにおかなかった。労働争議、小作争議、借地・借家争議の激発はその集中的な表現にほかならない。他方、明治三〇年前後に、ドイツ法制の決定的な影響下に一応は近代国家らしい法制を——主に上からの法典編纂事業を通じて——ととのえたわが国では、法学の主流もまた、ドイツ法学の圧倒的な影響下におかれ、しかも、第一次大戦までのドイツ法学は、もっぱら実定法規の相互に矛盾なき精緻な形式論理的解釈をこととする註釈法学が支配していた。しかし、第一次大戦を転換点として、日本法学にとっていわば宗家ともいうべきドイツ法学のなかに、右のような註釈法学を「概念法学」として排撃する「自由法運動」がおこり、またエーアリッヒによって「法社会学」も唱導されるにいたった。ドイツ法学の動向に極めて鋭敏であった当時のわが国法学界に、このような自由法運動や法社会学への動きはいち早く紹介され、同じ頃アメリカに現われたパウンドの「社会学的法律学」の主張とともに、注目をあつめた。こうした動きが、〝本場〟のドイツ法理論の目新しい動きに、単なる法理論的興味からとびつくという旧来からの傾向を示す一面をもっていたことは否定できないように思う。同じ頃現われた新カント派法哲学の流行や、ワイマール・ドイツ労働法理論の紹介作業などについても同じことがいえよう。

しかしながら、東大法学部を中心とする当時の先進的な法学者たちにとっては、注釈法解釈学批判の動きが——単なる理論的興味からではなしに——激動する社会的現実との関連において法学方法論に根本的な再検討を迫る、極めて重大な事態としてうけとめられていた。ドイツの理論を咀嚼・消化してわが国の民法解釈学に一時期を画した鳩山秀夫博士みずからが、単なる法条の解釈ではなしに「進んで日本の社会の実情を調査するとか……或いはまた経済学や社会学の研究を摂取するとか、そこに何か新しいものをとり入れて、もう一回転換しなければならない」ところに立たされていることを認められ（括弧内は『日本の法学』五二頁所収の我妻栄博士の発言）、鳩山博士のもとで民法解釈学を勉強された我妻栄博士もまた「ドイツ流の解釈法学だけではだめだということを少しずつ感じ」（『日本の法学』四六頁）、「鳩山先生の拓かれた途を安んじて進み得るなら苦悩はない」（我妻栄『近代法における債権の優越的地位』序文九頁）という境地に達せられる。こうしたドイツ流解釈法学の深刻な動揺をもたらしたものは、結局は、大戦後の社会的現実の大きなうねりである。労働争議、小作争議、借地借家争議のひろがりは、新たな権利の承認・確立をめざす立法闘争を展開せしめることになったが、そればかりでなく、法の解釈・適用をつかさどる裁判所にも、判決の具体的妥当性を第一の目的として、それにいたるまでの過程における法律構成の不自然さをあえて意に介さない傾向がはっきり現われるにいたった。借地事件における短期約款に関する有名な「例文解釈」や「地代据置き期間」という法律構成は、その典型的な例である。法解釈論が裁判所における法の解釈・適用をはなれて実際上ほとんど無意味であることを思えば、こうした判例の傾向は、諸法規の解釈を通じて実定法の間然するところのない、論理的にみごとな体系を築きあげることに腐心してきたドイツ流法解釈学にとって、たいへんな打撃であった。法が法としての機能を果してゆくためには、また法理論がこれに照応したようなものであるためには、法規からではなしに現実の社会生活関係から出発し、現実の社会規範（いわゆる「生ける法」）に注目して、現実の具体的な法的紛争の妥当な解決をめざす法理や法律構成が探究されなければならない。このような主張は、当然に、判決は法規の論理的な解釈・演繹から自動的に導き出されるものではなく、判決における裁判官の「法創造的」機能が承認されなければならないという主張と、判例重視の傾向につらなるものである。こうして新たな法解釈方法論――社会学的法解釈学――への道がふみ固められていく。この道を先頭きってつき進まれたのは、東大法学部の末弘厳太郎博士である。

2　法学界の尖端をきってこのような新たな動向を示しつつあった東大法学部で、吾妻先生は、鳩山、末弘、我妻三博士と同じ民法学の研究から、学究生活を始められた。おそらく、当時、民法プロパーの領域をこえて労働法や農地法の領域にもおよぶ広い範囲にわたり労働問題や小作問題の現実に接着して、社会学的法解釈学の方法を個別具体的に展開された末弘博士の多彩な学問的活動（それらは『労働法研究』や『農村法律問題』の著書に結実する）から、吾妻先生もまた、同時代のすぐれた若い法学徒と同様、大きな影響と示唆をうけられたであろう。しかし、それに劣らず、否、それにもまして、影響をうけられたのは我妻博士からではなかったかと、私は推測する。我妻博士は、末弘博士によって新たな解釈学方法論へと眼を開かれたようであるが、方法論をそれとして展開されることのなかった末弘博士と異なって、有名な「私法の方法論に関する一考察」を書いておられる。そればかりでなく、経済社会と法というような大きなテーマについてまとまった理論的著作をついになされなかった末弘博士とちがい、昭和四年から六年にかけて、経済学・歴史学に対する深い理解のうえに、わが国における本格的な法社会学的研究の嚆矢というべき「近代法における債権の優越的地位」という不滅の大論文を発表されている。第二次大戦後、「法社会学」は法現象の社会科学的認識それ自体を目的とするものとして、「社会学的」法解釈学を含む「法解釈学」と一応はっきり区別されるにいたっている。我妻博士の右の大論文は、このような意味における「法社会学」的認識のみを目的としたものでもなければ、かかる認識作業をまず貫いた後にそれを前提にして社会学的法解釈論を展開したものでもない。はじめから法解釈論と不可分のかたちで、資本主義の発達にともなう金銭債権の各種の展開形態を理論的に分析したものである。しかし、それは、末弘博士が試みられたような、個々の具体的な法律問題に対する社会学的法解釈論・立法論の立場からする考察や主張とは、明らかに異なっていた。その意味でそれはたしかに「法社会学」的研究の先駆といいうるものであった。

ただ、吾妻先生の著作に対する我妻博士の影響をうかがいうるのは、その後に現われた同博士の「民法講義」シリーズ、とりわけそのなかの『民法総則』と、吾妻先生の『民法総論』とを見比べたときである。周知のように、我妻博士の『民法総則（民法講義Ⅰ）』は、明治以来のわが国民法解釈学の展開が到達しえた最高水準を示すものである。しかし、そのなかには、民法の基本原理や基礎概念の歴史的社会的な内容と変容について――もとより法解釈論の部分と同じウェイトにおいてではないが――注目すべき考察がなされている。その部分に吾妻先生の『民法総論』に対する影響を看取できるのであるが、『民法総論』については後に再びふれる。

3　東大助手時代の若い吾妻先生を鍛えあげたのは、同大法学部出身者をスタッフとして末弘博士を中心にはじめられた判例研究会での修業だったように思われる。判例研究会は、さきにのべたような観点からする判例重視の新動向のまさに象徴として生まれたものであるが、この研究会のきびしい雰囲気については、川島武宜教授があるときの判例研究報告の折、末弘博士から手ひどく叱られた思い出を率直にうちあけておられる（『新版判例民事法月報』8、一九五四年一二月）ので、外部のわれわれもいくぶんか推察することができる。

吾妻先生は、「著作目録」（一橋論叢五七巻五号所収）をみれば分るとおり、東大助手時代から、その後も戦前を通じて、法学協会雑誌に多数の判例批評をのせておられる。これらの判例批評は、いずれも判例研究会での報告・討論を経たものと聞いているが、広範な民法のほぼ全分野にまたがっている。後年の『民法総論』はもとより、戦後に刊行された民法財産法篇のいくつかの著書も、判例研究会でのきびしい修練がその基礎の少なくとも重要な一部をなしているのではないかと思われる。

当時の東大法学部では二年間の助手生活のしめくくりとして、いわゆる助手論文を提出することになっていたが、吾妻先生の助手論文は「私法における時効制度の意義」である。この論文は、時効制度の本旨について、永続的な事実状態を、それが正当な法律関係に照応するかどうかを問わず、社会秩序維持のために尊重・保護するところにあるとか、「権利の上に眠る者はこれを保護せず」という周知の法諺をあげるにとどまっていたといっても過言でない学界の情況下で、時の経過にともない一方では証拠資料の散逸・消滅する可能性が、他方では永続的事実状態が正当な法律関係を反映する蓋然性が、ともにますます増大していくことに注目して、一定期間の時の経過そのものにより強い証拠力を付与したものが時効制度にはかならないことを力強く主張されたものである。そして、このような時効の本質の把握によって、時効をめぐる多くの法解釈論上の難問、とくに時効の効果の発生に援用が必要な根拠、いわゆる時効利益の放棄、時効に中断の認められる理由などについて、明快な解答を与えることができることをも、説かれたのであった。

この吾妻説は、現在なお通説的地位をしめる永続的事実状態尊重説ともいうべきものに対して、この後徐々に有力となっていったいわゆる訴訟法説の先駆をなすものである。今日ではその通説も、永続的事実状態の尊重↓法律関係の安定ということをいぜん時効制度の第一の趣旨にかかげるとはいえ、同時に、時の経過による証拠保全の困難の救済ということをも副次的にかかげるにいたっている(たとえば、我妻『民法総則』三三八頁)。また、時効と似て非なる除斥期間と時効との区別について、条文に「時効ニ因リテ」とあればそれは時効であるとして怪しまなかった旧時の通説に対して、形成権については消滅時効の観念をいれる余地がないことを指摘し、時効か除斥期間かは権利の性質と規定の実質とに従って判断すべしとした吾妻説の主張が、すでにとりいれられて現在の通説となっている(我妻・前掲書三四二頁)。そして、戦後に現われた文献のなかには、時効に関する吾妻説の業績を高く評価する論文（山中康雄「時効制度の本質」ジュリスト八号、昭和二七年）や、吾妻説の決定的影響をうけていることの明かな著書（舟橋淳一『民法総則（法律学講座）』昭和二九年）が見出される。

たしかに、いわゆる訴訟法説は、この吾妻論文以後、川島教授によってさらに新たな大幅の進展をとげることになる（川島武宜『民法総則（法律学全集）』四二七頁以下、昭和四〇年。なお同「時効及び除斥期間に関する一考察」民商法雑誌一一巻五号、昭和一五年）。しかも、なお、日本民法上の時効制度は、通説といわゆる訴訟法説との抗争を決して短期間には終らせないであろうと思われるような問題点をかかえている。吾妻先生ご自身も、その後『民法総論』においては、消滅時効の本旨についてのみ右論文の立場を維持され、取得時効については通説と同じ根拠づけをされるにいたっている。しかし、これらのことがらは、いわゆる訴訟法説の先駆としての右論文の画期的意義をいささかもそこなうものではないと考える。

なお、吾妻先生は、英法科出身であるが、この助手論文には、ドイツ法理論の強い影響を看取することができる。わずか二年の間に、畑ちがいのドイツ法理論ととり組んでみごとにこれを消化され、右にのべたような光彩に富む業績を挙げられたことは、先生がその非凡な学才を早くも学界に顕示されたものといえよう。

四

1　東大法学部の助手を終えてまもなく、吾妻先生は一橋大学（当時は東京商大）に移ってこられた。そのとき以後停年で退官されるまで実に三六年余にわたって本学に在職されたわけである。はじめは大学——

予科・専門部等と区別される意味での――の講師（庶務部の記録によれば「講師を嘱託す（常勤）」となっているが、現在の――兼任講師と区別される――専任講師とは性格を異にするものだったようである）、ついで助手となられた。やがて、専門部の講師となられ、同教授へと進まれたが、大学のほうは昭和一一年の末近く助教授に昇任されるまでひき続き助手であられた。

当時の本学教官の間にはなんともいえぬ重苦しい反目の空気がはっきり感じとられたと聞いているが、そうしたなかで、昭和一〇年六月、本学史上あまりにも有名な（しかしそのわりには詳しい事情がわれわれ後輩に必ずしもよく伝わっていない）白票事件・粛園事件が起った。学内は二派（中立派をくわえれば三派）に分れて対立・抗争を続け、深刻な危機におちいった。これより前、昭和六年にも籠城事件という本学の存在意義にかかわる大事件が起っている。しかし籠城事件は、学内が一致団結し卒業生先輩も協力した対政府闘争であったのに対して、白票事件・粛園事件は、不幸にも学園内部のよどみが深刻な内部抗争となって爆発したものであった。長年の派閥的対立とからむいわゆる長老教授対少壮・若手教官との対立が頂点に達し、学生大会は助教授団支持を声明して学園は混乱状態に陥り、学長交替後も実に一四人の教授が辞表を提出するなど、事態の収拾は困難を極めた。翌年五月、三教授の退陣と九教授の辞表撤回によってようやく事件は一応の落着をみた。もし、この長い紛糾のなかで、助教授以下の若手教官を中心に学園粛正の運動が起り、学生の共感も得て、将来の発展のための地ならしの成果を挙げたという事実がなかったならば、おそらく一橋は醜を天下にさらすだけだったのではないかと考える。そして、学の殿堂を守ろうというこの粛園運動の一応の落着後も、学園は、多くの教官のなかに残ったわだかまりをときほぐしながら、学の興隆をはかるという困難な仕事にとり組まなければならなかった。

吾妻先生は、本学のこの重大な試練期に、当時の若手教官有志をもって構成する「若者会」の一員として、一橋はえぬきの他の会員教官と苦楽をともにされたのであった。本学に移ってこられた当時の縁故関係から、派閥対立のなかで私的には先生も苦しい立場に立たれたようである。それをおしきっての「若者会」会員としての活動であった。当時の思い出は、しかしながら、先生にとって苦しいものばかりではなかった。「若者会」を通じて、増田現学長らと歴史をともに勉強しようということになったのだと、先生がかつていかにも楽しげに追想されたことを私は思い出す。また、先生のHauptarbeitである『労働法の基本問題』のなかに高島善哉教授の『経済社会学の諸問題』が引用されているのを見ると、高島教授の学説にも、先生は、やはり「若者会」を通じて大きな関心をよせられるにいたったのではないか、と私は推測している。先生の学風も、本学の同時代のひとびととの接触のなかで、独自の成長をとげ豊かなふくらみをもつことを促進されたのではなかろうか。

2　本学に移ってこられてから欧米留学に向われるまでの間、吾妻先生は、主に物権変動と不法行為に関する論稿を発表されている。前者では、とらえた問題点の掘りさげた考察が、後者では、法理論の展開に対する的確で巧みな追究が、特徴的である。しかし、吾妻先生の学問歴全体のなかでは、この時期は、欧米留学から帰朝された後、せきを切ったようにほとばしり出た『ナチス民法学の精神』、『民法総論』、『統制経済の法理論』の三部作の準備期間であったとみることができよう。

先生が欧米留学に出発されたのは、昭和一一年の暮である。その直前に大学助教授に任ぜられた（専門部教授兼任）。この留学には令夫人も同行され、ドイツに最も長く滞在された。帰朝されたのは昭和一四年三月であるから、第二次大戦の勃発する（九月）わずか前に帰朝されたわけである。帰朝の翌年学生主事をつとめられ、翌々一六年四月、東京商大教授に任ぜられた。

3 さきにあげた三部作の第一部をなす『ナチス民法学の精神』は、昭和一七年に刊行されたものである。戦後、占領軍の命令により大学の教師について軍国主義的活動を理由とするパージが行なわれたさい、この本の表題だけから内容をあて推量した者が、先生もパージにひっかかるのではないかと心配していたことを私は思い出す。しかし、この本はナチズムのファナティックな法律観の紹介や礼讃の書ではない。たしかに「ナチス民法学の動向」と題する第一章は、「革新的民法理論の出現」から説き起している。しかし、その「革新的民法理論」なるものは、伝統的な民法の中心概念に対する攻撃を媒介として、その基礎づけを「具体的秩序の思想」に求めるものとされている。そして、右の攻撃の特色を、「法概念をあくまでも生活事実の具体性に応じて構成」すべしとする「個別化的観察方法」と、法を単なる当為とみる考え方を排斥して「法規範を〔生きた〕団体生活の内面に求め」るべきものとする「法社会学的な態度」とにあるとされる。たしかに「個別化的観察方法」の重視は、現象の歴史的社会的に制約された全体としての流れに対決する省察を看却させ、また、現実の「団体生活」の動きを重視するという名目のもとにこれにベッタリの「法社会学的な態度」をとることによって単なる現実追随を生み出し、かくして、ナチス政権の待婢に堕する危険を内包している。しかし、資本主義社会の高度化にともなって、自由な法人格、自由な所有権、契約の自由などの一般的抽象的な法原理が直接に現実を規律する範囲は次第に狭まり、生活事実の多様化に照応する特別法的規律が必要となり増大せざるをえないこと、法的規律の具体的妥当性のために現実を直視する「法社会学的な態度」が要請されざるをえないことは、近代資本主義法の展開がもたらす必然的帰結である。したがって、「個別化的観察方法」と「法社会学的な態度」の重視を、このような意味で理解するかぎりは、これを、〝ナチズム的〟特色とみるのはあたらない。吾妻先生が、ナチスの「革新的民法理論」の民法の中心概念に対する攻撃に共感を示しておられるのも、基本的には似たような考え方によるのではないかと思われる。しかも、「革新的民法理論」の奥にある「具体的秩序の思想」についても、先生は同様に共感を示されながら、しかし、この思想は法に必然的な技術的・抽象的・客観的観点を不当に軽視してはいないか、として批判的である。さらに、先生はこのようなナチスの「革新的民法理論」に対する「批判の擡頭」にも触れ、「革新的民法理論に左袒すべきか」、これに批判的学説の側にたつべきか、という問題を提示されている。以上がこの本の第一章であるが、そこには、ナチズム法理論への無批判的礼讃や迎合は全くみられない。ナチス時代のドイツ法理論の展開を従来のそれとの対比において冷静に観察しようという態度をみるのみである。

この点にもまして注意すべきは、本書が「革新的民法理論に左袒すべきか」、批判的学説の側に立つべきかという問題の解答は、いずれが「現実の生活原理に適合し、且つ又現実を正しく把握し得るのであるか」によって与えられるとのべている点である。そして、この吟味が、世襲農地法と国民労働秩序法に即して農地関係と労働関係について試みられている。ただ、我妻博士が本書の書評（法学協会雑誌六一巻一号）で指摘されているように、この吟味の結果は必ずしも明確でない。しかし、私としては、吾妻先生の法理論に対する基本的な考え方がこのときに既にはっきり現われていることに注目したい。本稿の冒頭にかかげたように、先生は最近、日本の労働法学説についてであるが、法理論は「現実で呵責なく洗って」も色あせぬようなものでなければならぬといわれている。これは本書中の「現実の生活原理に適合し、且つ又現実を正しく把握し得る」法理論という語句にピッタリ符合するのである。

なお、我妻博士の右の書評は、本書を「近時の私法学の大収穫」と喜ばれる言葉で始まり、終り近く「希望を無遠慮に述べ」もしたが、「それはこの優れた著者に対して更に完璧を望む念の切なる為と、この著者の能力をもってすれば必ず為し遂げ得るとの確信を有するからに他ならない」とのべられている。およそ著者にとってこれ以上に嬉しく感激おく能わざる書評――それも斯界の巨頭による――は望みえないのではなかろうか。

ちなみに、指導的法学者の過去現在にてらして、現在の西ドイツ私法学はナチス私法学の発展としてとらえることができること、そのナチス私法学は「第一次大戦後の社会経済的変動」が当然に要求した「BGBの発展」にほかならず、「ナチス時代の私法学」は存在したが「ナチス私法学」すなわち〝ナチズム私法学〟は存在しなかったこと、このことは戦前既に我妻、吾妻両教授らによって承認されていたところであること、をのべた論稿が戦後現われている（五十嵐清「ファシズムと法学者」北大法学論集一四巻三・四合併号）。

4 他の二冊の著書のうち『民法総論』は、序文にものべられているとおり、解釈論よりも「近時の社会経済の転換に伴って民法の一般理論が蒙りつつある修正の姿を画き、そこに生じて来る基本問題を呈示して民法理論の変転の動向を伝えることに力を注いだ」ものである。換言すれば、私法の一般法としての民法の基本原理、基礎的諸概念に力点をおいてその変転の動向を注視することを主とし、付随的に民法総則の解釈論も取扱ったものであって、我妻『民法総則（民法講義Ⅰ）』とは、力点のおきかたがちょうど逆になっている。

『統制経済の法理論』も、同じく私法ないし民法の変容を取扱っているが、しかし私法ないし民法の近代法的性格を浮び上らせるために封建法との対比を行なっており、『民法総論』にくらべて歴史的叙述の比重が大きい。また、変容現象の叙述も詳細である。ただ、両著とも、ドイツにおける私法理論の新動向をフォローした『ナチス民法学の精神』と基底において連なっていることは疑ない。

五

1　戦後本学は、四学部一研究所をもち、社会科学の総合大学を標榜する新制大学・大学院となった。戦前の商大時代にも、法学関係に、数のうえではともかく、優秀なスタッフを本学はかかえていたのであるから、法学部を一翼とする総合大学となったことは、いわば自然成長的な発展とみることができる。しかし、理念的には、法学が経済学・商学の〝さしみのつま〟的存在でなく、経済学その他とならんで社会科学総合の一翼をになう四本の足の一つとなったとはいっても、講座数その他の組織、とくにスタッフの数に注目するとき、法学部が、学部発足後長期にわたりその不足に悩まなければならなかったのは事実である（この悩みは今なお解消されてはない）。かくて法学部の現有スタッフは、対内的にも対外的にもその名をはずかしめないためには、少数であるわりに〝一騎当千〟の精鋭揃いであることを要請されたのである。幸いに、学部発足以来、教授陣の構成がこの要請にともかくこたえうるものであったことは、ほぼ衆目の一致するところであろう。

こうした情況のもとで、戦後の吾妻先生は、終戦後まもなくの頃から、主に労働法の分野において、精力的な研究活動を展開され、学界の注視をあげる業績をつぎつぎに発表された。そして、やがて「吾妻理論」とよばれる体系的理論を構築されて、労働法学界にゆるぎない地位を築かれるにいたった。また、かなり早くから今日まで、ひき続き中央労働委員会公益委員に任ぜられ、不当労働行為の判定と労働争議の調整をめぐって、実務の世界でも尽力されている。くり返しのべるように、先生は、現実との対決においてもろくもついえさることのないような法理論の樹立を強調される。そのためには、いうまでもなく、現実を直視すること、労働法についていえば資本制労働関係という一般的な歴史的社会的特質のほかに、特殊＝日本的な諸要因を含んでいるわが国の労働関係ないし労働法現象を、曇りのない眼で正視することが、まず第一に必要であるが、吾妻先生は、中労委委員としての職務を遂行されるまさにそのなかで、独自の視点で現実の労使関係をみつめられ、理論的な考察・検討をくわえてこられたのではなかったかと、私は推察している。なお、昭和二七年の講和に伴なう労働法規改正の際、労働関係法令審議委員会の委員として、労使委員および他の公益委員とともに苦労されたことも、先生には思い出の深いことと私は想像している。最後に、先生が司法試験委員を長くつとめられていることも、つけ加えなければならないであろう。

2　戦後の吾妻先生の労働法研究は、「シャーマン法とアメリカ労働規制」その他、『労働法の展開』に後に収録されたアメリカ労働法の研究、とくにその歴史的展開の跡づけから始まる。さきに紹介した『ナチス民法学の精神』のなかでは、ワイマール体制下からナチス治下にいたるまでのドイツ労働法理論の展開過程が――労働関係における契約概念の後退という角度から――適切簡潔に叙述され、これを基礎として『統制経済の法理論』のなかでは、労働関係に対する民法的規制の変転の様相がとりあげられていたことを思うと、一見大きな方向転換のようである。しかし、先生のアメリカ労働法研究は、アメリカにおける労働規制の原点を、市民的自由（より具体的には「自由競争」、「自由な商品流通」など）の理念に定めて、この理念の変容を、判例法・制定法の史的展開のなかで考察しようとしたものである。したがって、素材にドイツとアメリカの違いはあっても、労働規制に対する考察の視座には共通するものが認められる。このような先生のアメリカ労働法研究の頂点に位し且つ総括の役割を果しているのが、一橋論叢二三巻四号に掲載された後年の「アメリカ労働法の発展」にほかならない。ただ、英米法の第一次的資料である判例に直接あたることは、実定法学者とは区別された少数の英米法研究者の特有の〝縄張り〟として、ドイツ・フランスの大陸法理論に親しむ実定法学者はこれを敬遠するという傾向が、戦前はとくに強かった。したがって、戦後アメリカ法の影響が一挙に強くなったときでも、英米法に疎遠感を抱かざるをえないひとびとにとっては、スムーズに英米法研究に入ってゆくことがどうしても困難にならざるをえなかったことと思う。その点、吾妻先生にとっては、学生時代に英法を専攻されていたことが、大きな幸いとなったのでないかと推察される。

いち早くアメリカ労働法の研究に先鞭をつけられて先駆的業績をあげられた吾妻先生は、ついで「労働の従属性」という論文において、ワイマール・ドイツ労働法における「従属労働」ないし「労働の従属性」という基本概念につき、通説的な「人格的」従属の観念、とくに戦前戦後を通じてわが国労働法学界に大きな影響を及ぼしているジンツハイマーの「法的」人格的従属説に対して、根本的な批判をくわえられた。吾妻理論の土台となっている「労働力のコントロール」という観念は、直接には、ドイツ的従属労働論に対する右の批判に立脚している。しかし、片岡曻教授ものべているように(「戦後労働法学の方法的検討」1・2法律時報三八巻一、二号)、アメリカ労働法研究を通じて、アメリカ労働法の底流をなす市民的自由の理念の強さに接せられたことも、なにほどか影響しているものと推測される。

3　吾妻理論の基礎をなす「労働力のコントロール」という観念は、現実の労働問題、したがってまたこれに対する法的規制＝労働法の出発点をなすものが、たしかに「労働の従属性」とよびうる現象であることを認めつつ、しかしこの現象は、万人平等の法人格を前提とする近代社会では、労働者の使用者に対する

「人格的」従属、いわんや「法的」な人格的従属としてとらえることはできないという点に、まず注意を喚起し、これを「労働者」の法人格者としての独立とは別個の「労働力」の従属としてとらえるべきこと、したがって従属労働関係におかれた「労働者」ではなしに、独立の法人格者である労働者の「労働力」こそ労働法の対象でなければならぬことを主張するものである。そして、ドイツ労働法学が、労働法を定義して従属労働関係にある「労働者」の諸関係に関する法とすることをも排撃して、労働法の対象となるのは、個々の「労働力」ではなしに、集団的なそれであるとする。したがって、工場労働に典型的にみられるように、労働力が集団的に使用者の支配下におかれる場合にはじめて、労働法が登場する。こうした労働力の集団的な支配が「労働力のコントロール」とよばれる。おそらく、支配の語が、静止的・固定的な人身拘束的色彩をおびたものを連想させることを一方で懸念され、他方では、「労働力のコントロール」の主体として労働法上とくに重要な労働組合が、組合員の労働力に対し、使用者との対抗関係において動的な広義の統制を行なうことに着目されたものであろう。

このような「労働力の（集団的）コントロール」という観念に立脚する吾妻理論は、つぎにのべるような内容をもつ点において、甚だユニークである。

（1） 大量の労働力が、労働条件の使用者による事実上一方的な決定・変更にみられるように、使用者のコントロール（事実上の支配）のもとにあるという状態が、労働法の出発点である。個々の労働者と使用者との契約的結合関係（雇傭契約・労働契約）が、それとして、労働法の視野に入ることはない。それは市民法の対象であり、そこでは市民的な契約法理が貫徹されなければならない（このうち、後者については、つい最近、詳しく論旨を展開された論文〔「労働契約の法的性質」新労働法講座7・八三頁以下〕が発表されている）。

(2)　右のような使用者のみによる従業員の労働力の集団的コントロールという事態にくいこんで、新たないわゆる集団的自治の秩序をうちたてようとするものが、組合員の労働力に対する集団的コントロールの主体としての労働組合である。このような、いずれも労働力の集団的コントロールの主体としての地位において、労働組合と使用者とは対抗し（労働争議）協定する（労働協約）のである。

労働組合、争議行為、労働協約という労働法上の概念は、右にのべたような性格に即して、「労働力のコントロール」という観念を基礎に、かくしてまさに労働法的に、とらえられなければならない。これらを市民法上の概念でとらえること、たとえば労働組合の本質を社団概念によって、労働協約を市民法上の契約概念によってとらえることは、まとはずれである。

(3)　使用者による従業員労働力のコントロールに対しては、国家もまた、法規により集団的に労働条件の最低基準を設定するなどの方法によって、介入してくる。この介入は、法規違反の個別的労働契約を無効とすること（それは法規違反の事態に対する救済を、個々の労働者が使用者を相手として行なう伝統的な司法的救済に委ねることを意味する）じたいを目的とするものではなく、国家の設定した労働条件基準を、罰則を背景としたいわゆる基準監督ないし工場監督を通じて日日不断に職場で実現させていくという労働法的規律を目的としている。その意味で、国家もまた労働保護法において、労働力のコントロールの一主体としてとらえられる。法定基準違反の労働契約の無効は、こうした労働法的規律に対する市民法（労働契約関係じたいを契約法理に従って規律する）の「一種の協力」にすぎない。

吾妻先生の理論体系は、その後「市民法の限界」私法一一号によって、部分的にはかなり重要な変化をとげた。また、後期の著作のなかでは、もはや「労働力のコントロール」という言葉は用いられていない。しかし吾妻理論は、『基本問題』以後、内容の部分的修正と豊富多彩化を示しているとはいえ、基調はいささかも変っていないように思われる。

吾妻理論のこのような基本的な骨組みは、労働関係における市民法(的規律)から労働法(的規律)への動きを、いまなお法学通論というような類の本のなかに見出されるように、〝契約自由の原理の制限〟とか、〝公私法の融合〟――さきほどあげた罰則づきの労働保護法などについてよくいわれる――とか特色づけることが、いかに浅薄なものにすぎぬかを痛感させるであろう。労働法学者も、片岡教授が率直に認めているように(片岡・前掲論文)、吾妻先生の「労働力のコントロール」という観念に不満、反対を抱く者も含めて、先生が「この全く未開拓ともいえる学問分野に大胆に足をふみ入れて、しかも既存の法概念・法理論の枠にとらわれることなく、労働問題の社会的・歴史的性格を直視しながら、新たな労働法上の諸概念の構成と体系化に専念されたこと」、その意味で先生こそ「戦後労働法学の開拓者というにふさわしい地位に立つ人といえよう」という評価をうけるべきことを、一致して承認するであろう。

吾妻理論を根底から理解するためには、先生の法学方法論をもとりあげなければならない。先生が労働法関係の著書のなかで提唱された「法社会史的研究方法」については、片岡教授によって、既に詳細な批判的検討がなされている(片岡・前掲論文)。しかし、先生の方法論は、それ以外の著書・論文のなかでも述べられている。私としては、「方法」という語の出てこない「労働争議の社会学的意義」(一橋大学法学会〔編〕『現代法学の諸問題』〔勁草書房・一九五二〕)や、「労使関係における非法律的要素」というような論稿のなかに、先生の基本的立場の特色がクッキリ浮びあがっているように思われてならない。

4　戦後の吾妻先生は、労働法よりもさらに歴史の浅い社会保障法の分野にも、鍬をいれられた。『社会保障法』（有斐閣・法律学全集、一九五七）がその成果である。この本を脱稿されるまでには、さすが健筆をもってなる先生も、だいぶ苦労されたようである。そのことが、この本のしおり〔＝月報〕のなかの先生と大河内一男教授の記述によってはっきり分る。各種社会保障制度のサブ・ノート的な羅列的解説以上にほとんど出なかったこの分野での貴重な先駆的労作として、たえず顧みられることであろう。

本学は、末弘博士につぐわが国労働法学の草分けとして、孫田秀春博士をもっている。吾妻先生は、本学ではいわば、第二代目の労働法学担当教官にあたるわけであるが、お二人とも、民法の講座も担当された。しかし、孫田博士は労働法とともに経済法を研究されたのに対し、吾妻先生は労働法とともに社会保障法を手がけられたのである。

六

ゼミナール教官としての吾妻先生は、私の記憶に関するかぎり、学生に対してご自分の見解や結論をおしつけるようなことは全くなく、結論めいたことをいわれる湯合も、必ず問題点の指摘に重点をおかれて、学生をして学問の道の奥深さを自覚させずにはおかない指導方法をとられた。ゼミによっては、教官が強くはげしい個性をむき出しにして自分の思う方向に学生をひっぱっていくという指導方法をとられるかたもあるように聞いている。そのせいか、ゼミナリステンのなかには、先生のこのような指導方法にもの足りなさを感じる向きがとくに戦後は、少なくなかったように思われる。しかし、学問の道は各人の主体的な勉強を不可欠の前提とする。先生は、おそらくこの点に留意され、教師に体当りしてこない学生は教師から何もひき出しえないといういきかたを正しいものとされたのだと私は信じている。数少ない私たち学問上の弟子のなかでも、直接叱りとばされ仕込まれたという記憶をもっている者はいない。

先生が、一高時代に野球部のセンター・中心打者として鳴らしたことは前に書いたが、このほかに水泳、スキー等スポーツの面ではほぼ万能選手とうかがっている。また、室内遊戯としても、碁は周知のようにセミ・プロの域に達しておられ（かつて週刊朝日誌上で知名囲碁ベストテンのなかに数えられた）、芸の面でも中年以後はじめられた長唄は長足の進歩をされて、同じに稽古をはじめられたかたを遙かに追い越されてしまったと聞いている。気さくな先生は、法学部のわれわれ若手教師連を相手に、機会をみつけてときたま麻雀にも興じられるが、ここでも先生は非凡の腕前を示される。誠に、ゆくとして可ならざるはなし、という感を抱かざるをえない。

先生はまた、酒を愛される。しかも、極めて庶民的な雰囲気のなかで盃を手に歓談することを好まれる。ふだんは寡黙な先生が、このときはうってかわって陽気な軽口と辛辣な皮肉をとばされる。ノーブルな風貌、雑務や金銭には全く無頓着、一見世俗に超然たる先生であるが、酒席での先生を通じて、先生が「理論を現実で洗う」ことを強調されるにふさわしく、複雑な世事を冷徹な眼で見すえられ、実はなにもかも弁えておられることがわかる。

桁はずれにスケールの大きな学究、これが吾妻先生に対して私のたえず抱いてきたイメージである。

（一橋論叢五七巻五号、一九六七年）

12　吾妻光俊先生と労働法学

去る（一九七三年）四月二一日労働法学者として著名な一橋大学名誉教授・専修大学教授吾妻光俊先生が長逝された。先生は昭和五年から同四二年停年退官されるまで三六年余にわたって、旧東京商大の時代から一橋大学において、主に民法・労働法の研究教育にあたられ、その後孫田秀春博士のお勧めで専修大学法学部に移られた（孫田博士は、末弘博士が東大法学部に「労働法制」を開講された大正一〇年の三年後に東京商大で「労働法」の講義を始められたわが国労働法学の草分けであり、昭和一二年まで東京商大に在職された。現在博士は米寿を迎えられてご健在である）。ご行年は六九歳。東京商大・一橋大の吾妻ゼミ卒業生一同は、この一一月九日に古稀を迎えられるところであった先生のために、あれこれお祝いの行事を話しあっていたやさきであった。

わが国労働法学における吾妻先生の業績については、すでに片岡教授がいわゆる吾妻理論の展開を詳細に批判的に追跡検討され、吾妻先生が「〔戦後いち早く〕この全く未開拓ともいえる〔労働法の〕学問分野に大胆に足をふみいれ、しかも既存の法概念・法理論のわくにとらわれることなく、労働問題の社会的、歴史的性格を直視しながら、新たな労働法上の諸概念の構成とその体系的理論化に専念された。この意味において、教授こそ、戦後労働法学の開拓者というにふさわしい地位に立つ人といえよう」と評価されている（片岡曻『現代労働法の理論』日本評論社、昭和四二年、七頁）。もちろん片岡教授は、吾妻理論に全面的に賛同されるのではない。かえって、吾妻先生のいわれる「法社会史的分析」という方法論的視点そのものに根本的な疑問を投じられている。しかし、吾妻理論に基本的に賛同すると否とを問わず、片岡教授の右の評価に関するかぎり、学界でこれに異をさしはさむひとは一人もいないであろう。

本稿では、片岡教授の右の著書を念頭におきながら、紙幅の関係上主として吾妻理論の方法論的な特色について、先生のお人柄にも若干触れながら、私なりの考え方を述べてみたい。

＊

吾妻理論における労働法研究の「法社会史的分析」というのは、まず第一に、労働法という新しい法を生み出す契機となった資本主義社会の労働問題の現実の展開過程を歴史的に把えようとするものである。しかし単にそれだけのものであるならば、「法社会史的」研究方法なるものは、概念法学批判の意味でいわれる「法社会学的」研究方法――こんにちこの意味の「法社会学的」方法にはどんな法学者からも異論が出ないであろう――と同じであって、格別の特色はないことになる。「法社会史的」方法の特色のひとつは、右のような現実の労働問題ないし労働関係の展開の構造分析――吾妻先生の言葉を引用すれば、「社会生活の実体における労使関係の構造分析」――にあたって、すでに片岡教授も指摘されているように（片岡・前掲書一一頁）、マルキシズムの立場に立った構造分析を、経済学・社会学の方法と法学の方法との混淆、法学の独自性の喪失をもたらさざるをえないものとして排斥するところにある。ここには二つの問題が横たわっている。一つは、マルキシズムの立場に立つかぎり、右の構造分析は論理必然的に経済学的・社会学的分析にとどまらざるをえず、法学的分析といえる域までにはなりえないものなのかどうか、という問題であり、もう一つは、「法社会史的」方法はマルキシズムの方法を排斥して、いったいどのような構造分析方法を代りに提示しようとするものであるか、という問題である。

この点について注目すべきは、吾妻理論における労働問題展開の構造分析は、マルキシズムにおけるように、経済学的な分析を第一次的・基底的なものとし、そのうえで経済的構造に究極的に規定されたものとして法学的分析がうち出されるというものではなしに、はじめから法的規制の展開の具体的なあり方・内容に焦点がおかれ、それが労働問題展開への法的対応策として、果たして、またどの程度効果的ないし合理的であるかが追究されるという点である。そこでは、労働問題展開の構造分析は、あくまでも法的規制との関連においてのみ、しかも法的規制の効果・機能さらには合目的性の程度の吟味確定を可能ならしめる手段として、意味をもつにすぎない。この場合の「法的規制」とは、たとえば一九七一年労使関係法施行前の英法における労働協約じたいの法的効力の否認にみられるように、国家意思にもとづく狭義の法的規制の欠落――非国家的な「生ける法」による規制への放任――をもその一態様として含む広義のそれであるが、吾妻理論においては、立法論も含む法解釈学と一応明確に切り離された法社会学（渡辺洋三教授がうち出されたような実用法学と法社会学との対置）という発想は拒否される。たしかに吾妻理論においても、法社会学が「生ける法」の探究を重視するのに似て、労働問題展開の社会的実体を「そのさながらの姿において」把握すべきことが強調される。しかしそれも、どのような内容の法的規制やどの程度の法的介入が実質的に妥当であるかが、このような社会的実体の把握なしには判定のしようがないと考えられているからであって、それ以外の理由によるのではない。吾妻理論においては、渡辺教授のいわれるような実用法学と対置される固有の意味の法社会学は結局は社会学の一種にほかならないものとして、これを排斥し、「法学の独自性」を固守する態度が特徴的である。

また、マルキシズムの立場では、法学の場合でも、労働者階級の手による資本制社会の止揚によってのみはじめて労働問題の超克が可能になるという実践的認識が基底的重要性をもつと思われる。沼田稲次郎教授が周知のように、法の解釈＝実践（法解釈学）と法の認識（法社会学）を一応峻別する渡辺教授のいわば二元論をしりぞけて、法解釈は資本制社会の止揚を究極目標とする労働者階級の法形成的実践を領導するような実定法の規範的意味構造の認識でなければならないといわれるのも、右の点に着目してのことであろう（片岡・前掲書とくに二二九――三〇頁）。これに対して吾妻理論では、労働問題の展開に伴って伝統的な市民法秩序のその総体における転換・修正が必至となることが指摘されてはいるけれども、その内実は、古典市民法理の世界の外におかれていた労働組合運動が法的に古典市民法理と本質的に衝突せざるをえない要素をその中核に内包しており、この衝突がかなりの範囲・程度にわたるものであるために、労働組合運動の法認は古典市民法理のみからなる伝統的な資本主義法の総体における転換・修正をもたらさざるをえない、という認識にある。そこには、資本制秩序総体の超克に向けての労働者階級の運動そのものを基底にすえて、それを法形成的実践の面で領導する法理の構築というような志向は全く見られないのである。したがって、マルキシズム法学の立場からすれば、吾妻先生の主観的な意図はどうであれ、その「全理論を客観的にみた場合に」は「資本主義体制の枠を当然のこととして前提し、いわばこれを固定した上で労働問題の法的処理を構想」したものというような批判（片岡・前掲書四二頁）が当然出てくるであろう。しかし、吾妻先生は、資本主我体制総体の超克とか、これをめざす労働者階級の運動の領導とかは、後者が運動の法形成的側面の領導のみにかかわる場合でも、法学を超える問題として、法学の名においてこれにコミットすることは避けるべきものと考えられていたのではないか、と思われる。

はなはだリアリスティックで観照的、これが次に述べるように、私の眼にうつった吾妻先生の研究態度の第一の特色である。

＊

1　戦前にドイツ労働法理論の展開をフォローされていた吾妻先生は、戦後まもなくアメリカ労働法の歴史的展開の考察（『労働法の展開』海口書店、昭和二三年に収録）と、ドイツ、とくにわが国に大きな影響を及ぼしているジンツハイマーの「従属労働」論の批判的検討に立脚して、『労働法の基本問題』（有斐閣、昭和二三年。以下『基本問題』と略称）を著わされ、周知のように「労働力の（集団的）コントロール」という観点から労働法の全体を斬ってみるという大胆な試みを提示された。ドイツ労働法学が「従属労働」の給付者としての「被用者」概念を中核にすえて、労働法を被用者の諸関係に関する法として把えるのに対し、吾妻先生は、おそらく、かかる把え方では、労働法の対象の独自性はうち出されるかもしれないが、対象に対する労働法の規律方法の独自性は少しも明らかにされないとして、労働組合、争議行為、労働協約など、労働法に特有の基本概念を「労働力の（集団的）コントロール」という視点で把えられ、これによって、労働関係に対する古典市民法理の規律対象および規律方法と異なる労働法独自のそれを浮き出させようと企てられたものと、私は考えている。

ただ『基本問題』までの吾妻理論には、「社会生活の実体における労使関係の構造分析」の具体化はほとんど見られない。さきに触れた米国労働団体法の展開に関する研究も、アメリカ的な市民的自由の理念の労働関係の場における変容に焦点をあてた考察であって、これとの関連における労使関係の実体面の構造分析は将来の課題として残されている。『基本問題』に続く『近代社会と労働法』（富士出版、昭和二四年）においても、『職工事情』を素材にして当時のわが国労働関係の前近代的性格を摘出することに重点がおかれている。そして『基本問題』においては、一方で、ドイツ的従属労働論のもとでの・使用者に対する各個被用者のとくに「人格的」な従属という観念に代わって、多数の被用者の労働力に対する使用者の、また労働組合の(さらには国家の)集団的コントロールという観点が措定されるとともに、他方で、労働組合を市民法上の社団概念によって、争議行為をもっぱら不法行為法の伝統的枠組みのなかで、あるいは労働協約を市民法的な契約法理によって把えることの不十分さや、導き出される結果の不当性が強調されている。このうち、後者は市民法上の基礎概念に対する法学者としての先生の深い学殖に裏打ちされた透徹した――概念法学的か否かを問わず単なる実用法学者にはとうてい期待できない――考察に立脚するものであり、当時の諸学説にはほとんど見出されないものであったから、やがてそれは「戦後労働法学における共通の財産として摂取され」(片岡・前掲書四一頁)てゆくことになったのである。しかしそこには、資本主義とくにわが国の労働関係の実体分析の具体的成果との関連において体系的理論を組立てるというのではなしに、労働法上の基礎概念に対する右のような法学的考察に立脚して、古典市民法理の体系と区別される労働法独自の体系的理論の構成を大胆直截に提示しようとする強く激しい気概と態度が印象的である。

2　しかしながら、その後の先生の眼は、他の資本主義国との対比における特殊日本的な労使関係の実体と、それをふまえた日本労働法の解釈論・立法論の構成に集中的に注がれた。「労働争議の社会学的意義」(一橋大学法学会編『現代法学の諸問題』(昭和二七年)所収)をはじめ、この種の論稿はかなりの数にのぼり、そのどれにも現実に対する妥当な法的規律という視点でのリアリスティックな考察の眼が光っている。先生は一橋大学を停年退官される直前にも、ご自身の長い研究生活をふり返られての「ある労働法学者の告白」

（一橋学生法学会〔編〕橋人法学八号）のなかで、「理論を現実で呵責なく洗ってみる」こと、現実でゴジゴシ洗っても色あせぬ労働法理論の樹立を強調されている。こうした先生の研究態度はすでに以前からうかがわれたのであるが、中労委公益委員としての長いご経験（昭和二五年四月〜四六年一一月）によっていっそう促進されることになったものと私は推測している。ふだん寡黙な先生も、酒が入ると陽気な軽口とともに辛辣な皮肉をとばされたが、ときどき、それとなく中労委での裏話にひっかけて、日本的労使関係の特色をかなりシニカルに、ときにはかなりペシミスティックに洩らされたものである。

先生の絶筆となった随想「労働法理論の反省」（季刊労働法八七号（一九七三年春季号）所収）のなかでも、先生は、一方で、戦後三〇年近くの間の法解釈論の進展のなかで、その土台になるべき「法の体系的理解の上で……大きな進歩があったであろうか」と問われるとともに、他方で、「判例を通して生きた法」を探究するというのではなしに、「判例の理論上の問題点をとり上げてこれを批判するという態度に堕しているのではないか」と指摘して「生きた法」の探究に注意を換起され、さらに、比較法的研究の態度についても、労働法上の同一ないし類似の概念や制度の分析がそれによって「彼我の社会的歴史的な生活実態の相違を反って強く認識する」にいたるという方向で行なわれているかどうか、むしろそのような態度ははなはだ弱いのではないか、という疑問を投じておられる。後者はいずれも、労使関係のなかの「生きた法」ないし社会的歴史的な労使関係の実体に即した労働法理論の樹立を唱えられたものと理解される。そして先生は、わが国労働法学はいま「一種の実用主義の侍女となるか、それとも、普遍的な真理の探究とその成果によって、人々を正しい社会生活に誘導する道標をうち立てるか」の「一種の危機に直面している」という言葉でしめくくっておられる。残念なことに、紙幅の制約のためであろう、労使関係の場における「正しい社会生活」

として先生がいかなるものを考えておられたかは、この随想からはうかがう由もない。ただ、そのときどきの法解釈論的問題に場当たり的に対応する「実用主義の侍女」に堕することを排斥して、「人々を正しい社会生活に誘導する」ような法理論を唱導されている点、一見はなはだ実践的な提言をされているようにみえるけれども、力点は「普遍的な真理の探究」におかれており、現実をつき離して観照的にその動きを把えようとされる基本態度はここでもいささかも変更されていないと思われる。

*

しばらく前先生は、「日本の労使関係の現実との関係に焦点を置き、その現実に即した労働法の理解」という観点から、小著『労働法』（学陽書房、昭和四三年）を発表された。そのなかで先生は、諸国における労働法の法制面での相違はもとよりのこと、学理としての性質上普遍的・抽象的な原理のもとでの構築を常とする労働法理論でさえも、その国の——労働法制のみならず——労使関係の実体によって濃く色づけられているものなのであるから、各国ごとの労使関係の実体の比較（そのなかでの日本的労働関係の実体の把握）を出発点において、これと労働法制および労働法理論との「三者の歴史的な展開を総合的に関連づけて理解する」という研究方法をとるべきであると述べられている。さきにあげた随想のなかで、労働法における「普遍的な真理の探究」と先生がいわれていることの方法論的な意味は、かかるものであったと思われる。しかし問題は、出発点となる各国ごとの労使関係の実体把握の困難さであり、とくに、労使関係の実体、労働法制、労働法理論の三者の総合的な関連づけの方法いかんである。前者について、右の小著では企業別・企業内の労組・労使関係など、欧米と対比した場合のわが国の特色があげられているが、しかし個々の現象面での特色の指摘をこえて、わが国の労使関係の全体としての構造的な特質への言及はほとんどみられないし、現象面での特色の指摘も主要なものを網羅しているとはいい難いようである。これは、単なる紙幅の制約によるのではなしに、わが国の労働法学界全体がいまもなおこの困難な問題に対して解答らしい解答を提示していないことの反映であると考えられる。後者についても、三者の総合的な関連づけの方法いかんを問題とする以前に、出発点となる労使関係の実体面での全体像の不明確さのために、これと労働法制、労働法理論との関連に関する叙述も、モザイク的な感を免れぬものとなっている。この学界未解答の困難な問題をめぐって、すぐれた頭脳のみならず苦労多い仕事に対する根気も必要とする外国法の真に比較法的な（もとより歴史的・社会的な）研究についての、若手研究者のなかからやがて出るであろう業績に対して、私は、吾妻先生が、中労委委員としてのご経験をふまえて先生ならではのユニークな検討を加えられ、特殊日本的な労使関係の実体との関連における労働法理論を彫琢されて、学界に裨益されることを期待していた。しかし、まことに悲しいことに、この期待はいまや永遠に叶えられぬものとなってしまった。

最後に、謹んで亡き吾妻先生のご冥福を御祈りして本橋を閉じることにしたい。

（法学セミナー二一三号、一九七三年）

13　一橋大学と孫田先生
——「孫弟子」からみて——

孫田先生は、私を「孫弟子」といわれたことがある。この「孫弟子」は、労働法理論のうえでは、「祖父」格の先生に及びもつかないことはもとより、似もつかぬことを主張している文字通り不肖の孫弟子であるが、一橋大学の前身である東京商大時代に、東大を除く他大学にさきがけて「労働法」の講座を——しかも東大の「労働法制」に対して「労働法」を——一橋に開設されたのが先生であり、戦時中消滅したこの労働法の講座を再開されたのが私の恩師である故吾妻光俊先生であり、私が一橋ではいわば三代目の労働法講座担当者であるところから、先生は愚生を右のようによばれたのである。

孫田先生は、周知のように、末弘厳太郎博士とならぶわが国労働法学の草分けであられる。その業績は、もとより、ながく日本労働法学史に書きつがれていくであろう。それだけでなく、先生が戦後も精力的に展開された学問活動についてもまた、年齢的に先生の「弟」か「子」の世代に属する諸先生方が紹介・検討されるとうかがっているので、ここでは、一橋大学との関連において「孫弟子」の立場から、孫田先生の理論や業績について若干のことを書きしるし、私なりの先生米寿の御祝詞として謹呈させていただきたいと考える。

一

故吾妻光俊先生は、もう大分まえのことになるが、一橋大学創立七十五周年（昭和二五年）を記念しての、当時の法学部関係者を中心とした座談会（「一橋法学の七五年」一橋論叢三四巻四号）のなかで、孫田先生の労働法理論をつぎのように評価されている。「非常に器用な方」で「スマートな学風」。末弘博士は労働法理論の「体系というものをつくらないで来られた〔が〕……孫田先生は日本の労働法学に形を与えられた。」そして「商大の……自主的な社会科学の総合大学的な雰囲気の中から、孫田先生の労働法は生れた」ものと言われている（一三七頁）。

僭越かもしれないが、「孫弟子」の私も、「直弟子」の故吾妻先生のこの評価に全面的に賛成である。私が昭和二十二年九月に東京商大を卒業して労働法研究に入ったばかりのいわば駈け出しのころは、労働法の新しい学問的な文献は数えるほどしかなかった。そこで戦前の文献をまず貪り読むことになったのであるが、末弘博士の『労働法研究』その他に掲載された諸論文と、孫田先生の『労働法総論』や『改訂労働法論――総論・各論上』などとを読みくらべて、カスケルの労働法を他にさきがけて咀嚼され、いち早く「スマートな」体系的理論を提示された先生の――率直に申上げて――「器用さ」を、私も感じたのである。やがて『労働協約と争議の法理』（昭和二十四年）が現われて、いっそうその感を深くした。この本とさきにあげた『改訂労働法論――総論・各論上』は、私にとって、駈け出し時代に丹念に読んで栄養を吸収した数少い本のなかの二冊として、いまでも忘れ難いものである。

二

孫田先生は、御近著『私の一生』（昭和四十九年）のなかで、末弘博士が「労働立法や労働法制の資本主義下の動態的考察に興味」をもたれ研究されたのに対し、かかる「動態的発展や効果を研究しただけでは、いまだ法律学の一分科としての労働法学はまだまだ成立するに由がない。……労働法学の成立には又それだけの必要な統一的な理論構成がなくてはなるまい。これなくして法律学としての労働法学の成立は絶対に不可能である」と考えられ、「カスケル労働法から頂戴して来た『体系的労働法学』の建設に……踏み出てみることに心を固め、……その手始めとして着手したのが東京商科大学における『労働法講座』の開講であったのである」と言われている（六九―七〇頁）。先生はすでに『労働法総論』（大正十三年）のはしがきのなかで、当時名称がまちまちであった労働立法、労働法制、労働法の三つを、「労働法」という統一的な名称でよぶことを提唱されたばかりでなく、「同時に一個の独立した法律科学としての立場から之を講究せむことをも切に唱道し度い」（傍点、原文のまま）と述べられている。

現在では一個独自の法分野・法体系としての労働法の語が完全に定着するにいたっているが、末弘博士の東大での「労働法制」に対して孫田先生が一橋で「労働法」を開講するにあたっては、単に講座の名称ばかりでなく、方法論のうえでも、末弘博士に対抗するものを打ち出そうと当時烈々たる気概をもっておられたことが、御近著でうかがわれるのである。

三

しかし、一橋における労働法講座の創設は、簡単にスムーズにきまったのではなかった。はじめ教授会の空気はむしろ悲観的で、「最後の土壇場になって」当時の長老福田徳三博士の「鶴の一声で」設置にきまったということである。

これは、すでに先生の『労働法の開拓者たち――労働法四十年の思い出』(昭和三十四年)のなかで触れられているところである(二七四頁)。当時この個所を読んだとき、「鶴の一声で」ことをきめられた福田徳三博士の学内での権威・声望に、私は、大正十三年前後のわが国の社会情勢を背景とした、大学昇格(大正九年)後まもなくの一橋における「高商から大学へ」を合言葉にした、学問研究への膨湃たる熱気を想像したものである。中山伊知郎先生も、孫田先生の米寿祝賀会の席上、孫田先生が、金子鷹之助、高瀬荘太郎、大塚金之助の諸教授とともに、中山先生の助手時代に外国留学からさっそうと帰朝され、「何か、こう新しい学問をするという空気……を学校に持ってこられた」と回想されている(孫田先生の『私の一生』一九一頁)。しかし、孫田先生は、労働法講座開設については教授会の空気がはじめ「いたって険悪」であったのは、「もっとも至極な話で、当時産業界のパイロットの養成機関を以て任じていた東京商大からすれば、労働法というが如き物騒極まる学科目の許されないことは当然であったろうからである」と言われている(『私の一生』七二頁)。当時の学内事情を若干の資料や先輩の言葉でうかがうほかない私などは、その頃すでに商学オンリーから、福田博士等に代表される経済学、さらには三浦新七博士の文明史、左右田喜一郎博士の哲学など、社会・文化科学の諸分野にまたがる新しい学問興隆という新方向への転換がだいたい完了しており、そうしたなかで法学関係の教授陣の拡充も行われたものと想像していたのである。しかし、大学らしい新しい学問興隆へという気構えこそ学内にみなぎっていたとはいえ、それは労働法学を「物騒極まる」ものとみるような一般的な認識を内包するものだったように思われる。戦前的な時代風潮といったものを感ぜざるをえない。

四

孫田先生は、福田博士に対し一橋における労働法講座開設の恩人として敬意を表されるばかりでなく、ご自身の「人格主義労働法」理論は、福田博士の「学問的予言からヒントを得、これを発展させたもの」であるとされ、さらには、末弘博士をわが国労働法学の開祖とする一般の見方に対して、福田博士こそわが国労働法学の開祖といわなければならない、とまで主張されている。御近著においては（『私の一生』七四頁）、前著『労働法の開拓者たち』、『労働法の起点』（七頁）で末弘博士がわが国労働法学の開祖であることは「今さら説明するまでもあるまい」と書いたのは、「先輩〔の末弘博士〕に敬意を表しておきたい気持」からそうしたものであって、実は「大正九年以来末弘博士はまだほんとうの労働法学の講義などしていない。……ほんとうの開拓者は実は福田博士ではなかったかと私は長いこと思ってきた」（『私の一生』七四頁）と述べられている。

これは、日本労働法学界のこれまでの定説に対する重大なチャレンジである。先生は「一橋大学には福田博士の指導を受けた教授諸君のお弟子さん方も数多く居られることと思うから、一度よく私の〔右に〕書いた意味のところを再検討して見てもらいたい」と要望されている。

福田博士の「孫弟子」にはあたらない私であるが、これまで法学者としてよりも経済学者・社会政策学者として著名であった福田博士の著作をまだ十分に読んでいないので、孫田先生の「福田博士＝日本労働法学開祖」説に対する賛否は残念ながら当分留保せざるをえないが、次の点はここで特記しておきたい。それは、「資本主義社会における労働立法の動態の発展や効果を研究しただけ」のいわゆる法社会学的・経済社会学的ないし社会政策学的理論では「法律学としての労働法学の成立は絶対に不可能である」とされて「体系的労働法学」を強調された孫田先生の立場（『私の一生』七〇頁）からすると、福田博士の説かれたところは、やはり経済学・社会政策学の理論であって「体系的労働法学」の理論そのものではなかったということ、つまり、福田博士は孫田先生の「体系的労働法学」そのものの「開祖」ではなくて、これに「ヒント」を与えられたにすぎず、「体系的労働法学」の開祖はやはり孫田先生であったということである。それにもかかわらず、福田博士を「わが国労働法学の開祖」と孫田先生が言われるのは、つねづねご謙譲な先生の福田博士に対する報恩と顕彰のお気持の現われであろうと、私は推測している。

五

福田博士のお声がかりで一橋に労働法の講座が創設され、孫田先生の「体系的労働法学」が講じられるようになったとはいえ、孫田先生の一橋労働法講座への坐り心地は必ずしも快いものではなかった。先生は、この点について、ずいぶん前に（『労働法の開拓者たち』二七四頁）、「何分にも東京商大には如水会という財界の大物の牛耳っている大舅小舅の団体がうしろに控えているので、私の労働法も必ずしも坦々たる途を歩いてきたわけではもとよりなかった。殊に……昭和五年六月……浜口内閣の作成した政府労働組合法案を支持し、資本家の攻撃をしてから、私は全産連の巨頭某々氏あたりから赤化教授の烙印を押され、折りに触れ、如水会や教授を通してあくどい圧力をかけてくるのには全く閉口した」と述べられている。

以前にこれを読んだとき、当時孫田先生が労働事件の使用者側弁護士として著名であられたこともあって、戦前のことをよく知らない私は、先生が「赤化教授の烙印を押された」という記述に、驚きと今昔の感を深くせざるをえなかったものである。そしてそのときは、一橋の同窓会である如水会は当時は「財界の大物の牛耳っている……団体」だったのであろうし、それ故にこそ、労組法案をめぐって先生が全産連（全国産業団体連合会）巨頭から右のような烙印を押されると、必然的に「財界の大物の牛耳っている」如水会からの圧力が先生にかかってくることになったのであろう、と理解していたのである。

しかし、御近著によると、当時の時代風潮から、「労働法学者」である孫田先生は、かねて如水会から「首の座をねらわれていた」ようである。御近著では「当時は共産主義も労働法も一緒くたに考えられていたので、親友の共産主義者教授の大塚金之助君と私の二人はいつも一連の危険分子として首の座をねらわれていたようだ」と書かれている（『私の一生』七五頁）。先生が大塚金之助教授と「親友」であられたことをこんど初めて私は知ったのであるが、先生個人の政治的信条とは無関係に、労働法学が共産主義と一緒くたに考えられていたために、先生は「物騒な」学問をやっている「危険分子」とみなされ、如水会から首の座をねらわれていたことがうかがわれる。末弘博士がまだ「労働法制」――現在ではどの大学でも「労働法」

という名称に統一されている――の講義をされているときに、せっかく孫田先生が名称の上でも内容の面でも末弘博士の向うをはる「労働法」の講座を一橋で始められたのに、この歴史的に栄光ある講座は、少くとも当時の如水会との関係では、祝福されない講座であるばかりか、「物騒」で「危険」な講座だったのである。

六

如水会から「危険分子として首の座をねらわれていた」先生の労働法の講座は、全産連の有力者から「君の教えた学生は一切、どの会社にも採用しない」と「面と向って多衆の面前で」宣告されてから、「この評判が拡まって学生も怖れをなし、ために労働法の講義は一時潰れてしまった」(『労働法の開拓者たち』二七五頁)。労働法の講義が「潰れ」るという意味が私には最初わからなかったが、御著書のこれに続く部分を読んで、それが、「労働法」の単位をとったと成績証明書に記載されると就職にひびくということで、学生が先生の「労働法」の講義を聴かなくなったという事態を指していることがわかった。名講義を、単位にカウントされないことを承知のうえで、名講義なるが故に聴くという学生、とくに、全産連や当時の財界主脳に対する抵抗の意をこめて聴くという学生が当時の一橋にはほとんどいなかったらしいことが、私にはさまざまの感慨をもよおさせる。その一つは、こんな事態になったことが、末弘博士と並ぶわが国労働法学の開拓者、孫田先生に対してまことに失礼ではなかったか、ということである。それとも、この頃になると、すでに一橋の学生が先生に対して右の点を失礼だなどと考える余裕もないほど、財界や当局の圧迫が強まっていたのであろうか。

「労働法」の看板を出している講義は、財界からにらまれるから聴かないが、ほかの看板を出した講義なら聴くというので、先生は「労働法の講義を聴きたいもの……と相談して、二、三年の間、引受け手のない『商事法令』という科目を買って出て、その中で合間々に労働法の講義もし、また研究指導も」なされることになった（『労働法の開拓者たち』二七五頁）。労働法のほか民法の講義ももっておられたのに、先生は「労働法の講義を聴きたいもの」のために、労働法の講義の実質的存続を図られたのである。しかし先生は、「これは学校に対してはまことに相済まぬ話ではあったが、実はそうするより他に生きる途はなかったのである」と述懐されている（同右書、同頁）。前半の御言葉に、先生の御謙譲なお人柄がにじみ出ていると同時に、後半の御言葉から、先生の一橋における労働法理論の講義を認容しようとしなくなった当時のきびしい社会的政治的状況が感じとられる。御近著では、「商事法令」という看板のもとで行う労働法の「講義は、内密にやるのであるから、授業は教室では出来ず、やむなく私の研究室を使ってお茶を飲みながらいとも家族的にやっていた」と書かれている（『私の一生』七六頁）。

一橋では「労働法」という労働法学史上栄光ある講座名を、いかにも一橋的な「商事法令」という看板に塗りかえざるをえなかったのに対し、他の大学ではそうではなかった。先生は「昭和六年以来慶応義塾大学で、その後十五年から日本大学で、それぞれ労働法の講座を担当したが、この両大学とも労働法に対し深い理解をもっていてくれたので、別段の苦労もなく楽しかった」と書かれている（『労働法の開拓者たち』二七六頁）。当時の東京商大は、きびしい社会的政治的状況下であったとはいえ、労働法ないし労働法学に対して十分な理解をもっていなかった、と指摘されてもやむをえないであろう。

七

昭和十二年、先生は文部省教学局に、主席教学官(勅任官)として転出された。当時一橋は、杉村広蔵助教授(経済哲学)の学位論文審査をめぐって昭和十年にもちあがったいわゆる白票事件が粛園事件に発展し、長くその職にあった佐野善作学長の辞任につづき、高垣寅次郎(経済)、本間喜一(商法)、岩田新(民法)の三教授の退陣と杉村助教授の辞職というかたちで、翌十一年、ようやく内紛が落着をみてまもなくのことであった。

先生が、この白票・粛園事件にどのようにかかわっておられたのかは、御近著でうかがうことができる(『私の一生』一二二—四頁)。それは、私などのいままで見聞したことのない事実にみちている。まず、先生が杉村助教授(当時)と「かねてから特別の親交があり、その学位論文も私〔孫田先生〕が勧告して出してもら」ったものであり、「その落選を喰いとめようとして教授会で発言したのも」先生であった、という事実がある。つぎに、先生は、昭和十年十二月から一年間ドイツの日本学会(Japaninstitut)に行っておられ、帰国されて事態の進展に驚かれている。すなわち、先生の滞独中に、この「事件で槍玉に上げられていた私〔孫田先生〕の親友教授、同僚教授の多数が……いずれも学校に愛想をつかして退職し」ていたという事態である。そのため、先生は「私だけが此際一人なおノホホンとして居残るのもどうかという気がして適当な口があったらやめてやろうかという決心をする」ようになられていた。私の見た記録では、白票・粛園事件の渦中で辞表を出した十四人の教授のうち十一人は昭和十一年この事件の落着のとき復帰したと書かれているが、先生は、丁度その頃、「非常に立派な人であり、鄭重な人柄の人でもあった」文部省の「旧知の局長の人」から懇請をうけ、首席教学官に移られて、ついに一橋に戻られることはなかったのである。

私にはいまだに白票・粛園事件の全貌はもとより、その骨組みについてさえわからないところが多いが、この事件の初めと終りの時期にしか国内におられなかった先生は、事件のいわぼヤマ場にはまったく関与しておられないように思われる。もともと、関与しうるような学内での発言力は持っておられなかったのではなかろうか。先生が、この事件で爆発した学内の長年のドロドロした対立を眼前にして、一橋に決定的にいやけがさし、訣別の意を固められたとしても、誰も非難することはできないであろう。先生は、前から「共産主義者」の教授と一緒くたにされて如水会から首の座をねらわれていたのであるし、また、あれほどの意気ごみをもって創設された「労働法」の講義も、聴講する学生がなくなって、他大学では「労働法」で講義ができたのに、一橋では「商事法令」という隠れ蓑のもとで内密にしか労働法の授業はできなくなったのである。先生が一橋でとくに恩義を感じられた福田徳三博士は、すでに歿せられていた。御近著『私の一生』では、労働法講座開設後の「東京商科大学時代の教授生活」を、「わが体系的労働法学の受難時代」という章（第二部第二章）のもとで叙述されている（傍点は蓼沼）。「受難」の具体的内容としては、主として全産連などからの圧迫が書かれ、この圧迫に対して一橋では「学長をはじめ福田博士、上田（貞次郎）博士、その他長老教授の理解ある同情によって、四十代の終りまで兎も角首をつないできた」と述べられている（七八頁）。しかし、「受難時代」の先生を一橋に結んでおくきずなは前からそう太いものではなかったのではないか、と私は推測している。

東京高商時代に講師として関係をもたれた翌年（大正八年）高商教授を拝命、直ちに欧米留学に出発されて、帰朝後労働法の講座を創設された頃までの先生は、留学中に、一橋の図書館が世界に誇るギールケ文庫の購入という不滅の業績を残されたのをはじめ、新たな学問への熱気に溢れる大学昇格後まもなくの一橋に全学の期待をになう若手教授の一人としてさっそうと帰朝されるや、他大学にさきがけての「労働法」の講義の創設、『労働法総論』の刊行など、まことに目ざましい活動を展開されることによって、学内の期待をいっそう高められた。おそらく先生も、この時期には、一橋の教授であることに隔絶感はまったくもたれなかったのではなかろうか。先生と一橋との間にすきま風をいれたのは、全産連など財界からの圧迫であったが、このすきまは、日本社会の動きのなかで不幸にも広げられるばかりだったのである。

八

以上、一橋の労働法における孫田先生の「直弟子」故吾妻先生の孫田労働法理論に対する率直な評価の紹介を手始めに、一橋における孫田先生のご足跡を、先生ご自身の著書と私がこれまでに見聞してきたことを基礎として、私なりの感想をまじえてフォローしてきた。御長齢の孫田先生のご経歴のなかで、一橋在職時代は決して長くはない。しかもその後半は、先生自ら述懐されているように「受難」時代であり、むしろ苦い思い出が先生には多いことであろう。しかし、その前半、すなわち留学以後帰朝されて全産連にマークされるまでの間は、先生がカスケル直伝の――ただし先生はカスケル一辺倒ではない――「体系的労働法学」をひっさげられて華々しく学界に登場され縦横に活躍された時代である。そこにはすでに、「受難」時代の予兆も感じられたであろうが、この時期こそ、先生にとって学問的にもっとも栄光ある時期だったのではなかろうか。一橋においても、この時期の先生にハイライトをあてて、ギールケ文庫購入の功労者、「体系的労働法学」の提唱者、「労働法」講座の創設者としての孫田先生のお名前とご業績が、末長く語りつがれてゆくであろう。

それにつけても、孫田先生、故吾妻先生をもった一橋の労働法講座の重みを、三代目の私はヒシヒシと身に感じざるをえない。

（孫田秀春先生米寿祝賀記念『経営と労働の法理』、専修大学出版局、一九七五年）

14　一橋大学学問史／労働法

一

わが国で、最初に「労働法」の講義が開かれた大学は、本学である。こんにち、「労働法」の講義は、法学部はもとより、経済学部、商（または経営）学部等においても、ひろく行われているが、大正一三年、当時の東京商科大学において、孫田（そんだ）秀春先生により、わが国の大学ではじめて「労働法」が開講されたのである。孫田博士は、末弘厳太郎博士とともにわが国労働法学の草分けとして有名である。労働法の研究に取り組まれたのは、末弘博士が少し早く、同博士は大正一〇年に「労働法制」の講義を東京帝国大学（当時）で開かれている。当時はまだ「労働立法」、「労働法制」、「労働法」と呼称がまちまちであり、末弘博士は「労働法制」の語を講座名に選ばれた。これに対し、孫田先生はこれを「労働法」という呼称で統一することを提唱され、とくに、本学で「労働法」を開講された年に刊行された『労働法総論』のなかで、これを明確にされた。そして、先生の提唱どおり、昭和のはじめには、「労働法」がわが国の学界の通用語になっている。(1)

孫田先生は大正四年東京帝国大学法科大学独法科をご卒業、同七年一一月本学（当時は東京高等商業学校）

の講師となられ、翌八年九月専任教授に就任された。(2) まもなく同年一二月、ヨーロッパ留学に旅立たれ、一二年五月帰朝された。この間に本学は東京商科大学に昇格、先生は同年六月東京商大教授に昇任された。しかし、約一五年後の昭和一二年には文部省教学局主席教学官に転じられ、再び本学にもどられることはなかった。(3)

大学昇格前後の本学は、「高商から大学へ」を合言葉に、新しい学問興隆の熱気につつまれていたが、孫田先生を含め、当時三〇歳台の若手教授、金子鷹之助、大塚金之助、高瀬荘太郎などの諸先生の外国留学からの相次ぐ帰朝によって、この熱気はさらにかきたてられたようである。(4) そのなかで孫田先生は、ヨーロッパ留学中、本学図書館が世界に誇る蔵書の一つ、ギールケ文庫の購入に尽力され、また、ワイマール・ドイツにおいて新興労働法学の中心的存在であったベルリン大学教授カスケル(W. Kaskel)から直接に一年半ほど労働法の個人教授をうけられ、帰国早々に労働法を開講されるとともに、『労働法総論』を刊行されたのである。

しかし、わが国の大学で初めての「労働法」講座の開設は、簡単にスムーズにきまったのではなかった。教授会の空気ははじめはむしろ悲観的であり、「最後の土壇場になって」長老教授福田徳三博士の「鶴の一聲で」創設が決定されたようである。(5) 孫田先生は、当時の教授会のこの空気について、「それも本来もっとも至極な話で、当時産業界のパイロットの養成機関を以て任じていた東京商大からすれば、労働法というが如き物騒極まる学科目の許されないことは当然であったろう」と述懐されている。(6)

(1) 菊池勇夫「労働法の名称について」日本学士院紀要二五巻三号一四一頁以下。

(2) 孫田先生のご経歴と著作目録について、詳しくは、孫田秀春先生米寿祝賀記念論文集刊行会『経営と労働

の法理——孫田秀春先生米寿祝賀記念論集』の巻末参照。
(3)　いわゆる白票事件が起った昭和一〇年の暮、孫田先生はベルリンにあった「日本学会（Japaninstitut)」の代表主事として文部省からドイツに出張を命じられ、白票事件の余震がなお残っていた一一年三月帰国、まもなく教学局に転じられた。先生による当時の回想について孫田秀春『労働法の開拓者たち』二七四頁以下、同『私の一生』七五頁以下。
(4)　当時助手であった中山伊知郎先生の孫田先生米寿祝賀会の席上における回想参照（孫田『私の一生』一九一頁)。
(5)(6)　孫田『労働法の開拓者たち』二七三—四頁、同前掲『私の一生』七二頁。

二

(一)　孫田先生は、末弘博士の「労働法制」に対して「労働法」という呼称を提唱されたばかりでなく、法理論の構築においても、末弘博士がジンツハイマー（H. Sinzheimer）の法社会学的方法をとくに推奨されたのに対して、「カスケル労働法から頂戴して来た『体系的労働法学』の建設」[1]に邁進された。その最初の成果が、前掲の『労働法総論』（大正一三年）である。これに続き、戦前の孫田先生は『現代法学全集・労働法』（昭和二年）、『労働法通義』（昭和四年）、『改訂労働法論・総論各論上』（昭和六年）などを著されている。

カスケル直伝の「体系的労働法学」の建設に向われたことについて、先生は、末弘博士の東大における「労働法制」の講義の内容が「大体、資本主義社会の解剖に始まり、労働問題や労働法制の重要性と必然性といったものの解明に止まって」いることを講義プリントで知り、これでは「いまだ法律学の一分科としての労働法学はまだまだ成立するに由がない。法学の理論体系としての労働法学の成立には又それだけの必要な統一的な理論構成がなくてはなるまい」と考えたからである、と述べられている[2]。先生は、このことを、『労働法総論』（大正一三年）のはしがきでは「一個の独立した法律科学としての立場から之〔=労働法〕を講義せむことをも〔既にふれた「労働法」という呼称による統一とともに〕切に唱道し度い」と言われている。しかし先生は、その前年（一九二二年）にワイマール・ドイツで展開されたカスケルおよびニッパーダイ（H. C. Nipperdey）とジンツハイマーとの間の労働法学方法論争につき、『労働法通義』（昭和四年）とくに『改訂労働法論』（昭和六年）においては、基本的にジンツハイマーの所論に依拠され、「労働法の範囲に付ては殊に法律社会学的方法を以て最善のもの」と説かれている[3]。したがって、法社会学的方法を採ると言われる点では、孫田先生も末弘博士と異なるところはなく、問題は、法社会学的方法の具体的内容いかんであり、また、この方法をいかに具体的に適用し、かくしていかなる労働法理論を構築するか、であったといわなければならない。

ところで、第一次大戦後のドイツで「労働法（Arbeitsrecht）」が「労働（一般）の法（Recht der Arbeit）」ではなしに、民法・刑法等の既存の法体系と並ぶ一個独自の法体系を意味する語として一般に承認されるにいたった背景には、最初の二〇世紀憲法であるワイマール憲法が、市民的な結社の自由と別個の団結権の保障、労働権の宣言、「労働力は国の特別の保護をうける」という規定などの労働条項をかかげて「国は統一的労働法（einheitliches Arbeitsrecht）を創設する」とうたうとともに、これらの労働条項を具体化する立法も行われたという事情がある。とくに労働協約、労働争議調整に関する新立法によって集団的労使関係法が明確に出現したことは、各個の労働者と使用者との間の雇傭契約概念しか知らない民法などに対する労働法の独自性を否定しがたいものとした。そして、このような法制の展開と相前後して、現実の労働組合運動＝集団的労使関係の一層の進展がみられたのである。しかしながら、第一次大戦後のわが国では、治安警察法一七条（明治三三年）等のもとで双葉のうちにしぼんでしまった労働組合組織が大戦中から再生し、組合運動の急激大高揚がみられたとはいえ、戦前の労働者組織率は、最高のとき（昭和六年）でもわずか七・九パーセントにすぎず、組合運動は大衆運動として現実に定着するにいたらなかった。他方、労働組合運動の合法性を多かれ少かれ正式に承認しようとする、大正年代の終り頃から昭和の初め頃（昭和六年まで）にかけて再三議会に提出された労働組合法案は、すべて、使用者側の猛反対により法律として成立するにいたらず、同じ時期の労働立法としては、保護法の分野で若干の進展がみられたにとどまるのである(5)。かくて、この時期のわが国の労働法学にとっては、欧米の法制の早急な研究に依拠してわが国の労働組合法案の内容・是非を検討し、集団的労使関係法の出現を図ることが喫緊の課題であった。法社会学的方法は当時叫ばれ始めたばかりであり、欧米の法制の研究についても、法制の展開を経済的社会的基盤との関連において跡づける法社会学的研究の成果は、すぐには現われうべくもなかった。「生ける法」の探究についても、集団的労使関係の現実の未成熟のもとでは、雇傭関係（個別的労使関係）に一般にまつわりついている現実の前近代的特色――「生ける法」と国家法との乖離――が、農村における地主・小作人間の関係にひろくみられる同様の特色とともに、法社会学的研究の対象となるにとどまらざるをえず、わが国の法社会学の始祖と仰がれる末弘博士の「生ける法」の探究も、むしろ、小作関係におけるそれにほとんど集中されることになったのである。

こうした状況のなかで、孫田先生は、末弘博士その他多くの学者とともに、労働組合法案について活発に発言されるとともに、他方、末弘博士が労働法全体にわたるご自身の理論体系をついに公けにするいとまなく第二次大戦後没せられたのに対し、主として恩師カスケルによりながらこれに偏することなく、当時のドイツ労働法解釈論を巧みに摂取して、労働法全体——戦前のわが国では結局実定法とならなかった集団的労働関係法をも含む——の体系的著作をものされた。『労働法総論』についで著された『労働法通義』について、末弘博士は、「労働法の全体にわたる系統的解説」として、従来の「著書に比すれば遙かにその内容が豊富であり、ことに法学的見地からみるとほとんどわが国唯一と言ってもいいほど優れた内容をもっている」(6)と評されている。しかし博士は同時に、この著書が労働法成立の「社会的必然性」ないし「労働法の発生および発達原因として〔の〕資本主義社会そのものの特色」を説くことなく、「二〇世紀法律思想の特色」である「団体主義的、人格主義的社会観」をもちだして、これにもとづく労働者保護の努力が労働法発生の原因であると説く点に対しては、強い不満を表明された。そして、「人格主義的理想が労働法の発達に貢献した」こと、労働法が「多くの場合労働者保護法の形をとって現われる」ことは否定しえないけれども、労働法発達の「歴史を具体的事実について観察」してみれば、労働法は「資本主義そのものの内に内蔵されている矛盾を適当に緩和してその永続を図る」ために「資本主義社会それ自身の必要によって〔必然的に〕生まれた」ものと言わざるをえず、そこに労働法の「極限」もあり、「その極限いかんを考えることによって初めて労働法の研究が科学的となりうる」と指摘された。(7)この冷徹な指摘は、法の社会的基礎の具体的探究を必要不可欠とする法社会学の立場からすれば、当然の指摘であり批判であるといえる。しかし、既述のように、孫田先生は資本主義社会における労働問題や労働法制の生成展開の必然性を研究しただけでは、まだ法学の一分野としての労働法学は成立に由ないと反論され、(8)その後もとくに第二次大戦後、「人格主義的社会観」にもとづく労働法理論の彫琢に努められた。

㈡　第二次大戦後、占領軍による労働運動等の解放指令（＝抑圧法令の撤廃）につづき、新憲法における団結権保障などの労働条項の出現、労働組合法を含む労働三法その他の労働法規の創設・整備によって、実定法上も労働法が一個独自の法体系であることは、もはや疑いえないものになった。戦時中絶滅した労働組合は、敗戦後の特殊事情のもとで、短時日の間に推定組織率四〇パーセントを超える急激な拡大を示し、活発な活動を展開した。そして、農地解放の進行とともに、戦前労働力の主たる給源として工場の雇傭関係をも特色づけていた農村の半封建的小作関係は解体に向い、国際情勢の変化に伴う占領軍の労働運動に対する態度の転換、公務員の争議権剥奪等の労働法制の推移のもとで、特殊＝日本的な雇傭関係と集団的労使関係が形成されていくことになった。

文部省教学官から上智大学ついで日本大学の教授に転じられ、戦後専修大学教授となられた孫田先生は、戦後まもなく、戦前のドイツ労働法研究の蓄積をもとに『労働協約と争議の法理』（昭和二三年）を著され、やがて『現代労働法の諸問題』（昭和二九年）において、戦前の「人格主義」の考え方を発展させて、労働法の窮極目標は、人間の労働が「商品性・客体性」＝「物性」から離脱して、「勤労人格における『労働の完全人格化』つまり『人労一元の境地』をもたらす」ことにあり、古代からの労働法の歴史はこの目標に向って進んでいるとされるにいたった。[(9)] なお、先生には、戦後の諸論稿に手を加えられた『学説判例批判・わが国労働法の問題点』（昭和四〇年）の著作がある。[(10)]

㈢　戦前の本学教官による労働法研究としては、このほか、山中篤太郎先生の『日本労働組合法案研究』（大正一五年）、『日本労働組合法研究』（昭和六年）と、『労働組合法の生成と変転―英国』（昭和四年）が注目される。前二著は、戦前のわが国労働組合法案の研究として、末弘博士を始めとする専門的法学者のそれと並んで重要文献に数えられており、後者はイギリス労働組合法史研究の古典的名著として有名である。

(1) 孫田『私の一生』七〇頁。

(2) 孫田『私の一生』七〇頁。孫田先生は、第二次大戦後における末弘博士の労働法論についても「〔法〕理論構成という面よりも政治論が大部分を占めていたように見える」と言われている(同上、七九頁)。ただ、ここで引き合いに出されている末弘博士主催の労働法研究会における「労働法の講義」は、労組幹部相手のものであり、そのことも、「政治論が大部分」だったことに影響していると思われる。

(3) 孫田『改訂労働法論・総論各論上』六三頁。

(4) 孫田先生は「法律社会学的方法」を「法律制度をばそれ自身完全なる独立の存在とは見ず、…常に法律制度と社会との間の有機的関係に着眼し、この間においていわゆる『生きたる法律』(das lebende Recht)を発見して行こうとする方法」と解されている(前掲『改訂労働法論』五九頁)。この考え方も末弘博士と異なるところはない。

(5) 組合運動に関する法制の展開としては、治警法一七条の廃止、労働争議調整法の成立(大正一五年)があるが、前者についてはその前年に制定された治安維持法が暴力行為等処罰に関する法律(大正一五年)とともに組合運動の抑圧に利用されたこと、後者については、本法による争議調整のほとんどが実際には警察による調整(いわゆるサーベル調整)であったこと、が注目される。

(6)(7) 末弘厳太郎「孫田秀春氏著『労働法通義』を読む」(法律時報二巻二号三五—六頁)。

(8) 末弘博士の指摘・批判と孫田先生のこれに対する反論とは、相互に嚙みあわず、スレ違いになっているといわざるをえない。孫田先生は戦後、カスケルおよびニッパーダイとジンツハイマーとの方法論争を再び顧みられ、「法社会学の考察原理」について、社会学的事象は「厳密なる『法的価値評価』」を通じてのみ法現象となるのであって、かかる法的価値評価は「論理的方法によりものの本質を究明する」こと、「厳密なる法理論構成」を経た「本質の究明」によってのみ行われうること、を強調されている。この立論が「本質〔の把握〕は、社会的事象については……社会生活裡において〔その〕時々〔に〕発生するところの客観的特殊をも生かし、具体的・実体的に」なすべきであるという立論と、どう結びつくのかは明らかでない（「ジンツハイマーの労働法学方法論を顧みて」孫田秀春『学説判例・わが国労働法の問題点』所収六三頁以下）。しかし、このような「法的価値評価」を強調される先生の「法社会学的」方法が、戦前およびとくに戦後末弘博士の流れをくんでわが国の学界で一般的に理解されるにいたった「法社会学的方法」と、異なることは明らかであろう。

(9)　孫田「労働法の基礎理念と労働怯体系」同『現代労働法の諸問題』所収一頁以下。

(10)　五〇四頁に及ぶ本書を著されたとき、先生は実に七九歳であられた。

三

(一)　孫田先生によりわが国の大学で最初に開講された栄光ある本学の「労働法」の講座は、先生が教学官に転出されるしばらく前から、すでに「商事法令」という講座の背後に隠れて細々と存続するにすぎぬ状況となり(1)、やがてそれは、名実ともに消滅する。しかし第二次大戦後まもなく、吾妻光俊先生によって「労働法」の講義が再開される。

吾妻先生は昭和三年東京帝国大学法学部法律学科をご卒業、同法学部助手を経て昭和五年九月本学の講師を嘱託され、翌六年五月東京商科大学助手に任官された。以後、昭和一〇年七月附属商業専門部教授（兼大学助手）、一一年一二月東京商科大学助教授（兼専門部教授）、一六年四月同教授にご昇任、四二年三月定年退官されるまで、実に三六年の長きにわたって本学に在職され、孫田先生のお勧めで専修大学法学部に移られた。この間、昭和二五年四月から四六年一一月まで、二一年余にわたり中央労働委員会委員を勤められた。

吾妻先生が本学で労働法の講座を担当されるにいたったのは、第二次大戦後であり、戦前はもっぱら民法を担当された。しかし、法および法理論についての先生の基本的な考え方の核心は、すでに戦前の著作のなかで明確に述べられているように思われる。先生は戦後、法理論は「現実で可責なく洗って」も色あせぬものでなければならぬことを強調されているが、戦前すでに、いずれの法理論を採るべきかは、「現実の生活原理に適合し、且つ又現実を正しく把握し得る」法理論がどれであるかによって決すべきものと指摘されているからである。(2)(3)

(二) 第二次大戦後の本学教官による労働法研究のうち、吾妻先生の業績については次に項を改めて述べるとおりであるが、このほか、英米法の碩学による、戦後まもなくの時期におけるこの分野の先駆的業績として、田中和夫先生の『米国労働法』(昭和二五年)と英米労働法に関する一連の論文を挙げなければならない。また、港湾労働等対策審議会、港湾調整審議会の委員もつとめられた吉永栄助先生の「港湾労働法の成立の経緯から現在まで――主要問題の発展史――」(海法会誌一八号)をはじめとする港湾労働法関係の諸論文が、注目される。

(1) 労働組合法案問題で孫田先生は「赤化教授の烙印を押され、折りに触れ、如水会や教授を通してあくどい圧力」を財界からうけ、ついに全産連の某有力者から、ある会合の席で、先生の労働法の講義を聴いた学生は一切どの会社にも採用しないと「面と向って多衆の面前で」宣告され、「この評判が拡まって学生も怖れをなし、」労働法の講義は「潰れてしまった。」そこで、「商事法令」という看板のもとで、先生の研究室で「労働法の講義は内密に」行われることになった(孫田『私の一生』七五―六頁)。

(2) 拙稿「吾妻光俊先生の人と学説」一橋論叢五七巻五号一〇―一一頁〔本巻二七六―七頁〕。
(3) 本学を定年退官されるまでの吾妻先生のご経歴と主要著作目録については、先生の定年退官記念号である一橋論叢五七巻五号の巻末参照。その後の主なご著作としては『労働法』(学陽書房・昭四三)がある。最後の御著書となった本書で、先生は「最近著者の脳裏を去来しているのは、労働法は、労使関係の実体に即して、理論づけられ、理解されることが、何よりも肝要だという思いであり」、この本も「日本の労使関係の現実との関係に焦点を置き、その現実に即した労働法の理解のために、いささかなりとも貢献しようという願いをこめて書き下したものである」と述べられている(「はしがき」から)。

四

(一) 第二次大戦勃発直前に二年有余の欧米留学を終えて帰朝されてから、『ナチス民法学の精神』[1]、『民法総論』、『統制経済の法理論』をあいついで上梓された吾妻先生は、民法理論の変転の動向をこれらの著書のなかで考察されているが、そのなかで、ワイマール体制からナチス治下にいたるドイツ労働法理論の展開を簡潔に跡づけ、労働関係に対する民法的規制の変転の様相を追究されている。しかし、第二次大戦後まもなくの頃から現われ厖大な量に達することとなった先生の労働法に関する戦後の著作は、アメリカ労働法の研究から始まっている。「シャーマン法とアメリカ労働規制」(法律時報一八巻三、四、六号)を始めとするこれらの著作は、後に著書『労働法の展開』に収録されるが、このアメリカ労働法研究は、「自由競争」、「自由な商品流通」などの市民的自由の理念にアメリカ労働規制の原点を見出して、この理念の存続・変転の様相を、判例法・制定法の史的展開のなかで考察されたものである。

周知のように、戦前のわが国の法学は独仏とくにドイツ法学の圧倒的影響下にあった。末弘博士は第一次大戦後いち早くコモンズ・アンドリュウス『労働法原理』やケース・メソッドなど、アメリカ労働法理論に注目されているが、わが国の法学者による戦前の労働法研究は、稀な例外を除き他の法分野においてもそうであったように、ほとんどドイツ法理論の咀嚼・展開にとどまっていたといっても過言ではない。戦前のわが国では、英米法学者は「傍系」扱いされ、英米法の第一次的資料である判例に直接あたることは、独仏の大陸法理論に親しむ「主流」の実定法学者はこれを敬遠する傾向が強かった。しかし、東大で英法を専攻された先生は、スムーズに英米法研究に入ってゆくことができたのではないかと思われる。

㈡　同時に、先生は労働法研究の方法論として早くも「法社会史的分析」方法をうち出されている。すなわち、「一面においては、労働関係の法律的規制をそれ自身孤立的に観察することなく、近代社会なかんずく近代経済の機構的側面として、その社会的現実との有機的関連の相において、しかも充分の歴史的感覚をもって捉えるとともに、また逆にこの側面を通して近代社会の史的構造を窺おうとする態度をいいあらわし、また他面、それぞれの側面から近代社会の構造に迫ろうとする社会諸科学と協調しながら、法学にもこれらと比肩しうるだけの科学性を与えようとする企図」を「法社会史的分析」と呼んでおられる(2)。後半の部分からは、労働法学は他の社会諸科学と協力して近代社会の科学的な構造分析を目指すものでなければならないとして、実定法の解釈論の体系としての法解釈学と区別された・社会科学の一分野としての法社会学を強調されているようにもみえる。しかし、先生は、「労働法学における社会学的方法」を強調されつつ、法解釈学と峻別された・社会科学の一分野としての法「社会学」を拒否されたばかりでなく、法「社会学」を先行させその成果に立脚して規範論理の体系としての法解釈学をうちたてるという方法も排斥された。後に明確に述べられたように、先生の言われる「労働法学における社会学的方法」とは、「労働法の法源と、その対象たる労使関係の実態との相互の関連を、法の側面から、歴史的社会学的に分析する」ことであり、労働法学の課題は、「その角度から、法律政策の分野と法解釈学の分野における法理論の体系を形成する（傍点蓼沼）」ことであった。(3)先生のいわゆる「法社会史的分析」の語も、歴史的・社会学的分析があくまでも法学の立場からのそれでなければならぬという意味をこめて用いられたものと理解されるのである。したがって、先生は、「労働問題がすぐれて経済的な問題であり、またこれを対象とする注目すべき研究が経済理論の分野からあらわれている」いじょう、労働法が「経済理論に接近するのは自然のなりゆきである」とされながらも、「経済理論なりその成果なりを無批判的に摂取し、これによって労働法等が法学としての独自性を喪失する」危険をとくに強く警告された。マルキシズムに立った労働法理論についても、マルキシズムに立つかぎり「労働法は社会経済の上部構造となり、労働法学はこの観念形態の学となることを承認しなければならず、労働法学はたとえその独自性を喪失しないまでも、常に経済学の理論に追随すべきことになる」として、これを拒否された。(4)先生は、ここで、マルキシズムに立つかぎり法学は常に必然的にその独自性を喪失すると言われているわけではないが、法学と経済学との「一種の方法の混交」(5)を峻拒されたのである。そして、当時はまさにこの批判が妥当する状況が存在した。(6)

（1）この本は、表題からしばしば連想されるようなナチズム法理論の礼讃・盲従・迎合の書では決してない（拙稿・前掲参照）。
（2）吾妻『労働法の展開』（昭和二三年）四〜五頁。
（3）吾妻『労働法（現代法学全集）』（昭和三一年）四五―六頁。

(4)(5) 吾妻『労働法の基本問題』(昭和二三年) 八―九頁。

(6) 当時は「法学のマルキスト的研究は、法の経済的基礎の探究に専心するあまり、法学の世界から経済学の世界にとびおりてしまい、本人は法の研究をしていると思いこんでいても、じつは法の言葉で経済学をかたっていることが多い現状」であった(山中康雄「加古祐二郎『理論法学の諸問題』を読みて」季刊法律学七号〈昭和二四年一〇月〉四〇頁)。この書評は、くしくも吾妻『労働法の基本問題』に対する沼田稲次郎教授の書評の直前に登載されている。

五

(一) 「法社会史的分析」方法を強調された吾妻先生は、この方法による具体的研究を既述のアメリカ労働法研究にとどめ、(1) 目を転じて、ドイツ労働法学における「従属労働」論、とくにわが国に大きな影響を及ぼしたジンツハイマーのそれを批判的に検討された後、早くも、『労働法の基本問題』(昭和二三年) において、労働法の全体を「労働力の集団的コントロール」の観念によって捉える、主に次のような内容をもつ大胆な試みを提示された。

(1) 「労働力の集団的コントロール」の観念は、まず、ドイツ労働法学における労働者の「人格的」従属の観念、とくにこれをジンツハイマーのように「法的」従属と解する立場を否定する。現実の労働問題の問題性とこれに対する労働法的規制の出発点をなすものは、たしかに、ドイツ学説が「労働の従属性(従属労働)」として注目した現象の認識である。しかし、この現象を、万人平等の法的人格を前提とする近代社会で、労働者の使用者に対する「人格的」従属と解すること、いわんや「法的」な「人格的」従属と解することはできない。「労働の従属性」とよばれる現象は、法的には、労働者の法的人格者としての独立とは別個の「労働力」の従属として捉えなければならない。

(2)　ドイツ労働法学は、「労働の従属性（従属労働）」の観念を基礎に、労働法を従属労働関係にある「労働者」の諸関係に関する法として捉えるが、古典市民法と異なる新たな労働法的規制の対象となるのは、個々の労働者の使用者に対する人格的従属労働関係ではなく、労働者の労働力が集団的に使用者の事実上の支配＝コントロールのもとにおかれている状態――それは生産手段に対する使用者の「自由な所有権」が「契約の自由」と結びついて労働力に対する使用者の事実上の支配を生み出すことによって生ずる――が、労働法的規制の対象であり、出発点である。

(3)　労働者の労働力に対する使用者のみによる集団的コントロールという状態にくいこんで、新たないわゆる集団的自治の秩序をうちたてようとするものが、労働組合である。労働組合は、組合に結集した労働者の労働力に対する、組合による集団的コントロールの組織であって、組合員に対する組合のいわゆる統制も組合員の人格そのものには及びえない。また、使用者側との団体交渉とくに争議行為という労働組合に特有の活動も、組合員の労働力に対する組合のコントロールの発現として捉えなければならない。すなわち、平常時には従業員＝労働者の労働力に対して使用者がもっている集団的コントロールのために、同一の労働者につき、労働組合が組合員としての労働者の労働力に対してもっている集団的コントロールは、いわば潜在化しているが、争議時には組合は、組合員＝労働者の労働力を、使用者が従業員＝労働者の労働力に対してもっている集団的コントロールから離脱させ、これを組合に引き揚げて、組合のみの集団的コントロール下におくことができる。これが争議権として保障される争議行為の本質にほかならない。他方、労働組合が生産手段の支配にまで到達することは「労働力の結集の組織としての組合の性質上、法的に不可能」であり、生産手段の支配は財産権・所有権の保障によって使用者側に確保されているから、生産手段に対する使用者の支配を排除しこれを組合の支配下において企業を組合の手だけで運営する争議手段、即ち生産管理は、右にのべた争議行為の範囲を逸脱するものとして、争議権行使の法的効果（正当な争議行為についての刑事、民事の免責）は認められない。そして、団体交渉・争議行為の結果成立する労働協約は、生産手段に対する所有権の社会的機能に由来する・労働力に対する使用者側からのコントロールと、団結権（広義）にもとづく・組合員に対する労働組合のコントロールとの間に、具体的な境界線を設けて両者の調節を図るという性格をもつものであり、かかるものとして、労使間の自主的秩序を形成する。

⑷　使用者による従業員労働力のコントロールに対しては、国家も、労働条件の最低基準を法定するなどの方法によって介入する。この介入は、法定最低基準を下回る個別労働契約を強行法規違反として無効とし、個々の労働者に対しこの無効を前提とした法的主張を裁判所で認めるというところ（伝統的な司法的救済）に本体があるのではなく、労働条件が法定最低基準を下廻らない状態を、処罰を背景とする行政的ないわゆる工場監督を通じ、日々不断に職場で実現させてゆくことを本旨とするものであり、この点に労働法的規律としての特色がある。また、失業労働力に対しても使用者は雇入・解雇の自由を通じ潜在的なコントロールをもっているから、いわゆる失業者保護の諸立法は、使用者のこのコントロールに対する国家の介入という性格をもつ。かくて、国家もまた、労働保護法において、労働力のコントロールの、したがって労働法上の一主体として捉えられる。

『労働法の基本問題』において提示された右のような「労働力の集団的コントロール」理論は、労働法の全領域をこれによって基礎づけようとするものであったが、そのなかの労働協約法については、『労働協約』（昭和二四年）において、この理論のさらに詳細な展開がなされている。

㈡　『労働法の基本問題』と『労働協約』が著された当時は、敗戦による「上から」の解放と使用者側の虚脱状態のもとで急激に高揚した労働組合運動が、占領軍の二・一ゼネスト中止命令に突きあたった後、国際・極東状勢の変動に伴う・わが国の経済および労働運動に対する占領軍の態度の軌道修正が、マッカーサー書簡・政令二〇一号による官公労働者からのスト権剝奪等によって、極めて明確になった時期であった。

⑴　こうした事態の展開のなかで、戦後の組合運動をみつめてこられた吾妻先生は、「真の近代化」は「即ち人間性の解放」であるとされ、「労使関係の近代化を担当するものが労働階級であること、また労働者個人ではなくて労働者の団結としてあらわれる労働組合であることは、世界史的事実である(2)」との認識を吐露されながら、「敗戦後の混乱の中」で「近代法意識を養いつつ、同じ瞬間にこれを乗りこえて進むという困難きわまる課題」の達成について、「労働運動の現実も、またこれに対処しようとする経営者の態度も、法意識を欠くという一点において、必ずしも希望をわれわれに約束するものとはいわれない(3)」という甚だ懐疑的・悲観的な観測を表明されていた。先生は、「労働者の個人としての、さらにそれを越えて労働階級としての人間性の自覚」がない限り、労働運動は労使の「対立」ではなくて、労働者の単なる「反抗」にとどまるとし(4)、「近代法意識」の裏づけのない労使間には、「その日ぐらしの無方針な喧嘩」しか存在しない(5)、と言われている。このような懐疑的・悲観的観測の基礎には、おそらく、戦前国家権力による労働運動の抑圧に馴れこれに寄りかかってきた使用者側が、戦後、占領軍権力の奨励下に労働運動が高揚するや、ほとんど茫然自失、対応らしい対応を示しえなかったこととともに、労働組合幹部の〝引き廻し〟とこれに対する一

般組合員の受容を基盤とする組合運営[6]、使用者側に対する〝人民裁判〟的大衆つるしあげ団交など、労働組合運動の現実に対する先生の否定的評価があったものと思われる。「労働力のコントロール」理論をうち出されるにあたって、吾妻先生は「マルクシズムの流れを汲む階級闘争の理論とこれに支えられる闘争意識」が「過度に労働運動を支配」し、これが使用者側の「一種の反動的態度」とともに、労働問題を「実力の世界に放逐し、法秩序を弛緩させ」ている「厳然たる事実」を前にして、「労働問題を問題の域から客観的な秩序へともたらす……理論的な地盤を提供することが労働法学の課題」であると宣言されている[7]。

(2)　吾妻先生のこのような現実認識と「労働力のコントロール」理論に対しては、当然マルキシズムの側から、反論と批判がわきあがった。法学はマルキシズムに立脚するからといって独自性を喪失するものではないとの反論とともに、「労働組合は単に労働力のコントローラーたるにとどまらず、生ける労働者の解放の組織」に他ならないのではないか、「いったい如何なる法が組合の性質を『労働力の結集の組織』と規定しているのか」、生産管理を違法と断じ、経営協議会の権限を労働力のコントロールという範囲内に封じこめ、「法律上御用組合でなければ、それが如何に反労働者的コントロールを行っても、そのコントロールはまさに法となる」ような労働力コントロール理論は、「現存秩序の止揚を志す労働者の法意識の上に打ち立てられる」労働法学ではなく、「現行法秩序をあくまで維持せんとする立場から〝行きすぎ〟をおさえようとする労働法学なのである」との批判が提示された[8]。また、わが国の労使関係における「近代的法意識の欠如」の強調に対しては、「近代性の著しい欠如にもかかわらず」、懐疑的・悲観的展望ではなしに、「事態脱出の方途を、その方向を、労働運動の中にとらえるという問題把握」が可能なのではないか、という疑問も出された[9]。

⑶　吾妻理論出現当時のこうした批判や疑問に対して、吾妻先生の側からの明確な反批判や回答は示されていない。しかし、おそらくは、その大部分を超越的批判、見解の相違とうけとめられたのではないかと思われる。というのは、先生は、すでに触れたように、法学と経済学等との方法の混淆を厳しく拒否して法学独自の方法によるアプローチを強調されたのであるが、このアプローチは、労働法学の場合、眼前の「労働問題の具体的・現実的な解決」[10]に資する理論の提示でなければならないという極めてリアリスティックないしプラグマティックな態度を表明されているからである。先生は、労働問題について、ユートピア社会主義におけるように空想的理想図が提示される場合はもとより、「マルクシズムの場合のように、科学的な理論づけを伴って」、労働問題を矛盾としてうみだす資本主義体制そのものが、歴史的必然性をもっていつの日か止揚されるという未来図が提示される場合でも、「いまこの瞬間に、問題に対して一定の答え」を与える法理論が提示されなければ「言葉の真の意味における解決」はありえないと述べられている[11]。そして、社会主義圏内部にスターリン批判、中ソ対立などがまだ現われず、資本主義に対する社会主義の全面的優位と資本主義から社会主義への移行――それによる労働問題の解消――が多くの人々により語られていた当時において、労働問題の現実・具体的な法的解決は、資本主義体制のもとでも社会主義体制のもとでも、まだ試の範囲を出ていないと言いきっておられた[12]。そこには、「近代化＝人間性の解放」への歩みという吾妻先生独自の尺度を措定し、資本主義・社会主義の体制の差を超えてそのときどきに現実・具体的な法的解決を要請する労働問題が存在し[13]、労働法は社会的に重要な意義をもつ、かかる問題解決のための法学独自の理論の提供を課題とする、という見方が横たわっていると思われる。したがって、吾妻理論は、労働問題を資本主義の体制的・構造的矛盾とし、労働問題解決の焦点を資本主義体制そのものの超克とこれをめざす労働者階級

の運動に見定めて、この運動を法形成的実践の面で領導する労働法々理の構築こそ労働法学の課題であるとする、沼田教授の唱導されるマルキシズム労働法学とは、出発点を異にするのである。(14)

(4) しかし、労働組合を法的に「労働力のコントロール」組織と性格づけることの意義については、法理論上さまざまの問題のあることを否定しえない。たしかに、わが国の組合運動に、「工場生産の内面における資本の労働に対する〔前近代的〕支配に対応する様相」を示す「少数者の支配と多数者の服従」(15)という現実があるとの認識を前提にすれば、組合員に対する組合の統制が実は組合員の労働力に対する統制にとどまるとする「労働力のコントロール」理論は、前近代的統制の否認という点で有意義であろう。しかし、構成員に対する団体内部法にもとづく義務づけ＝統制が、構成員各自の生活の全面（したがって、いわば人格そのもの）に及びえず、団体の存立目的と活動様式にてらし団体内部法の定める範囲内に限られることは、近代法（そしておそらくは近代法以後のすべての法）の鉄則であり、この鉄則は、労働組合に限らず、すべての団体に妥当するものである。組合員に対する組合の統制が組合員の人格そのものに及びえないことは、このようなすべての団体に妥当する法理から導き出されるべきものであろう。

組合員に対し組合が具体的にいかなる範囲で、どのような統制を法的にくわえうるかは、まず第一に、労働組合の存立目的・任務と活動様式によって規定されるのであるが、労働組合の活動様式のうち、使用者側との団体交渉（狭義）と、とりわけ争議行為のうちの同盟罷業については、たしかに、組合による組合員労働力のコントロールという捉え方が可能であろう。しかし、それは〝組合がそのコントロール下にある組合員労働力を使用者のコントロールから離脱させるという一種のコントロールを行う〟という捉え方なのである。したがって、このように多義的で必ずしも法的意味の明確でない労働力の「コントロール」という観念によらずに[16]、およそ争議行為は使用者が各個の従業員に対して労働契約上もっている労務指揮権からの、労働者団結（通常労働組合）を通じての・団結構成員としての離脱において現実に成立し、したがって争議権保障のもとでは、争議権の行使という性格を認められる限りの争議行為については、この離脱につき使用者が、団結構成員に対し従業員としての労務提供債務不履行の責任を、あるいは団結体じたいに対し、不法行為の責任を問うことはできない、（いわゆる民事免責）というように捉えるほうが適当であると考えられるのである。しかも、「労働力のコントロール」理論は、組合が組合員の労働力を使用者のコントロールから離脱させるという点に着目して、争議行為のいわゆる民事免責は、組合の労働力コントロールを法的に基礎づける団結権が保障されるいじょう、そこから導き出されるとし、団結権保障のなかに同時に争議権保障の意味も含まれているとするのであるが、これは争議行為を、団結を通じての消極的な労務提供拒否につきるものとして捉え、争議権を罷業権と全く同視するものにほかならない。しかし、この点は問題である。なぜなら、同盟罷業は争議行為の典型であり、また、争議権の歴史も同盟罷業それ自体の刑事罰からの解放から始まるとはいえ、同盟罷業は争議行為のすべてではなく、そのうえ、同盟罷業それ自体はたしかに消極的な労務提供拒否にとどまるとしても、それは実際上ほとんど常に、監視・説得等の積極的な行為を要素とするピケッティングなど、同盟罷業の実効性を確保する多かれ少なかれ積極的な行為を伴うからである。「労働力のコントロール」理論は、組合員に対するコントロール＝統制（組合員の脱落・裏切りの防止）を中心において団結権＝争議権の防衛という視点からピケの正当性を判断するのであるが、組合員であると否とを問わずスト労働者に代って就労する者に対しては、争議権の防衛のために争議権の一環としてピケット権を行使しうるという視点からの立論（この場合の問題は、争議権としてのピケット権をいかに捉えるべきかである）も考えられるのである。

㈢　⑴　吾妻先生は、その後「市民法の限界」（私法一一号、昭和二九年）において、市民法と労働法の関係につき、両者の「分業と協業」という、これまたユニークな捉え方を提示された。これによって吾妻理論は、基調は同一ながら、部分的修正を伴う重要な補充をうけ、最終的な形成をみた。

労働法的規律出現の契機となる・市民法の生産手段に対する「自由な所有権」と「雇傭契約の自由」のもたらす・いわゆる「労働の従属性」を、すでに労働力に対する使用者の集団的コントロールとして捉えるべきものとされていた先生は、これを「民法の規制のらち外にある労使の社会的勢力関係」の不均衡という視角からも捉えられ、かかる社会的勢力関係を対象とする点で、労働法は市民法と異なる独自の対象をもつとされる。そして労働者の団結権（広義）保障をかかげる労働団体法は、この「勢力関係の均衡を求める労働運動」の法認とそれを前提とした法的規制——争議行為に関するいわゆる免責、労働争議調整制度など——によって、「この勢力関係の調節をはかろう」とするものであり、労働保護法、とくに労働条件の最低基準の法定といわゆる工場監督は、右のような「不均衡のうえにたつ労使の関係に対し……労働者の生存権保障の理念に立って……使用者の社会的勢力にもとづく支配的機能を抑制」しようとするものであって、労働法は、かくて、労使の社会的勢力関係に対する国家＝法の規制・介入であり「労働力に対する勢力関係への国家権力の参加」として捉えることができる、と述べられるにいたった(17)。

このうち、争議行為に関する刑事、民事のいわゆる免責は、争議行為が労使の社会的勢力関係という労働法独自の対象領域において、その均衡＝対抗関係を出現させる行為そのものにほかならないところから、これを市民法が業務妨害罪、債務不履行、不法行為の概念によって捉えて右の対抗関係の出現を阻止することは許されず、その限りにおいて、市民法の適用を認めないという意味をもつとともに、かかる対抗関係の法認のもとでも、対抗関係の場において市民法の適用が全面的に否定され、市民法上の個人の法益の侵害がいっさい不問に付されるというわけではなく、その意味で争議＝対抗関係の場の規制について、労働法と市民法とは分業と協業の関係に立つ、という捉え方を示される。そして、争議権保障下では、争議行為制限・禁止法規（例えば公務員・公企体職員の争議行為禁止法規）は、争議行為の社会的影響を考慮した争議権行使に対する「労働法上の政策的角度から」の規制ないし争議権行使に対する「一種の技術的制約」と解すべきものであるから、かかる法規に違反する争議行為を、単に法規違反の故をもって、争議行為に関する刑事、民事のいわゆる免責を否認されるというように解すべきではない、とされるにいたった[18]（『労働法の基本問題』においては、法規違反の争議行為につき、右のいわゆる免責が否定されていた）。

(2)　吾妻先生は、既述のように、方法論として「法社会史的分析」を唱えられたが、『労働法の基本問題』および『労働協約』において「労働力のコントロール」理論をうち出された当時は、この方法の不可欠の一側面である「社会生活の実体における労使関係の構造分析[19]」の具体化には、まだほとんど手をつけておられなかった。しかし、その後の先生の著作活動は、特殊日本的な労使関係の実体とそれをふまえた日本労働法の解釈論・立法論の構成に向けられた。この種の論稿は、「労働争議の社会学的意義」（一橋大学法学会編『現代法学の諸問題』（昭和二七年）所収）をはじめ、かなりの数にのぼるが、「法学の独自性」を固守し、労使関係の実体についても、あくまで具体的に妥当なリアリスティックな法的規律は何かという視点からの考察が特徴的である。

このような論稿を土台に、「日本の労使関係の現実との関係に焦点を置き、その現実に即した労働法の理解」をめざして書かれたものが、吾妻先生の生前に刊行された最後の御著書となった『労働法』（学陽書房、昭和四三年）である。そこでは、各国ごとの労使関係の実体の比較、そのなかでの日本的労使関係の実体把握を出発点において、これと労働法制および労働法理論との「三者の歴史的な展開を総合的に関連づけて理解する」という研究方法をとるべきであると述べられている。この方法は先生のいわゆる「法社会史的分析」と実質的には変わりがないが、他の資本主義諸国との比較における日本の労使関係の実体把握がとくに強調されているのが注目される。

（1）　初期のかかる具体的研究としては、このほか、『労働法の基本問題』にすぐ続いて著わされた『近代社会と労働法』（昭和二四年）がある。この書はわが国の『職工事情』を素材として、当時の工場労働の実態面での前近代性の摘出、近代法典と近代的工場制度の日本的実態との乖離の指摘に重点がおかれている。なお、本書の後半では「真の近代化、即ち人間性の解放」という観点からの「人間性の自覚」、「近代法意識」の確立が強調されている。

（2）　吾妻『近代社会と労働法』一七三—四頁。

（3）　吾妻・前掲書一九〇頁。

（4）　吾妻・前損書一七五—六頁。

（5）　吾妻・前掲書一八八頁。

（6）　「日本の組合運動」は「封建的な少数者の支配と多数者の服従の形式にほかならず、それは、工場生産の内面における資本の労働に対する支配に対応する様相を示している」（吾妻・前掲書一七六頁）。

（7）　吾妻『労働法の基本問題』二一—三頁。

（8）　沼田稲次郎「批評と紹介・吾妻『労働法の基本問題』」季刊法律学七号一四六頁以下。なお、のちに教授は、「労働の従属性」概念を否定した吾妻理論は「日本の天皇制・家父長制の下に個人が埋没せしめられていた軍閥ファシズムの思想を厳しくつきはなす意味を抽象的にはもっていた」が、しかし、個人の自由・平等の原理が「支配の理論としてのみ現実的である」独占資本主義段階では、独占資本からの個人の解放のために「労働者階級の組織的運動こそ決定的に重要」であり、「そのことを何ほどかは国家をして法認せしめるべきこと、また、従属労働者――階級的・集団的人間――を法認することが、近代法を反動化するのではなく、かえって進歩的ならしめること等が吾妻理論では理解されていなかった」と述べられている（『社会法理論の総括』一五頁）。

（9）藤田若雄「吾妻労働法学の基底にあるもの――吾妻光俊著『近代社会と労働法』を読みて」社会科学研究二巻二号一一九頁以下、とくに一二二頁以下。教授は、吾妻先生の言われる「近代化＝封建性の払拭」という「西欧的」な途ではなしに、「プロレタリアートが国家権力を掌握し、一国の生産組織を運営することのうちから、前期的性格を克服するという、西欧的なものとは別の途」があることを主張されている。

（10）吾妻『労働法の基本問題』二頁。

（11）吾妻・前掲書一二頁。

（12）吾妻『近代社会と労働法』一九〇頁。

（13）吾妻先生がもしも労働問題を、資本主義・社会主義の体制の差を超えた工業化社会（industrial society）の問題として捉えられていたとすれば、このような工業化社会の概念を基礎とするアメリカの労使関係論（industrial relations）への吾妻理論の親近性とともに、吾妻先生の『近代社会と労働法』刊行当時アメリカの労使関係論はまだわが国に紹介されていなかったことに注目すべきであろう。

（14）片岡教授は、吾妻理論は「資本主義体制の枠を当然のこととして前提し、いわばこれを固定した上で労働問題の法的処理を構想」したものとして「それ自体が明白な特定のイデオロギー的立場に立脚」しているとされ、「現行法秩序をあくまで維持せんとする立場」からの理論であるという沼田教授と似た批判をされている（片岡昇『現代労働法の理論』四二一頁）。吾妻先生が、資本主義体制をとき、ところを超えて妥当すべきものと考えておられたかどうか明らかでないが、先生の立場では、資本主義労働法では資本主義体制が、社会主義労働法では社会主義体制がそれぞれ前提されて、労働問題解決の法理論が労働法学により探究されるべきこととなるわけである。

(15) 注(6)参照。

(16) 吾妻先生も後には、労働力の「コントロール」という語を用いられていない。しかし、基調は変っていない。例えば、『新訂労働法概論』(昭和三九年)では、所有権と団結権(広義)との「機能的対立関係を……労働力に対する支配関係の対立と調節という形であらわすことができる」(八一頁)、労働保護法は「労働力に対する支配関係への国家の参加」という性格を有する(九三頁)、「労働組合なる団体が、その構成員たる組合員の労働力の処分……に対して団体的統制を加えるという本質」をもつ(一四一頁)、同盟罷業の「本質は、労働力に対して常時使用者の側から加えられる統制(指揮命令)に対して、生産手段との結合関係から労務を引き上げることによって、その統制を離脱する行為として観念すべく」(二三二頁)、「生産手段の所有者を生産手段の支配から排除することは、労働組合の本質が、組合員の労働力の処分に対する統制ないし支配であることと矛盾し」(二五七頁)など(傍点はいずれも蓼沼)の表現が見られる。

(17) 吾妻『新訂労働法概論』六四―六頁、九三頁。

(18) 吾妻・前掲書二四四―七頁のほか、吾妻『新法律学演習講座・労働法』(昭和三七年)一四二―七頁。

(19) 「労働法の歴史的発展に即しつつ、〔かつ〕社会生活の実体における労使関係の構造分析と結合せしめつつ(これを私は法社会史的研究と名づける)法解釈論を、この方法によって、あくまで法理論の立場から処理する……」(『現代法学全書・労働法』四六頁)。

六

(一)　吾妻先生の「労働力のコントロール」理論は、今日まで先生独自の説にとどまっているが、[1]吾妻理論のうち、労働組合、争議行為、労働協約などの労働法上の基礎概念を、市民法上の概念によって捉えることが不可能または不適切であることを説いた部分は、学界に極めて大きな影響を及ぼし「戦後労働法学における共通の財産として摂取」[2]されてゆくこととなった。労働組合は、団体交渉・争議行為という固有の活動様式に注目するかぎり、市民法上の法人や社団の概念では捉ええないものであり、争議行為は市民法上の行為概念に親しまない集団行動としての実態をもつことについての先生の指摘は、戦前からの民法研究のなかで蓄積された、市民法上の基礎概念に対する先生の深い学殖に裏打ちされ、他の労働法学者にさきがけてうち出された卓説であった。とくに、戦前わが国に直輸入されたドイツ労働協約法理論が戦後もそのまま遵奉されて、労働協約も契約の一種であるとしてこれに伝統的な契約法理を適用すること（協約のいわゆる債務的効力の承認）が当然視されていたのに対し、伝統的契約法理の適用が協約関係の妥当な規律という観点からみて重大な欠陥をもつことを先生は明確に指摘された。このことは、協約の労働条件基準条項の違反について規範的効力という国家法上の効力と司法的救済を認めることも、英米の協約法理にみるとおり決して自明ではないという点についての指摘とともに、ドイツ一辺倒であったわが国の協約法理論に甚大な衝撃を与えるものであった。

片岡教授は、吾妻先生の「法社会史的」研究方法にも「労働力のコントロール」理論にも批判的態度をとられながら、第二次大戦後の激動期に吾妻先生が「いち早く、労働法学の独自の方法的基礎づけに努力され……この全く未開拓ともいえる学問分野に大胆に足をふみ入れ、しかも既存の法概念・法理論の枠にとらわれることなく、労働問題の社会的・歴史的性格を直視しながら、新たな労働法上の諸概念の構成とその体系的理論化に専念された」点において、「〔吾妻〕教授こそ、戦後労働法学の開拓者というにふさわしい地位に立つ人といえよう」と述べられている。この評価については、労働法学界内部におそらく異論がないであろう。

㈡　すでに述べたように、吾妻先生は、「労働力のコントロール」理論をうち出された後、特殊日本的な労使関係の実態をふまえた日本労働法の解釈論の構成に向われ、ご逝去の暫らく前には、「日本の労使関係の現実……に即した労働法の理解」を官公労働法を含む集団的労使関係法について試みた小著を刊行されている。この小著において先生は、右のような日本労働法の理解は、欧米の主要資本主義国の労働法との、実体面での比較を先行させた比較法的研究のなかで、すなわち「労使関係の実体、労働法制の現状、労働法理論の……三者の歴史的な展開を総合的に関連づけて」各国法を捉える努力のなかで、はじめて可能であると述べられている。

しかし、このような比較法的研究はわが国の労働法学にとって、まことに困難な課題である。吾妻先生の右の小著も、欧米の超企業的な労働組合、労使関係と対比して日本の場合を、企業内組合、企業内労使関係として特色づけ、これと労働法制、労働法理論との関係について若干の考察をくわえているにとどまる。たしかに、欧米と対比した日本的労使関係の特色としては、暫らく前から、生涯雇用、年功賃金、企業別組合の三つが、異論なく挙げられており、このなかの企業別組合は、同時に企業内組合としての特色をもっている。しかし、右の三つの特色は相互に不可分に結びついている。したがって、労働組合を一方の当事者とする集団的労使関係と法を対象とする場合でも、組合および労使関係の企業内的性格だけをとり出した考察によって、日本の「労使関係の現実に即した」構造的理解が果して十分なものとなりうるかは問題である。しかも、それ以上に問題なのは、日本的労使関係の特色として挙げられる前掲の三つが、実は、大企業の、それも男子の本工・本職員について妥当するにすぎず、小企業、女子、臨時工、臨時職員等にはあてはまらない、という点である。

吾妻先生が課題として提示された、単なる法制・法理論の比較でなしに、これに先行する各国ごとの労使関係（集団的・個別的の双方を含む）の実体面での特色の把握のうち、わが国のそれについては、すでに経済学者、経営学者、社会学者等によって、さまざまの試みがなされている。しかし、その深化は今後の課題であり、欧米主要国のそれについても、労使関係の実証的研究を主とする「労働史」などが独自の分野として国際的に認められるようになったのが、第二次大戦後ないし最近であるため、本格的研究はまだ始まったばかりといっても過言ではない。吾妻先生の提示された課題の本格的追究は、ほぼ全面的に今後に残されているといってよいであろう。

（1）　吾妻先生が労働者の人格と別個の労働力を強調されながら、他方で「労働力の商品性の否定」を述べられている（『労働法の基本問題』一一〇頁）ために、多くの論者によって、吾妻理論の中核である「労働力」概念は不明確で矛盾を含むとか（沼田・前掲書評一四七頁、柳沢旭「労働法理にみる『労働力』概念の一考察」九大・産業労働研究所報七三号二〇六―七頁。なお、渡辺洋三「労働法の基本問題」社会科学研究一八巻一号一三―四頁）、吾妻理論においては「労働力についての法的分析がなされていない」（久保＝下井『労働法を学ぶ人のために』八頁）とかの批判がなされている。しかし、問題の個所は「それ〔労働力〕は、使用者に——あたかも物のように——売り渡されるものではなく（労働力の商品性の否定）、ただ労働力の一定の発動のしかたが、契約によって約束されているに過ぎない」というものである。法的構成のうえで、資本＝賃労働関係が、労働力が「使用者に——あたかも物のように——売り渡される」関係（労働力＝商品の売買契約）として捉えられることはないのであるから、その限りでは右の立論に問題はないというべきである。ただ、吾妻理論においては、経済的本質としての労働力の商品化という基礎のうえに労働者を含む万人の法的人格という一見パラドキシカルな法原理が成立し、労働力＝商品の売買という経済的関係が法的構成のうえでは売買契約と異なる雇傭契約という法概念によって捉えられることとなる所以（詳細は拙稿「労働法の対象——従属労働論の検討」労働法学会編・現代労働法講座第一巻七六頁〔本巻一七三頁〕以下）が、まったく説かれていないのは事実である。そのために、「労働力の商品性の否定」という挿入句が右のような批判を招くにいたったものと思われる。

（2） 片岡曻『現代労働法の理論』四一頁。

（一橋大学創立百年記念『一橋大学学問史』、一橋大学、一九八六年）

(3) 労働基本権

15 労働基本権の性格

一 労働基本権の概念

憲法学者は、「労働基本権」の語をほとんど用いていない[1]。この語は、少なくとも現在のところでは、もっぱら労働法学者によって用いられているのであるが、しかし、精確な概念規定をこころみた文献はまだ見当らない。たしかに、わが国現行法上の「労働基本権」として、憲法二七条勤労権（労働権）と同二八条のいわゆる労働三権をあげる点では、学説は完全に一致している。しかし、勤労権（労働権）は「すべて〔の〕国民」の権利として規定されているのに対し、いわゆる労働三権は国民のうちの「勤労者」の権利としてかかげられている。そこで、もしも「労働基本権」を、「労働者」ないし「勤労者」の基本権と解すべきものとすれば、勤労権（労働権）はいかなる意味において「労働基本権」のなかに含まれることになるのか、という問題が一方で生ずる。同時に他方、「労働基本権」を「国民」の「勤労」ないし「労働」に関する基本権というように解すべきものとすれば、いわゆる「労働三権」における「勤労者」ないし「労働者」

の語義をどうとらえるべきか、という問題に当面する。後者の問題に関連しては、「奴隷的拘束」および「意に反する苦役」からの自由を定めた憲法一八条の規定——労働基準法五条の強制労働の禁止がこの憲法一八条の規定に対応するものであると解する点では異説がない——は、「労働基本権」条項に含まれないのか、という問題も生ずることになろう。

（1）労働法学者は、戦後我妻栄教授（「基本的人権」国家学会編・新憲法の研究所収）が創められた「生存権的基本権」という語を「自由権的基本権」と対比させて用いるのが普通であるが、憲法学者は「社会権」とか「社会的基本権」の語を愛用する。たとえば、宮沢俊義・憲法Ⅱ（法律学全集）四一六頁は、憲法二八条の基本権を、多くの労働法学者と同様「いわゆる労働三権」とよび、これを「社会権」のなかに含めている。しかし、「労働基本権」の語は、この本のなかには見出すことができない。

⑶ 労働基本権

⑴ 労働に関する基本権

労働基本権は、「国民」の「労働」に関係のある基本権と解すべきではない。もしも労働基本権を、「国民」の「労働」一般——自営業者としての独立労働と他人に雇用されての従属労働との両者を含む——に関する基本権と解すると、憲法二二条に定める居住移転・職業選択の自由も「労働基本権」のなかに含まれることになってしまう。なぜなら、居住移転・職業選択の自由の保障は、封建時代における農民の土地への緊縛という体制を否定して、近代的な万人の「営業の自由」ないしその一側面としての「労働の自由」——使用者の誰を選んで、どんな条件で働こうと各人の自由——を宣言した点に、大きな歴史的・社会的意義を有するものだからである。しかし、居住移転・職業選択の自由のなかに含まれる、かかる市民的な「労働の自由」——それはすでに一九世紀憲法のなかに出現している——を、二〇世紀憲法に特徴的な「労働基本権」

のなかに含めることはできない。「労働基本権」の観念は、もともと、かかる近代的・市民的な「労働の自由」という体制のもとで不可避的に生じた労働問題の進展を背景に、この体制を――廃棄はしないが――修正する「労働者の生存権」という原理を担うものとして登場したものであり、そのかぎりで、「労働の自由」という自由権と「労働基本権」とは――資本主義国家憲法上の権利としては共通の基盤のうえに立つとはいえ――理念的基礎と性格とを歴史的に異にするものと解せざるをえないのである。一九世紀憲法における基本権の保障が、市民的自由の理念のもとに、自由権を中心とする一連の基本権、いわゆる自由権的基本権の保障につきるものであったのに対し、二〇世紀憲法は、かかる自由権的基本権とならんで、生存権という理念に立脚する、いわゆる生存権的基本権の保障をもかかげるにいたったということは、すでに疑いのない事実として多くのひとに承認されているといえよう。しかし、それだけでなく、かかる生存権的基本権を二〇世紀資本主義憲法がかかげざるをえなかったという必然性の認識も、少なくとも学界では、すでにひろくゆきわたっている、といえるであろう。こうした一般的情況のもとで、「自由権的基本権と生存権的基本権」、「市民的自由」の理念と「生存権」の理念とを対置させる通説的見解が存在し、そのなかで、労働法学者は「労働基本権」の語を、「生存権的基本権」の中核をなすものとして用いているわけである。

なお、「奴隷的拘束」および「意に反する苦役」からの自由も、自由権の一種であって、「生存権的基本権」に属する「労働基本権」のなかには含ませることができない。この自由も、自由権である以上は、直接にはもとより国家と国民各自の間における権利を意味するのであるが、労働基準法五条は、労働者と使用者という私人間における一定の行為（強制労働）の禁止を定めるものである。しかし、労基法五条は、強制労働の禁止という規制の内容そのものに関するかぎり、実質的意義の「労働法」に属する規定とは解しえない。

なぜなら、強制労働の違法は市民的自由の秩序のもとですでに明確に承認されていたところだからである(いわゆる経済外強制の違法)。同条の「労働法」的性格は、かかる規制の内容そのものではなしに、規制のしかたの特色、すなわち市民的自由の秩序のもとでの強制労働の禁止は、他の態様の経済外強制と同様、一般的な警察上の取締りと市民刑法による処罰という方法によっていたのに対し、労基法はこれを、労働基準監督(いわゆる工場監督)という特別の規制方法によって行なうという点に求められる。

(2) 労働者の基本権

労働基本権は、「国民」のうち「労働者」という経済的・社会的地位におかれる者について認められる基本権を意味するものと解すべきである。右にいう「労働者」は、憲法二八条にいう「勤労者」と同じ意味の語である。ただ、「勤労者」というと、自営業者としていわゆる独立労働に従事する者までも含まれるかのような語感があるので、「労働者」という語を用いるほうが、より適切であろう。「労働者」は、雇主が国家・地方公共団体である場合、すなわち公務員も含めて、他人(自然人または法人)に雇用されて「従属労働」を給付しその対価をもって生活の資としなければならぬ経済的・社会的地位におかれている者をいい、現にどこかに雇用されているか否かを問わない。したがってそれは、現行労組法三条に定める同法上の「労働者」概念と一致する。しかし、各実定法上の「労働者」概念は、右の意味における「労働者」のとり結ぶ社会生活関係のうちのどの部分にいかなる労働法的規制(労働基本権の理念ないし労働法の理念に立脚する規制)をくわえるかに応じて異なりうる(労基法上の「労働者」概念と労組法上のそれとの相違)。また、「従属労働」の外延を、したがって「労働者」の範囲を具体的にどこまでとするかも、そのときどきの実定法によって決せられる(形式的には、自営業者に属するいわゆる家内労働者を具体的にどの範囲までと定めてこれにどんな労働法的規制をくわえるかの問題など）。「労働者」という労働法に特殊＝固有な主体概念についての詳細は、別稿[(1)]にゆずる。

労働基本権は、右に述べたような意味での「労働者」という地位にある者に認められる基本権のすべてを意味するのではない。「労働者」にも国民一般ないし市民一般の地位・資格においてさまざまの基本権がもとより認められる（たとえば信教の自由や、思想・良心の自由など）が、このような基本権は、自由権的基本権として、労働基本権には属さない。また、生存権的基本権ないし社会権のすべてが労働基本権に属するのでもない。たとえば憲法二六条の「教育を受ける権利」が、実際には無産の労働者に意味をもつべき基本権とはいえ、労働基本権に含まれないことについては異論がない。その意味で労働基本権を、「労働者の基本権」と定義づけることは不正確であり、少なくとも適当ではない。労働基本権は、「労働者」という地位にある国民に認められる基本権のすべてを含むのではなく、「労働者」という地位に対し、まさにこの地位との不可分の結合関係において認められる基本権である。それは、「労働者」という地位にある個人が現実にとり結ぶ社会生活関係の全体にかかわる基本権ではなしに、彼が「労働者」なるが故に、「労働者」として、主張し行動せざるをえないことがらに結びつけられた基本権なのである。

（1）　稲垣正明「労働者」、同「使用者」、ともに新労働法講座一巻一七三頁以下所収。

(3)　労働権と労働者の基本権

しかしながら、労働基本権を、右にのべたような意味で「労働者」という主体概念にかかわる基本権としてとらえると、憲法二八条との関係においては問題はない（なぜなら、同条はいわゆる労働三権の主体を明確に「勤労者」＝「労働者」と定めているから）としても、憲法二七条との関係では、同条が労働権（勤労権）を

「すべて〔の〕国民」の基本権と定めていることから、この点をどう解すべきか、という問題が出てくる。

労働権の内容に関する詳細な考察は別稿にゆずり[1]、ここでは、労働基本権の概念規定との関連において、労働権の主体の問題を考察するにとどめる。

憲法二七条が、近代社会成立期に大きな歴史的意義をもっていた「労働の自由」に関する規定ではなくて、資本主義体制下の失業問題を念頭において、「労働権（Recht auf Arbeit）の思想」に対する国家の基本的態度を表明したものであると解する点においては――その基本的態度の内容をどう解するかについて争いはあるにせよ――学説はほぼ一致しているといってよい。ところで、「労働権の思想」にはいくつかの潮流がある。そのうち、資本制社会に特有の周期的恐慌とそれに伴う失業に対して、これを体制的に駆逐した社会主義のもとでの労働権を主張する立場――この権利は第一次大戦後のソ連における社会主義国家の出現以後、人類にとって単なる当為の主張にとどまらず、社会主義国家における現実となった――においては、労働義務（「働かざるものは食うべからず」）と不可分の労働権（労働の機会の保障）が「すべての国民」に認められることになる。社会主義体制のもとでは、労働はもはや資本制従属労働としては存在の余地がなく、労働はまさに「すべての国民」の神聖な義務であると同時に、体制的に保障された具体的な権利となる。そこでは、生産手段の私有制にもとづく労資の対立、これを基礎とする「使用者」と「労働者」という二基本階級への「国民」の分裂は、もはや存在しない。しかし、日本国憲法は社会主義を採用するものではなく、したがって右のような意味での「すべての国民」の「労働権」を認めるものでもない。この点については、おそらく異論があるまい。

かかる社会主義のもとでの労働権に対し、資本主義法に「接合せらるべき権利」として法曹社会主義者メンガーの唱えた有名な「労働権」の概念にせよ、同じく資本主義法秩序を前提としつつ自然法的立場から提唱された「労働権」の観念にせよ、資本主義体制下における「労働権」は、この体制に特有の労資（および労使）の必然的な対立という基盤の制約を免れえない。もとより、この対立が具体的にどんな激しさで現われるかは、各資本主義国の発展段階やそのときどきの情況によって異なる。それ故にこそ、資本主義体制のもとで、この対立の激化の抑制や予防に資するさまざまの〝哲学〟が登場する。その主なものが各種の〝協同体理論〟である。日本国憲法上の労働権の解釈についても、二〇世紀憲法における協同体理念を唱道して、二七条の労働義務（勤労義務）の義務性を強調し、労働権はかかる労働義務との不可分の結合においてのみ認められるとする説も見出される。(2) しかし、かかる協同体理念の強調は、学説としてはまったくの例外であるばかりでなく、はたしてこの説が、協同体理念のもと、資本主義下の労資（労使）の対立をまったく否定する立場から「すべての国民」の協同体構成員としての労働義務・労働権を構想する、徹底した〝協同体理論〟なのかどうかも、明らかでない。(3)

いずれにせよ、社会主義体制下の労働権の規定が、恐慌とならんで二〇世紀資本主義の死活問題となるにいたった労働者のいわゆる構造的失業という現象が、社会主義のもとでは体制的に排除され、労資の対立がもはや存在せず、国家構成員がすべて勤労者（労働者・農民）という等質的存在から成るにいたった状態のもとで、勤労の意思と能力のある「すべての国民＝勤労者」に対し、勤労の義務とともに勤労の機会そのものの保障される体制が樹立されたことのモニュメンタルな宣言という意味をもっているのに対し、二〇世紀資本主義憲法における労働権の規定は、この権利の内容いかんの問題――はたして具体的な権利として認められるかどうか等の問題(4)――をしばらくおき、権利の主体の面で、右のような等質的な国民構成を現実的前提とすることはできないのである。

したがって、そこでの労働権は、「すべての国民」の権利としてかかげられることによって、[5] 規定の文言だけからすると、あたかも現実に「すべての国民」にひとしく意義のある権利であるかのような幻想を生ぜしめるけれども、実は、それは、「国民」のうちの「労働者」という地位にある者(既述のように「労働者」は現にどこかに雇用されている者だけを指すのではない。労働権についてはむしろ失業中のまたは未就業者である「労働者」が重要である)にとってのみ、現実的意義を有する権利とならざるをえない。このことは、労働権の諸潮流がいずれも、資本主義社会における失業問題の激化にともなって生成・展開されてきたという労働権概念の歴史にも照応する。資本の担い手である使用者も〝勤労〔する〕者〟ないし〝労働〔する〕者〟として〝勤労権〟ないし〝労働権〟を認められるべきであるというような主張は、賃金労働者の失業問題を常に念頭において構成されてきた権利であり、かつかかるものとして存在理由をもちうる労働権という概念(社会主義社会で現実化した労働権も、もともとかかるものとして生まれた)とは無縁な、単なる言葉のあやにすぎない。

もっとも、労働権は、一見、労働者と使用者の区別にかかわりのないものであるようにみえる場合がある。たとえば、憲法二七条の労働権の具体化とされる職業安定法上の無料職業紹介という国家的サービスは、現に雇主でもなければ被用者でもなく、かつ従来雇主としての経歴しかもたず、しかも、坐食してゆけるだけの財産をもつ者も、欲すればこれを受けることができるからである。しかしこれは、実定法上の「労働者」が、過去の経歴のいかんや所有財産の多少にかかわらないこと、現に雇主でも被用者でもない者に対してなされる右の国家的サービスも、経歴や所有財産のいかんにかかわらず、問題となっている時点で被用者となろうとする意思を有すると認められる者を「労働者」とみて受給資格を容認することによる。したがってこの場合も、憲法二七条の労働権を「労働者」という主体概念に結びつけられたものとしてとらえることの妨げとはならない。(6) このことと、資本主義憲法上の労働権が「すべての国民」の権利という規定形式にかかわらず、国民の労資（労使）二階級への基本的な分裂という経済的・社会的基礎のうえに、国民のうちの「労働者」にとってのみ現実に意義を有するものであるとの認識が、資本主義体制下の労働権の歴史的、社会的な被制約性をつくものとして重要であることとを考えあわせると、憲法二七条の労働権の主体は、「国民」一般にではなく、むしろ積極的に「労働者」という主体概念に結びつけてとらえるべきものと考える。

（1）　角田豊「労働権」新労働法講座一巻一二八頁以下参照。
（2）　我妻栄「基本的人権」新憲法の研究所収。労働法学者のなかには、この我妻説ほど強く労働義務の義務性を主張するものはいない。
（3）　しかし一昨年（一九六四年）出された「憲法調査会報告書」のなかでは、我妻教授の協同体理念も足もとに及ばない〝国家協同体〟論が、〝一八・九世紀的な自由国家〟から二〇世紀的な〝福祉国家・社会国家〟へという標語のもとにとなえられ、労働義務を含めて国民の義務に関する規定の強化・拡充が強調されている。その批判については、小林直樹ほか「憲法調査会報告書批判」法律時報三六巻一一号。
（4）　角田・前掲論文。
（5）　日本国憲法だけでなく、ワイマール憲法（一六三条）、フランス第四共和国憲法前文、イタリア憲法四条なども、このような規定形式をとる。
（6）　宮島尚史・労働法学八一頁は反対と解すべきか。

(4)　労働基本権と「国民」の概念

労働基本権はすべて、「労働者」という主体概念に結びつけてとらえるべき基本権であるが、しかし「国民」という主体概念とまったく無関係というわけではない。このことは、「勤労者」＝「労働者」を権利主体として明示している憲法二八条のいわゆる労働三権についても、いえることである。労働三権も、国民のうちで労働者という経済的・社会的地位におかれている者について、この経済的・社会的地位にもとづく社会生活関係の範囲内で、特別の基本権を承認するものであって、かかる社会生活関係の範囲をこえて、労働者であればそのとり結ぶすべての社会生活関係について、労働三権の効果を主張できるというわけではない。この点でとくに問題となるのは争議権である。故意に他人の営業を害する行為として市民法上違法視される争議行為も、争議権の正当な行使と認められるかぎり労働法上適法視され、いわゆる民事免責を認められる。しかし、争議行為としてなされる労働者のすべての行為が、争議権の行使として民事免責を認められるというわけではない。いわゆる政治ストが正当な争議行為として民事免責を認められるかどうかは、この点に関連して争われる問題である。すなわち、政治活動についてまで、それが労働者のストライキとして行なわれれば常に当然に憲法上保障された争議権の行使と認められ、かくして一般市民には認められぬ特別のいわゆる免責が労働者に認められるというわけではなく、かかる限界が、争議権保障のもとでも一方に存在することを前提として、ただし、争議権の歴史的な生成・確立の過程にてらして、国民一般の生活利益にかかわるのではなしに、労働者としてのいわば特殊生活利益にかかわるかぎり、政治ストについても右の免責を認めうる余地があるのではないか、というのが、政治ストをめぐる問題の核心をなすのである。労働基本権の保障のもとでも、労働者という経済的・社会的地位に由来する生活利益・生活関係を完全に離れたところでは、労働者は、使用者と同じく国民一般の立場における基本権を認められるにすぎない。「経済的基本権」という表現に、こうした観点から特別の意義を認めることもあながち不当ではないであろう。

二　労働基本権と生存権および財産権

(1)　労働基本権の理念的基礎——生存権理念

一八・九世紀の憲法のなかには、国民一般に認められる自由権を中心とした一連の基本権、すなわち自由権的基本権しか見出すことができない。かかる自由権の保障が、国民各自の近代的な「市民」としての自由・対等・独立の理念に根ざすものであったことはいうまでもない。そしてそれは、封建的な身分的支配従属や協同体的拘束を否認するものとして大きな歴史的意義をもっていた。しかし、この市民平等の自由の秩序のもとで、かつてみられなかったような生産力の発展、人間の富の増大がみられたにもかかわらず、それは、労働者にとっては、繁栄を意味するのではなしに、生活難や生活の不安やさらには破壊をもたらしたにすぎなかった。市民平等の自由の理念のもとに、労働関係もまた契約自由の原則のもとにおかれたが、この原則は、資本主義の発展とともに形骸化し、低賃金による労働者の生活難、健康をむしばむ劣悪な労働環境と長時間労働、その不可避的な結果としての疲労の累積・注意力減退にともなう労働災害の頻発や職業病のまん延が世人の注目をひくにいたった。他方、周期的恐慌と失業の問題も重大化し、とりわけ第一次大戦後の世界恐慌に続く、未曾有の長期不況と大量の失業者のひどい生活困窮は、いわゆる構造的失業として深刻な社会問題となった。資本主義経済のもとでの市民的自由の秩序のこうした現実的展開は必然的なものであったが、同時に、これに対する労働者の生活防衛の活動の出現も不可避であり、かくして、労働組合運動を一環とする労働運動の進展をみるにいたる。自由が資本主義体制下の「市民的自由」の保障にとどまるかぎり、市民のうち「労働者」という地位にある者の現実の「生活」は保障されない、という認識が、労働者を含むすべての「国民」の市民的自由の主張と別個に、もっぱら「労働者」という地位に結びつけられた基本権の要求をうみ出す。それは、労働者という経済的・社会的地位に即した現実の生活の確保・向上に向けられた要求であり、ここに、万人平等の市民的自由と異なる労働者の「生存権」という主張がうち出されることになる。

いったい、万人平等の市民的自由のみが強調されるところでは、生存権という主張は生まれない。〝個人の自由活動を制約する封建的な差別や支配従属や拘束がもはや存在せず、すべての個人がその意思に従って自由にその生活関係を形成してゆくことができる以上、各人の幸福追求の自由が、各人にその能力と勤勉に応じた生活を保障するはずである。もし、普通の健康体をもっているのに、苦しい生活に悩んでいるとすれば、それは当人の怠惰や浪費などに起因するものであって、その者じしんの責任であり、法律でこうした苦しい生活に対して配慮をするのは、惰民の養成にほかならない。〟しかし、市民的自由を根拠とするかような生活権・生存権の観念の否定は、事実によってくつがえされる。近代法上の万人平等の自由という原理も、実は、近代社会の構造、とくにその経済的基盤によって規定された特殊＝近代的な具体的内容をもたざるをえない。まじめに正直に働いている労働者の生活難や生活不安は、実に近代社会の経済的なしくみそのものにもとづくものである、という認識がしだいに広まる。こうして、貧困や生活不安は、労働者がみずから恥じかつ甘受すべき悪ではなしに、逆に、その匡正・排除を正当に要求しうる社会的不正にほかならない、との主張が生まれ、確立される。これが生存権の主張である。

失業苦に対して、正直に働きそれによって生活をたててゆく者に、労働の機会かそれとも賃金相当額の生計の資が与えられて当然とする労働権の主張にせよ、労働者がその生活を防衛してゆくうえで不可欠な団結活動は当然権利として正当視されなければならない、という団結権（広義）の主張にせよ、それが右にのべたような生存権の主張に根ざすものであることは、いうまでもない。

(2)　日本国憲法における労働基本権と生存権

日本国憲法二七条・二八条に定める労働基本権が、規定の位置からいっても、二五条の生存権の規定と密接な関係をもち、かくして前者が後者のうえに根拠づけられることについては争いがない。したがって、日本国憲法上の労働基本権は、労働運動を担い手とする労働者の生存権の主張を容認し、これを理念的基礎とするもの、ということができる。二七条の労働権について、アメリカ法上の勤労権（right to work）の観念を導入してこれをとらえようとする立場もあるが[1]、この勤労権が、市民的自由の理念を基礎とするものである以上、日本国憲法上の労働権とは性格を異にするものと解すべきである。

日本国憲法上の生存権は「健康で文化的な最低限度の生活を営む権利」と表現されているが、労働基準法の表現を用いれば「人たるに値する生活」を営む権利ということになる（同法一条）。この実定法上の生存権は、資本主義体制を前提としたものである以上、労働運動を担い手とする生存権の主張を容認したものであるとはいえ、この主張をそのまま容認したものとは解されない。通説も、この生存権規定が資本主義憲法上のそれであることを理由として、具体的な権利としての性格を否定する。

憲法二五条は、生存権を「すべて〔の〕国民」の権利と規定する。そこで、この規定の解釈をめぐって、二つの立場が対立する。一つは、生存権が本来「無産階級の権利としてのみ真の生命をもって来た」点を強調し、それにもかかわらず憲法がこれを「全国民の基本権」と定めたことをもって、生存権に対し「財産権一般に対して制限を課する優越的理念としての本質」を認めたものと解する立場であり[2]、他は、「財産権と労働権は国民の生存権を確保せしめる二つの重要な要請」であるとし、「この両者の基本をなす」ものとして生存権をとらえる立場である[3]。

労働基本権が「労働者」という経済的・社会的地位に結びつけられた基本権であるのに対し、生存権が、本来、労働者階級を中心としつつも、これに限られない無産階級の権利として主張されてきたものであることは疑いがない。日本国憲法二五条も、こうした生存権主張の容認という性格を含むかぎりにおいて、主体を「労働者」のみに限らない基本権と解すべきである。憲法二五条は実定労働法規に対しては理念的基礎をなすにとどまるとし、実定労働法規の憲法上の根拠規定そのものを二七条・二八条に求める通説の正当性も、右の意味においてとらえるべきである。

（1）　柳川真佐夫ほか・全訂判例労働法の研究五〇頁。

（2）　沼田稲次郎・団結権擁護論九九‐一〇〇頁。野村平爾・日本労働法の形成過程と理論五頁以下も、生存権が労働者ないし無産者の基本権という性格を本来もっている点を強調する。

（3）　石井照久・労働基本権七〇‐一頁。

(3)　生存権と労働基本権および財産権

財産権の中核をなす所有権は、もともと個人の自由活動の成果と観念され、その保障は個人の市民的自由の保障の当然のコロラリーとして正当化されたものであり、それ故に、自由権的基本権のなかに数えられるのである。換言すれば所有権・財産権の保障は、市民的自由の保障の重要な一環をなすものなのである。したがって、市民的自由とその成果が保障されるだけでは現実の生活は確保されない、という生存権の思想は、そこには見出すことができない。かえって、労働基本権およびその根底をなす生存権の主張は、所有権・財産権の保障のもつ最も重要な意義、すなわち生産手段の私有制に立脚する資本所有権の保障に対して、その諸機能のもたらす社会悪に対する抗議を含み、かかる諸機能に対する制限さらには排除をめざすものである。憲法二五条の生存権は、二九条の規定に含まれる生産手段の私有制すなわち資本主義体制のもとにおける生存権にすぎないという本質的限界をもつけれども、それを理念的基礎とする労働基本権は、資本所有権の諸機能を制限する優越的理念としての性格をもつ。その意味で「生存権思想の本来の生命が財産権に対する抗議概念乃至批判原理であることを看過すべきでなく、かかるものとしてまず第一義的には解釈さるべきなのである」といいうる。(1)

（1）　沼田稲次郎・団結権擁護論一〇一頁。浅井清信・労働法論二四‐五頁は、有産者に対しては財産権が、無産者たる労働者には労働基本権が、ともに生存権として保障されるというように解しないと、労働基本権が労働者に対する「特権」のようにうけとられる危険があるとされるようであるが、疑問である。

三　労働基本権と公共の福祉

憲法上保障される基本権一般と公共の福祉との関係については、憲法学説上さまざまの議論がなされている。問題の中心は、公共の福祉を根拠として基本権を制限することが憲法上許されるか、におかれているが、これを肯定するにせよ、否定するにせよ、公共の福祉の性格・内容をどう解すべきか、がまず第一に問題となる。(1) 周知のように、判例は、公共の福祉を理由とする基本権の制限を肯定する。しかし、公共の福祉をいかなる性格・内容のものとしてとらえているかは、必ずしも明らかでなく、ときにはまったく内容不明のまま呪文的に公共の福祉なる語が用いられている。(2) 法令においても、公共の福祉という語の安易な用法・濫用がみられ、その整理の必要が強調されるにいたっている。(3)

(1) この問題に関する最近の憲法学説の整理・紹介については、俵静夫「基本的人権と公共の福祉」清宮四郎＝佐藤功編・憲法講座二巻所収一頁以下参照。

(2) 奥平康弘「公共の福祉に関する立法及び判例の傾向」憲法講座二巻所収一七頁以下。

(3) 奥平・前掲論文、山本桂一「公共の福祉」宮沢俊義先生還暦記念〈日本国憲法体系〉八巻所収一頁以下。

1 主な学説

労働法学説も、労働基本権と公共の福祉との関係について論ずる。ただし、労働基本権といっても、憲法二七条の労働権はこの場合問題とされておらず、もっぱら二八条のいわゆる労働三権と公共の福祉との関係がとりあげられている。この問題についても、憲法学説におけると同様、公共の福祉を理由とする制限を否定する立場と肯定する立場との対立がみられる。

(1) 否定説の一つは、労働三権の目的となっている労働者の団結・団体交渉・争議行為がそれ自体「目的」ではなく、生存確保のための「手段」にすぎないところから、かかる手段としての性格に由来する内在的制約が労働三権にはあるけれども、公共の福祉による制限は認められないと説くものである。この説は、公共の福祉というと、それだけで基本権制限の「正当性が当然に証明されたものとしてうけとられやすく、このような漠然たる制限を認めたのでは、労働三権の保障を、ほとんど無意味ならしめる虞がある」点に、注意を喚起する。[1] 否定説には、第二に、労働三権が「権力者より与えられたものではなく、苦難に満ちた長い闘いの中で獲得し守り育ててきたものである。これらの権利なくしては勤労人民の生存や自由の保障は意味をなさなくなる」点を強調して、「この権利こそは本質的に権力を以て制限乃至禁止しないことが民主主義の原理」であり、「憲法第二八条はまさにこの意味において無限定的に定められたもの」とする立場がある。[2] 否定説の第三は、労働三権は「国家を前提とし、これに依存する」いわゆる「後国家的権利」であるから、前国家的権利としての自由権的基本権と異なり、「国家的必要――それは大多数の個人の共通の利益という意味において公共の福祉（傍点、引用者）を意味するものであるが――との関係で、その絶対無制限は最初から主張されることのできないものである」とする説[3]への批判から出発して、こうした後国家的権利説が「根拠のないものであるということになれば、憲法の全構成の中におかれた同条の文理が物を言うわけであって、労働三権は一応無条件に保障されるということになる」と解する立場である。[4]

これらの否定説は、労働基本権制限の根拠を公共の福祉に求めることを否定するものであって、第一説が手段的性格の権利たることにもとづく内在的制約を説くほか、第二、第三の説も、労働基本権がいかなる意味においても絶対無制約の権利であることを主張するものではない。すなわち第二説は、「他の人々の生存権の保障という考え方との均衡」を説き、労働三権のうち実際上もっとも問題となる争議権について「その行使が必然的に他の人々の生存に危殆を生ずる場合」には、「争議権行使の一般的禁止」も許されるとする。ただし、かかる一般的禁止は右のような場合に「限られなければならない」点が強調される。第三説も「労働三権の保障が絶対であるということは、それが他のどんな権利にも無条件に優先するという意味ではない」とし、労働三権についても「他の権利との間の調節が必要」であり、この面からの制約を肯定する。ただし、「他の権利、自由が労働三権の限界を劃し得るものであるためには、それが基本的な権利、自由として憲法により具体的に保障されているものであることを要する」ことが強調される。

(2)　これに対し、公共の福祉を根拠とする労働三権の制限を認める立場においても、公共の福祉の理念の濫用がいましめられ、あるいは制限の限界が論じられる。たとえば、一説は、公共の福祉が、一応「基本的人権の内容をも、その行使をも限界づける理念」であることを認めつつ、このことは「限界づけの態様との関連において」いえることであって、「限界づけの態様如何によっては……この制限が反って公共の福祉の観念と矛盾することともなる」とし、労働三権については、それが「社会的権力への手段であるという点から、その内容は決して固定化されることがな」い点に注意を喚起するとともに、こうした性格をもつ労働三権の「内容ないしその行使を、市民法体系における論理の操作によって〔公共の福祉を理由として〕立法的に制限」することは「公共福祉の理念の濫用」であり、「争議権の立法的制限は、労働者の社会的権力関係への運動たる労働運動の概念と、所有権の尊重に代表される使用者の利益、さては一般公衆の争議行為による影響、さては国家組織の上の利益等の総合判断による調節ないし規制、即ち極めて技術的な意味における制限のみが、公共福祉の名においての制限の性格でなければならない(5)」とする。この説では、公共の福祉が基本権の内容と行使を制約する原理であることの積極的な理由づけはなされていないが、争議権制限の根拠となる公共の福祉のかなり具体的な判断基準をあげているのが注目されよう。これに対し、公共の福祉そのものの積極的な性格づけをこころみている説も少なくない。その一つは、労働基本権は「本来的に資本所有権を制限」するものであって、「かかる制限そのものが実は公共の福祉の充足という意味をもつ」としつつ、資本所有権は労働基本権の出現によってその存在そのものを否定されるわけではないから、「資本所有権に対する関係においては、その存続と、又間接的にもせよ生存権的要請に役立つ限りでその機能とを侵害しえない」という限界が、対資本所有権の関係における公共の福祉の内容をなすと同時に、他方「資本所有権者以外の第三者の基本権わけてもその生存権的要請を侵害」しえず、また「資本所有権者のかかる資格以外の生活面において享有する基本権を侵害」しえないということが、「一般的な規範的限界」としての公共の福祉の内容をなすと説く[6]。これに近い説として、「公共の福祉はがんらい所有権の横暴から守らるべき多数無産者の自由と幸福であり、これを確保するための争議権などの労働基本権はまさに公共の福祉の基本をなす」としつつ、「財産権との関係において争議権の行使が無制限であるわけではな」く、「これを制約する契機はやはり公共の福祉」に求めざるをえない以上、「公共の福祉は、労働基本権だけではなく、財産権をも包括し、他の諸人権とも相互に織りなされて成立つ全体秩序の基底にある理念と解される」とする説がある[7]。この他に、「国民全体の生存の確保」が「言葉の正しい意味においての公共の福祉」であり、争議権の「行使によって国民全体の生存の確保がおびやかされる具体的な危険が現実に存する場合（clear and imminent danger)」には、公共の福祉を理由とする争議権の制限が許されるとする説[8]や、公共の福祉は「強いていえば『国民経済の健全な運行』と『国民の日常生活の安定』とを併せ意味する」ところの「国家社会における全員の利益ないし福祉」とする説[9]がある。

（1）　石井照久・労働法五五頁。

（2）　野村平爾・日本労働法の形成過程と理論二七〇―一頁。野村教授は、労働三権の「手段的権利」性を強調する立場に対して、次のような批判を加えられる。この立場をとると、財産権も同じく「手段的権利」であり、財産権が公共の福祉という観点から制限されうるとすれば、労働三権についても同じ制限が可能なはずだという議論に発展するおそれがあるが、こうした議論は労働三権の「歴史的な性格とその基本権の機能する社会的条件とを無視している」。

(3)　兼子一「基本的人権と公共の福祉」法曹時報一巻一号。
(4)　有泉亨「労働基本権の保障について」社会科学研究三巻三号一三頁以下。
(5)　吾妻光俊・労働法概論九六－七頁。
(6)　沼田稲次郎・団結権擁護論一八〇－一頁。
(7)　浅井清信・労働法論三一頁。
(8)　後藤清・労働法総論一二一－二頁。
(9)　峯村光郎・労働法講義一七〇－一頁。

2　私　見

労働基本権と公共の福祉との関係については、主な学説だけをとっても、右にのべたように説がさまざまに分かれているが、私はこの問題について次のように考える。

(1)　すでに憲法学説の指摘するように、公共の福祉というものの意義や性格を考察するにあたっては、この観念の歴史的な展開過程やその果たした役割の推移に注目すべきである。(1) すなわち、公共の福祉という観念は、まず、警察国家における公共の福祉として生まれ、国民各自の生活に対する警察国家＝権力の広範な介入・規制の根拠づけに用いられた。しかし、近代憲法における国民の基本権の保障は、「社会の他の成員に同種の権利の享有を確保すること以外に限界をもたない」（人権宣言四条）自然権の保障として、かかる公共の福祉の観念を否定し、社会の他のすべての成員にも自分と同じく同種の自然権が認められることからする基本権の制約は当然のこととして、あえて公共の福祉の語は用いられなかったのである。ところが、かかる自然権ないし自由権的基本権の保障される秩序のもとで、資本所有権による労働者の生活の破壊や不安、その他無産勤労階層の生活問題が大きな社会問題となり、これに対処するため、資本所有権の自由の制限を中心とする市民的自由の制限を、資本主義法は要請されるにいたった。その際、制限の根拠として用いられたのが、公共の福祉である。換言すれば、公共の福祉は、資本所有権の自由を制限し、その制限のうえに、労働基本権という新たな基本権を資本主義法上みちびき出しこれを根拠づけるのに用いられた観念であって、労働基本権を制限する論理とはまったく裏はらの関係にたつものであったのである。さきに紹介した労働法学説のなかに、労働基本権その他の生存権的基本権の実現こそ公共の福祉の内容をなすことを強調する立場は、二〇世紀憲法におけるこうした公共の福祉の観念の歴史的生成過程のとくに重要な一面をつくものとして注目に値しよう。

(2)　日本国憲法における公共の福祉を、右のようなこの観念の歴史的な生成過程に忠実にとらえようとすれば、公共の福祉は、憲法学説のいわゆる「社会国家的公共の福祉」[2]としてのみとらえらるべきことになる。すなわち社会国家におけるいわゆる社会権（生存権的基本権）保障の目的にてらし自由権的基本権を制限するに際してだけ、その根拠として公共の福祉の語を用いるべく、労働基本権その他の社会権の制限の根拠としては公共の福祉という語を用いるべきではないこととなる。しかしながら、日本国憲法上の公共の福祉の意味については、この憲法のいくつかの個所に現われる公共の福祉という語を全体として論理的に矛盾なく解釈できるか、という点も考慮しなければならない。ところで、この観点からみても、二二条と二九条の規定にのみ公共の福祉の語が出てくるところから、公共の福祉を「社会国家的公共の福祉」に限定する説が妥当であるかのようにみえる。また、「一二条の規定はともかく、一三条の規定にまったく法的な効果を認めない」のは解釈論上無理であるという見解[3]に対しても、一三条の文理（「個人としての尊重」をうたい、また「生命、自由、幸福追求に対する権利」というような一八・九世紀憲法的表現を用いて、これが「公共の福祉」によって制約されると定める）からは、公共の福祉を社会国家的公共の福祉の意味で用いているとの解釈が可能だという反論をなしうるであろう。しかし、社会国家的公共の福祉のために二二条・二九条以外の自由権的基本権の制限が必要な場合がありはしないか、あるとすれば、その場合、性質をまったく同じにする制限であるのに、何故これを公共の福祉による制限から除外するのか、説明に苦しむこととなる。

(3) 日本国憲法中の「公共の福祉」の解釈にあたって決定的に重要なのは、法の解釈における他の場合と同様、結局は、公共の福祉にすべての基本権に対する制約原理としての性格・機能を認めることが実質的に妥当な結果を導き出しうるかどうかによって決せられる。そしてそれは、公共の福祉にいかなる内容・性格を付与すべきかに依存する。したがって、公共の福祉を社会国家的公共の福祉と解釈することに無理があるとすれば、これにどのような内容・性格を付与すべきか、という問題となる。この点で注意すべきは、公共の福祉を各種の「人権の実質的に公平な保障」を目的とした「人権相互間の矛盾・衝突を調整する原理」であるとして、「人権の保障そのものの本質から論理必然的に派生する原理」であり、「憲法の明文にその根拠を有するものではない」とする憲法学説の存在である。[4] すでにみたように、労働基本権について公共の福祉を根拠とする制限を認めない説も、労働基本権と他の基本権との調整、両者の調和という見地からの制約があることを承認する。他方、公共の福祉を根拠とする労働基本権の制限を肯定する説のなかでも、公共の福祉の内容として、労働基本権と他の基本権との調和的並存が考えられている。そうだとすると、基本権相互間の矛盾・衝突の調整を公共の福祉による基本権の制約とよぶかどうかに違いがあるだけで、右の憲法学説とこれらの労働法学説の間に本質的な対立はないといえる。右の憲法学説のいうように、基本権相互間の調整が、「人権の保障そのものの本質から論理的に派生する原理」、すなわち各種の基本権の保障に内在的な制約にほかならないとすれば、これをとくに公共の福祉とよばなければならぬ必然性はない。他方、公共の福祉というもののかかる性格を十分承知したうえでこの語が用いられ、公共の福祉を理由とした・法律による基本権制限が問題となるごとに、当該の場合に公共の福祉の観点から考慮すべき事項は何かが具体的に吟味検討されるのであれば、その限りでは別に問題はない。しかし、「公共の福祉」という語が用いられる場合には、ともすればこの語の呪文的な響きによって、こうした吟味検討がなされないおそれが大きい。現在、公共の福祉という語の立法・判例における安易な用法の氾濫が指摘されていることからすれば、このおそれはすでに現実化しているといえよう。その意味では、公共の福祉に対し基本権制約の機能を否認する立場にも十分理由があり、この機能を肯定する立場にたつ場合には、右のような公共の福祉の濫用に対して徹底的な批判を加える必要がある。

(4)　基本権相互間の矛盾・衝突の調整は、公共の福祉とよぶにせよよばないにせよ、各種の基本権保障に内在的な制約であるといえるが、各個の基本権については、他の基本権との矛盾・衝突の調整だけではなく、基本権として憲法に明記されていない法益との矛盾・衝突の調整も考えなければならない[5]。この場合、制限の態様があわせ考慮されるべきである。たとえば、公益事業における争議行為の予告制という制限は、公益事業を利用する広範な一般公衆の利益の保護のためにする制限であるが、この利益は、はたして基本権と認めうるかどうか、少なくとも憲法中に明記された基本権ではない。しかし、この制限は、制限の態様が予告義務を課するにとどまる点で、こうした一般公衆の利益との関係における争議権制限立法としての合憲性を認められるものと解されるのである。

基本権相互間、あるいは基本権と他の法益との調整は、「それぞれの権利〔および法益〕がもつ社会的性質に応じて、多種多様である」(6) ことはいうまでもない。学説には、自由権的基本権については、とくにその旨の規定がなければ公共の福祉による制約をうけず、生存権的基本権については、明文の規定がなくても公共の福祉による制約があるとするものがあるが、(7) 右のような調整は、自由権的基本権についても生存権的基本権についてもひとしく問題となることであって、この点で両者を区別すべき理由はない。ただ、自由権的基本権と生存権的基本権とでは、基本権としての性格・内容に応じて、右のような調整の態様が異ならざるをえない、というだけのことである。

(5) 労働基本権と公共の福祉という問題については、結局、労働基本権のそれぞれについて、その性格・内容に応じた他の基本権ないし法益との調整が、問題となる各個の場合ごとに吟味されなければならない、という結論に到達する。ただ、労働基本権のうち実際上最も問題となる争議権については、ある態様の争議行為がもはや争議権の行使という性格を認められない場合（機械破壊を労働者団結が争議手段として採用したような、実際上ほとんど考えられない場合がこれに属するが、公共の福祉を理由としてかかる争議行為を禁止する旨定める法律の出現も、現在のような公共の福祉の氾濫のもとでは可能性がある）と、争議権の行使という性格は認められるが、他の基本権ないし法益との調整のため、行使の態様につき一定の制限が設けられる場合とを区別すべきである。公共の福祉による制限を認める立場にたつ場合は、かかる制限を後者の場合に限定すべきである。そして、争議権制限立法が、このように、本来、争議権の行使という性格が認められる種類・範囲の争議行為について、行使の態様に関する一定の制限を定めるものとすれば、これに違反する争議行為もいわゆる刑事、民事の免責を当然に失うわけではない、という結論に達する。

（1）俵静夫「基本的人権と公共の福祉」清宮四郎＝佐藤功編・憲法講座二巻七－八頁。
（2）宮沢俊義・憲法Ⅱ（法律学全集）二三〇－一頁。
（3）俵・前掲論文一四頁およびそこに引用されている学説参照。
（4）宮沢・前掲書二三一頁。
（5）同旨、山本桂一「公共の福祉」宮沢俊義先生還暦記念〈日本国憲法体系〉八巻一三頁。
（6）俵・前掲論文九頁。
（7）法学協会編・註解日本国憲法上二九三頁。これに対する批判として、俵・前掲論文九頁およびそこに引用されている学説参照。

（日本労働法学会編『労働法の基礎理論』、新労働法講座一巻、有斐閣、一九六六年）

16　労働基本権を制限する労使間の合意は有効か

「労働基本権」という言葉は、憲法二七条に定める勤労権（または労働権）と同二八条の保障する労働三権——団結権・団体交渉権・争議権——とを含む意味で用いられている。与えられた問題は、このような労働基本権を制限する労使間の合意の私法上の効力いかん、というものであるが、勤労権ないし労働権については、この権利の内容・性質にてらし労使間の合意による制限は考えられない。したがって、右の問題に対しては、「労働三権」を制限する労使間の合意の私法上の効力について考察すれば足りることとなる。

諸国の憲法のなかには、西独基本法九条三項のように、団結権を「制限しまたは妨害しようとする約定は無効」である旨を、憲法じたいのなかで明文をもって定めているものも見られる。しかし、現行日本国憲法にはこのような規定はない。その二八条は単に、団結権等は「これを保障する」と定めているだけである。ちょっと考えると、「これを保障する」という文言のなかに、西独基本法九条三項にかかげるようなことがらも当然に含まれている、と解釈できそうである。しかし、問題はそれほど簡単ではない。以下にのべるようないくつかの検討すべき問題が横たわっている。

一　団結権以下の労働三権を制限する労使間の合意として、現行法上まず第一に挙げられるべきものは、労組法七条一号にかかげられているいわゆる黄犬契約（yellow-dog contract）である。法文上は、労働者が労働組合に加入しないこと、または組合から脱退することを雇用条件とする旨の契約というように表現されている。雇入(労働契約の締結)に際して組合不加入または組合脱退を労働者に誓約させ、その誓約を条件に労働者を雇入れるとともに、雇入後この誓約に反して組合に加入したり、または組合から脱退しないときは、使用者はその労働者を解雇することができ、労働者側はこの解雇に異議をのべないという合意が、典型的な黄犬契約である。しかし、組合に加入してもよいが役員にはならないとか、活発な組合活動はしないとか、ストライキその他の争議行為には参加しないとかを雇入および雇用継続の条件とする場合も別異に取扱うべき理由はない。

(1) かかる黄犬契約は私法上無効か。一見〝もちろん無効〟という答でまったく問題はなさそうであるが、しかし、そう簡単な問題ではない。たしかに、これまで黄犬契約の私法上の効力については論議らしい論議がなされていないとはいえ、黄犬契約とともに不当労働行為の一種として労組法七条一号にかかげられ、かつ、法律行為という点では黄犬契約と共通性をもつところのいわゆる不利益取扱としての解雇については、これを当然に無効と解するのが通説・判例のとるところである。しかし、これに疑問を投ずる少数説があり、しかもこの少数説の論旨のなかには、後に述べるように、不当労働行為制度の特質あるいは憲法二八条と不当労働行為行政救済制度との関係いかんという基本的な問題に触れるものが含まれている。

いわゆる社会政策的立法のなかには、規定の文言にてらして狭義の強行法規(効力法規)であることの明瞭な規定もある(例えば小作人保護に関する農地法二〇条五項、借地人、借家人保護に関する借地法・借家法の諸規定の強行法規性を明示した借地法一一条・借家法六条参照)。しかし労組法七条はこのような規定ではない。同条が効力法規かどうかは、この規定の趣旨ないし目的にてらして決定するほかなく、この点を明らかにすることなしに同条を強行法規と断定するわけにはいかないのである。

(2) 旧労組法（昭和二〇年労組法）のもとでは不利益取扱としての解雇につき直罰主義がとられていたが、この時期はもとより、昭和二四年労組法によって現行法にみるような不当労働行為制度が導入されるにいたってからも、通説・判例は、かかる解雇は私法上当然に無効と解していた。この通説・判例の態度に従えば、同じ不当労働行為の一種である黄犬契約もまた当然に無効と解すべきことになるであろう。

しかしながら、裁判例のほとんどは、不当労働行為としての解雇を当然に無効と判示するにあたって、その理由を明示することがなかった。ごく少数の裁判例が、労組法七条は強行規定であるとしたり、あるいは公序違反ないし民法九〇条を根拠として挙げていたが、しかし、その場合でも、何故に労組法七条を強行規定であると解するのかの理由は述べられておらず、公序違反が挙げられる場合も憲法二八条が単に援用されるだけにすぎなかったのである。

これに対し、学説では、石井教授が、憲法二八条の保障する団結権を侵害する使用者の行為は、それが法律行為としてなされるときは当然に無効と解すべきであるとして、その根拠づけを次の諸点に求められ、西独基本法九条三項に定めるような、団結権を「制限しまたは妨害しようとする約定は無効」とする旨の規定がない日本国憲法のもとでも、この点は同じに解すべきものと主張された（石井照久『労働基本権』一六一―二頁）。⑴市民的な「結社の自由」とは別に、とくに労働者の「団結する権利」が保障されている。⑵この「団結する権利」の保障は、労働者は団結することを通してのみ使用者と実質的に対等な関係に立ちうるとの認識に立脚したものであり、したがってそれは、労働権の保障などと異なり、相手方＝使用者を予定し、当然に対使用者関係においても法的意義のあるものとして保障されたものと解すべきである。⑶したがって団結権の保障は労使関係における強行法的な「公序」として要請されているものというべく、これを不当に侵害する使用者の行為は、特別の規定をまつまでもなくそれ自体違法であり、損害賠償責任を生ぜしめるほか、そのような法律行為を当然に無効ならしめる根拠を提供しているものと解すべきである。なお石井教授は、憲法学説が後に憲法の基本権規定のいわゆる第三者効としてとりあげるにいたった問題について、このときすでに次のように主張されている。憲法上の国民の基本権とくに自由権の保障は一般に国家対国民の関係における国民の権利の保障であるから、私人間においては妥当しない。もちろん自由権についても憲法がその保障を宣言するいじょう、「何等の合理的理由なしに不当に……〔これを〕侵害することは、私人間においても民法のいわゆる公序良俗違反（民法九〇条）の問題を生ずることがありうる」（傍点蓼沼）といえる。しかし、憲法二八条の労働者の団結権の保障は、既述のように、私人間とくに対使用者関係においても法的意義あるものとしての保障であり、それが強行的な公序の一環をなしていると解すべきものであるいじょう、「団結の自由を制限し、または妨害しようとする約定は『当然に』無効であり、そのような措置は『当然に』違法とされる」と解すべきである。この点は、憲法の基本権規定とくに自由権の保障規定と趣きを異にする。

石井教授は、右にみたように、団結権侵害行為ないし不当労働行為が法律行為としてなされる場合――黄犬契約の締結はかかる場合の一つである――、憲法二八条によって設定された強行的公序の違反として当然に無効と解されるのであって、労組法七条を強行規定としそれ故に無効というように解されるのではない。これに対し、労働法七条を強行規定と解して無効を根拠づける立場もある。しかし、同条を強行規定と解すべき根拠が問題である。憲法二八条が団結権の保障を強行的な公序として設定したことを根拠に挙げる立場（たとえば籾井常喜『経営秩序と組合活動』七七頁）は、この点に関する限りでは、実質的には石井説とほとんど差はないといえよう。

(3)　憲法学では、憲法の基本権規定が私人間の関係にも効力を及ぼすか否かというわゆる第三者効の問題について、(1)これを否定する無効力説、(2)基本権規定のなかには私人間にも直接適用されるものがあるとする直接効力説、(3)基本権規定は、公序良俗違反の法律行為は無効というような私法の一般条項を通じて間接に私人間にも効力を及ぼすとする間接適用説の争いがある、と説かれている（橋本公亘『憲法』一一三頁以下）。もちろん、西独基本法九条三項のように、当該基本権を制限・妨害する約定は無効というような明文の規定がある場合については、無効力説はとりえない。問題はかかる規定のない場合であるが、最近の憲法学説は、日本国憲法二八条について、対国家の関係のみならず、対使用者の関係においても労働者の団結権等を保障したものと解している（橋本・前掲書一二四頁。なお同書所掲の文献参照）。ただ、このような憲法学説が前掲石井説のように、憲法二八条については団結権等の侵害が当然に違法または無効となると解して、その点に自由権保障規定の場合との相違を肯定するのかどうか、また、このように解する石井説が憲法学でいうと間接適用説に属するのかそれとも直接適用説に入るのかは、必ずしも明らかでない。

(4)　不当労働行為となる法律行為とくに解雇を当然に無効とする通説・判例に対し、はじめて重大な疑問を投じられたのは、吾妻教授である（吾妻光俊「不当解雇の効力」法学協会雑誌六七巻六号）。教授は、アメリカ法を母法とする不当労働行為制度は、もともと労働委員会（労委）を通じて、いわゆる原状回復主義に立脚する行政的救済をはかるものであること、裁判所を通じての伝統的な司法的救済と異なるこの行政的救済こそ、憲法二八条の広義の団結権保障の趣旨に適合する適切妥当な制度であることに注意を喚起され、このような行政的救済を建前とするいじょうは、不当労働行為としての解雇を司法的救済との結びつきにおいて常に当然に無効と解するのは疑問であると主張された。後には、不当労働行為のかかる行政的救済こそ「憲法〔二八条〕の精神の必要・充分にして妥当な制度として、これとは別に裁判所の干与を必要とせず……」とまで言われている（吾妻『労働法』九〇頁）。

この所説は、不当労働行為に関する行政的救済の特質に対する認識が学界でも必ずしも十分でなかった当時において、はなはだ注目に値するものであった、と私は考える。しかし教授の説は、学界では賛同者を得られず、裁判例においても、「現行労働組合法は不当労働行為の救済機関としては労働委員会を第一義の機関とし」ているから、「こうした法制の下においては……私法上もこれを無効としなければならぬ必要は失われた」とする高裁の裁判例がただ一つ見出されるにとどまった（大阪高判昭和三五・一・二二淀川製鋼所事件労民集一一巻一号二二頁）。そして最高裁（第三小法廷）は「不当労働行為禁止の規定は、憲法二八条に由来し、労働者の団結権・団体行動権を保障するための規定であるから、右法条の趣旨からいって、これに違反する法律行為は旧法・現行法を通じて当然に無効と解すべき」であると判示し、さらに「現行法においては、該行為が直ちに処罰の対象とされず、労働委員会による救済命令の制度があるからといって、旧法と異なる解釈をするのは相当でない」と付言して、吾妻説と右高裁判決の立場を明確に否認した（最三小判昭和四三・四・九医療法人新光会事件民集二二巻四号八四五頁）。しかし、この判例でも、不当労働行為となる法律行為を——旧法上と同じく——現行法上もなぜ当然に無効と解すべきなのかの根拠は明確でない。そこには、単に憲法二八条の「趣旨」という一語があるだけであって、行政的救済制度の設けられている現行法のもとでこの「趣旨」が「当然無効」という結論を導き出す論理のすじみちについては、なにも述べられていないのである。

二　以上、労組法七条一号の黄犬契約の有効・無効の問題を、同条同号の不利益取扱の有効・無効という問題とからめて、これまでの学説・裁判例の態度をフォローしてきた。これをふまえて以下に私見をのべてみたい。

(1)　憲法二八条の労働三権保障は、自由権的基本権保障規定と異なり、国家対労働者の関係においてだけではなしに、私人相互間とくに使用者対労働者の関係におけるこの基本権の保障をも含むものと解すべきである。その理由は、(1)国民一般に認められる市民的自由権としての「結社の自由」と別に、国民のうちで「勤労者」＝労働者という経済的社会的地位にある者を権利主体と明示しての労働三権の保障であるという憲法二八条の規定形式、(2)「結社の自由」と別にとくに労働者の労働三権の保障が二〇世紀憲法中に掲げられるにいたった歴史的由来から導き出されるこの基本権の本質的な性格、換言すれば憲法二八条の規定の実質的根拠に求められる。かくて、憲法二八条は私人相互間にも効力を及ぼす規定といえる。

それならば、憲法二八条は私人間の関係に直接適用され同条違反の法律行為はまさに同条違反を根拠として直ちに無効と解すべきか、それとも同条違反行為も公序良俗違反という私法の一般原理を媒介として無効となると解すべきか。しかし私は、この直接適用説と間接適用説の対立とよばれるものは、無効という結論にいたるまでに、公序良俗違反という媒介項を挿入するかしないかの対立にすぎず、たいした問題ではないと考える（法解釈論上の構成としては間接適用説が無難であって技術的にベターといえよう）。重要なのは、石井教授の説かれるように、自由権保障規定については当該の自由の私人間での制限は場合により公序違反として制限行為の無効をもたらすにすぎないのに対し、憲法二八条については、団結・団体交渉または争議行為の自由の制限は常に当然に制限行為の公序違反＝無効をもたらすと解すべきか、という問題である。しかし団結・団体交渉または争議行為の自由の労使間での制限のうち、団結の自由の制限については、常に当然に、憲法二八条により設定された強行的な公序の違反として無効という結論が出てくると解されるが、団体交渉、争議行為の自由の労使間での制限については常に当然に憲法的公序の違反↓無効と断定するわけにはいかないと考える。労働協約の絶対的平和義務条項（協約の有効期間中はいっさい争議行為を行わない旨の条項）については憲法二八条の規定にてらし無効と解する立場も有力であるが、相対的平和義務条項（協約の有効期間中は協約で定められている事項についてはその改廃変更を目的とする争議行為は行わない旨の条項）について無効と解する立場が見当らないのは、その一例である。結局、団結・団体交渉・争議行為の自由の制限については、それが憲法二八条の趣旨にてらしこれに反すると認められる場合に、公序違反として制限行為の無効が帰結される、ということになる。

黄犬契約についていえば、その締結を使用者側で事実上強制したという事情の認められない場合においても、憲法二八条の趣旨に反するものとして、常に公序違反、したがって無効と解すべきである。

⑵　問題なのは、吾妻教授の主張されるように、現行法上不当労働行為に労委を通じての強制的救済制度が設けられていることとの関連で、不当労働行為を私法上無効とか不法行為とかの枠組みでとらえる司法的救済の途はもはや必要ではなく、したがって不当労働行為につき不当労働行為なるが故に法律行為として、無効という論理は現行法上無用である、と解すべきかである。念のため注意しておきたいのは、この吾妻説は、憲法の解釈を下位法である法律からひき出すという、いわば逆立ちした主張ではないという点である。それは、憲法二八条の趣旨を労組法上の不当労働行為行政救済制度が必要なだけ十分に具体化しているという認識に立って、法律行為の無効その他の私法の論理と不可分の司法的救済はもはや不必要とするものなの

である。

しかし、果してこの認識を是認しうるであろうか。たしかに、労働三権の侵害に対する救済のうち、団体交渉権侵害としての団交拒否（労組法七条二号）や団結権等の侵害としての支配介入（労組法七条三号）について、法律行為の無効とか不法行為を理由とする損害賠償請求とかの論理をもってする司法的救済がどれほど実効性をもちうるかは、極めて疑問である。労働組合運動を労働者の基本権として保障した憲法二八条の趣旨を、この運動をめぐる労使間の現実の不断の動的対抗関係を念頭において考えてみると、労働三権侵害行為に対する救済としては、当該労使関係の動的対抗関係の流れのなかで行われた当該侵害行為の具体的様相に即して、侵害の現在および将来にわたっての迅速な排除に必要かつ適切な措置を命じうる行政的救済こそ、制度の建前としては、伝統的な司法的救済よりも憲法二八条の趣旨により多く適合するものといえる。不当労働行為に関する現行行政救済制度の解釈・運営についても、このような行政的救済制度の理念がたえず顧みられなければならない。しかし、現在の行政的救済制度の現実の内容がこの制度のかかる理念にどれほど接近しているかは、また別個の問題である。私には、七条二号・三号事件についてさえ裁判所への提訴が少くない一事に徴しても、現在の行政的救済制度が司法的救済を不必要とするほどの域に達しているとは思われない。ことに、七条一号のいわゆる不利益取扱については、法律行為の無効その他の私法の論理に立脚する司法的救済も、行政的救済にみられぬ制約（その代表的なものは、民法五三六条二項但書の規定によるいわゆる中間収入の控除の問題である）があるとはいえ、かなりの実効性をもっていること、行政的救済では不当労働行為の主張しかできないが、司法的救済においては権利濫用その他の主張も可能であり、いわゆる不当労働行為意思の認定問題について労委が厳格すぎる態度をとるため行政的救済をうけるのは容易ではないと労働者側で考える場合には、労働者側が不当労働行為以外の主張も可能な司法的救済に向うのは自然の勢であることを考えると、司法的救済の途を否定することの実質的妥当性はいっそう疑わしくなる。

黄犬契約についても、この契約の私法上の無効確認その他の司法的救済ではなしに、行政的救済（大阪地労委命令昭和二六・一・八は黄犬契約の存在を理由に組合活動を妨害してはならない旨の不作為命令とともに、当該労働者への同趣旨の通知およびポースト・ノーティスを命じている）のほか、黄犬契約の破棄と将来にわたる不締結の命令等が考えられよう。なお黄犬契約にもとづき実際に不利益取扱が行われたときは、不利益取扱に対する救済命令の問題になるが、制度の建前としては第一次的な救済と解すべきである。しかし、黄犬契約を憲法二八条にもとづく強行的公序の違反として無効と主張する等の司法的救済も排除されるわけではない。

かくて、設問の一部である黄犬契約は有効かという問題に対しては、結論として、黄犬契約は私法上無効である（ただしこれを前提とした司法的救済は現行法上の建前としては、第一次的な救済ではない）ということになる。

ちなみに、不当労働行為としての解雇は不当労働行為なるが故に無効となるのではなく、権利濫用の一態様としての無効となると判示した裁判例（東京地判昭和四四・七・一五東京科学事件判例時報五八一号七五頁）がある（これについては山口浩一郎「不当労働行為にあたる解雇の効力」久保敬治編・『判例演習講座労働法』七三頁以下、岸井貞男「不当労働行為と権利濫用」ジュリスト増刊『労働法の判例』一三五頁以下および両論文所掲の文献参照）。

三　黄犬契約は狭義の団結権の制限を含む個々の労働者と使用者との間の合意であるが、団結権は、団結した労働者の団結体運営の自由という集団的自由をも内包しているから、従業員労組と使用者との間の上部労組不加入の合意（協定）も、団結権制限の労使間合意として黄犬契約と共通性をもつ。かかる合意・協定も私法上無効と解される（かかる合意・協定を結ぶことなしに、当該組合のみ自主的決定により当分の間上部労組に加入しないことを決定することは、法律上は当該組合の自由である）。ただし現行法上の第一次的ないし労働法的救済は、かかる協定の締結を支配介入（労組法七条三号）の一種とみての労委の行政的救済である。

つぎに団体交渉または争議行為の自由の制限に関する労使間合意としては、団交の方式を限定する協約条項、平和義務条項（さきにちょっと触れた）、抜打ち争議行為は行わないなどのいわゆる争議条項などが問題になろう。これらはいずれも、集団的合意であるが、団結権（狭義）の制限の場合と異なり、常に無効と断ずるわけにはいかない。すでに与えられた紙幅は超過しているので、これらの集団的合意の効力いかんは、労使間のいわゆる集団的自治という現行法理念の限界の問題であることを記すにとどめる。

（法学教室〈第二期〉一号、一九七三年）

17　ＩＬＯ条約勧告適用専門家委報告における労働組合運動の権利

はじめに

本稿の課題は、ＩＬＯの条約勧告適用専門家委員会（以下「専門家委」と略称する）の一九八三年「一般調査」の内容のうち、重要と思われる個所を拾いあげて、私なりの論評をくわえることである。

この一般調査は、三種の条約・勧告すなわち、⑴結社の自由及び団結権の保護に関する条約（八七号）、⑵団結権及び団体交渉権に関する条約（九八号）、⑶農業労働者の団体に関する条約（一四一号）及び勧告（一四九号）について、加盟国におけるその適用状況を包括的に調査したものである。その内容も、第一章「全体の序（General Introduction）」を除いた本論は、右の⑴～⑶の順序にしたがって三部に分かれており（第二章～第十三章）、そのあとに、三条約のそれぞれにつき未批准国が批准をためらっている理由・事情と、今後批准の見込みについて述べた一章（第十四章）と、ごく簡単な最終章「結び」がついている（条約・勧告の原文などを掲げた付録を除き、全体で一三五頁）。

本稿では、一方で、⑴⑵の両条約はわが国もすでに批准ずみであり、順守義務を負っていること、これまでとくに八七号条約と国内法との抵触問題がしばしばとりあげられてきたことを考え、他方で本稿の紙幅の制約などを考慮して、この一般調査報告書のなかの(1)(2)に関する部分だけをとりあげることとした。なお、この報告書の内容のうち、わが国に対する関係で実際上もっとも重要なのは、わが国の法とその適用（成文法と判例法）のなかに、八七号または九八号条約に違反する個所があるかどうかについて述べた部分であるが、本稿では、かかる部分だけでなく、八七号条約等の特色などにも触れながら、わが国の法および法理論との関係で注目ないし注意すべき点もとりあげていきたい。

一　労使の「組合の自由」

1　第一部の構成

一般調査の第一部は「結社の自由」と題され、次の八章から構成されている。第二章「労働組合権と市民的自由」、第三章「いかなる差別もなしに団体を設立する労働者および使用者の権利」、第四章「事前の認可を受けることなく団体を設立する労働者および使用者の権利」、第五章「自ら選択する団体を設立し、およびこれに加入する労働者および使用者の権利」、第六章「規約および規則を作成し完全に自由に代表者を選任する（労使）団体の権利」、第七章「運営および活動を組織し計画を策定する労働者団体および使用者団体の権利」、第八章「団体の解散および活動停止」、第九章「連合および総連合を設立しおよびこれに加入し、並びに国際組織に加盟する団体の権利」。

このうち、第三章〜第五章は、八七号条約第二条（「労働者および使用者は、いかなる差別もなしに、事前の認可を受けることなく、自ら選択する団体を設立する権利、および当該団体の規則に従うことのみを条件としてかかる団体に加入する権利を有する」）に照応する。また第六、七章は同第三条（「労働者団体および使用者団体は、規約および規則を作成し、完全に自由に代表者を選任し、運営および活動を組織し、並びに計画を策定する権利を有する」）に、第八章は同第四条（「労働者団体および使用者団体は、行政当局によって解散させられ、または活動を停止させられてはならない」）に、第九章は同第五条（「労働者団体および使用者団体は、連合および総連合を設立する権利およびこれに加入する権利を有し、また、これらの団体、連合または総連合は、国際的な労働者団体または使用者団体に加盟する権利を有する」）に、それぞれ対応している。そして本文の冒頭第二章は、このような労使の個人的および団体的権利を内包する「組合権（trade union rights）」について、市民的自由との関係を論じたものである。

2　労使の「組合の自由」

(1)　日本法上の団結権とＩＬＯ条約の「組合の自由」

わが国では、憲法が、二一条で国民のすべてに対して結社の自由を保障し、それとは別に二八条で労働者の団結権（広義）すなわち労働組合運動権の保障を掲げていることもあって――結社の自由を含む近代的な市民的自由の保障を前提としてはじめて労働組合運動権の保障も導き出される（前者の保障のないところに後者の保障もない）とはいえ――労働者の労働組合運動権は、すべての国民に認められる自由権的基本権としての結社の自由の単なる一態様ではなく、労働者という経済的社会的地位にある国民層のみに認められる生存権的基本権としての特質をもつものと解されている。これに対し、ＩＬＯ八七号条約は、「結社の自由」

と題して、労働者と使用者に平等の団体結成・加入の自由（第二条）と、労働者団体と使用者団体に平等の団体の内部運営および対外的活動の自由（第三条）を定めている。ここでは、「本条約において『団体』とは、労働者または使用者の利益を増進擁護することを目的とする労働者団体または使用者団体をいう」（第十条）とあるように、労働組合と使用者団体がいわば等質的に捉えられている。換言すれば、八七号条約は、労働組合運動と使用者団体の活動とを労働者、使用者の「結社の自由」という市民的自由の上に基礎づけて同列に捉えているのであり、そこにあるものは労使の「組合の自由」であるという方が適切である（もっとも、ＩＬＯ条約が常に労使の団結権を同列に取り扱っているというわけではない。後に触れる九八号条約第一条は、労働者に対する使用者側からの反組合的差別待遇についての保護（禁止・規制措置）を定めており、これは労働者側だけについての団結権の保護に関する規定である。しかし、かかる規定は、八七号および九八号条約中、他にみあたらない）。

(2) 第一部のもつ意義

今回の「一般調査」の第一部も、労働者の団結権を労使平等の「結社の自由」の一態様として捉えるＩＬＯの基本的立場から書かれている。この点、日本法上の労働者の団結権の内容がいわば「結社の自由」プラス・アルファのものであるのと異なる。しかし「一般調査」第一部とくに第三章以下は、労働者の団結権を「結社の自由」の一態様としての「組合の自由」の上にのみ基礎づける場合でも、この権利の内容としてどのようなことが――わが国も批准している国際労働条約上――認められるかを明らかにしており、かかるものとして、わが国の団結権論にとっても少なからぬ意義をもっている。

他方、第一部冒頭の第二章は、労使の「組合の自由」を「結社の自由」という市民的自由・人権の一つとして強調するとともに、この自由と他の市民的自由・人権との相関・一体性について、かなり詳細に特記している。ここでは、組合運動指導者に対する暴行・傷害・殺人、恣意的な逮捕・拘留・監禁・拷問など（人身の自由その他の「身体の安全」に関する人権の侵害）のほか、労働組合の集会、デモ、文書等による意見表明に対する不当な制限・禁止（「集会の自由」「言論および表現の自由」の侵害）、労働組合の事務所や機関紙等の発行所の不当な捜査、組合事務所等の接収・閉鎖（組合の財産権の侵害）、戒厳令等の「緊急事態」宣言下の組合運動の停止など、具体的事項がとりあげられている。これを読むと、戦前のわが国の組合運動に対する政府・官憲の態度がなまなましく想起されるのであるが、現在でも、ＩＬＯ加盟諸国のうち数において大きな比重をしめる発展途上国、とくに政情の不安定な国については、組合の自由も他の市民的自由・人権の保障と併存しない限り実質上ほとんど空語となるという指摘が、現実に極めて重要な意味をもっているであろうことをあらためて思いしらされるのである。ただ、発展途上国における組合とくに組合指導者に対する政府・官憲のこのような抑圧は、戦前のわが国におけると同様、社会主義・共産主義ないし社会主義・共産主義的傾向を理由とする場合が多いであろうし、ときには、政権の支持母体である労組とイデオロギー・路線において対立する労組に対する弾圧であろうから、思想および信条の自由にもこの個所で論及すべきであったと思われる。

二　公務員特に消防職員等の団結権（協議）

「労働者および使用者は、いかなる差別（distinction）もなしに……団体を設立する権利」を有すると定める八七号条約第二条中の「いかなる差別もなしに」とは、労働者側についていえば、二つの意味をもっている。一つは、私企業労働者であると公務員であるとを問わず、労働者はこの権利を有すべきであって、単に公務員であるという理由によって、団結権(狭義)を否認されてはならない、という意味である。もう一つは、職業、性、皮膚の色、人種、信条、国籍または政治的意見のいかんにかかわらず、労働者はこの権利を有すべきであるという意味である。これは、ILO自身によって明らかにされている解釈である。

第三章は、右の二つの意味において「いかなる差別もなしに」認められるべき、労使の団体設立の権利について述べたものである。このうち、公務員の団結権(狭義)については、これまでも、日本法上の刑務所職員、消防職員の取り扱いが、ILOで何度か問題とされてきた。[3]

この点に関する今回の「一般調査」の所述のなかで注目されるのは、「公務員の結社権〔団結権〕の承認は、決して公務員のスト権の問題に事前の判断を加える(prejudge)ものではない」――団結権の承認はスト権の承認に直結しない――との、かつてのILO総会報告中の一部が注意的確認的に引用されていること(七八項)、また、わが国が「消防職員と刑務所職員(後者は多くの国において、団結権の問題については警察と同一化assimilateされている)」のいずれについても団結権(狭義)を除外・否認している国としてあげられ、かつ、「本委員会の見解としては、これらの公務員の行なう職務は、通常は(normally)、条約第九条にもとづく団結権の除外・否認を正当化するものではない」と述べていること(八七項)である。

八七号条約第九条1は、「軍隊および警察」については、この条約に定める団結権を認めるか否か、認める場合のその範囲を国内法令の定めに委ねている。[4] 換言すれば、軍隊と警察に関する限り、国内法令で団結権を除外・否認しても、八七号条約違反とはならない。そこで日本政府は、前から、刑務所職員はもとより、消防職員も、わが国では警察と同質の職務を担当し、警察と同一化されているとして、国内法による団結権の除外・否認（国公一〇八条の二第五項、地公五二条五項）は、八七号条約違反ではないと主張してきた。最近では、「経済的、社会的および文化的権利に関する国際規約（国際人権規約A規約）」と「市民的および政治的権利に関する国際規約（国際人権規約B規約）」の批准にあたって、次のような解釈宣言をし、かつ、それを確認・通告する旨の書簡を国連事務総長に送っている。

「日本国政府は、結社の自由および団結権の保護に関する条約の批准に際し、同条約第九条にいう『警察』には日本国の消防が含まれると解する旨の立場をとったことを想起し、経済的、社会的および文化的権利に関する国際規約第八条2および市民的および政治的権利に関する国際規約第二二条2にいう『警察の構成員』には日本国の消防職員が含まれると解釈するものであることを宣言する(5)」

今回の「一般調査」も、刑務所職員は多くの国で、団結権の問題については警察と同一化されていることを認め、その一つとしてわが国をあげているから、わが国の法令が刑務所職員に団結権を認めていないことについて、専門家委もこれを八七号条約違反とはみていないように思われる(6)。しかし、消防職員については、「一般調査」は、警察と同一化されている国もあるとは述べていない。たしかに、「通常は」消防職員の行なう職務は条約第九条にもとづく団結権の除外を正当化しないと述べているので、わが国では消防職員の職務が警察のそれと同質であり同一化されているという他国と異なる特殊事情が現実に存在すると認められれば、除外も正当化されるであろう。しかし、専門家委を含むＩＬＯの各種機関は、これまで何度も、日本の消防職員の任務にはいくらかの特色はあるが、それが団結権の除外を正当化するものとは思われないとの見解を表明している(7)。これらの諸事情を考えあわせると、専門家委は、今回の「一般調査」でも、これまでと同様、わが国の消防職員についての団結権否認を八七号条約違反とみていると解され、今後もこの態度に変化はないように思われるのである。

三 労働組合の活動の自由とその制限

1 八七号条約とスト権

八七号条約は、労働組合のスト権について直接にはなにも言及していない。この点、国際人権規約A規約八条と異なる。しかし、ストが八七号条約と全く無縁であるというわけではない。八七号条約第三条は、「運営と活動を組織する」労働者団体および使用者団体の権利を掲げており、同第八条は、この「活動を組織する」権利の保障を国内法が阻害すること、また、阻害するように国内法を適用することを禁止しているからである（「国内法令は、この条約に規定する保障を阻害するようなものであってはならず、また、これを阻害するように適用してはならない」）。換言すれば、八七号条約はストを含む広義の組合活動の国家権力からの自由について定めるものであり、ストに限らず、労働組合の諸活動について、これを組織する組合の自由を国内法で不当に阻害したり、阻害するように国内法を適用したりすれば、八七号条約違反となるのである。

問題は、労働組合の諸活動の自由に対する国内法によるどのような制限・禁止が八七号条約違反となるかである。今回の「一般調査」では、この問題は第七章で取り扱われている。それは、この問題に関するＩＬＯ諸機関の見解、とくに八七号および九八号の二条約に関する専門家委の一九七三年「一般調査」の所見を継承するとともに、新たなものもつけ加えており、実質的に現時点でのこの問題に関するＩＬＯの見解を示すものとして注目される。

2　政治的活動

(1)　政治的活動禁止法規

第七章は、労働組合の政治的活動について、まず、国家のたとえば経済政策の選択が労働条件（広義）に影響を及ぼさざるをえないことから、労働組合がその活動をもっぱら職業上の問題に限定するわけにはいかなくなっていること等に触れた後、「労働組合運動の基本的目的が、すべての労働者の社会的、経済的福利の発展の確保にある以上、労働組合は政府の経済政策および社会政策について公然と見解を表明できなければならない」とし（一九五項）、一部の国にみられる労組の政治的活動を全面的に禁止する法規は、「八七号条約の原理と両立しえない」と述べている（一九八項）。

(2)　一政党との密接な連係を樹立する法規

しかし、第七章は、同時に、ソ連・東欧諸国にみられる「労働組合と唯一政権政党〔共産党等〕との間に密接な連係」を樹立する国内法令にも言及している（一九四項）。そして、これまでＩＬＯ諸機関の文書にもたびたび現われる一九五二年のＩＬＯ総会の「労働組合運動の独立に関する決議」のなかから、労働組合が経済的社会的目的を促進する手段として政党と関係をもち、または政治的活動を行なう場合には、「かかる関係または活動は、労働組合運動がその国の政治的変化のいかんにかかわらず持続し、または社会的経済的機能を果たしていくことに対し、害を及ぼすような性質のものであってはならない」、「政府は、経済政策、社会政策の実施に当たって組合の協力を得ようとする場合、組合の協力が、社会発展の不可欠の一要素としての組合運動の自由および独立に大きく依存することを認識すべきであり、組合の協力を政府自身の政治的目的達成のための道具に変えてはならない」などの記述を引用し（一九六、一九七項）、結論として、組合の政治的活動を全面禁止する国内法と逆に、「組合と一政党との密接な連係を樹立する国内法も、八七号条約の原理と両立しえない」としている（一九八項）。かくて、組合の政治的活動に関する第七章の所論は、資本主義諸国の立法だけでなく、社会主義諸国の立法にも向けられているわけである。

社会主義国における「労働組合と唯一政権政党との密接な連係」は、組合複数主義（trade union pluralism）と対比される単一労働組合制（a single trade union system）と結びついている。単一労働組合制は、それが直接または間接に法によってうみ出され維持されるものである限り、八七号条約第二条の「自ら選択する」組合を設立しまたはこれに加入する労働者の権利に抵触する。これが、ＩＬＯの前からの基本的見解であり、今回の「一般調査」では、第五章の一三二〜一四〇項で詳論されている。しかし、この個所については、「一般調査」のとりまとめの段階で、専門家委の内部でもソ連・東欧圏出身の委員から、とりわけその中心的部分である一三四〜一三六項に対して異論が出されたことが記されている（四二、四三項）。おそらく激論が闘わされたことであろう。われわれは、社会主義体制下の政権政党と密接に連係する労働組合に対立して自主労組「連帯」が登場した最近のポーランド事件の報道に接して、あらためて社会主義と労働組合運動という困難な問題を深く考えさせられたのであるが、今回の「一般調査」に示されている見解は、専門家委の「一般調査」というものの性格や役割からみても、この問題を考える場合に無視したり安直に片付けたりすることのできないものであり、その検討は、賛否いずれの結論に到達するにせよ、稔り多いものとなろう。

3　ストライキ

経済的社会的利益の促進擁護のための労働組合の諸活動――そのすべてについて八七号条約第三条の「活動を組織する」自由が問題になる――として、第七章は、⑴「使用者に直接損害を及ぼさない単純な抗議行動、たとえば〔社外での〕抗議集会、請願」と、⑵「使用者に損害を与えることによる圧力行使を意図するもの、たとえば怠業slowing down of work (go-slow)、狭義の順法闘争strict application of the rules (work-to-rule)、ストライキ」をあげ（一九九項）、このうちの⑵だけについて論述している。

⑴　スト権

すでに述べたように、八七号条約はスト権については直接には何も言及せず、ストその他の「諸活動を組織する」自由の保障を掲げるにとどまる。しかし、かかる「諸活動」のなかで実際上とくに重要なものは、いうまでもなくストライキであり、第七章は「スト権」に関しても論述している。(8) このなかで注目されるのは、「スト権」におけるストの「目的」を、対使用者の関係における労働条件の維持向上に限定せず、対国家の関係も含めて「労働者の経済的社会的利益の促進擁護」においていることである。「本委員会は、スト権が、労働者の経済的社会的利益の促進擁護のために労働者および労働組合が用いうる、不可欠の手段の一つであると考える。この場合の経済的社会的利益は、よりよい労働条件の獲得や、職業上の性質をもった集団的要求の追求だけでなく、経済的社会的な政策問題および労働者に直接関係するあらゆる種類の労働問題に対して解決を求めることも関係がある」（二〇〇項）。

(2) 政治ストの禁止

後に「ストの目的に関する制限」という見出しのもとで、「一般調査」が政治ストにつき次のように述べているのは、「スト権」におけるストの目的について、専門家委が右のような捉え方をしていることに照応するものといえよう。「本委員会は、労働組合が、とくに政府の経済的社会的政策の批判を意図する場合に、抗議ストに訴える可能性をもつべきものと考える」。しかし、すぐにこれに続けて、「純粋に政治的性格をもつストは、結社の自由の原理の範囲に属さない」と述べている(二一六項)。ここにいう「純粋に政治的性格をもつスト」の意味は、当然のことながら、スト権に関する専門家委の上述の見解(二〇〇項)にてらして捉えなければならない。

この専門家委の見解は、政治ストを、労働者としての生活利益にかかわるいわゆる経済的政治ストとそうでない純粋政治ストに分けてその正当・不当(合法・違法ではない)を考察するわが国労働法学における政治スト論(多数説)を連想させるであろう。しかし、両者の視点ないし問題次元の異なることに注意すべきである。専門家委は、政治スト禁止法と八七号条約第三条との関係について、純粋政治ストの禁止は八七号条約違反ではないが、政治ストの全面禁止は違反となると述べているのであって、政治ストの日本法上の正当・不当(いわゆる免責効果、とくに使用者に対する民事免責が認められるか否か)の問題について、純粋政治スト以外の政治ストは正当であるなどと述べているわけではないのである。

ちなみに、同情ストについては、「同情ストの全般的禁止は濫用をもたらすものであり、労働者は、支援しようとする原ストがそれ自体合法であることを条件として、かかる行動をとることができなければならない」と述べている(二一七項)。

(3)　ウォーク・アウト以外の争議手段

「スト権行使の方法に関する限り、狭義の順法闘争、企業または作業場所・建物の占拠、坐りこみストおよびピケッティングに対する制限は、これらの行動が平和的であることをやめた場合の制限としてのみ、正当化されうる」（二一八項）。これも、たとえばピケは平和的な場合にのみ日本法でいう正当性（刑事、民事の免責等）が認められると述べているのではなく、ウォーク・アウト以外の争議手段に対する国内法による制限が、八七号条約との関係で正当化されるのはどんな場合かについて述べたものである。

(4)　公務員と不可欠業務の労働者のストの制限・禁止

第七章は、労働者に対するストの全般的禁止（争議は強制調停および強制仲裁に付される旨の労働争議調整法規の結果として生ずる場合を含む）は、労働組合の「活動を組織する権利」（第三条）に対する重大な制限であり、それ故に結社の自由の原理と両立しえない」（二〇五項）こと、また、緊急権（emergency power）にもとづくまたは政府の危機状態の存在を理由とするストの禁止または停止についても、「ストの禁止と全般的停止は、労働者および労働組合が、その利益の増進擁護のために用いうる不可欠の手段の一つを大きく制限するものであるから、かかる措置は激烈な国家的危機状態のもとでのみ、かつ、その場合も期間を限っての措置としてのみ正当化されうる」（二〇六項）と述べたのち、公務員と不可欠業務（essential services）の労働者のスト権について、さまざまに分かれている各国国内法（不文法を含む）の態度を分類・整理したうえで、次のように論じている。

イ　「公務または公的、準公的、私的のいずれであるとを問わず、不可欠業務について、スト権の制限・禁止は一定の要件・範囲のもとでのみ許されるという原理は、立法が公務または不可欠業務の範囲をあまりにも広く定める場合には無意味なものとなろう。本委員会がすでに以前の一般調査において言及してきたように、スト権の禁止は、公権力の行使を担当する機関としての資格で行動する公務員、またはその停廃が国民の全部もしくは一部の生命、身体の安全もしくは健康を危うくする業務に限定されなければならない」(二一四頁)。

この専門家委の見解は、周知のドライヤー委員会報告(9)に現われる見解と同趣旨のものであるが、公務員、公企体職員の争議行為を一律に全面禁止するわが国の現行公務員法・公労法・地公労法の規定は、八七号条約に違反するのではないか、という問題をあらためて提起するものである。公務員法にいう公務員の範囲は、国家統治権(立法、司法行政)の行使を担当する固有の意味の非現業職員に限られず、非常に広範囲にわたるし、また、公労法・地公労法の適用をうける公企体、国公営企業は、その業務の停廃が国民ないし住民の生命、身体の安全または健康を危うくするとは認められないものをも含んでいるからである。後者との関係で注目されるのは、専門家委がここ(脚注)で次のような結社の自由委員会の見解を引用していることである。「医療部門や航空管制は不可欠業務である。しかし、たとえば金融、農業活動、港湾、金属、ガソリン、煙草、印刷業、教育、ラジオおよびテレビジョンは、語の厳密な意味での不可欠業務ではない」。これによれば、少なくとも公労法の適用対象のうち専売公社(煙草)は不可欠業務に属せず、その職員のスト全面禁止は八七号条約違反ということになろう。

ロ「公務または不可欠業務においてストが制限または禁止される場合には、職業上の利益を擁護する不可欠の手段の一つをこれによって否認される労働者を保護するため、適当な保障が与えられなければならない。制限は、関係当事者があらゆる段階で参加することができ、かつ、裁定があらゆる場合に両当事者を拘束する適当で中正、迅速な調停仲裁手続きによってうめ合わせられなければならない。かかる裁定は、いったん下された以上、迅速かつ十分に実施されなければならない」（同前）。

いわゆる代償措置論であり、これもドライヤー委員会報告にすでに現われていた。公労法・地公労法上の強制調停・仲裁手続きは、八七号条約との関係で、ここに述べられている要請をみたすものでなければならず、また、仲裁裁定は迅速かつ十分に実施されなければならない。公務員法は、ここに述べられているような調停・仲裁手続きを定めておらず、人事院等の勧告という制度を設けているが、この制度が八七号条約の要請に適合するかどうかは、極めて疑問であろう。

(5)　ストに対する制裁

この問題については、本文で「一部の国では、違法ストは罰金または拘禁の刑に処せられる刑事犯罪である」[10]と述べられ、脚注で「日本では、ストに対する刑事制裁は、最高裁により、公務員のストを組織しまたは扇動した労働者に対して科されてきた」と指摘されている（二二二項）。そして、ストに対する「刑事制裁は、結社の自由の原理に合致するスト禁止法規の違反があった場合にのみ科すべきである。さらに、かかる場合にも、制裁は、なされた犯罪と釣り合いのとれたものでなければならず、投獄刑は平和的ストの場合には科してはならない」という見解が掲げられ、政策論として「不釣り合いの刑事制裁の適用は、調和的な労使関係の発展に資するものではない」と付言されている（二二三項）。

この見解によれば、わが国の現行法には二重に問題があることになる。公務員法は、公務員の争議行為を一律に全面禁止し、これを企て、そそのかし、あおり等の行為をした者に対し、懲役刑を含む刑事制裁を定めている（国公一〇一条一項一七号）、地公労法にはこのような規定はないが、現在の最高裁判例によると、公労法の全面禁止規定に違反した争議行為には、いわゆる刑事免責が認められず、また、郵便物不取扱等の処罰(懲役刑を含む)を定めた郵便法七九条一項の規定は、郵便職員のストにも適用される。その結果、郵便ストについては、ストの単純参加者は別として、ストをそそのかし、あおる等した者(組合幹部)は、右郵便法違反の罪の教唆、幇助等の刑事責任を免れない。この判例の態度は、郵便法七九条一項を媒介として、公労法上の禁止に違反する郵便ストにつき、これをそそのかし、あおる等した組合幹部は刑事制裁の対象となる、という判例法が存在することを意味する。なお、この判例法理に従うと、公労法の禁止に違反する電電公社職員のストについても、郵便法七九条一項と同旨の公衆電気通信法一一〇条一項の規定を媒介として、組合幹部の刑事責任につき同様の結果が導き出される。

この二種の制定法および判例法をめぐる第一の問題は、公務員法にいう公務員の範囲が広すぎるため、また、公労法の適用事業には不可欠業務に属さないものが含まれているために、両法による争議行為の禁止は「結社の自由の原理に合致するスト禁止法規」とはいえないものを含んでいること、したがって、その違反に対する右の刑事制裁は、「結社の自由の原理に合致するスト禁止法規」違反の場合に限って刑事制裁は科されるべきであるという要請に合致しないものを含んでいることである。郵便と電信電話は不可欠業務に属するとしても、公務員法は、明らかに、スト禁止が「結社の自由の原理に合致」しない種類の職員に対しても、スト禁止を定めている。

第二の問題は、公務員法のスト禁止規定の違反に対する刑事制裁も、郵便法七九条一項または公衆電気通信法一一〇条一項に定める刑事制裁も、いずれも、「平和的スト」であるか否かを問わず、懲役刑を含んでいることである。したがって、それは、スト禁止が結社の自由の原理に合致し、その違反に対し刑事制裁を科することが正当化される場合でも、「投獄刑は平和的ストの場合には科してはならない」という要請に合致していないのである。

四　団結権侵害に対する保護措置等

1　第二部の構成

今回の一般調査の第二部は、「団結権と団体交渉」と題して、三つの章からなる。第十章「反組合的差別待遇に対する保護」は、八七号条約第一条（「労働者は、雇用に関する反組合的差別待遇」、とくに「a労働組合に加入せず、または労働組合から脱退することを労働者の雇用条件とすること、b組合員であるという理由または労働時間外にもしくは使用者の同意を得て労働時間内に組合活動に参加したという理由で労働者を解雇し、その他その者に対し不利益な取扱をすること」に「対して充分な保護を受ける」）に、第十一章「干渉行為に対する保護」は同第二条（「労働者団体および使用者団体は、その設立、活動または運営に関して相互が直接にまたは代理人もしくは構成員を通じて行う交渉に対して」、とくに労働者団体は「〔使用者側が〕労働者団体を使用者または使用者団体の支配下に置くため、使用者もしくは使用者団体に支配される労働者団体の設立を促進し、または労働者団体に経理上の援助その他の援助を与える行為」に対して「充分な保護を受ける」）に、それぞれ照応し、かつ、この二つの章は、ともに条約第三条（「前各条に定める団結権の尊重を確保するため、必要がある場合には、国内事情に適する機関を設けなければならない」）に関係している。第十二章「団体交渉の促進」は、同第四条（「労働協約により雇用条件を規制する目的をもって行う使用者または使用者団体と労働者団体との間の自主的交渉のための手続の充分な発達および利用を奨励し、かつ促進するため、必要がある場合には、国内事情に適する措置を執らなければならない」）に照応している。

八七号条約が、労使平等の「組合の自由」に対する国家権力（国内法）の不当な制限・禁止を否認する趣旨のものであるのに対し、九八号条約第一条は、労働者側の組合運動権・団結権についてのみ、これに対する使用者側の不当な妨害としての反組合的差別待遇を禁止し、かかる差別待遇から労働者・労働組合を「充分に保護」する措置をとるよう、国家権力に要請するものである。ここでは、国家権力が労使の「組合の自由」を尊重してみだりに介入しないことが要請されているのではなく、労働者の団結権行使を使用者の妨害から充分に保護することが要請されているのである。九八号条約第二条は、労働組合運動に対する使用者側の介入・干渉にとくに注目しているが、それだけでなく、労使双方について、相手方の「組合の自由」の行使に介入・干渉することを禁止し、そのための実効ある措置をとるよう国家権力（国内法）に要請している。九八号条約第四条も、労使間の団体交渉に国家権力がみだりに介入しないことを要請しているのではなく（かかる介入は八七号条約に違反する）、団体交渉の奨励・促進のために必要・適当な措置を講ずべきことを、国家権力（国内法）に要請するものである。

2 わが国の現行法との関係

(1) 不当労働行為制度

第二部の論述中には、注目される個所は少ない。

わが国の場合、九八号条約第一条〜第三条に対応するものは、いうまでもなく、不当労働行為制度（労組法七条、二七条）であるが、第十章で有益なのは、反組合的差別待遇から労働者を保護する国内法上の制度・方法に、予防（たとえば、組合役員の解雇等については事前に独立の機関または公権力の認可を受けなければならない）、補償（事後的救済）、刑事制裁の三つがあることを指摘し、あとの二つの方法を採用する諸国のなかにわが国を含めていること（二六五〜二七〇、二七八項）と、保護の実効性を強調して、予防の制度をとる場合も含め、「実効ある保護を確実ならしめる更なる手段は、労働者の解雇を決意した動機がその労働者の組合活動とは関係がないことの立証を使用者に義務づけることである」と述べている（二七一項）ことぐらいである。ただし、後者について、このような立証責任を使用者に負わせないと九八号条約第一条違反になると解しているのかどうかは、明らかでない。なお、保護の実効性に関するその他の所論は、すでにわが国で論じられてきた域を出ない。

(2)　現行公務員法の諸規定

わが国の現行法の規定中、九八号条約第一条〜第三条との関係でとくに問題なのは、公務員法の諸規定である。公務員法は、一般職の公務員については原則として労組法の適用がなく、反組合的差別待遇についても、公務員のみで組織する「職員団体」だけを対象として、その構成員であること等を理由とする差別待遇の禁止を定めるにすぎない（国公一〇八条の七、地公五六条）。しかも、単にかかる禁止を掲げるだけであって、差別待遇に対する「充分な保護」（予防、補償、刑事制裁）については、なにも規定していない。さらに、九八号条約第二条の労働組合の結成・運営に関する使用者側からの干渉（支配・介入）に対する保護については、「職員団体」の結成・運営に関する干渉（支配・介入）の禁止さえ掲げていない。

たしかに、九八号条約は、八七号条約と異なり、「軍隊および警察」の適用除外を認めるにとどまらず、「本条約は、公務員の地位を取り扱うものではな」いと定めている(第六条)。しかし、一般調査は、「国家またはは公共部門に雇用されてはいるが、公権力を行使する機関として活動するわけではない者については、たとえこれらの者が国家統治権の行使を担当する公務員と同一の情況下におかれている場合でも、これを〔公務員であるとして〕本条約の適用範囲から除外することは、本条約の意味するところに反する」と述べている(二五五項)。したがって、わが国現行公務員法にいう公務員のうち、国家統治権の行使を担当する者(語の真の意味における非現業の職員)を除いた、その余の公務員に対する関係では、上述の公務員法の規定は、九八号条約第一条~第三条違反のおそれが大きいといわざるをえない。また、厳密な意味の非現業に属さない公務員については、公務員法が協約締結権を否認していること(国公一〇八条の五第二項、地公五五条二項)も、九八号条約第四条に違反すると解される。(11)

おわりに

ＩＬＯ条約の解釈に関する疑義または争いは、国際司法裁判所によって決せられる(ＩＬＯ憲章第三七条一項)。その意味で、専門家委によるＩＬＯ条約の解釈は、公権的な解釈ではない。しかし、専門家委のＩＬＯ内部における地位・役割からみて、今回の一般調査にもられた八七号および九八号条約の解釈に関する専門家委の見解は、実際上、ＩＬＯ自身の見解、あるいは少なくともこれに近いものとして、国際的には決定的に大きな重みをもつものといえよう。したがってそれは、労働組合運動の権利に関する現時点での国際的規準の内容を知るうえで極めて重要な資料といわなければならない。

しかし、右のような国際的規準の内容という観点からすると、八七号条約に関しては、国連総会が採択しわが国も批准した国際人権規約のなかの同種・類似の規定、すなわち同Ａ規約八条、Ｂ規約二二条（この二つの規定については、注5を参照）に言及しないわけにはいかない。

(1)　国際人権規約の右の二つの規定で第一に注目されるのは、Ｂ規約が「市民的および政治的権利に関する国際規約」という正式名称に似合わしく、二二条で、すべての個人の「結社の自由」という「市民的」な基本権を掲げ、その一側面としての労働組合の結成・加入の権利に触れている（その点で「結社の自由」に根拠づけれた労使の「組合の自由」について定める八七号条約と基調を同じくする）のに対し、Ａ規約は「経済的、社会的および文化的権利に関する国際規約」という正式呼称にふさわしく、八条で、人が労働者という「経済的・社会的」地位にあることにもとづき、この地位に結びつけられた基本権として認められる「労働組合運動」の権利について定めている（労使平等の組合運動の権利なるものを定めたものではない）という点である。その限りでは、Ａ規約八条は日本国憲法二八条と基調を同じくするといえる。

(2)　第二に注目されるのは、八七号条約がスト権に直接にはなにも触れていないのに対し、Ａ規約八条１ｄはスト権を掲げていることである。労働者という経済的社会的地位にある者の基本権として、八条は団結権（狭義）のみならずスト権をも明確に承認したのである。ただし日本政府は、国際人権規約の批准に際し、「八条１ｄの規定に拘束されない権利を留保」した。

イ　八条１ｄは、スト権は「各国の法律に従って行使されることを条件とする」と定める。この規定は、一見、法律をもってすればどのようなスト権行使の制限・禁止も許容するようにみえる。しかし、八条１ｃ

は、労働組合の活動の自由（「自由に活動する権利」）について、これに対する制限は単に「法律で定める制限」であるにとどまらず、「国の安全もしくは公の秩序のためまたは他の者の権利および自由の保護のため民主的社会において必要な」制限以外のものであってはならないと定めている。したがって、労働組合の活動の一つとしてのストについても、法律による制限は、八条1cに掲げるような内容のものでなければならない。日本政府が八条1dについて留保したのは、わが国の現行争議行為法規と八条とが必ずしも合致しないという理由によるものであった。

ロ　A規約八条は、スト権の内容については触れるところがない。一方で、資本主義社会のストと社会主義社会のストとの性格の違いを考え、他方で、今回の専門家委の一般調査も指摘するように、社会主義国の法がストの合法、違法について沈黙していることを考えあわせると、国際人権規約は資本主義国と社会主義国の双方にひとしく適用されることを予定しているものであるが、A規約八条のスト権に関する限り、資本主義国、社会主義国双方に共通の内容において捉えられるスト権とは何か、あるいはスト権の内容をどこまで資本主義国、社会主義国に共通のものとして捉えうるか、という困難な問題につき当たる。

(3)　A規約八条2は、八条1に定める労働者のスト権を含む労働組合運動の権利の行使について、軍隊、警察のほか、「国家権能の行使を担当する職員（政府公定訳では単に「公務員」）についても「合法的な制限」を課しうるとしている。この点は、八七号条約が前二者についてのみ除外を認め、九八号条約が最後のものについても除外を認めていたことを想起させるものである。ただし、A規約八条と九八号条約とは、もとよりその内容を異にする。

(4)　A規約八条1のa〜cの解釈すなわち、これらに定められている労働者の権利内容の把握にあたっては、これまで八七号条約の解釈・運用をめぐって専門家委をはじめＩＬＯの諸機関が積み重ね踏み固めてきたものが参照され尊重されなければならない。八条3は、八七号条約の締約国が、八条の規定を理由として「同条約に規定する保障を阻害するような立法措置を講ずることまたは同条約に規定する保障を阻害するような方法により法律を適用することを許すものではない」と定めている。

（1）　政府公定訳では、organise their administration and activitiesは「その管理及び活動について定め」（傍点筆者）となっている。

（2）　政府公定訳は、administrative authorityを「行政的権限」と訳している。

（3）　詳細は、横田喜三郎『組合の自由』（有斐閣、一九七九年）四〇～四三頁、一七六頁以下、とくに四五〇頁以下。

（4）　「この条約に規定する保障を軍隊および警察に適用する範囲は、国内法令で定める」。

（5）　国際人権規約Ａ規約（一九六六年十二月国連総会採択、一九七六年一月発効）八条は、次のように定める（政府公定訳による）。

「1　この規約の締約国は、次の権利を確保することを約束する。

a　すべての者（everyone）がその経済的及び社会的利益を増進し及び保護するため、労働組合（trade unions）を結成し及び当該労働組合の規則にのみ従うことを条件として自ら選択する労働組合に加入する権利。この権利の行使については、法律で定める制限であって国の安全若しくは公の秩序のため又は他の者の権利及び自由の保護のため民主的社会において必要なもの以外のいかなる制限も課することができない。

b　労働組合が国内の連合又は総連合を設立する権利及びこれらの連合又は総連合が国際的な労働組合団体を結成し又はこれに加入する権利。

c 労働組合が、法律で定める制限であって国の安全若しくは公の秩序のため又は他の者の権利及び自由の保護のため民主的社会において必要なもの以外のいかなる制限も受けることなく、自由に活動する権利。

d 同盟罷業をする権利。ただし、この権利は、各国の法律に従って行使されることを条件とする。

2 この条の規定は、軍隊若しくは警察の構成員又は公務員による1の権利の行使について合法的な制限を課することを妨げるものではない。

3 〔略〕」

このうち、2の「軍隊若しくは警察の構成員又は公務員」は、members of the armed forces or of the police or of the admisistration of the Stateの訳であるが、「軍隊若しくは警察の構成員又は国家権能の行使を担当する職員」と訳すのが適当と思われる。すでに指摘されているように、わが国でいう「公務員」一般がこのなかに含まれるわけではないからである(法学セミナー一九七九年五月号臨時増刊『国際人権規約』六九頁以下の河越重任教授の八条の訳および解説。教授は、管理職員のみを含む意味で「国の行政府の構成員」と訳され、裁判官などはこれに準ずる者とされる)。

国際人権規約B規約(一九六六年十二月国連総会採択、一九七六年三月発効)二二条の政府公定訳は、次の如くである。

「1 すべての者は、結社の自由についての権利を有する。この権利には、自己の利益の保護のために労働組合を結成し及びこれに加入する権利を含む。

2 1の権利の行使については、法律で定める制限であって国の安全若しくは公共の安全、公の秩序、公衆の健康若しくは道徳の保護又は他の者の権利及び自由の保護のため民主的社会において必要なもの以外のいかなる制限も課することができない。この条の規定は、1の権利の行使につき、軍隊及び警察の構成員に対して合法的な制限を課することを妨げるものではない。

3 〔略〕」

（6）　横田・前掲書四〇～四二頁、一七五頁以下とくに四五〇～四五一頁。
（7）　横田・前掲書四二～四三頁、一七五頁以下とくに四五二～四五六頁。
（8）　スト権を西欧的な市民的自由・人権の上でのみ捉える場合には、ＩＬＯでもこれまでしばしば米国などがとりあげたように、社会主義国にスト権という人権があるのかが問題になる。第七章は、国内法上スト権の認められる範囲は国によって異なるとしつつ、大多数の社会主義国ではストの合法、違法について定めた法規がみあたらないことに触れ、「これらの国々の特殊な経済的、政治的制度の性質にてらして、これらの国々の政府は、労働組合はその利益を擁護するために直接行動〔スト〕に訴える必要がないのだと考えている」と述べているにとどまる（二〇三項）。この記述は社会主義国に対する皮肉を含んでいるように思われるが、専門家委の内部で「一般調査」のとりまとめの段階で、ソ連・東欧圏諸国出身の委員がこれに対しどのような態度をとったかについては、なにも述べられていない。
（9）　片岡曻・中山和久訳『ドライヤー報告』労働旬報社、一九六六年。
（10）　脚注では、かかる国内法として、一部の発展途上国の立法とともに、スト指導者の処罰を定めたポーランドの一九八二年労働組合法と、ロシア・ソヴェート連邦社会主義共和国刑法があげられ、後者については、専門家委とソ連政府との間に解釈・適用について見解の対立のあることが述べられている。
（11）　横田・前掲書一三二頁参照。
（経済評論別冊・労働問題特集五号『結社の自由と団体交渉』、日本評論社、一九八三年）

18 公共部門の争議権についての諸提案
——必要最少限規制の具体的検討を——

はじめに

本コンファレンスの表題にいう「公共部門」は、おそらく経済学者がよく使う「パブリック・セクター」の訳語と推察されるが、しかし「パブリック・セクター」の意味・範囲は必ずしも明確ではない。(1)ただ、一九七四年四月の政府・春闘共闘委間のいわゆる「五項目合意」以来、官公労働者のいわゆるスト権問題が、当面官公労働者のなかの「三公社五現業等」の職員の争議権問題に焦点があてられており、今後の政府主導の立法作業に重大な影響を与えると思われる、いわゆる専門懇意見書（昭和五〇・一一・二五）が、「三公社五現業等」を、三公社五現業のほか地方公営企業職員を含む意味で用いていると認められるので、(2)ここでは、「公共部門の争議権」を、〝三公社五現業および地方公営企業の職員の争議権〟という意味でとらえ、これについて論ずることにしたい。

一

「公共部門の争議権についての提案」という、コンファレンス・コミッティから与えられた課題に対する私の現時点での回答は、公共部門＝三公社五現業等の職員の争議行為に関する現行法上の全面一律禁止を、争議権行使の法律による制限は必要最少限度の範囲内にとどめなければならないという憲法上の要請にてらして、三公社五現業等のそれぞれにつき、具体的に検討する作業を本格的に始めよ、ということである。これまで、官公労働者のスト権問題については、すでに、なんらかの提案まで含むいろいろの意見が提示されているが、具体的な検討はいまなお不十分であるといわざるをえない。三公社五現業等の職員の争議行為の取扱いに関する提案は、これら職員の担当する業務・職務の具体的な内容・機能、争議行為によるこれらの業務・職務の停廃によって生ずる影響の具体的な性質・範囲、換言すれば当該労働者の争議権行使と衝突する関係に立つ他の権利・法益の具体的な性質・内容の検討・解明を前提としてのみ、はじめて可能となる。しかし私にもまだこのような検討・解明の用意がないので、具体的な確定的提案はさし当りさしひかえたい。

しかし、専門懇意見書（以下「意見書」という）は、右のような具体的検討・解明を十分に行わないまま、三公社五現業等の職員の争議行為の規制について、すでに具体的な方向をうち出しており、単に「方向」の提示にとどまらず、すでに具体的な規制策まで示唆している。周知のように、それは三公社五現業等の多くは国民生活に必要不可欠のサービスを提供するものであり、かつ、業種が公共事業に属する場合でも民間の公益事業とは「重要な相違点」があることなどを理由に、三公社五現業等のなかで、全部または一部を民営ないし準民営に移行するのが妥当と認められるものについて、かかる移行を前提としてその労働者に争議権が与えられるべきである（この場合も単に民間事業なみに労組法・労調法の適用をうけるのでなく、「事業の性格に応じて調停前置、内閣総理大臣の争議行為停止命令、強制仲裁等の制約をうける」べきものとする）が、経営形態のかかる変更を妥当としないものについては、争議権は現行法どおり与えるべきではない、としている。そして、経営形態のかかる変更または変更の検討を必要とするものとして、工業用アルコール専売事業、たばこ専売事業、国有林野事業中の保安林・治山事業関係を除く植林・伐採等の作業部門をあげているから、三公社五現業等のうちごく一部を除き、経営形態は現状維持、争議行為全面禁止も現状どおり、というかなり具体的な線をうち出しているわけである。

私は、「意見書」のこのような態度に根本的に賛成することができない。すでにのべたように、三公社五現業等のすべてについて、具体的な確定的提案をするだけの用意が私にはまだないが、争議行為の法的規制のあり方、とくに公益事業あるいは公共部門におけるそれについて、私が基本的にどう考えているかを明らかにし、そのうえで「意見書」、さらにはこれに近い立場に賛成できない理由をのべることにしたい。これによって、「公共部門の争議権」問題について私の考えている「方向」も、いくらかの具体性をもって示されることになると思われる。

二

1　ストその他の争議行為は多かれ少なかれ使用者だけでなく、第三者にも損害ないし〝迷惑〟を及ぼすものであるから、起らないほうがよいのは、明らかである。とくに公益事業すなわち公衆の日常生活に不可欠なサービスを提供する労調法八条に掲げる業種については、それが民営であろうと国公営等であろうと、公衆の日常生活との関係で争議行為のなんらかの法的規制が必要ではないかが問題となる。しかし、労働組合運動のすでにかなり長い歴史に徴しても明らかなように、組合運動は資本主義社会の労働者という経済的社会的地位にある者にとっては不可避の、従って労働者からみれば当然の、あるいは当り前の行動様式である。そして組合運動は、第一次的には、使用者側との・争議行為を含む広義の団体交渉によって労働者の・労働者としての生活利益ないし権利の擁護・向上をはかることを目的とする(二次的に他の活動もするが)ものであり、争議行為は、まず第一に、組合運動の第一次的な目的活動である広義の団体交渉の一側面をなすものである。従って、ストはとくに公益事業の場合は起らないほうがよいにきまっているが、他方、ストはもともと起らざるをえないものなのである。争議行為を、国家権力をバックとする法律によって無理に抑えつけて絶滅を期しても、実際に効果のないことはすでに歴史の証明するところといえよう。

日本国憲法を含めて二〇世紀資本主義憲法が労働者の団結権、ときにはさらに争議権の保障をかかげているのは、組合運動が労働者の生活と権利の擁護・向上のために起らざるをえないものであるという認識を前提にして、争議行為を含む広義の団体交渉を、一方で、労働者の生存権という観点から、他方で、労使のいわゆる集団的自治に奉仕する一種の秩序形成機能をもつものとして、積極的に把えているからであると解される。争議権の行使についての制限も、他の基本権の場合と同じく、必要最少限度にとどめなければならないのであるが、その場合、右にのべた争議行為の性格と争議権保障の趣旨とに結びつけてこの問題を把えなければならない。

2　問題は、争議権行使についての「必要最少限度の制限」の具体的内容である。公共部門＝三公社五現業等の争議権についても、問題の核心はここに横たわっている。

イ　公益事業での争議行為は広範な国民・住民の日常生活に不可欠なサービスの停廃をもたらすが、公益事業だからといって全面一律に争議行為を禁止している立法例は、わが国と実質的に対比しうるような国々にはみあたらない。憲法上の争議権の保障の有無にかかわらず、争議行為というもののすでに述べたような性格を冷静に見すえる限り、これが政策的に妥当な態度であることはいうまでもない。〝公益事業での争議行為は起らないほうがよい〟という願望なり期待は、争議行為の頭からの一律全面禁止によって叶えられると考えるべきではなくて、争議行為を生み出す労使紛争すなわち労働争議という状態が、当事者の広義の団体交渉による自主的解決によって、あるいはかかる自主的解決を側面から援助することを本旨とする第三者的機関の争議調整活動によって、解消することを期すべきものなのである。このことは、わが国の場合には単なる政策上の要請にとどまらず、憲法の組合運動権保障に由来する法理上の要請である。現行労調法上の公益事業の争議行為の規制と、公益事業における労働争議調整制度の具体的内容とは、細部において問題はあるにせよ、だいたいにおいて、このような要請に照応していると思われる。すなわち、争議行為の一律全面禁止でなしに、争議行為予告制という制限にとどめ、争議調整について強制調停を認めるとともに強制仲裁は認めず、公益事業の大規模争議行為をはらむ緊急事態の発生時にも、争議調整のための争議権行使の一時的凍結にとどめ、かつ、この場合にも強制仲裁は認めていないからである。

ロ　公共事業＝三公社五現業のなかで、公益事業に属する業種、すなわち国鉄、電電、郵政などの争議権の取扱についてまず問題となるのは、労調法の適用を受ける民間の公益事業、すなわち私鉄、電気、ガスなど比べて、右のような現行労調法上の争議調整制度では不十分であり、なんらかの追加・修正をこれに加えることが、より適当あるいは必要かどうか、つまり、より適当ないし必要と認められるような事情があるかどうか、である。ところが、現行法は、三公社五現業等については、事業が公益事業に属すると否とを問わず、争議行為を全面的に禁止し、他方で、その代償的措置として争議の強制仲裁を認めている。ここでの強制仲裁は、労調法にみられるような争議調整制度では不十分だとしてこれに付加されたものではなくて、争議行為全面否認の代償なのであり、争議行為の規制および争議調整制度のあり方において――量的ではなしに――質的な差があるといわざるをえないのである。はたして、三公社五現業等のうち公益事業に属さないものについても、かような取扱をすべき必要ないし根拠があるのであろうか。また、公益事業に属するものについても、かような取扱をすべき必要ないし根拠として、一般的および個別的に、どのような事情が考えられるであろうか。

3　私は現在、基本的には次のように考えている。

イ　三公社五現業のうち公益事業に属するものについても、現行法上の争議行為全面禁止、代償措置としての強制仲裁という制度を必要・妥当とする事情があるとは思われない。ただ、争議行為による業務の停廃によって、いわゆる底辺の勤労者や社会保障に依存するいわゆる社会的弱者の生活に影響が及ぶ場合、例えばある鉄道路線または列車が他に代替運輸手段のないものである場合や、郵便局の年金等の支払い業務などについて、ほんらい組合運動じしんによって排撃されるはず（とくに公益事業の場合）の、これらの第三者の生活問題を考慮しない争議行為が、もしも頻発する恐れがあるとか、万一かかる争議行為が一度でも発生すればこれらの人々の生活に避けることのできない無視できない影響が及ぶとかの事情があるとすれば、これらの路線・列車の運行や年金支払いの業務をスト中も確保するに必要な人員の提供を組合側に義務づける案が検討されるべきである（これは国鉄に限らず私鉄についても問題となる）。また、国鉄など三公社五現業等のなかの公益事業については、民間公益事業より重要度が高いというのであれば、争議調整の方法として、公益事業業務における争議の自主的解決を実際上促進する機能をはたすと認められる争議経過の公表という案が検討されるべきであろう。これは、現行労調法が定めている、調整案作成後の理由を付してのその公表という制度（二六条一項）に、調停（強制調整も含む）手続の開始後――調停案の作成・受諾勧告という調整手続の最終段階を待たずに――争議の原因、係争問題、両当事者の主張、当事者間の団交の経過などが明らかになった段階で（これらの事項を迅速的確に把握しうるよう争議調整機関の機構とくに事務局の整備充実が図られるべきである）、調停委員会は当事者の自主的解決を促進するに役立つと認めるかぎり、いつでもこれらの事項および調停の進行状況を公表することができるという制度を付加しようという案である。

ロ　争議権剥奪の代償としての現行強制仲裁制度は撤廃すべきである。現行労調法上の緊急調整にみられるように、公益事業等の大規模争議が緊急事態を招いた場合でも、仲裁は任意仲裁にとどめるのが妥当と考える。問題は、現行労調法は、緊急調整下の中労委の全力をあげた調整活動にもかかわらず、争議が妥結に向わなかった場合に争議権の凍結を解除しているが、凍結を解除された争議権の行使によって国民生活に決定的損害が生ずる場合の対策がなくてよいか、例えば、中労委の少くとも意見を聴いて内閣総理大臣が仲裁を請求しうるものとし、この請求によって強制仲裁手続が開始されると同時に争議行為は禁止され、仲裁裁定によって争議に否応なしに決着がつけられるような制度を〝歯止め〟として用意すべきではないか、である。石川教授はこれを肯定される。(3) しかし、このような制度を追加すると、緊急調整の決定がなされると同時にそれ以後争議行為が絶対的に禁止されたのと実際上異ならない結果となる恐れがある。とくに石川教授の案のように緊急調整（教授の案によれば現行緊急調整の場合と実質的に異ならない要件のもとでの「内閣総理大臣のストップ令」による調整）の期間を一五日とする場合には、「ストップ令」発動時にくらべ争議権行使の影響という点で事態の変化はあまり期待できないのではなかろうか。そうだとすると、緊急事態下の争議調整のための一時的な争議権行使の凍結であって、争議行為の一時的禁止よりも争議調整に主眼があるという、現行緊急調整制度の趣旨が見失われてしまう恐れがありはしまいか。緊急調整の決定はこれまでわずか一度なされただけであり、今後も当分、緊急調整が問題となるような事態の発生が予想されないとすれば[4]、右のいわゆる〝歯止め〟を具体的にどうするかは、諸外国の制度やその運用の実態を研究・参照し、日本的労使関係の特色をふまえてできるだけ適切な措置を発見するために、時間をかけた検討を加えたうえで決定するほうがよいと考える。

なお、石川教授は、三公社五現業について、「調停前置主義」を提案されている。労調法上のかつての調停前置主義、いわゆる冷却期《クーリング・オフ》の制度が、実際にはウォーミング・アップ期間になってしまった事実を考慮されてのことであろう、この調停前置主義は「事件の解決に対して公労委が助力すること」よりも、むしろこれによって「国民に事件の全貌を知らせること」を目的とすると言われている。しかし、国民に事件の全貌を知らせるのは、労委が調停を効果的に進めるうえでその必要を認めた場合に限る（かかる場合に、その事件について任意あっ旋、任意調整の申請がなされていないときは、労委は強制調停を開始してその事件に関与しうる）のが妥当であり、また、争議権行使の手続的要件としての調停と事件の全貌の公表とは直結させずに、すでにのべたような方法で、労委の関与した事件につき争議経過を国民に知らせるというほうが適当であると考える。

ハ　三公社五現業等のうち公益事業に属するものについても、現在の争議行為全面一律禁止を改めることとする場合に目標とされるべきことは、争議行為が公益事業だからといって一度も起らないようにするということではなく、争議状態が発生しても無用の争議行為は起らないようにするということである。そのための基本的方策は、国際的な経験の示すように、当事者の広義の団交による自主的解決を最大限度に尊重・促進することであり、一方で、かかる自主的解決を不当に阻害する要因を排除するとともに、他方で、かかる自主的解決を側面から援助・促進する第三者ないし第三者的機関による争議調整――任意主義を原則とする――の制度を整備・充実することである。

ところが、三公社五現業等とくに国鉄などは、企業体としての活動範囲も自主的決定権も著しく制約されている。周知のような、きびしすぎる料金（運賃）法定主義や給与総額制などがあるほか、国鉄については、民間企業を圧迫するという理由で運輸事業以外の関連事業への進出を抑えられ、運輸業じたいについてさえ、事業の根幹である路線の維持・運営の決定は国鉄の手を離れており、採算のとれないいわゆる政治路線の維持の負担を負わされている。ほんらい国民経済全体の観点から採算がとれなくても運営・維持しなければならないのが国鉄路線であり、公共政策の立場からの負担がかかるのが国鉄経営であるとしても、それならば不採算路線の維持に要する費用や公共政策に基づく負担は、料金法定主義のもとでは国が租税収入のなかから負担すべきであるにかかわらず、国鉄につぎこまれる税金の額は微々たるものであって[5]、これが国鉄の経理を圧迫し、団交における当局のいわゆる当事者能力を、料金法定主義や給与総額制などとともにほとんど無に帰せしめている。三公社五現業の争議権問題につき実質的に現行一律全面禁止制維持論に近い立場をとる「意見書」でさえも、料金法定主義や給与総額制については、これを緩和する方向での検討を主張しているが、広義の団交による争議の自主的解決を不当に阻害する要因はすべて除去されなければならない。税金がつぎこまれる限り、租税法律主義（憲法八四条）との関係で国会の直接または間接のなんらかのコントロールをうけざるをえず、また、事業が国家的・地域的独占である限り（私鉄も含めて）料金決定に対するなんらかの公的統制は不可避であるが、これらの事情を過大視して、「意見書」のように、「いわゆる財政民主主義」により、企業体であっても公企体には「当局の当事者能力に本来的な制約がある」とし、それ故に民営・準民営へ移行しない限り、公益事業でなくても、争議権は団交権を補完するものであるからこれを認めることができないとする態度には賛成できない。

ニ　もともと、ある事業を、私企業ではなしに公企体営ないし準公企体営とするのは、その事業が私企業として行いうる事業ではあるが、国民経済全体の観点からみて民営によることが不適当と認められる事情があるからであろう。これに対して、およそ労働者、労働組合したがって労使関係が存在するところでは、労働条件をめぐる紛争（労働争議）の発生とこれを広義の団交によって解決することを要求する組合運動の出現は一般に不可避であるという認識を前提にして、争議の団交（広義）による自主的解決、いわゆる労使の集団的自治が望ましいとされ、また、争議権を含む組合運動の権利が導き出されてくるものである。従って、ある事業が公企体営であるかどうかという経営形態の問題は、その事業の労働者に争議権を含む組合運動の権利が認められるかどうかという問題と次元を異にする。もちろん、公企体営であることからなんらか公的コントロールをうけるために、既述のように当事者能力に制約をうけたり、租税・予算に対する国会の議決権との関係で当事者間の広義の団交だけで直ちに最終決定とまではいけないという制約の生ずることはあろう。しかし、かかる制約がある限り団交権を認めえないというわけではなく、逆に右のような制約は必要最少限度にとどめられるべきなのである。また、争議行為に対する規制も、争議権行使が他の権利ないし法益と衝突する場合に、必要最少限度の制限に服するということであって、事業が公企体営であるというところから当然になんらか特別の制限をひき出しうるというわけではない。事業が公益事業に属する場合には、公益事業の性質上、争議行為の制限が問題になるが、これは公益事業の経営形態が公企体営であるかどうかによって変ってくる問題ではない。ただ、公企体の業務内容は公益事業に属するものが多いという事情が認められるだけである。

三

事業の経営形態が三公社五現業等のように公企体営・準公企体営（国営）であるということは、職員の争議行為についてそれ自体特別の制限根拠となるわけではない、という右にのべた考えに対して、「意見書」は、第一に、事業内容が同じく公益事業に属していても、公企体営・準公企体営である三公社五現業等と民間公益事業との間には「重要な相違点」があること、第二に、いわゆる「親方日の丸」の公企体営・準公企体営の場合には民間企業の場合と異なり、「争議行為は紛争の歯止めとして機能」しないこと、第三に、公企体営・準公企体営である以上は、民間企業と異なり、「いわゆる財政民主主義」との関係で当局の当事者能力に本来的な制約があること、の三点をあげて、三公社五現業等のうち民営・準民営への移行を適当とするものを除き、争議行為一律全面禁止体制を維持すべきことを主張している。「意見書」は今後の政府の立法作業に重大な影響を与えると思われるので、右の三点が公企体営・準公企体営である限り争議行為は一律全面禁止でなければならぬという結論を根拠づけるものではないことを、以下で明らかにしておきたい。

1　「意見書」が民間公益事業との「重要な相違点」として挙げるのは、①争議行為による「国民生活や国民経済への影響が……はるかに大き」い、②「国民にとって代替手段がないものである」る、③「事業が、国または公共団体の手によって行われその継続が国民の負担においてなされる仕組みとなっている」の三点である。しかし、これらの三点はいずれも、つぎに述べるように、争議行為全面禁止の根拠としては不十分である。

まず①について。たしかに、国鉄と私鉄との間では、一般論として「意見書」のようにいえるかもしれないが、民間公益事業として営まれる都市ガス供給――争議行為は労調法上の制限に服するだけ――がとまったときの都市住民に及ぼす影響は、国鉄や水道（地方公営企業）がとまった場合に比べてまさるとも劣らないものであろう。公益事業の争議行為により、「国民の日常生活を著しく危くする虞」や「国民経済の運行を著しく阻害する虞」があるときは、労調法の緊急調整のような制度が用意されておれば足りる。また、公益事業のうちで、そのストが右の「著しく」という要件を通常直ちにみたさないが、例えば国鉄、電電、郵政におけるストのように、事業の規模が全国的であるため、地方的な民間公益事業の場合よりも影響の大きな争議行為となるのが普通であると認められるものについて、かかる争議行為の不発生を期するために、現行法にはない特別の制度を付加するとすれば、すでに述べたように、調停手続の一部に、調停機関が調停の趣旨にてらし必要と認めるときはいつでも争議・調停経過を公表しうるという制度を設けることが検討されるべきであろう。公益事業における争議の帰趨は、公益事業のサービスをうける公衆の争議および争議行為に対する反応、いわゆる世論にかなり大きく左右されるから、争議・調停経過の公表は、〝無理な〟争議行為への突入・継続を事実上抑止する機能を期待できると思われる。ちなみに、わが国ではこれまで公益事業の争議の帰趨に影響を及ぼすような世論の形成はほとんどみられなかったという小宮教授の指摘がある(6)が、マスコミがストの影響・結果の大きさは大々的に報道するが、争議の原因、両当事者の主張、団交・争議の経緯などについては、おざなりの報道しかしてこなかったいじょう、「紛争事項の内容にまでたちいった一定の世論が形成され、労使いずれかに軍配をあげるというようなことはまったくなかったといっても過言ではない」という状況を生じたのは当然であり、このことからわが国では今後も、公益事業での世論の紛争解決機能はほとんど期待できないと断定するのは早計であろう。

②について。同じことは民間公益事業の場合にもありうる。例えば、ある私鉄または私バスがある地方の一般住民にとって実際上唯一の交通手段である場合がそうである。ただし、代替手段のない場合については、当該事業が公企体等であろうと私企業であろうと、争議行為が中小零細企業の労使、零細自営業者、社会保障受給者など、いわゆる社会的弱者の生活に影響を及ぼす場合について、なんらかの法的対策が用意されるべきではないかが問題になるが、それもかかる場合の争議行為の頭からの禁止を必要・適当とするものでないことは、前述したとおりである。

③について。このことがなぜ争議行為の全面禁止にそのままつながるのか理解し難いが、「意見書」が、この直後に、三公社五現業等は「受益者負担〔の料金収入〕のみでは事業を継続することができないときには、最終的に、国民・住民の租税負担によってその事業を維持・継続することとしているものである」と述べ、それ故にそこでの争議行為は私企業の場合と異なり「紛争の歯止めとして機能」しないとしているとこ

ろからすると、三公社五現業等での争議行為禁止の第二の根拠のいわば前置きのようなものであって、それ自体で独自の意義をもつものではないように思われる。

2　公企体等の争議行為全面禁止の第二の根拠として「意見書」が挙げているのは、右にふれたように、公企体等は、「最終的に、国民・住民の租税負担によって」事業の維持・継続が図られ、いわゆる「親方日の丸」であるために、「労使双方のいずれも、その争議行為によって事業の存続にかかわる損害をうける可能性は全くな」く、争議行為が「紛争の歯止めとして機能しない」という点である。しかしこのことから、公共体等における争議行為はもともと無意味であるとか、争議権が認められる余地はそもそもありえないとか、争議行為の頭からの全面禁止はそれ故に当然であるとか帰結することはできない。争議行為は使用者に損害を与えるばかりでなく、労働者側にも犠牲を伴う（賃金の喪失）ことはたしかであるが、「意見書」は、私企業の場合には争議行為によって事業の存続が危うくなったり事業がつぶれたりする危険があり、この危険が現実化しては労働者側も大損害をうけるから、「労使の妥協が図られ、争議行為は紛争の歯止めとして機能する」という。しかしこの見解は、必ずしも普遍的に妥当するわけではない。現在のわが国にみられるような企業別従組と異なり、欧米にみられる職業別または産業別組合は、周知のように、団交によってきまる〝世間並み〟の賃金を払えない企業はつぶれてもやむをえないとして、運動を進めてきたのである。三公社五現業等は「親方日の丸」ではあっても、事業の提供するサービスが多かれ少なかれ独占的であり、また、主なものは公益事業に属するから、労働者側は争議行為によって——賃金の喪失を覚悟しなければならぬばかりでなく——とくに長期ストについては世論の動向に留意せざるをえないのであり、その点では一般民間企業とは別の「歯止め」が争議行為にかかるといえるのである。むしろ、争議行為全面禁止によって、官公労諸組合の争議手段は、暫らく前まで、「順法闘争」すなわち法に従う闘争活動であって法違反の争議行為ではないという形をとり、しかも賃金請求権の喪失をできるだけ避けうるような形をとる場合（例えば安全運転、一斉休暇など）、つまり、民間の場合にはほとんどみられない〝陰にこもった〟形をとる場合がほとんどであるという事態を招いたことを看過すべきではない。

3　公企体等は、「いわゆる財政民主主義」との関係で「当事者能力に本来的な制約がある」という、「意見書」の挙げる第三の点も、争議行為の全面禁止に結びつくものではない。すでにふれたように、租税法律主義との関係で、公企体等に税金がつぎこまれる限り、国会のコントロールが及び、事業が国家的・地域的独占体である限り（私鉄等も含めて）料金決定に対してなんらかの公的統制がくわわることは不可避であろう（「意見書」は三公社・郵政の料金が国会の議決により決定・改定されるという現行制度は一方で「憲法八三条の規定をうけ」たものとしながら、他方で「料金の決定の方式が、現在のように厳格であることが、法理上要請されるものであるか否かには問題がある」とする）。これらの点から、当局の当事者能力に、民間企業の使用者の場合とは異なった制約があるといえるのはたしかであるが、これを「本来的」制約とよんで、公企体等の場合にはあたかも広義の団体交渉関係が当事者間にもともと成立しえないに近いかのようにいうのは、不当な誇張である。右にのべたようなやむをえない制約はあっても、公企体等についてもまた、労使の広義の団体交渉関係が成立しうるのであり、公企体等も国の事業と異なり一応独立採算制をかかげる企業体であるとすれば、当局は、企業体の経営責任者として、団交によって組合側との間に法律上の拘束力をもつ協定すなわち労働協約を締結することも認めて差支えないわけである。現行法は、このような考え方のもとに、一般公務員の組合と異なり、三公社五現業の組合には協約締結権を認め、ただ「予算上、資金上不可能な資金の支出を内容とする」協定は、国会の承認を条件にして効力を発生すると定めて（公労法一六条）、いわゆる財政民主主義との調和をはかっている。ところが、このような制度の建て前は、現在は完全に没却されている。給与総額制が導入されてから実際上当局の当事者能力はほぼ欠落してしまい、公労法一六条の予定する協定が締結される事例はいまだかつて一度もない状態になったからである。(7) 賃金問題等に関する協定は、公労委の強制仲裁のあと、その実施について締結される場合がほとんどである。当局の当事者能力の「本来的」制約を強調する「意見書」は、このような現状に一言も触れていないが、私は立法政策上望ましくない現状として注意を喚起しておきたい。

四

「意見書」よりもさきに、小宮教授は、「意見書」と若干異なった観点から、三公社五現業等のうち、少くとも国鉄、電電、郵政についてはスト全面禁止を維持すべきであろうと主張された。(8)

1　教授がその根拠として挙げられることの特色は、第一に、公共部門と民間公益事業の二つの提供するサービスを「公共サービス」とよび、これがストによって停廃する場合の、「影響のなかには、国民の基本的人権の保障と抵触する要素を含む事柄も少なくない」として、その具体例をあげた後、「日常生活にとって必要な各種の公共サービスを国民が継続的に利用しうるということは、国民の基本的な生活権の一部である」と主張される点にある。そして「国民の生存権・生活権の重大な侵害の事態をもたらすこととなるような公共部門のストは、被害を受ける国民の数がいかに少数であっても、合理的なものとして認めるべきではない」と言われ、また、戦争は「いまや紛争解決の手段として野蛮なものとして否定される」にいたったが、「同様に国民の福祉が重視されるようになった今日、それに大きな被害を及ぼすような公共部門のストは、労使紛争解決の手段として否定さるべきである」とも述べられる。

イ　しかし、教授が「国民の基本的人権の保障と抵触する要素を含む」具体例としてあげられているものは、争議行為全面禁止の必要を含むものとは思われない。

教授は、①国鉄ストで「親の死に目にあえない」のは「重大な人権上の問題」であり、西日本のある港に通ずる国鉄の行商専用始発列車にみるように、大半が未亡人あるいは病気の夫を抱えた中年の婦人である行商人が「国鉄が止まれば……生活がただちに脅かされる」という場合もあるとされ、また②豪雪過疎地域では、雪で家がつぶれないよう屋根の雪おろしのために、電報で出稼ぎ中の男をよびよせる必要があるのに、電電ストでそれができなくなる場合もあげられ、かかる場合のストは「予告期間や冷却期間を置くことによって、その被害が解消するというものではない。スト期間中は死なないように、あるいは……大雪が降らないようにする方法はない」と言われる。しかし、①のような事態は、国鉄のみならず私鉄についても起りうる。また、②についても、この種の緊急電報はスト中も職制の手によって処理できるであろうし、それだけではどうしても足りないというのであれば、緊急電報処理に必要不可欠な員数を組合側に提供することを義務づけるという方法も考えられるのであって、争議行為の頭からの全面禁止以外に対策がありえないというわけではない。

ロ　たしかに、公益事業のうち例えば運輸事業についていえば、当該の鉄道等が、国民・住民にとって実際上唯一の交通手段であり代替性がない場合まで、争議行為による影響は日常的生活上の便益の一時的喪失にとどまると簡単に割りきるわけにはいかない。しかしこの場合の問題は、私鉄であるか国鉄等であるかによって異なるものではない。親の死に目にあう〝権利〟が旅客運輸事業のストによる停廃を絶対的に許さない〝人権〟であるかどうかは別として、教授があげられた行商専用列車の例についていえば、それが行商人にとって実際上唯一の交通手段であるときは、それが国鉄でなく私鉄の場合であっても、現行法のような争議行為予告制度だけでよいかは、たしかに立法論として検討に値する。ほんらい運動論上排撃されるはずの右のようなストが頻発しているのかどうか、寡聞にして私は知らない。行商専用始発列車などについては、特別の事情がないかぎり、スト中も組合側が運転要員を提供して運行が維持されることを期待できるであろう。もしそうだとすれば、法的規制としては、せいぜいかかる場合のスト中運転要員の提供を義務づければ足り、ストじたいの禁止は必要ないように思われるが、いかがであろうか。

ハ　日常生活に必要な各種「公共サービス」を継続的に利用しうる国民の基本的生活権といったものを労働者の争議権に対置させ、ストはかかる基本的生活権との関係では、いまや戦争と同じく紛争解決手段としては否定されるべきであるというスト観をうち立てる場合には、公共部門と民間公益事業のいずれの労働者についても、争議権は全面否認ということにならざるをえないと思われるが、教授はこのような提案をされているのであろうか。

2　小宮教授も、日常生活に不可欠なナショナル・ミニマムとしての公共サービスをうける国民の基本的生活権なるものだけから、国鉄以下三事業のスト全面禁止論を帰結されるのではない。私企業と異なり公共部門ではストは紛争解決のための経済的プレッシャーとして働かず、政治的圧力機能しかもたないことをも強調される。「意見書」は「親方日の丸」の場合は争議行為が紛争の歯止めとして機能しないと言ったが、教授は「親方日の丸」の場合は「ストによる経済的損失はすべて、納税者および有償の公共サービスの利用者に全面的に転嫁される」点を指摘される。両者とも、ストが使用者に対する経済的圧力として働かない点に注目するかぎりでは、共通である。しかし、現実問題として、ストによる公企体等の経理状況の悪化を全面的に租税（納税者）と料金（利用者）に転嫁して涼しい顔をしていられるものであろうか。一般行政・司法部門と異なり、公企体営（三公社）、準公企体営（五現業など）の場合は、国営と民営との中間形態とされるが、ともかく企業体として運営されるのであり、かかるものとして一応独立採算制がとられている。もとより独立採算制が完全に貫徹されるわけではなく、企業体としての活動の自由も多かれ少なかれ制約されるのであるが、例えば国鉄運賃が国民経済（物価抑制など）あるいは社会政策（割引運賃など）などの観点から、公的統制により低く抑えられている場合に、この負担分だけは国が租税収入で補填するというような方法によって、公企体等の経営者の経営責任に帰すべき赤字額を推算するというようなことは不可能なのであろうか。経済学にくらい私は残念ながら疑問を提示するだけである。

小宮教授はこれを不可能とされ、したがって公共部門のストは納税者や利用者の注意を喚起して自分たちに有利な争議解決をもたらそうとする政治的プロセスとしての意味しかもたないとされる。しかしこのような意味しかもちえないとしても、だからといって争議行為全面禁止が帰結されるわけではない。小宮教授も、全面禁止の必要はないとされて「意見書」と見解を異にするのであるが、禁止の必要なしとされる公共部門の争議行為の範囲を「一時的な公共サービスの供給停止がさしあたりは国民の福祉にほとんど影響を生じない部門」での「ごく短期のスト」に限り、その理由を、かかるストは「だいたいにおいて無意味」であり「放置しておいても格別の弊害は生じない」点に求められる。しかし、かかるストを「無意味」とされる点、許される争議行為の範囲の限定が狭すぎると思われる点には、抵抗を感ずる。

要するに、私は、小宮教授の説のうち、国鉄、電電、郵政につき全面禁止の維持を、ナショナル・ミニマムとしての公共サービスの提供を保障される基本的生活権を根拠に説かれる部分には確定的に反対、その他の部分に対しては現在のところ確定的見解を保留、ということになる。

(1) 小宮教授は「公共部門」の語を「政府・地方自治体・政府企業・公営企業を含む広い意味に用い」られている(小宮隆太郎「公共部門のスト権と国民福祉」(上)日本経済新聞昭和五〇年一〇月一日)。

(2) 第三次公務員制度審議会答申(昭和四八年九月三日)では、「国家公務員、地方公務員及び公共企業体の職員」について「非現業職員」と「現業職員」とが区別され、後者は「三公社五現業等」の職員ともよばれている。「三公社五現業等」は、この答申では、「現業」の国家・地方公務員のすべてを指すようでもあるが、しかし現行法との関係で、三公社五現業職員以外の者としては地方公営企業職員だけを含めているようにも解される。そして、いわゆる「五項目合意」(昭和四九年四月一三日)では、「非現業職員」と「三公社五現業等」という言葉だけが現われて、「現業職員」の語は現われず、「非現業職員の労働基本権については、公務員問題連絡会議で引続き検討するもの」とし、「三公社五現業等の争議権等及び当事者能力強化の問題の解決に努力する」関係閣僚協議会を設置するとされている。この協議会に付置された専門委員懇談会の作成した意見書が、いわゆる専門懇意見書にほかならないが、そこでは「三公社五現業等」の語だけが現われ、その意味についての説明はまったく見当らない。しかし、全体を通読すると、「三公社五現業等」は、三公社五現業のほかに地方公営企業を含む意味で用いられているように思われる。

(3) 石川吉右衛門「公労法中争議行為に関する規定の改正私論」(石井照久先生追悼論集『労働法の諸問題』所収)、同「『公労法中争議行為に関する規定の改正私論』補論」公企労研究一四号。

(4) 石川教授は、現行緊急調整の場合とほとんど異ならない実質的要件のもとで「内閣総理大臣のストップ令」が出されたとき、緊急調整下の中労委と同じ調整活動を公労委が行うという案を提示されているが、これまでの国労・動労や全逓などのストのなかには、右のストップ令の対象となるものがかなり多かったとか、今後このようなストがかなり起るであろうとか、考えておられるのであろうか。私は、かりに労調法の緊急調整制度が国鉄などに適用されていたとして、これまでの国鉄などのストで緊急調整発動の要件をみたしたものは、緊急調整制度発足以来一度もなかったように考える。

（5）　神代和欣「遠のいた『スト権』に思う」ジュリスト六〇四号。

（6）　小宮隆太郎「公共部門のスト権と国民福祉（下）」日本経済新聞昭和五〇年一〇月二日。

（7）　峯村光郎『公共企業体等労働関係法・公務員労働関係法（新版）』八四頁。

（8）　小宮隆太郎・前掲日本経済新聞昭和五〇年一〇月一日、同一〇月二日。同「公共部門のストライキ」週刊東洋経済三九〇五号（昭和五〇年一一月一日）。

〔追　記〕――争議調整制度の整備――

中西洋氏の報告論文のなかで、私のスト権論が「充分首尾一貫した論理性をもたず」云々と批判されている。氏は、私が拙稿「ストライキ権理論の検討」（季刊労働法八八号〔本著作集Ⅲ巻二六九頁以下所収〕）のなかで、スト権を「一方では……『団結活動の……自由の実質的保障』と云いながら、他方では『団結活動の国家権力からの自由を本質的契機として内包するもの』などと正反対のことを云っている」と論難されるのであるが、右の拙稿での私の主張は次のとおりである。争議権の法認は、その歴史的経緯にてらしても、まず第一に「〔国家権力が〕労働者の団結活動を〔かつてのcombination actsのように〕それ自体特別の犯罪として処罰」することからの解放を意味するとともに、第二に、かかる処罰からの解放に加えて、使用者に対する労務提供債務の不履行を伴わないストがありえないことにも明らかなように、争議行為はもともと古典市民法理の網の目にあちこちで衝突する要素を内包しており、そのため「古典市民法理にてらして違法と評価」され「刑事、民事の責任を追及」されざるをえないという法状態にも修正が加えられるべきこと、換言すれば、かかる古典市民法理の立場からする違法評価・責任追及の否認を、意味している。私はこの二つをあわせて「団結活動の実質的な自由をもたらそうとする」ものであり、ここに「争議権保障のとりわけ重要な意義がある」としたのである。また、団結活動の自由の実質的保障のために「国家権力に要請される作為ないし配慮は、かつてみられたような団結禁止法の制定や、古典市民法理に依拠しての違法評価などによる、この自由の否認・制限・妨害をしないことなのである」とし、この点に注目して「労働三権の保障も、労働者の団結・団結活動の国家権力からの自由を本質的契機として内包するものであ」るといったのである。私のこのような立論には、中西氏のいわれるように、二つの「正反対のこと」がいわれているのであろうか。

(小宮隆太郎・菅野和夫・戸塚秀夫・中西洋・兵藤釗・山口浩一郎編『公共部門の争議権』、東京大学産業経済叢書、東京大学出版会、一九七七年)

19　労働基本権

――全逓中郵事件・最高裁昭和四一年一〇月二六日大法廷判決・刑集二〇巻八号九〇一頁――

一　事件の概要

昭和三三年の春闘に際し、全逓労組の役員であった被告人らは、東京中央郵便局の職員に対し、三月二〇日の勤務時間内くいこみ職場大会に全員参加するよう一〇日間にわたり説得を続けたうえ、当日は、郵便物を現に取扱い中の三八名の職員に対し、前記の職場大会への参加をしょうようして職場を離脱させ、その間、約二〇万通の各種郵便物の取扱いがなされなかった。この行為が郵便法七九条一項の「郵便の業務に従事する者が、ことさらに郵便の取扱をしない」罪の教唆犯にあたるとして起訴されたのが、本件である。

第一審（東京地裁昭和三七・五・三〇）は、本件の職場離脱・郵便物不取扱いは郵便法七九条一項の構成要件には該当するが、しかし、それは争議行為としてなされたものであり、公共企業体等労働関係法（公労法）一七条の禁止規定に違反するとはいえ、労働組合法（労組法）一条二項にいう正当な争議行為と認められるから刑事上の違法性を欠き、郵便法七九条違反の罪を構成しない。したがってその教唆などの犯罪も成立するはずがないとして、無罪の判決を下した。

これに対し検察官から控訴の申立がなされたが、昭和三八年三月一五日最高裁第二小法廷は、同種の事件（国鉄桧山丸事件と全逓島根地本事件）について、「国家の経済と国民の福祉に対する公共企業体等の企業の重要性にかんがみ」公労法一七条の争議行為禁止規定が「憲法二八条に違反するものでないことは、すでに当裁判所の判例の趣旨とするところである（昭和三〇年六月二二日大法廷判決）」とし、「かように公共企業体等の職員は、争議行為を禁止され争議権自体を否定されている以上、その争議行為について正当性の限界如何を論ずる余地はなく、したがって労働組合法一条二項の適用はない」と判示した。そのため本件第二審（東京高裁昭和三八・一一・二七）は、このいわゆる三・一五判決に従って、原判決の破棄差戻しを言い渡した。

被告人らはこれに対し上告した。上告趣意の中心論点は、公労法一七条は憲法二八条に違反するとの主張と、公労法一七条違反の争議行為にも労組法一条二項のいわゆる刑事免責の規定の適用があるという主張におかれていた。

二　判　旨

最高裁大法廷は昭和四一年一〇月二六日、第二審判決を破棄差し戻す旨の判決を下した。その長文・詳細な内容は、いわゆる三・一五判決とは比較にならない。

1　「憲法二八条は……憲法二五条に定める……生存権の保障を基本理念」として「経済上劣位に立つ勤労者に対して実質的な自由と平等とを確保するため」いわゆる労働基本権を保障している。労働基本権保障のかような「趣旨にそくして考えれば、実定法規によって労働基本権の制限を定めている場合にも、労働基本権保障の根本精神にそくしてその制限の意味を考察〔し〕……適切妥当な法解釈をしなければならない」。この「労働基本権は、たんに私企業の労働者だけについて保障されるのではなく、公共企業体の職員はもとよりのこと、国家公務員や地方公務員も、憲法二八条にいう勤労者にほかならない以上、原則的には、その保障を受けるべきものと解される。『『公務員は、全体の奉仕者……』とする憲法一五条を根拠として、公務員に対して右の労働基本権をすべて否定するようなことは許されない。」ただ、公務員またはこれに準ずる者については、……その担当する職務の内容に応じて、私企業における労働者と異なる制約を内包しているにとどまると解すべきである」。

2　労働基本権も何らの制約も許されない絶対的なものではなく、「国民生活全体の利益の保障という見地からの制約を当然の内在的制約として内包しているものと解釈しなければならない。しかし、具体的にどのような制約が合憲とされるかについては、諸般の条件、ことに左の諸点を考慮に入れ、慎重に決定する必要がある。

⑴　労働基本権の制限は、労働基本権を尊重確保する必要と国民生活全体の利益を維持増進する必要とを比較衡量して、両者が適正な均衡を保つことを目途として決定すべきであるが、労働基本権が勤労者の生存権に直結し、それを保障するための重要な手段である点を考慮すれば、その制限は、合理性の認められる必要な最小限度のものにとどめなければならない。

⑵　労働基本権の制限は、勤労者の提供する職務または業務の性質が公共性の強いものであり、したがってその職務または業務の停廃が国民生活全体の利益を害し、国民生活に重大な障害をもたらすおそれのあるものについて、これを避けるために必要やむを得ない場合について考慮されるべきである。

⑶　労働基本権の制限違反に伴う法律効果、すなわち、違反者に対して課せられる不利益については、必要な限度をこえないように、十分な配慮がなされなければならない。とくに……刑事制裁を科することは、必要やむを得ない場合に限られるべきであり、同盟罷業、怠業のような単純な不作為を刑罰の対象とするについては、特別に慎重でなければならない。けだし、現行法上、契約上の債務の単なる不履行は、債務不履行の問題として、これに……民事的法律効果が伴うにとどまり、刑事上の問題としてこれに刑罰が科せられないのが原則である。このことは、人権尊重の近代的思想からも、刑事制裁は反社会性の強いもののみを対象とすべきであるとの刑事政策の理想からも、当然のことにほかならない」。

⑷　「職務または業務の性質上からして、労働基本権を制限することがやむを得ない場合には、これに見合う代償措置が講ぜられなければならない。」

3　昭和二三年七月末、政令二〇一号により公務員は一律に、同盟罷業、怠業はもとより、一切の争議行為を特別の罰則づきで禁止されるにいたった。同年一二月の国家公務員法（国公法）改正・公労法制定により、公務員の争議行為の禁止はそのままであったが、単純な争議行為参加者は処罰されず、争議行為の遂行を共謀し、そそのかし、あおるなどした者だけが処罰されること、従前の公務員のうち国鉄と専売の職員は公共企業体（公企体）職員となり、その争議行為は禁止された（公労法一七条）が、しかしその違反に対しては特別の罰則はなく、禁止違反の争議行為をしても、その遂行をそそのかし、あおる等した者も含めて、禁止違反の理由で同法により処罰されることはないこと、となった。さらにその後の公労法改正により、本件被告人ら郵政職員を含む五現業の国家公務員は、争議行為については国公法の規定によらずに、公企体職員と同じく、公労法が適用されることになった。

このような「関係法令の制定改廃の経過に徴すると、公労法適用の職員については、……憲法の保障する労働基本権を尊重し、これに対する制限は必要やむを得ない最小限度にとどめるべきであるとの見地から、争議行為禁止違反に対する制裁はしだいに緩和し、〔現在では〕刑事制裁は正当性の限界をこえないかぎり、これを科さない趣旨であると解するのが相当である」。

〔以上の説示を前おきして、本判決は、公労法一七条を違憲無効とする上告趣意の第一の中心論点について、次のように判示する。〕

4　公労法一七条一項の規定は憲法二八条にも同一八条にも違反するものではない。それは「当裁判所の判例とするところ」であって（前者については昭和三〇年六月二二日大法廷判決、後者については昭和二八年四月八日大法廷判決）、「結論そのものについては、今日でも変更の必要を認めない」が、その理由をすこし詳しく述べると、つぎのとおりである。

「憲法二八条の保障する労働基本権は……〔既述のように〕国民生活全体の利益の保障という見地からの制約を当然に内包している」のであるが、「他の業務はさておき、本件の郵便業務についていえば、その業務が独占的なものであり、かつ、国民生活全体との関連性がきわめて強いから、業務の停廃は国民生活に重大な障害をもたらすおそれがあるなど、社会公共に及ぼす影響がきわめて大きい……。それ故に……郵政職員に対してその争議行為を禁止する規定を設け、その禁止に違反した者に対して不利益を課することにしても、その不利益が前に述べた基準に照らして必要な限度をこえない合理的なものであるかぎり、これを違憲無効ということはできない」。この点、公労法一七条一項違反については、同法一八条で違反者は解雇される旨規定され、また同法三条は争議行為のいわゆる民事免責を定めた労組法八条の適用を除外しているのであるが、公労法一七条一項の「争議行為禁止違反が違法であるというのは、これらの民事責任を免れないとの意味においてである」と解される。

そして「このような意味で争議行為を禁止することについてさえも、その代償として」公労法は、三公社五現業の職員の労働争議の調整に強制仲裁制度を設けている。してみれば、右にのべたような意味で郵便職員などの争議行為を禁止している公労法一七条一項の規定は、憲法二八条、一八条に違反するものではない。〔ついで、判決は、公労法一七条違反の争議行為にも、それが労組法一条二項にいう「正当な」ものであればいわゆる刑事免責を認められる、という上告趣意の第二の中心論点について、次のように判示する。〕

5 さきに法制の沿革について述べたように公務員等の「争議行為禁止の違反に対する制裁はしだいに緩和され」てきて、現行の公労法は特別の罰則を設けていない。このことは「公労法そのものとしては、争議行為禁止の違反について、刑事制裁はこれを科さない趣旨」と解される。公労法三条が労組法一条二項の適用を排除していないことも、「この趣旨を裏づける」。また、国公法の適用を受ける公務員と公労法の適用を受ける三公社五現業職員とを比較すると、前者の職務の方が明らかに公共性が強いのに、その争議行為に対しても、刑事制裁は積極的に争議行為を指導した者だけに科せられ、単純な争議行為参加者には科せられないのであるから、後者の争議行為には、それより軽い制裁を科するか、制裁を科さないのが当然である。そして公労法は刑事制裁に関してなにも規定していないのであるから、刑事制裁は科さない趣旨と解すべきである。

「このように見てくると、公労法三条が労組法一条二項の適用があるものとしているのは、争議行為が労組法一条一項の目的を達成するためのものであり、かつ、たんなる罷業または怠業等の不作為が存在するにとどまり、暴力の行使その他の不当性を伴わない場合には、刑事制裁の対象とならないと解するのが相当である。それと同時に、争議行為が刑事制裁の対象とならないのは、右の限度においてであって、もし争議行為が労組法一条一項の目的のためでなくして政治的目的のために行なわれたような場合であるとか、暴力を伴う場合であるとか、社会の通念に照らして不当に長期に及ぶときのように国民生活に重大な障害をもたらす場合には、憲法二八条に保障された争議行為としての正当性の限界をこえるもので、刑事制裁を免れない……。」したがって、第二審判決が依拠した当裁判所の判例、すなわち前掲のいわゆる三・一五判決は変更すべきものと認める。

6　郵便法七九条一項は「債務不履行不可罰の原則に対する例外を規定したものとして注目に値する」が、刑事制裁は一年以下の懲役または二万円以下の罰金であって、「郵便業務の強い公共性にかんがみれば、右の程度の罰則をもって臨むことには、合理的な理由があるので、必要の限度をこえたものということはできない」。この規定は、そこに掲げられているような行為を郵政職員が争議行為として行なった場合にはその適用を排除されるものと解すべき理由も見出しがたいので、「争議行為にも適用があるものと解するほかはない」。ただ、前示のように郵政職員の争議行為は公労法一七条違反というだけで当然に労組法一条二項のいわゆる刑事免責を失うわけではないから、この免責を失わない場合には「郵便法の罰則は適用されないこととなる」。

7　結局、本件被告人らの行為については「さきに述べた憲法二八条および公労法一七条一項の合理的解釈に従い、労組法一条二項を適用して、はたして同条項にいう正当なものであるかいなかを具体的事実関係に照らして認定判断し、郵便法七九条一項の罪責の有無を判断しなければならない……」。よって第二審判決を破棄し、さらに審理を尽くさせるため本件を東京高裁に差し戻す。

三 解説

1 判例の流れと本判決の意義

本判決は、公務員、公企体職員などのいわゆる公共労働者の労働三権とくに争議権について、長い間判例となっていた、「公共の福祉」や「全体の奉仕者」などを根拠とする制限（禁止を含む）当然論を詳密な判示をもってしりぞけ、これらの労働者の争議行為の刑事罰からの解放に扉を開いた点で、画期的な意義をもっている。

一 公務員等の労働三権（本判決は憲法二八条の保障する基本権を「労働基本権」とよんでいるが、学説は憲法二七条の保障する勤労権ないし労働権と憲法二八条の保障する労働三権とをあわせて「労働基本権」とよぶ）の制限に関する最初の最高裁判決は、昭和二八年四月八日大法廷判決（いわゆる弘前機関区事件判決）である。それは、「公共の福祉」の語をかかげる憲法一三条を援用して、憲法二八条の保障する労働三権も「公共の福祉のために制限を受けるのはやむを得ない」とし、「殊に国家公務員は、国民全体の奉仕者として（憲法一五条）公共の利益のために勤務し、且つ職務の遂行に当っては全力を挙げてこれに専念しなければならない（国家公務員法九六条一項）」のであるから、かかる公務員の争議行為を罰則づきで禁止した政令二〇一号（前掲の本判決判示3参照）は憲法二八条違反ではないと判示した。しかし、いうところの「公共の福祉」の性格・内容はまったく不明であって、「公共の福祉」の語がいわば呪文的に用いられている。「国民全体の奉仕者」を公務員の争議行為禁止の根拠としている点についても、同じことがいえる。また、公務員の職務専念義務も根拠とされているが、しかし私企業労働者も質的にこれと異ならない労務提供債務を負うことがあるから、これを根拠とするわけにはいかない。

ところが、弘前機関区事件判決の「趣旨」は、その後の国公法改正・公労法制定（本判決の判示3参照）によって、国鉄職員等が公務員から公企体職員に変わり、その争議行為に対する規制が公務員法のそれと異なるようになってからも、維持された。すなわち、昭和三〇年六月二二日大法廷判決（いわゆる三鷹事件判決）は、国鉄職員は公務員でなくなったとはいえ、なお法令により公務に従事する者とみなされること（日本国有鉄道法三四条）、国鉄が資本金全額政府出資の公法人であり（同五条、二条）、「事業経営の実質及び条件は従前と殆んど異なるところはない」ことを挙げただけで、そこから直ちに「かかる公共企業体の国民経済と公共の福祉に対する重要性にかんがみ、その職員が争議行為禁止の制限を受けてもこれが憲法二八条に違反するものでないことは、前掲判例〔弘前機関区事件判決〕の趣旨に徴して自ら明らかである。」と判示した。そして、本件第二審判決の依拠した前掲三・一五判決は、この三鷹事件判決を援用して、公労法一七条の争議行為禁止規定が憲法二八条違反でないことは、すでに当裁判所の判例とするところと判示したのである。

このような判例の態度は、早くから、とりわけ三・一五判決後、学説の強い批判を浴びた。しかし、これが変更されるにいたったのは、三鷹事件判決から一〇年余り（弘前機関区事件判決からなら一二年余り）もたった本判決においてであった。

二　公共労働者の労働三権に関する本判決前の判例の上記のような態度の根底には、公共労働者の労働三権は、民間労働者と違い、制限されて当然という考え方が横たわっており、さればこそ公労法一七条の合憲性を、公企体等の「国民経済と公共の福祉に対する重要性」という、論証きわめて不十分な根拠をもって簡単に肯認してしまったのだと思われる。しかし本判決は、公企体職員はもちろん公務員も、憲法二八条にいう勤労者に含まれることに念のため触れるとともに、公務員の労働三権制限の根拠に「全体の奉仕者」論をもってくることを否認した。そして三権制限の根拠としては、官民を問わず、当該労働者の職務の性質・内容に注目して「国民生活全体の利益の保障」という見地からの「内在的制約」があるというように把えなければならないとし、さらに、各個の争議行為制限・禁止規定がこの「内在的制約」にもとづくものとして合憲と認められるための条件を四つ掲げた。そこには、本判決じたいが明言しているように、公務員、公企体職員等も「原則的には」三権の保障を受けるべきものであるという態度――従来の判例とは正反対の方向――をよみとることができる。本判決には、従前の判例に見られた「公共の福祉」という語はもはや見あたらない（労働法学説の多くは、前から「公共の福祉」が基本権制限の根拠となると解していたが、この語の呪文的濫用に反対し、「公共の福祉」による基本権の制限を、各種基本権の調和的共存を可能ならしめるため基本権相互間の衝突の調整が必要なところから各個の基本権に課せられるべき、基本権保障制度に「内在的な制約」として、あるいは本判決の「国民生活全体の利益」と似た、たとえば「国民全体の生存の確保」のための基本権の制限として把えていた。紙幅の都合上、詳細は拙稿「労働基本権の性格」新労働法講座1〔本巻三四一頁以下〕所収にゆずる）。

本判決は、三権制限法規が合憲と認められるための条件として、①当該業務・職務の性質・内容にてらし、争議行為によるその停廃がもたらす国民生活への重大な障害を避けるため必要やむをえない場合にのみ、争議行為の制限が可能であることをまず宣言したうえ、②その場合の制限の態様に言及して、労働三権と国民生活全体の利益との適正な均衡という観点から認められる必要最小限度の制限でなければならず、③しかも制限違反に伴う制裁・不利益は必要の限度を超えてはならぬと判示し、④さらに代償措置の必要性をも加えている（事案に対する判決理由のなかではとくに③が重視され、刑事制裁に対するきびしい態度が打ち出されている）。この判示じたい、従前の判例に比べ画期的意義を有するが、注意すべきは、これら四条件が労働基本権制限立法を「制定する際に留意されなければならない」と同時に、かかる法律を「解釈適用するに際しても十分に考慮されなければならない」と説示している点である。四条件は今後の制限立法を領導するとともに、既存の制限法規の解釈原理としての立法府の裁量をいっさい否定する趣旨ではないとしても、内容不明の呪文的な「公共の福祉」を根拠とする安易な制限立法を、制定と解釈の両面においてチェックするものとして注目される（なお、④が代償措置さえ講ずれば争議行為の制限ひいては禁止も合憲である、という意味を含むものでないことに、念のため注意を喚起しておこう）。

2　本判決の問題点

一　しかし、画期的な本判決にも問題点がないわけではない。本判決は、三公社五現業のうち「他の業務はさておき」本件の郵便業務に関する限り、国民生活全体との関連性にてらし、前掲①〜④の要件をみたすものとして、郵便職員の争議行為禁止規定も違憲とはいえないと判示しているのであって、郵便以外の三公社五現業職員に対する関係で公労法一七条の争議行為禁止規定が合憲かどうかについては、なにも判示していない、と解される。ところが、この判決理由を述べる直前で本判決は、三公社五現業全部の業務につき、

「多かれ少なかれ、また、直接と間接との相違はあっても、等しく国民生活全体の利益と密接な関連を有」し、その停廃は「国民生活全体の利益を害し、国民生活に重大な障害をもたらすおそれがあることは疑いをいれない」と説示している。これは傍論にすぎないけれども、すでに学説の指摘するように、三公社五現業のうち国有林野事業や専売などについては、右の説示が妥当するとはとうてい考えられない。その停廃の国民生活への影響という点では、三公社五現業の業務を同日に論ずることはできないのであり、それ故にこそ学説の多くは、三公社五現業職員に対する争議行為の一律全面禁止の合憲性に疑問を投じてきたのである。

二 郵便職員に対する関係で公労法一七条の争議行為禁止規定が右のように合憲と認められるとすれば、この禁止違反は疑いなく「違法」である。しかし、この「違法」な争議行為にも労組法一条二項の適用があり、したがってそれが同条同項にいう「正当な」争議行為と認められる場合にはいわゆる刑事免責が認められる、とするのが本判決の態度であるが、問題はその根拠づけである。学説の多くは、松田裁判官の補足意見がいわゆる「違法の相対性」という考え方（違法の効果でなしに、違法評価そのものが一元的になさるべきでなく、法領域ごとに異なるとする考え方）をとっているところから、本判決の多数意見も、これと基調において同じく、公労法の争議行為禁止規定違反の違法性は労働法上の違法として刑法上の違法に直結しないと解している、と見るようである。しかし判旨をみると、根拠として四点があげられ、とくに争議行為禁止規定の違反に対する特別の罰則が緩和されてきて現行公労法にはかかる罰則がないという点に力点がおかれているところからすると、右の学説のように見ることは疑問である。そしてこの点、本判決は、争議行為の合憲的制限・禁止規定の性格づけ等においてはほぼ間然するところがないが、争議行為の刑事免責の把え方においては、大きな問題を残しているように思われる。私は、一方で争議行為に関する刑事免責を、憲法上の争議権保障の内容の一側面をなすものとして、争議権の行使という性格を認められる限りの争議行為には憲法二八条にもとづき当然に認められるもの（労組法一条二項はその注意的確認）と解するとともに、他方で憲法二八条のもとでの争議行為制限・禁止法規は、ほんらい争議権の行使が他の基本権あるいは本判決のいう国民生活全体の利益と衝突する場合の調整措置を定める性質のものと解する。したがって、かかる制限・禁止違反に特別の罰則があると否とを問わず、当該争議行為が制限・禁止違反であっても、争議権の行使という性格を認められる範囲内のものである以上は、制限・禁止違反の違法性によって刑事免責を失うことはありえないこととなる（詳細は拙稿前掲および「争議行為と責任追及」季刊労働法七一号〔本著作集Ⅲ巻二三九頁以下〕）。

三　いっそう問題なのは、政治的目的の争議行為など三つの場合について例外的に「刑事制裁を免れない」と判示している個所である。この場合、政治スト等はその手段・態様が消極的な労務提供拒否であっても、「刑事制裁を免れない」とするようであるが、「刑事制裁を免れない」とはいかなる意味か、いかなる刑事制裁をうけるのか、いずれも不明である。これを「刑事免責を失う（刑事制裁をうけるということと同義ではない）」という意味に解しても、政治ストと憲法二八条との関係いかんは、学説もかなり分かれている難問であり、政治ストの意味（範囲）の把え方さえ必ずしも定説がない現在においては、労組法一条二項の文言（「前項に掲げる目的を達成するためにした」争議行為）を挙示するだけで右のようにきめつける態度は、結論じたいの当否を別としても、推論の過程ないし論証が極めて不十分と評せざるをえない（「暴力を伴う場合」など他の二つの場合についても同様であるが、紙幅の関係で詳細は拙稿「争議行為と責任追及」季刊労働法七一号〔本著作集Ⅲ巻二三九頁以下〕に譲らざるをえない）。この部分は傍論かとも思われたが、差戻審の判示のほとんどは、本件争議行為が右の三つの場合のいずれかに該当するかどうかの判断に費やされている。

四 本判決が郵便法七九条一項を、争議行為としてなされた郵便物不取扱いにも適用ありとしている点も、その根拠づけが極めて簡単かつ消極的なこととあわせて、問題である。岩田補足意見は関係法令の沿革などにてらしてこれと異なる見解をのべているが、学説の多くは、郵便法、鉄道営業法などのいわゆる事業法の規定は争議行為には適用なしとしている（詳細は前掲拙稿参照）。

3 本判決のあと

本判決（いわゆる中郵判決）の趣旨は、昭和四四年四月二日の二つの大法廷判決（いわゆる四・二都教組および全司法判決）によって維持・継承された。都教組判決の事案は、教組の争議行為につき、組合役員の行為が地公法の争議行為あおり等の罪にあたるとして起訴されたものである。その点、かかるあおり行為等の処罰を定めていない公労法違反の争議行為に関する本件とは事案を異にするが、判決は中郵判決の判旨一を冒頭でそのまま引用したうえ、地公法の争議行為禁止規定とあおり等処罰規定を、文言どおり一切の争議行為の禁止とそのあおり等の処罰ととれば違憲の疑いを免れないから、違法性の強い争議行為についてのみ、かつ、争議行為に通常随伴する程度のものを除くあおり行為等に限って、処罰の対象とする趣旨に解しなければならないという二重の限定解釈をとって、破棄無罪の自判をした（四・二全司法判決は、裁判所職員の同種の公務員法違反等被疑事件につき、同じく中郵判決に依拠しかつ二重の限定解釈をとりながら、有罪の原判決を支持した。これは、事案の争議行為が職務の公共性のとくに強い裁判所職員の政治ストであり、かつ、そのあおり行為が第三者も共謀加入してなされたものと認められたためである）。

（ジュリスト増刊『労働法の判例』、基本判例解説シリーズ五、一九七二年）

20　労働基本権

――全農林警職法事件・最高裁昭和四八年四月二五日大法廷判決・刑集二七巻四号五四七頁、全逓名古屋中郵事件・最高裁昭和五二年五月四日大法廷判決・刑集三一巻三号一八二頁――

一　事件の概要

1　全農林警職法事件

昭和三三年警職法（警察官職務執行法）改正反対闘争の一環として、全農林労組の中央執行委員が、一一月五日は正午に出勤せよとの組合指令を発したこと、および同日行われた勤務時間に二時間くいこむ職場大会に参加するよう職員に反覆よびかけたことが、国家公務員法の争議行為あおり等処罰規定にふれるとして起訴された。一審（東京地判昭和三八・四・一九刑集二七巻四号一〇四七頁）は無罪、二審（東京高判昭和四三・九・三〇高刑集二一巻五号三六五頁）は有罪の判決を下し、被告人ら上告。

2 全逓名古屋中郵事件

昭和三三年三月全逓名古屋中郵支部が勤務時間に二時間くいこむ職場大会を行ったところ、組合役員が(1)職場大会への参加を呼びかけたのは、郵便法七九条一項の罪の教唆に、(2)職場大会参加の説得のために郵便局地下食堂等に立ち入ったのは、建造物侵入罪に、(3)作業棟二階で課主事が上司に対し同人不在中の勤務状態につき報告中、主事の両腕をとるなどして同人を室外に連れ出したのは、公務執行妨害罪に、それぞれ該当するとして起訴された。一審（名古屋地判昭和三九・二・二〇刑集三一巻三号五一七頁）は、(1)については郵便法七九条一項の幇助罪の成立を、(2)については建造物侵入罪の成立を、それぞれ認め、(3)については、被告人らが主事を連れ出そうとした時点で同人は公務執行の意思を放棄していたとして、公務執行妨害罪の成立を否定した。これに対し二審（名古屋高判昭和四四・一一・一七刑集三一巻三号五二八頁）は、後述の全逓東京中郵事件判決（最大判昭和四一・一〇・二六刑集二〇巻八号九〇一頁）に従って、事案の時間内職場大会は正当な争議行為として刑事免責（労組法一条二項）を認められるから、郵便法七九条一項の罪の幇助と建造物侵入の点についてはいずれも罪とならないとし、公務執行妨害の点については一審の判断を支持して無罪を言渡した。検察側上告。

二 判旨

1 全農林警職法事件　上告棄却。

(1)　判決は、まず(1)「憲法二八条の労働基本権の保障は公務員に対しても及ぶ」が、労働基本権は「勤労者の経済的地位の向上のための手段として認められたものであって……勤労者を含めた国民全体の見地からする制約を免れないものであり、このことは憲法一三条の規定の主旨に徴しても疑いのない」こと、(2)五現業を除く非現業国家公務員（以下判決はこれを単に「公務員」という）の争議行為は「国民全体の奉仕者」（憲法一五条）としての「公務員の地位の特殊性と職務の公共性」と相容れず、「多かれ少なかれ公務の停廃をもたらし……国民全体の共同利益に重大な影響を及ぼすか、またはその虞れがある」こと、(3)公務員の勤務条件法定主義との関係、(4)公務員の争議行為については、使用者側にロックアウトが認められず、また「市場の抑制力」も働かないこと、(5)争議行為の禁止に「見合う代償措置」が設けられていること、を根拠に、公務員の争議行為の全面禁止も憲法二八条違反ではないと判示する。

このうち(3)の説示の要点は次のとおりである。「利潤追求が原則として自由とされる私企業」の場合と異なり「公務員の場合は、その給与の財源は……主として税収によって賄われ……公務員の給与をはじめ、その他の勤務条件は……原則として、国民の代表者により構成される国会の制定した法律、予算によって定められる……その場合、使用者としての政府にいかなる範囲の決定権を委任するかは、まさに国会みずからが立法をもって定めるべき労働政策の問題である。したがって、これら公務員の勤務条件の決定に関し、政府が国会から適法な委任を受けていない事項について、公務員が政府に対し争議行為を行なうことは、的はずれであって正常なものとはいいがたく……ひいては民主的に行なわるべき公務員の勤務条件決定の手続過程を歪曲することともなって、憲法の基本原則である議会制民主主義（憲法四一条、八三条等参照）に背馳」する。

(4)の説示の要点。「私企業においては……一般に使用者にはいわゆる作業所閉鎖(ロックアウト)をもって争議行為に対抗する手段があるばかりでなく、労働者の過大な要求を容れることは企業の経営を悪化させ……ひいては労働者自身の失業を招くという重大な結果をもたらすことともなる」ので、「労働者の要求はおのずからその面よりの制約を免れ」ず、また、「一般の私企業においては、その提供する製品または役務に対する需給につき、市場からの圧力を受けざるをえない関係上、争議行為に対しても、いわゆる市場の抑制力が働く」のに対し、「公務員の場合には、そのような市場の機能が作用する余地がない」。

(5)の「代償措置」に関する説示の要点。「公務員は、法律によって定められる給与準則に基づいて給与を受け……る等、いわゆる法定された勤務条件を享有し……、人事院は、公務員の給与、勤務時間その他の勤務条件について、いわゆる情勢適応の原則により、国会および内閣に対し勧告または報告を義務づけられている。そして、公務員……は、個別的にまたは職員団体を通じて……勤務条件に関し、人事院に対しいわゆる行政措置要求をし、あるいはまた、もし不利益な処分を受けたときは、人事院に対し審査請求をする途も開かれている」。

(2) ついで判決は、公務員の争議行為のあおり等処罰規定は憲法一八条・二八条に違反するものではないとして、その理由を次のように判示する。「前述のように、公務員の争議行為の禁止は憲法に違反することはないのであるから、何人であっても、この禁止を侵す違法な争議行為をあおる等の行為をする者は、違法な争議行為に対する原動力を与える者として、単なる争議参加者にくらべて社会的責任が重いのであり、また争議行為の開始ないしはその遂行の原因を作るものであるから、かかるあおり等の行為者の責任を問い、かつ、違法な争議行為の防遏を図るため、その者に対しとくに処罰の必要性を認めて罰則を設けることは、十分に合理性がある」。

(3)　さらに、判決は公務員の争議行為あおり等処罰規定は、憲法二一条にも同三一条にも違反しないとして、次のように判示する。本件被告人らのあおった争議行為は、警職法改正反対という政治目的のためになされたものである。「ところで、憲法二一条の保障する表現の自由といえども……公共の福祉に反する場合には合理的な制限を加えうるものと解すべきところ……とくに勤労者なるがゆえに本来経済的地位のための手段として認められた争議行為をその政治的主張貫徹のための手段として使用しうる特権をもつものといえない。」そして「前記のように、公務員は、もともと合憲である法律によって争議行為をすること自体が禁止されているのであるから、」公務員が「かかる政治的目的のために争議行為をすることは二重の意味で許され」ず、かかる「違法な争議行為をあおる等の行為をあえてすることは……結局、国民全体の共同利益に重大な障害をもたらす虞れがあるものであり、憲法の保障する言論の自由の限界を逸脱する。」したがって、国公法一一〇条一項一七号は憲法二一条に違反するものとはいえない。

国公法一一〇条一頁一七号中の「あおり、」「企て」の文言の意味、したがってそこに規定されている犯罪構成要件は、内容が漠然としているものとはいいがたい。また、争議行為の実行が不処罰であるのに、その前段階的行為であるあおり行為等のみを独立犯として処罰する点も、「前述のとおりこれらの行為が違法行為に原因を与える行為として単なる争議への参加にくらべ社会的責任が重いと見られる以上、決して不合理とはいいがたい。」したがって、国公法一一〇条一項一七号の規定は憲法三一条にも違反しない。

(4)　なお、判決は後述のいわゆる都教組・全司法判決（最大判昭和四四・四・二刑集二三巻五号三〇五頁、六八五頁）のとった、国公法九八条五項・一一〇条一項一七号に関するいわゆる「二重の限定解釈」（「解説

2(4)参照）をしりぞけている。

2 全逓名古屋中郵事件　郵便法違反幇助と建造物侵入の点については原判決破棄、公務執行妨害の点については上告棄却。

(1) 判決はまず、公労法一七条一項の規定が憲法二八条違反でないことは、「当裁判所の確定した判例」であるとしつつ、「判例の推移」に留意して「その理由」を次のように「詳説」する。

イ　三公社五現業職員も「共に憲法二八条にいう勤労者にあたる」が、全農林警職法事件判決もいうように、非現業の国家公務員については、勤務条件法定主義にもとづいて、「私企業の労働者の場合のような労使による勤務条件の共同決定を内容とする団体交渉権の保障はなく、右の共同決定のための団体交渉過程の一環として予定されている争議権もまた、憲法上、当然に保障されているものとはいえない。」そして、「右の理は、公労法の適用を受ける五現業及び三公社の職員についても、直ちに又は基本的に妥当する。」けだし、五現業職員は国家公務員として「勤務条件の決定に関するその憲法上の地位は上述した非現業の国家公務員のそれと異なるところはなく、また、三公社の職員も、国の全部出資によって設立、運営される公法人のために勤務するものであり、勤務条件の決定に関するその憲法上の地位の点では右の非現業の国家公務員のそれと基本的に同一であるからである。「三公社……の資産はすべて国のものであって、憲法八三条に定める財政民主主義の原則上、その資産の処分、運用が国会の議決に基づいて行われなければならないことはいうまでもな」い。そして、「三公社の職員の職務条件は直接、間接の差はあっても、国の資産の処分、運用と密接にかかわるものであるから、これを国会の意思とは無関係に労使間の団体交渉によって共同決定することは憲法上許されない。」もっとも、現行公労法は五現業公社職員に「労働協約締結権を含む団体交渉権」を認めている（八条）が、これは「憲法二八条の当然の要請によるものではなく、国会が、……立法上の配慮から、財政民主主義の原則に基づき、その議決により、財政に関する一定事項の決定権を使用者としての政府又は三公社に委任したものにほかならない。」

ロ　全農林警職法事件判決は、非現業国家公務員の争議行為について、使用者側にロックアウトをもってこれに対抗する手段がなく、また、いわゆる「市場の抑制力」も働かないことを判示しているが、「右判示の趣旨は、五現業及び三公社の職員についても、基本的にあてはまる。」「けだし、これらの事業は……私企業のように利潤の追求を本来の目的とするものではなくて、国の公共的な政策を遂行するものであり、かつ、その労使関係にはいわゆる市場の抑制力が欠如していることの結果として、非現業の公務員におけると同様、争議権は、適正な勤務条件を決定する機能を十分に果たすことができず、競合する国民の諸要求を公平に調整すべき行政当局や国会等に対する一方的な圧力と化するおそれがあるからである。のみならず、これらの事業は、それが独占的なものないし公共性の強いものであるところから、その争議行為のもつ圧力は著しく強大となり、公正な決定過程を歪めるおそれをさらに増大させることにもなる。」

また、全農林警職法事件判決は、公務員の使用者は国民全体であるとし、その争議行為が国民全体の共同利益に及ぼす影響について説示しているが、これは五現業三公社職員にも妥当する。「なぜならば、これらの職員は、身分及び職務の性質、内容において右の非現業の国家公務員と異なることはあっても、等しく公共的職務に従事する職員として、実質的に国民全体に対し労務を提供する義務を負うものである点では、両者の間に基本的な相違がなく、」これらの職員の争議行為による業務の停廃は「国民生活全体の利益を害し、国民生活に重大な障害をもたらすおそれがある（全逓東京中郵事件判決）」からである。

「したがって、このような事情を考慮するならば、国会が、国民全体の共同利益を擁護する見地から、勤務条件の決定過程が歪められたり、国民が重大な生活上の支障を受けることを防止するため、必要やむをえないものとして、これらの職員の争議行為を全面的に禁止したからといって、これを不当な措置であるとすることはできない。」

ハ　労働基本権制限の「代償措置」に関する全農林警職法事件判決の判示は、五現業三公社職員にも妥当する。現行法はこれらの職員につき、国家公務員又はこれに準ずる者としての身分保障、強制仲裁（公労法三五条）等を認めている。

(2)　つぎに判決は、公労法一七条一項違反の争議行為にもいわゆる刑事免責が認められるか、という「本件における争点」の判断に入る。はじめに、公労法一七条一項の争議行為禁止規定が合憲である以上、この禁止に違反する争議行為は当然に刑事免責すなわち「違法性の阻却」を否定されるというように解すべきではなく、「広く憲法及び法律の趣旨にかえりみて、解釈上違法性の阻却を肯定する余地があるかどうかを考察したうえで結論を下すことが必要である」と述べて、以下のような検討を行っている。

イ　「公労法一七条一項による争議行為の禁止が憲法二八条に違反しておらず、その禁止違反の争議行為はもはや同法条による権利として保障されるものではないと解する以上、民事法又は刑事法が、正当性を有しない争議行為であると評価して、これに一定の不利益を課することとしても、その不利益が不合理なものでない限り同法条に抵触することはない、というべきである。」そして「刑事法上の効果についてみると……公労法一七条一項違反の争議行為〔に〕……労組法一条二項の適用〔すなわち刑事免責〕を認めるべき特段の憲法上の根拠は、見出しがたい。かりに、争議行為が憲法二八条によって保障される権利の行使又は正当な行為であることの故に、これに対して刑罰を科することが許されず、労組法一条二項による違法性阻却を認めるほかないものとすれば、これに対し民事責任を問うことも原則として許されないはずであ」り、そのような「理解は、公労法一七条一項が憲法二八条に違反しないとしたところにそぐわない。」

ロ　公労法三条は労組法八条（民事免責）の適用除外を定めているが、たしかに労組法一条二項の適用除外は定めていない。しかし公労法三条は、「公共企業体等の職員に関する労働関係については、この法律の定めるところにより、この法律に定のないものについては労働組合法……の定めるところによる」と定めている。そして「団体交渉等については、公労法に定めのない場合にあたるので、労組法一条二項が適用されて、その正当なものは違法性を阻却されるけれども、争議行為については、公労法一七条一項にいっさいの行為を禁止する定めがあ」るから、「労組法一条二項を適用する余地はない。」さらに、労組法一条二項は「憲法二八条の保障する権利の行使であることからくる当然の結論を注意的に規定したものと解すべきであるから、前述のように憲法二八条に違反しないとされる公労法一七条一項によっていっさい禁止されている争議行為に対しては、特別の事情のない限り、労組法一条二項の適用を認めえないのがむしろ当然であ」る。

ハ　公労法には「禁止違反の争議行為に対する刑事制裁の規定が欠けているが、その故をもって、その争議行為についても原則として刑事法上の違法性阻却を認めるのが同法の趣旨であると解することは、合理的でない。由来、争議行為に関して適用が問題となる罰則には、争議行為の禁止規定の実効性を確保するためにその違反に対し制裁として刑罰を科することを定めるものと、その適用対象を争議行為に限定することなく、ある類型の行為に対し一般的に刑罰を科することを定め、その結果として、争議行為におけるその類型の行為に対しても適用されることになるものとがある。……郵便法七九条一項は……その要件及び沿革に照らすときは、それが後者に属する罰則であることが明らかである。このように、公労法一七条一項違反の争議行為に対し前者の意味での刑事制裁の規定がないことは、その違反を理由としては刑罰を科さないことを意味するにとどまるのであって、郵便法七九条一項などの後者の罰則に該当する争議行為に対しても刑事法上の違法性阻却を認める趣旨であると解することは、合理性を欠き、他に特段の事情のない限り、許されない。」

ニ「確かに、刑罰は国家が科する最も峻厳な制裁であるから、それにふさわしい違法性の存在が要求されることは当然であろう。しかし、その違法性の存否は……それぞれの罰則と行為に即して検討されるべきもの」である。公労法一七条一項は、「前記のとおり、五現業及び三公社の職員に関する勤務条件の決定過程が歪められたり、国民が重大な生活上の支障を受けることを防止するために規定されたものであって、その禁止に違反する争議行為は、国民全体の共同利益を損なうおそれのあるものというほかないのであるから、これが罰則に触れる場合にその違法性の阻却を認めえないとすることは、決して不合理ではないのである。してみると、公労法において禁止された争議行為が合理的に定められた他の罰則の構成要件を充足している場合にその罰則を適用するにあたり、かかる争議行為とは無関係に行われた同種の違法行為を処罰する通常の場合に比して、より強度の違法性が存在することを要求するのは、当をえない。」

「以上の理由により、公労法一七条一項違反の争議行為についても労組法一条二項の適用があり、原則としてその刑事法上の違法性が阻却されるとした点において、東京中郵判決は、変更を免れない。」

(3) つづいて判決は、既述のように公労法一七条一項違反の争議行為には労組法一条二項のいわゆる刑事免責が認められないとはいえ、「公労法の制定に至る立法経過とそこに表われている立法意思を仔細に検討するならば、たとい同法一七条一項違反の争議行為が他の法規の罰則の構成要件を充たすことがあっても、それが同盟罷業、怠業その他単なる労務不提供のような不作為を内容とする争議行為である場合には、それを違法としながらも、後に判示するような態度で、単純参加者についてはこれを刑罰から解放して指導的行為に出た者のみを処罰する趣旨」と解すべきであるとし、その根拠を次のように判示する。

イ　公労法の制定に至る立法経過を顧ると、政令二〇一号施行前には郵政職員の争議行為には刑事免責が認められていたが、同政令の施行により右の争議行為は「正当性を失い、同政令と郵便法七九条一項の二つの罰則に該当するようになった」が、「この二つの罰則は特別法、一般法の関係に立つものと解されるので、従前に正当と解されていたような争議行為は、同政令の罰則によって処罰されるのみで、郵便法七九条一項によって処罰されることはなかった。」

ところが、「その後、国公法の改正により……すべての一般職国家公務員の争議行為に関し、これをあおり、そそのかすなどの指導的行為に出た者のみを処罰する規定が設けられ、郵政職員もこの罰則の適用を受けるようになった。そうして、同法は、一般国家公務員の労働関係についての基本的、統一的な規範を明らかにし、恒久的な制度を定めたものであるため、その制定に伴い、その罰則を政令二〇一号の罰則のような特別法と解する根拠が失われ、これを国公法に違反する争議行為に対する排他的なものと解して郵便法七九条一項など他の罰則の適用を排除するということが許されないこととなったのである。しかしながら、右の国公法の罰則が……争議行為の単純参加者までを処罰していた同政令〔二〇一号〕の厳しい態度を特に緩和……した趣旨を考慮するときは、同政令の適用を受けていた当時において、その罰則と郵便法七九条一項の構成要件にあたる行為をし、同政令の罰則のみによって処罰されていた争議行為の単純参加者は、国公法の適用を受けるに至った後においては、同法の罰則の適用を受けないばかりでなく、その行為の違法性をそのままにしながらも、郵便法七九条一項によっても処罰されなくなったものと解するのが、立法の経過に沿う解釈として妥当である。」

「ところで、郵政職員は、その後、……争議行為について罰則の定めのない公労法の適用を受けることになった。しかしながら、そのことから当然に、同法が適用される職員の争議行為については、それが同時に他の刑罰法規に該当する場合においても……その刑事法上の違法性が阻却されると解すべき実質的な根拠はない。むしろ、後記のように、争議行為そのものの原動力となる指導的行為は、単純参加行為に比し、その反社会性、反規範性が強大であって、国公法上も単純参加行為とは区別した取扱いがなされていることにかんがみると、かかる指導的行為をした者は、公労法の適用を受けることになって後《ママ》は、それまで国公法の罰則と郵便法七九条一項の罪の教唆犯等の規定とにより処罰されていたものが、前者の適用を除外されて後者の教唆犯等として処罰されるにとどまることとなったと解するのが、相当である。」

ロ「右のように、争議行為の単純参加行為をその指導的行為と区別し、前者を一定の限度で不処罰とすることは、上述した国公法の罰則の立法趣旨ばかりでなく、争議行為に関する他の罰則の変遷とその底流にある法の理念にもよく適合する。」古くは治安警察法一七条・三〇条、戦後では昭和二一年施行当時の労調法三八条・三九条をみても、そこには争議行為の単純参加者と「その原動力となる指導的行為をした者との間に、反社会性、反規範性において差異があるとの認識と、指導的行為の処罰をもって争議行為禁止規定の実効性を確保することが妥当であるとする見解と、さらには、勤務条件の改善を求めて単に職務の提供を拒否するに過ぎない行為に対しては特段の事情のない限り刑事制裁を抑制するのが相当であるとの配慮が存在するものとみることができよう。公労法一七条違反の争議行為に関する刑事罰の範囲について立法意思を探求するにあたっても、右のような立法の変遷とそこに看取される法の理念は、重要な資料となるものというべきである」。

以上(1)~(3)によって、被告人らの行為は郵便法七九条一項の罪の幇助の罪責を免れない（紙幅の関係で、以下、建造物侵入罪、公務執行妨害罪の成否に関する判示の紹介は省略する）。

三　解　説

1　はじめに

憲法二八条は勤労者の争議権の保障をかかげているが、現行法は、官公労働者——すなわち国家公務員法または地方公務員法の適用をうける公務員、公共企業体等労働関係法の適用をうける三公社五現業職員および地方公営企業労働関係法の適用をうける地方公営企業職員——の争議行為を全面一律に禁止している（国公法九八条二・三項、地公法三七条、公労法一七条、地公労法一一条）。そして、このうち公務員法には、禁止された争議行為のあおり等を処罰する規定がある（国公法一一〇条一項一七号、地公法六一条四号）。ここで取り上げる全農林警職法事件は、この処罰規定の適用に関するものである。

他方、公労法・地公労法には、公務員法におけるような争議行為あおり等処罰規定はないが、事業法上の罰則の適用が問題となる。例えば五現業の一つである郵便事業については、郵便法七九条一項で、郵便業務従事者が「ことさらに郵便の取扱をせず、又はこれを遅延させたときは」これを処罰する旨定めている。そこで、正当な争議行為にはいわゆる刑事免責が認められる（労組法一条二項）が、もしも公労法・地公労法の禁止に違反する争議行為は、法規違反として当然に刑事免責が認められないとすれば、郵便局員のストライキについては、郵便法七九条一項の刑事責任が問題となることとなる。ここで取り上げる全逓名古屋中郵事件は、郵便局員の時間内くいこみ職場大会（実質上のスト）について、組合幹部が郵便法七九条一項の罪の教唆犯で起訴された事件である。

2 立法と判例の推移

(1) 立法の推移　戦後、労働運動に対する弾圧諸法規の占領軍による撤廃と労組法の制定（昭二〇）、新憲法二八条における労働者の団結権等の保障（昭二一）によって、労働組合運動の合法性が、正当な争議行為のいわゆる刑事、民事の免責（労組法一条二項、八条）を含めて、明確に認められるにいたった。そして、マッカーサー（占領軍総司令官）書簡にもとづく政令二〇一号の制定（昭二三）前においては、私企業労働者のみならず公務員（当時その主力は官公吏とよばれていた）をも含めて労働三法が適用され、非現業公務員の争議行為は禁止されていた（労調法旧三八・三九条）とはいえ、現業公務員の争議権は認められ、ただ、事業が公益事業（労調法八条）に属する場合に、争議権行使につき民間の公益事業におけると同じ制限（労調法旧三七条）を受けるにとどまっていた。従って、例えば当時の国鉄職員には、いわば私鉄労働者なみのスト権が認められていたのである（ただし講和前にはこのほかに、占領軍によるゼネスト禁止などの規制があった）。

しかし政令二〇一号によって、公務員は現業、非現業を問わず、すべて争議行為を禁止され、単純な争議行為参加者を含めて同政令の罰則によって処罰されることになった。ただ、同政令の国内法化ともいうべき昭和二三年暮の国公法改正、公労法制定に際しては、従前の現業国家公務員のうち、国鉄と専売の職員は、新設の公共企業体（日本国有鉄道と日本専売公社）の職員となって公労法の適用下に移され、改正国公法はこれを除く現業・非現業の国家公務員に適用されることとなった。そして、前者については労働三法はなお適用されるが、後者については労働三法の適用は全面的に排除され、争議行為に関しても、全面禁止は両者共通であるが、公労法は禁止違反に対する特別の罰則を設けなかったのに対し、国公法は禁止違反の争議行為につき、あおり行為などを処罰する規定をおいた。これがこんにちまで基本的には変らず維持されて、現行法に及んでいる。変わったのは、その後電信電話公社が創設されてその職員が公労法の適用下に移され、同時に、郵政をはじめとする五現業の国家公務員も公労法の適用下に移されたことであり（昭二七）、これによって公労法は現にみるように三公社五現業職員に適用されるものとなった。なお、地方公務員の争議行為については、地方公営企業職員である者について地公労法（昭和二七）が公労法と同一の規制を、その他の地方公務員については地公法（昭和二五）が国公法と同一の規制を、定めている。

(2)　初期の判例　　官公労働者の争議行為全面禁止に関する最初の最高裁判判決（昭和二八・四・八大法廷判決、いわゆる国鉄弘前機関区事件・刑集七巻四号七七五頁）は、「公共の福祉」（憲法一三条）や、「公務員は国民全体の奉仕者」（憲法一五条）であるという文言を呪文的に用いて、政令二〇一号は憲法二八条違反ではないと宣言した。ついで、最高裁（昭和三〇・六・二二大法廷判決、いわゆる国鉄三鷹事件・刑集九巻八号一一八九頁）は、国鉄職員の争議行為を全面禁止した公労法一七条の合憲性を肯認した。その理由づけは前者とほとんど変わらない。すなわち、国鉄職員は法令により公務に従事する者とみなされ(国鉄法三四条)、国鉄が政府全額出資の公法人であることを挙げただけで、そこから直ちに「かかる公共企業体の国民経済と公共の福祉に対する重要性にかんがみ」争議行為全面禁止も憲法二八条違反ではないと判示するものであった。これをうけて、最高裁第二小法廷は、やがて、公企体等の職員は「争議行為を禁止され争議権自体を否定されている以上、その争議行為について正当性の限界如何を論ずる余地はなく、」したがって労組法一条二項のいわゆる刑事免責は当然に認められないと判示した(昭和三八・三・一五、いわゆる国鉄桧山丸・全逓島根地本事件判決・刑集一七巻二号二三頁)。

(3) 全逓東京中郵事件判決　右のような初期の判例の態度は学説の強い批判をあび、下級審でも判例に必ずしも追随しない動きが現われ、やがて最高裁は、三・一五判決を覆えした(昭和四一・一〇・二六大法廷判決・刑集二〇巻八号九〇一頁。当時は「全逓中郵事件判決」と略称されたが、今日では名古屋中郵事件判決と区別するため「全逓東京中郵事件判決」とよぶのが適当である)。この大法廷判決は、細部においては問題があるにせよ、全体としての基調において従前の判例とは比較にならないほど、労働基本権尊重の新方向をうち出した点で、画期的なものであった。

イ　この判決も、公労法一七条の合憲性を郵政職員に対する関係で肯認するものであったが、それは、三・一五判決のように、公企業等の「国民経済と公共の福祉に対する重要性」というような、簡単で抽象的な理由づけによるものではなかった。すなわち、冒頭で、公企体職員はもとより公務員も憲法二八条の勤労者に含まれることに念のため触れたのち、憲法二八条の労働基本権の制限の根拠として、公務員について「全体の奉仕者」論をもってくることを否定し、労働基本権の合憲的な制限は、労働基本権の尊重確保と国民生活全体の利益の維持増進という二つの法益を「比較衡量」して両者の「適正な均衡」を図るという問題であり、それは、官民を問わず、当該勤労者の「提供する職務または業務の性質」に注目して、その労働基本権行使には「国民生活全体の利益の保障という見地」からの「内在的制約」がある、というように把えるべきものであるとした。そして、争議行為制限（禁止を含む）法規が合憲であるための次の四条件を掲げた。⑴「制限は『必要最小限度』にとどめなければならない」。⑵制限は、当該勤労者の「職務または業務の性質が公共性の強いもの」であり「その停廃が国民生活全体の利益を害し、国民生活に重大な障害をもたらすおそれのあるものについて、これを避けるために必要やむを得ない場合について考慮されるべきである。」⑶制限違反に対して課せられる不利益も「必要な限度をこえない」ようにしなければならない。とくに「刑事制裁を科することは、必要やむを得ない場合に限られるべき」である。⑷制限がやむを得ない場合には、これに「見合う代償措置が講じられなければならない。」

以上のような説示を前提にして、判決は、事案の郵政職員につき争議行為を禁止する公労法一七条は、右の四条件にてらし（とくに禁止違反につき公労法が特別の罰則を定めていない点に徴し）、憲法二八条違反ではないと判示した。

ロ　つぎに、公労法一七条が合憲であるとすれば、これに違反する争議行為は違法であるから、「正当な」争議行為について認められる刑事免責（労組法一条二項）は認められないことになるか、について、判決は、公労法一七条違反というだけで当然に刑事免責を失うわけではないと判示した。すなわち、⑴政令二〇一号の罰則がその後しだいに緩和されてきたという立法の推移、⑵公労法三条が労組法八条の適用除外を定めながら、労組法一条二項の適用は排除していないこと、⑶国公法と対比して公労法じたいは刑事制裁は何も規定していないことを述べたのち、公労法一七条違反の争議行為であっても、(1)その目的が労組法一条一項の目的を達するためのものであり（換言すれば、政治的目的のためになされたものでなく）、(2)争議手段としては罷業、怠業など不作為が存在するにとどまって、暴力を伴わないものであり、かつ、(3)社会の通念に照らし不当に長期に及ぶ場合のように、国民生活に重大な障害をもたらすものでない場合には、刑事免責を失わない、としたのである。

そして、郵便法七九条一項は「争議行為にも適用がある」と解すべきであるが、公労法一七条違反という だけで刑事免責を失うわけではないから、当然に刑事免責なしとしたこれまでの判例（三・一五判決）は変更すべきものと結論した。

(4)　都教組・全司法判決　全逓東京中郵事件判決の基調を維持継承して、公務員法の争議行為全面禁止とくにあおり行為等処罰規定の解釈についても、最高裁は新たな態度をうち出した（昭和四四・四・二大法廷判決―前掲）。

判決は、公務員の争議権の合憲的な制限について「考慮すべき要素は、前示全逓〔東京〕中郵事件判決に説示したとおりである」と前おきして、もしも地方公務員法の争議行為禁止・あおり等処罰規定が、すべての地方公務員の一切の争議行為を禁止し、そのあおり等をすべて処罰する趣旨だとすれば、全逓東京中郵事件判決判決の示した四条件に照らし「違憲の疑を免れない。」地方公務員の職務の「公共性の程度は強弱さまざま」であり、「ひとしく争議行為といっても種々の態様のもの」があるから、四条件に照らせば、あおり等が処罰される争議行為の範囲も、あらゆる争議行為に及ぶものではなく、「違法性の強い」争議行為に限られ、また、あおり等についても、「争議行為に通常随伴して行われる行為」は含まれないものと解すべきである。判決は、このように、地公法の争議行為あおり等処罰規定に「二重の限定解釈」を施して、あるいは「二重の絞り」をかけて、その合憲性を承認した。そして、右の「違法性の強い」争議行為として、全逓東京中郵事件判決が刑事免責を否認されるとした争議行為（政治的目的のために行われるもの、暴力を伴うもの、社会の通念に反して不当に長期に及ぶなど国民生活に重大な支障を及ぼすもの）を挙げたのであった。

3　二判決の意義と問題点

(1)　判例法上の意義　イ　公務員法の争議行為あおり等処罰規定を、文言どおりすべての公務員の一切の争議行為のあらゆるあおり等を処罰するものと解すべきものとすれば、同規定は「違憲の疑」があるという地点にまで達した最高裁の態度は、全農林警職法事件判決によって、劇的な反転をとげた。都教組・全司法事件判決後の最高裁判事の顔触れの変更が、一五名中八名というギリギリの多数意見に立脚する大法廷判決によって、覆されたのである。しかも、事案は警職法改正反対という政治目的のためにする実質上のストに関するものであったから、全司法事件判決の論理に依拠しても、被告人らは争議行為あおり等処罰規定に該当する罪責を免れないわけであり、事実七名の少数意見は一名を除き、政治ストである点に着目して上告棄却・有罪の判決を下すべきものとしていた。しかし、多数意見は、「二重の限定解釈」を誤まりとして排斥し、労働基本権に対する「公共の福祉」による制約、公務員の「国民全体の奉仕者」性、公務員についての勤務条件法定主義、公務員の争議行為に関する市場の抑制力の欠如などを強調して、公務員法の争議行為あおり等処罰規定は、字義どおり、すべての公務員の一切の争議行為を一律全面的に禁止するものであり、その違反について、争議行為に通常随伴する組合役員の指令発出等を含めて、すべてのあおり行為等を処罰するものであり、かかるものとして同規定は合憲である、としたのである。

この判決は「公共の福祉」や「全体の奉仕者」を、公務員の争議行為一律全面禁止の根拠にあげているが、それは、これらの抽象語の呪文的使用にとどまっていた初期の判例への単なる回帰ではない。公務員も憲法二八条にいう勤労者であることを認め、「職務の公共性」と争議行為による公務の停廃が国民全体の共同利益に及ぼす影響を云々し、「代償措置」の必要性を論じている点には、全逓東京中郵・都教組事件判決の影響がなにほどか看取される。さらに、勤務条件法定主義と、「市場の抑制力」の欠如などいわば「歯どめ欠如」に関する説示は、従前の判例にはみられないものである。

ロ　全農林判決を下敷きにして、公労法一七条の合憲性を根拠づけ、同条違反の争議行為には刑事免責は認めえない、として全逓東京中郵事件判決を覆したのが、全逓名古屋中郵事件判決である。それは、結論においては、悪名高かったいわゆる三・一五判決と同じであるが、根拠づけは異なる。三・一五判決は、公労法一七条の争議行為全面禁止が合憲である以上、これに違反する争議行為は違法なものとして、当然に労組法一条二項にいう「正当な」ものではなく、従って刑事免責は否定される、とするものであった。これに対し、名古屋中郵事件判決は、このように簡単に解すべきではない旨、明言している。そして、東京中郵事件判決が、争議行為の合憲的制限に関する四条件については説得力ある説示を展開しながら、公労法一七条違反であっても、政治ストでないことなど三条件をみたす場合には、なお刑事免責が認められると判示したその根拠づけの点では、説得力にかなり欠けるものがあったことを思うと、名古屋中郵判決は、東京中郵判決のこの弱点を衝いたものと評することができよう。しかし、このことはもちろん、名古屋中郵判決のこの点の判示に問題がないという意味ではない。

⑵　問題点　イ　名古屋中郵判決の公労法一七条合憲論は、全農林判決を下敷きにしており、両判決はこの点に関していわばワンセットとして把えられる。しかし、名古屋中郵判決は、全農林判決の挙げた公務員の勤務条件法定主義を、五現業国家公務員のみならず、公務員ではない三公社職員にも基本的に妥当するとして、その妥当範囲を拡大したばかりでなく、勤務条件法定主義を根拠に、公務員には勤務条件の団交による共同決定を内容とする団体交渉権の保障はなく、従って、これと不可分の争議権もまた憲法上保障されているわけではないとした点において、勤務条件法定主義を公務員さらに公社職員の団交権・争議権保障否認論にまで発展・拡大させている。

しかし、公務員についてさえ、勤務条件法定主義を根拠に、憲法二八条の団交権・争議権の保障を否認することは問題であり、とくに公労法が三公社五現業職員の組合に労働協約締結権を認め、協定にもとづく国費の支出について財政民主主義にもとづく制約を課しているにとどまる（公労法一六条）点を単に立法政策的配慮とするのは、疑問である。公務員、公企体職員については、憲法上保障されている労働基本権は、団結権のみなのであろうか。

ロ　東京中郵・都教組・全司法判決が、当該勤労者の提供する職務の公共性の強度とその停廃による国民生活全体の利益への影響に注目するものであったのに対し、全農林、名古屋中郵判決が「公務の円滑な運営」を前面におし出し、そのためには公務員は「担当する職務内容の別なく」各職場で職責を果すべく、公務員の争議行為は「その地位の特殊性と職務の公共性」と相容れず、「国民全体の共同利益」を害する、としている点、また、いわゆる「歯どめ欠如」論にも、それぞれ問題がある（詳細は拙稿「名古屋中郵判決における公労法一七条合憲論の検討」ジュリ六四三号三三頁〔本巻四六三頁〕）。

ハ　争議行為についても郵便法等の各種事業法は適用されるのか、公労法一七条違反の争議行為につき刑事免責を否認し事業法の罰則の適用を肯定する場合、これら罰則の間のアンバランスから、例えば国鉄職員のストそのものについては処罰は問題になりえない（構成要件不該当）のに、郵政職員については――名古屋中郵判決によれば教唆者等だけが――処罰されるというアンバランスを生ずることをどう考えるか、名古屋中郵判決のとっていると思われる違法一元論は果して妥当か、など、公労法違反の争議行為の刑事免責の有無をめぐる判示についても問題点は少なくない。

〈参考文献〉　両判決とも評釈・論説は枚挙にいとまがないほどである。特集号として、全農林判決につき季刊労働法八八号、ジュリスト五三六号、判例時報六九九号、法律時報四五巻八号、労働法律旬報八三三号、名古屋中郵判決につき季刊労働法一〇六号、ジュリスト六四三号、判例時報八五三号、法律時報四九巻九号、労働法律旬報九三〇号。

（ジュリスト増刊『労働法の判例（第二版）』、基本判例解説シリーズ五、一九七八年）

21　名古屋中郵判決における公労法一七条合憲論の検討

判決は、いうまでもなく、そのなかに学説と同じような一般的抽象的な理論を説示している場合でも、それ自体としては、学説と異なり、当該の個別的具体的事案との関連を離れて独自の意味をもつものではない。しかし本稿では、紙幅の関係もあり、名古屋中郵判決において第一にとりあげられている「公労法一七条一項の合憲性」に関する判示について、できるだけ詳細な理論的検討をくわえることに、考察の範囲を限定したい。(1)

（1）　名古屋中郵判決が下敷きにしている全農林判決（最大判昭和四八・四・二五刑集二七巻四号五四七頁）に関する文献はあまりにも多数なので、いちいち引用することは差控えたい。

一　三公社五現業職員と「五現業三公社」職員

名古屋中郵判決は、まずはじめに、三公社五現業職員の争議行為を全面的に禁止している公労法一七条が、勤労者の労働基本権（ここでは労働三権）の保障をかかげる憲法二八条に違反するものではなく、この結論じたいは、東京中郵判決（最大判昭和四一・一〇・二六刑集二〇巻八号九〇一頁）――これまで一般に全逓中郵判決とよばれてきた――と同じである、と判示する。

1　しかしながら、東京中郵判決は、憲法二八条の労働基本権の制限について、周知のように、それが合憲と認められるためのいわゆる四条件を明示し、その第一に、労働基本権尊重確保の必要と国民生活全体の利益の維持増進との適正な均衡という観点からの「必要最小限度の」制限にとどまるべきことを挙げ、第二に、労働基本権の制限は「勤労者の提供する職務または業務の性質が公共性の強いものであり、したがってその職務または業務の停廃が国民生活全体の利益を害し、国民生活に重大な障害をもたらすおそれのあるものについて、これを避けるために必要やむを得ない場合について考慮されるべきである」と述べている（なお第三は、労働基本権の制限の違反に対して課せられる制裁・不利益が必要な限度を超えないこと、第四は、労働基本権の制限がやむを得ない場合に、これに見合う代償措置が講じられること、である）。

この点は、公務員、公企体職員の争議行為一律全面禁止の合憲性に関するそれ以前の判例の態度と決定的に異なり、画期的と評されたところである。けだし、それまでの判例は、すべての公務員の争議行為それ自体を罰則づきで禁止した政令二〇一号（昭和二三年七月制定）の合憲性を、単に、「公共の福祉」とか、「公務員は全体の奉仕者」であるとかの憲法の条文（一三条、一五条）を呪文的に援用し、これに公務員の職務専念義務（国公法九六条一項）をつけ加えるだけで肯定し[(1)]、また、政令二〇一号による規制を若干手直しした、昭和二三年暮の国公法改正・公労法制定以降の公務員、公企体職員の争議行為全面禁止についても、最高裁は公務員から公企体職員となった国鉄職員等の争議行為を全面的に禁止する公労法一七条について、国鉄職員は公務員ではなくなったが、なお法令により公務に従事する者とみなされること（国鉄法三四条）、国鉄が資本金全額政府出資の公法人であり、「事業経営の実質及び条件は従前と殆んど異なるところはない」ことを挙げただけで、そこから直ちに「かかる公共企業体の国民経済と公共の福祉に対する重要性にかんがみ」

争議行為全面禁止も憲法二八条に違反するものではない、との結論をひき出していたからである。[2] 東京中郵判決には、政令二〇一号——職務内容のいかんを問わずすべての公務員のあらゆる争議行為を、単純参加者まで処罰する規定を設けて禁止していた——を、「公共の福祉」の呪文的援用によって簡単に合憲と断定した、かつての判例の態度はみられない。逆にそれは、「公共の福祉」の語を意識的に避け、争議権制限の問題は、一方における労働基本権の尊重確保と他方における「国民生活全体の利益」の維持増進という二つの法的要請の「比較考量」の問題であり、両者の「適正な均衡」を具体的にどこに求めるかの問題であることを宣言し、かつ、この場合の争議権の制限は、「労働基本権が勤労者の生存権に直結し、それを保障するための重要な手段である点を考慮」して、「合理性の認められる必要最小限度のものにとどめなければならない」と述べて、従前の判例とは比較にならないくらい労働基本権尊重の態度を明確にうち出しているのである（もっとも従前の判例の労働基本権論があまりにも貧寒すぎたのであるが）。その限りでは、判例のまさに画期的な基調の転換ということができる。

しかも、東京中郵判決は、「公務員またはこれに準ずる者」についても、その労働基本権は「その担当する職務の内容に応じて、私企業における労働者と異なる制約を内包しているにとどまると解すべきである」という立場から、公務員、公企体職員を含めて、およそ勤労者の労働基本権（この場合、争議権）の制限は、勤労者のうち、その「提供する職務または業務の性質が公共性の強い」ものであるために、その争議行為により「国民生活全体の利益」が害され「国民生活に重大な障害」をもたらすおそれのある者について、これを避けるための必要やむを得ない最小限度の制限としてのみ、憲法上許容されるとするのである。

2　これに対し、今回の名古屋中郵判決では、国公法上の争議行為あおり等処罰規定の適用が問題になった全農林判決(最大判昭和四八・四・二五刑集二七巻四号五四七頁)——周知のように東京中郵判決の基調を継承した全司法判決(最大判昭和四四・四・二刑集二三巻五号六八五頁)の判示を覆したもの——を下敷きにして、非現業国家公務員には「憲法上の地位の特殊性」にもとづいて団体交渉権の保障はなく、したがってまた争議権の保障もないという全農林事件判決の判示は、「公労法の適用を受ける五現業及び三公社の職員についても」、前者に関しては「直ちに」、後者に関しては「基本的に」、それぞれ「妥当する」という態度をまず第一にうち出し、さらに争議行為全面禁止合憲の第二、第三の根拠(後述)を挙げる。ここには、労働基本権としての争議権の制限は、公務員をも含む当該勤労者の職務・業務の性質にてらし、その争議行為が国民生活に重大な障害をもたらすおそれがある場合に関する必要最小限度の規制でなければならないという、東京中郵判決の画期的ないわゆる四条件に関する説示は、全農林判決におけると同様、もはや一部分も見出すことができない。もっとも他方で、単に「公共の福祉」等の一般条項を掲げるだけで争議行為全面禁止を当然視していた、東京中郵判決前の判例の態度もまた、全農林判決におけると同様、ここには見出されない。したがって、今回の名古屋中郵判決によって、東京中郵判決はたしかに覆されたが、同時に、判例が「公共の福祉」等を呪文的に用いる東京中郵判決前の態度にまで逆もどりすることはもはや不可能なことも、いっそう明確になったといえるであろう。

名古屋中郵判決は、右の公務員の「憲法上の地位の特殊性」に続いて、争議権否認の第二の根拠として「社会的、経済的関係における地位の特殊性」を挙げ(この点の詳しい紹介と検討は後述四に譲る)、そのあとでようやく、第三番目に東京中郵判決が問題の核心にすえた当該勤労者の「職務の公共性」と争議行為によるその停廃の「国民全体の共同利益」(全農林事件判決)、「国民生活全体の利益」(東京中郵事件判決)への影響についての判示が現われる。そしてここでは、全農林判決はもとより、東京中郵判決でさえ、三公社五現業職員の争議行為によるその業務の停廃は「国民生活の利益を害し、国民生活に重大な障害をもたらすおそれがあることは疑いをいれない」と判示していると述べ、そうであるいじょうはこの面からの争議行為全面禁止にはなんの問題もないはずといわんばかりの説示をしている(3)。

換言すれば、東京中郵判決は、公務員、準公務員をも私企業労働者とともに憲法二八条の「勤労者」として捉え、「勤労者」の争議権制限の問題を、ひとしく、その提供する職務、業務の公共性と、争議権の行使によるその停廃の国民生活全体の利益に及ぼす影響という角度からとりあげるのに対し、名古屋中郵判決では、私企業労働者と異なる公務員の「憲法上の地位」、「社会的、経済的関係における地位」の特殊性が出発点におかれ、三公社五現業職員にも、公務員と同一のまたは公務員に準じたかかる特殊性が認められるとして、私企業労働者との相違が本質的なものとして強調され、職務の公共性と争議行為によるその停廃の国民生活全体の利益への影響という点は、争議行為禁止の根拠としては、第二次的にとりあげられているにすぎないのである。東京中郵判決も全農林・名古屋中郵判決も、いずれも、公務員・公企体職員が私企業労働者とともに憲法二八条の「勤労者」にあたるという判示から出発しているのであるが、しかし後者は、公務員・公企体職員の「勤労者」性を公務員を基軸において捉えることによって、私企業労働者の「勤労者」性との間に本質的懸隔があるとし、公務員・公企体職員の争議権否認の合憲性の根拠を、まず第一にこの点に求めるのである。名古屋中郵判決が、公労法の適用を受ける者を「三公社及び五現業」の職員とよばず、「五現業及び三公社」の職員といっているのも、同判決のこのような基本的立場に照応しているのであって、単なる列挙の順序の問題にすぎぬものとはいえない点に注意すべきである。

(1) 最大判昭和二八・四・八国鉄弘前機関区事件刑集七巻四号七七五頁。
(2) 最大判昭和三〇・六・二二国鉄三鷹事件刑集九巻八号一一八九頁。
(3) 東京中郵判決のこの部分だけみると、同判決は三公社五現業のすべてについて、国民生活全体の利益との関係で争議行為禁止を合憲とみているようにうけとられる危険が大きい。しかし、この判示部分は、傍論である。同判決は、三公社五現業のうち「他の業務はさておき」事案の郵便業務に関する限り、国民生活全体の利益との関連で争議行為禁止も違憲とはいえない、と判示しているのである。東京中郵判決の右の傍論には、同判決を画期的と評価する学説のなかでも反対が強い。というのは、三公社五現業のうち、専売や国有林野事業などについては、いっさいの争議行為が「国民生活全体の利益を害し、国民生活に重大な障害をもたらすおそれがあることは疑をいれない」とはいえないからである。東京中郵判決を覆して判例を変更した名古屋中郵判決が、判示のなかで東京中郵判決の説示を肯定的に引用しているのは、この傍論の部分だけである。

二 公務員団交権保障否認論

1 名古屋中郵判決が、五現業三公社職員にも「直ちに又は基本的に妥当する」としている公務員の「憲法上の地位の特殊性」とは、公務員の「勤務条件は、憲法上、国民全体の意思を代表する国会において法律、予算の形で決定すべきものとされており、労使間の自由な団体交渉に基づく合意によって決定すべきものとはされていない」ということ、即ち勤務条件法定主義である。勤務条件法定主義により、公務員については「私企業の労働者の場合のような労使による勤務条件の共同決定を内容とする団体交渉権の保障はなく、〔したがって〕右の共同決定のための団体交渉過程の一環として予定されている争議権もまた、憲法上、当然に保障されているものとはいえない」のであり、このことは、三公社職員にも「基本的に妥当する」、とするのである（勤務条件法定主義は、非現業・現業を問わず妥当するから、非現業国家公務員に関する全農林事件判決のこの点の判示は、五現業国家公務員に「直ちに」妥当するとし、また、三公社も「国の全額出資によって設立、運営される公法人」であって「その資産はすべて国のもの」であり、その職員の勤務条件は「直接、間接の差はあっても、〔国会の議決に基づいて行われなければならない〕国の資産の処分、運用と密接にかかわるものである」から、全農林事件判決の右判示は三公社職員にも「基本的に妥当する」とする）。

(1)　勤務条件法定主義は全農林判決がはじめてうち出したものであるが、同判決では、名古屋中郵判決のように、これを根拠として公務員には「勤務条件の共同決定を内容とする団体交渉権の保障はな」い、ときめつける説示はみられない（全農林判決では、公務員の「勤務条件は……原則として……国会の制定した法律、予算によって定められ、……使用者としての政府にいかなる範囲の決定権を委任するかは、まさに国会みずからが立法をもって定めるべき」ものであるから、「政府が国会から適法な委任を受けていない事項について、公務員が政府に対して争議行為を行なうことは、的はずれであって正常なものとはいいがたく、……ひいては……公務員の勤務条件決定の手続過程を歪曲することともなって、憲法の基本原則である議会制民主主義……に背馳……〔する〕虞れすらなしとしない」と述べられている）。その意味では、名古屋中郵判決は、全農林判決の勤務条件法定主義に関する判示を、公務員の団交権・争議権保障否認論に向けてさらに一歩進めたものといえる。

(2)　全農林判決の勤務条件法定主義に関する判示に対しては、すでに学界からいくつかの疑問・批判が提示されているが、これを背景とする本件の弁護人の主張、すなわち①勤務条件法定主義のもとでも「国会が大綱的基準を定めてその具体化を労使間の団体交渉によって決定するという制度を設けることは憲法上可能であり、五現業及び三公社の職員に関しては現にそのような制度をとっているのであるから、……その間に労使間の団体交渉による決定という観念をいれる余地がないとすることはできない、との主張」、②「労使間の団体交渉により、勤務条件を最終的に決定することが許されないとしても、国会の承認を求める原案を決定することはできるはずであるから、その意味における団体交渉権が憲法上保障されているものと解すべきである、とする主張」、③勤務条件の共同決定を内容とする団交権が憲法上保障されていないとしても、「公務員等がその勤務条件に関する正当な利益を要求し、これを守るために団結して意思表示をし、争議行為によって国会による決定などに対して影響力を行使することは、憲法がこれを許容しているものと解することができる、という主張」に対して、それぞれ反論（詳細は判決文参照）を展開している。

2 右に紹介・解説したように、名古屋中郵判決は、公労法一七条の合憲性の根拠として、まず第一に、公務員・公企体職員の「憲法上の地位の特殊性」すなわち勤務条件法定主義をあげ、公務員・公企体職員については私企業労働者と異なり、勤務条件の共同決定を内容とする団交権ひいて争議権の憲法上の保障はない（名古屋中郵判決によれば、「一定範囲の」公務員・公企体職員に対し、かかる意味の団交権・争議権を認めることは憲法上の要請ではなく、「国会の立法裁量」に委ねられた立法政策の問題である）とするのであるが、これに対しては、団藤、環両裁判官が反対意見において、それぞれ批判を加えている。この批判については、以下、名古屋中郵判決の右の判示（多数意見）を検討していくなかで、とりあげることにしたい。

三　公務員団交権保障否認論の検討

1

名古屋中郵判決の多数意見が出発点においている、勤務条件法定主義を根拠とする公務員団交権保障否認論に対して団藤・環両裁判官の反対意見は、次のような態度をとっている。

(1)　名古屋中郵判決の多数意見が東京中郵判決を覆したのに対し、東京中郵判決を「基本的には維持さるべきもの」とする団藤裁判官は、憲法二八条の労働三権は「公務員にも基本的に保障されるべきであるという認識から出発しなければならない」とするとともに、「この基本原理を控制《(ママ、以下同じ)》する原理」として、第一に「公務員の憲法上の地位」を、第二に「財政民主主義」を挙げる（前者は多数意見のいう「公務員の憲法上の地位の特殊性」と異なり、公務員が憲法一五条にいわゆる「全体の奉仕者」であることから「公務員の争議権が『国民生活全体の利益』（東京中郵事件判決の表現）ないし『国民全体の利益』（全農林事件判決の表現）のために制約を受け」ざるをえない、ということを意味する。その他の詳細は判決文参照）。しかし、「これらの控制原理は……憲法上公務員の争議権を認める余地がないことを意味するものではない。それどころか、基本的人権の規定が憲法において占める格別に重要な地位にかんがみるときは、争議権を含む労働基本権は、公務員についても、これらの控制原理によって許容されるかぎり、なるべくひろくみとめるのが憲法の本旨」であるとする。ここに述べられていることが、公務員を含む勤労者の争議権の制限は、必要やむをえない場合について最小限度の制限にとどめるべきであるとする、東京中郵判決の趣旨を維持し発展させるべきであるという意味をもつのであれば、その限りでは私も基本的に賛成である。(1)しかし、団藤反対意見においては、勤務条件法定主義を根拠に公務員には勤務条件の共同決定を内容とする団交権ひいて争議権の憲法上の保障はないという多数意見に対する反論は、極めて弱いと評せざるをえない（多数意見が公務員の団交権につき「公務員の憲法上の地位の特殊性」＝勤務条件法定主義との関係で論じていることがらは、団藤反対意見では、そのいわゆる「第二の控制原理」＝「財政民主主義」との関係でとりあげられている。すなわち、「憲法の予定する財政民主主義は、公務員の勤労条件に関する基準が細部まで法律によって決定されていなければならないことを要求するものではなく、法律でその大綱を定め、実施面における裁量の余地を残すことも可能なのであり、したがって公務員の勤労条件が性質上団体交渉による決定になじまないものとすることはできない」と説く。この立論はたしかに誤りではない。しかし、多数意見は、勤務条件法定主義という憲法の原理から、公務員については勤務条件の団交による決定は付随的に認められるにすぎず、これを認めるかどうか、どの範囲で認めるかは勤務条件法定の権限をもつ国会の「立法裁量」事項に属し、団交による勤務条件の決定という制度を必ず採用すべきことが、憲法の要請として存在しているわけではないとするのである。したがって、団藤反対意見のように、「たしかに多数意見の説示するとおり……そのような〔団交による勤務条件の決定という〕制度が憲法上当然に保障されているわけではない」としてこれに同調するのでは、公務員の勤務条件法定主義を根拠とする団交権保障否認論に対する批判は、不発か、すれ違いに終らざるをえないのである）[2]。

(2) 環裁判官は、勤務条件法定主義を根拠とする公務員団交権保障否認論に対して次のように反論する。すなわち、憲法一五条は「公務員の実質上の使用者が、公務員自体をも含む国民全体……であることを明らかにしたもの」であり、したがって「公務員の労使関係においては、私企業におけると同様な、労使それぞれの、独立して対立する経済的利益追求の意思が存在するとはいえず、理念的には、団体交渉を通じての労使の自由な意思の合致、すなわち協約による労働条件等の自主的解決の方式を容れる余地がないようにみえる」としつつ、「しかし、そのことを根拠として公務員に対する……団体交渉権の〔憲法上の〕保障そのものを否定し去る見解は、あまりにも理論にとらわれ、現実を無視するものであって憲法の解釈として正当だとは考えられない」、けだし、公務員労使関係においても「現実には私企業に近い労使の意思の対立の存在が認められる」（この点の詳細は判決文参照）からである。

「従って私企業における団体交渉と、その結果としての協約の締結の方式を、合理的な修正を施した上で公務員関係の実定法にとりいれることは、憲法二八条の保障の実際的な具現であり、公務員の性格と矛盾するものとは思われない」と説く。そして、このことは「現行実定法の規定にかかわらず、公務員が国会、政府に団体交渉を求めることができる」ということを意味するものではないが、しかし、多数意見のように、公務員には団交権の憲法上の保障はなく「現行法上限られた範囲で与えられているのは、法律が、憲法二八条の規制とはなれて、立法政策として恩恵的に与えたもの」と解すべきではなく、「逆に、ほんらい公務員も、その保障を享有するとの前提に立つべきであり、この前提をとることには、現実にその基盤がある」という意味であるとふえんしたうえ、「この実定法解釈の基本的態度の差は、結論に微妙に影響すると考えられるので重要である」と指摘している。

同裁判官は多数意見の公務員団交権保障否認論に対して、さらに、「団体交渉権及び争議権の権利としての構造の面からの疑問」もあるとする。団体交渉は「協約締結そのものと区別せられる事実行為」であり、労働者に団体交渉の権利が認められる場合も、使用者側の義務は、「団体交渉の結果として必ず協約を締結しなければならない」という義務を含まないところの、「労働者側の正当な交渉の申入れに対しては、使用者としてこれに応じ交渉の場所に出席して誠実に交渉しなければならない」というものであり、かかる「使用者の対応もまた事実行為である」。「従って当事者は……協約締結権をもたない者に委任して交渉に当たらせることも差支えない」し、「交渉の段階において何らかの意見の一致をみても当然法的拘束力は生じない」（以上紹介した点につき、詳細は判決文参照）。「これをすでにのべたような公務員の労使関係の現実にあてはめて考えると、使用者として最終の決定権をもつのは国会であり、政府、公社等は一部の決定権をもつ交渉担当者の立場に類する実質をもつものと考えられる。たしかに、法理論としては、労使の意思の合致があっても、法的に国会を拘束しないから、交渉といっても単なる話合いにすぎないといえるかも知れないが、事実として交渉が行なわれ、その結果として労使の意思の合致があった場合、それが国会の意思に、事実として、あるいは政府等と国会の折衝等の結果として、影響をもち、結局公務員の経済的地位の向上に資することが考えられるから、このような交渉もまた、不十分ながら、憲法二八条の保障する団体交渉の一態様と解すべきであろう」と説く。

2 多数意見の公務員団交権保障否認論に対する環裁判官の右の反論には首肯しうる点もあるが、私は次のように考える。

(1) 多数意見は、公務員には団交権の憲法上の保障はないとする根拠として、いわゆる勤務条件法定主義をあげるが、これと財政民主主義との関係が明らかでなく、また、財政民主主義と区別された勤務条件法定主義が、果して公務員の団交権保障を否認するような憲法上の基本原理の一つであるかどうかは極めて疑わしい。多数意見は、公務員の勤務条件は「原則として、国民の代表者により構成される国会の制定した法律、予算によって定められ」なければならず、「私企業の場合のごとく労使間の自由な交渉に基づく合意によって定められるものではな」い、という全農林判決の説示をそのまま踏襲し（全農林判決も名古屋中郵判決も「勤務条件法定主義」の語は用いていないが、これを便宜上そのように表現することとする）、これを根拠に、公務員には「私企業の労働者の場合のような……団体交渉権の保障はなく、……争議権もまた」同様であるという。しかし、かかる勤務条件法定主義が財政民主主義（憲法八三条、八五条）と果して、また、いかに異なるのか、必ずしも明らかでない。現に、団藤、環両裁判官は、同じ問題を、財政民主主義との関係に関する問題として論じており、多数意見じたい、同じ個所で、公務員による争議行為は、「憲法の基本原則である議会制民主主義（憲法四一条、八三条等参照）に背馳」（傍点筆者）すると述べている。(3) 議会制民主主義とりわけ財政民主主義が憲法の基本原理であることは明らかであるが、公務員の「勤務条件はすべて政治的、財政的、社会的その他諸般の合理的な配慮により……立法府」（傍点筆者）がこれを決定しなければならないのであって、「国会から適法な委任」がない限り他の機関は公務員の勤務条件をいっさい決定することができないという意味の勤務条件法定主義――多数意見はこのように解していると思われる――が、果して憲法上の基本原理の一つとして存在するといえるであろうか。多数意見は、その根拠として、憲法七三条四号が「法律の定める基準に従ひ、官吏に関する事務を掌理すること」が内閣の事務であると定めていることを挙げる。しかし、この規定は、全農林判決における五裁判官意見のいうように、「国家公務員に関する事務が内閣の所管に属することと、内閣がこの事務の処理をする場合の基準の設定が立法事項であって、政令事項でないことを明らかにしたにとどま」る。周知のように、それは、明治憲法下の官吏が天皇の使用人として、その任免、服務等がすべて天皇の大権に属し、勅令で定められていたことを否定するという歴史的意義をもつものであるが、この場合の立法事項は「基準の設定」であり、しかも、どのような基準の設定が憲法上予定されているかは、憲法の他の条項、とくに公務員をも含む勤労者につき労働三権の保障をかかげる憲法二八条との関連において、これを捉えなければならない。[4] たしかに、憲法八三条、八五条に定める財政民主主義の原則により、国費の支出にほかならない公務員に対する給与の支給が、法律や予算の形での国会の議決・承認に基づかなければならぬことは、疑がない。したがって、公務員については、団交の結果、給与に関する協定が組合と当局との間に成立しても、その協定にもとづく国費の支出が法律上または予算上不可能である場合には、その支出について国会の承認を要することは明らかである。しかし、このことから、公務員については給与についての団交は無意味であるとか、財政民主主義の原理は給与に関する公務員組合と当局との間の団交を当然に否定するとか、きめつけることができないのも明らかである。逆に、憲法二八条との関連で、憲法七三条四号に基づく公務員の勤務条件に関する「基準の設定」はできるだけ「大綱」的基準の設定にとどめ、その具体化は団交――協定に委ねるのが憲法上の要請と解すべきであり、かつ、この場合に協定にもとづく国費の支出については、財政民主主義の原理に基づく制約があると解すれば必要にして十分である。もともと、公務員の勤務内容の多種多様性（現代に入ってますますその傾向が強まらざるをえない）にてらして、その勤労条件の基準を細部にわたってまで法規により固定的に定めることは、現実に適合しないことは明らかであり、憲法七三条四号がこのような現実無視の「基準の設定」を要求しているものとは解されないのであるが、憲法二八条の規定にてらし、この「基準の設定」は、できるだけ大綱的基準の設定にとどめなければならないのである。

　多数意見は、「大綱的基準のもとでその具体化を団体交渉によって決定するという制度をとる余地があるにしても、……それは……〔そのような〕余地を国会から付与されて初めて認められるものであって、国会の意思とは無関係に、憲法上の要請として存在するものとすることはできない」とするが、右のような制度をとることが、憲法二八条、七三条四号、八五条の整合的解釈として「憲法上の要請として存在する」と解すべきなのである。全農林判決の五裁判官意見は、公務員の勤務条件につき「法律で大綱的基準を定め、その実施面における具体化につき……団体交渉によってこれを決定する制度を設けることも憲法上は不可能ではない」とのべ、名古屋中郵判決における団藤反対意見はこれに同調する。しかし、「憲法上不可能ではない」というのは後退であり、結局は多数意見に同調せざるをえない結果となる（この後退のために、団藤反対意見は、「大綱的基準のもとでその具体化を団体交渉によって決定するという制度をとる余地があるとしても、そのような制度が憲法上当然に保障されているわけではない」として、決定的な点で多数意見になんら反論せず、わずかに「憲法がこのような〔大綱的基準のもとでその具体化を団体交渉によって決定するという〕立法政策をとることを排除するものでないこともあきらかだというべきである」というにとどまっている。このような立法政策をとることを憲法が排除するものでないことは、多数意見も肯定するところである）。

(2) 多数意見が、公務員にはいわゆる勤務条件法定主義にもとづいて団体交渉権の憲法上の保障はない、という場合の「団体交渉権」の意味ないし捉え方も疑問である。

多数意見は、団体交渉権を使用者側の「団体交渉による勤務条件の共同決定権」と解し、かかる「共同決定権が憲法上当然に〔公務員に〕保障されていると主張することは、その事項につき国会に決定権が存在しないということに帰し」、公務員の勤務条件は国会が法律、予算の形で決定すべきものとする憲法上の原則に沿わないと説示する。しかし、憲法二八条の勤労者の団体交渉権の保障は、まず第一に、団結した労働者が使用者側との間に労働条件について団体交渉を行う――それは環裁判官のいうように「一定の日時、場所に会合して、一定の交渉事項について意見の合致を見出すための交渉を行なう」ことであり「協約締結そのものと区別せられる事実行為」である――権利の保障を意味する(それは労働者の団結権と不可分であり、労働者団結――通常は労働組合――を当事者とし、その代表者または当該労働者団結の選んだ者を交渉担当者とする使用者との交渉の権利である)。このような意味の団体交渉権の保障は、公務員も含めて、すべての勤労者に認められると解する。(5) 同時に、憲法二八条の団交権保障のもとでは、団体交渉が妥結し当事者である労使間に合意すなわち協約・協定が成立したときは、当事者がとくに国家法上の効力発生ないし法的強行性を欲しない場合を除き、(6) 協約・協定に、その社会的機能に即した法的効力とくに団結構成員の個別労働契約に対する規範的効力(直律的強行性ないし不可変性)が認められると解しなければならない。けだし、憲法二八条は、資本主義の歴史とともに古い労働組合運動を、その歴史の踏み固めてきた意味に即して労働者の基本権として承認したものであり、団交権保障はその一環にほかならないいじょう、団交の成果としての協約・協定によって団結構成員の労働条件を規制しうるということも、この保障に内包される法意の一面をなすものと解されるからである。もとより、協約・協定の内容が強行法規(この場合とくに重要なのは賃金その他の労働条件の最低基準等を定める労働保護法の諸規定である)や公序良俗に違反しているかぎり、協約・協定の一部または全部は法的に無効であるが、しかし、協約・協定が有効であるかぎり、それによって、団結構成員と使用者との間の労働関係を規律する労働条件基準その他の規範が具体的に設定されたことになり、かくして、団結構成員の労働条件は第一次的には団交――協約によって決定・規律されることとなる、という機構・制度を憲法二八条は明確に法認したものと解される。もっとも、団交権は使用者側に団交応諾義務を生じさせるが、労働者側の要求をのんで団交を妥結させたり協約を成立させたりする義務まで含むものではなく、団交が妥結して協約が成立するかどうかは、もとより両当事者の自由に委ねられている。ただ、団交が妥結して協約が成立したならば、その場合には、協約に団結構成員の労働条件を規律する効力が認められるべきであり、その意味で、労働者の団交権の保障には、団結した労働者は、協約の成立を条件として、協約により自分たちの労働条件を規律し、団交によって獲得した労働条件を確保していくことができる、という一種の制度的保障（institutionelle Garantie）が含まれていると解さなければならないのである。

この場合、私がとくに指摘したいのは、団結権保障のなかに含まれる右にのべた「団体交渉をする権利」の保障と、「団交——協約による団結構成員の労働条件の決定・規律」に関する制度的保障との区別すべきである、という点である。(7) 前者は、公務員を含めすべての勤労者に認められるが、後者は、勤労者の種類に応じてその内容が異ならざるをえない。公務員組合が当局との間の団交——労働協約によって、組合員＝公務員の労働条件を最終的に、すなわちなんらの留保ないし条件もなしに、決定しうるとすれば、賃金協約等については、財政民主主義（憲法八三条）との抵触問題が生ぜざるをえないからである。この点、私企業の労働協約に、組合員の労働条件を最終的に決定しうる効力を認めるのにとくに障碍がないのと異なる。しかし、これは、公務員組合の労働条件事項に関する協約（現行法〔国公一〇八条の五第二項、地公五五条八項〕は公務員組合に協約締結権なしと定めているから、「協定」というほうが適当であろうが）には、組合員の労働条件を最終的に決定しうる効力を、当然には認めえないということを意味するのであって、公務員にも「団体交渉をする権利」が私企業労働者と同様に保障されることとは別個の問題である。

ところが多数意見は、「団体交渉権」を、「私企業の労働者の場合のような労使による勤務条件の共同決定を内容とする」権利、「労使間の団体交渉による勤務条件の共同決定権」（これが、すぐ後に出てくる「労使間の団体交渉により勤務条件を最終的に決定する」〔傍点筆者〕権利を意味することは明らかである）と解して、公務員も含めすべての勤労者に認められる「団体交渉をする権利」の保障と、勤労者の種類に応じて内容の異なる「協約による労働条件の規律」の制度的保障とを区別せず、団交権の保障を「交渉により勤務条件を最終的に決定する」権利の保障として捉え、かかる団交権の保障は私企業労働者にしか認められないという結論をうち出している。

なお、右にのべたように、公務員について財政民主主義との抵触問題が生ぜざるをえないということは、「団交——協約による団結構成員の労働条件の決定・規律」という制度的保障が、公務員についてはまったく問題になりえないという意味ではない。現行公務員法は、公務員組合にいわゆる協約締結権を認めていない（その意味は、公務員組合と当局との間の団交が妥結し、協定が結ばれても、それに各個組合員の個別労働契約に対する規範的効力〔労組法一六条参照〕が認められないということであって、いっさいの協定の、締結禁止または法律上当然無効を定めたものではないと解される）。しかし、公務員の場合でも、労働条件に関する協定に、憲法上当然に協約としての規範的効力は認められないというわけではない。財政民主主義との関係で、協定にもとづく国費の支出が、最終的に国民の代表をもって構成する国会の意思に基づかなければならないという制約があるにとどまる。したがって、協定による国費の支出が、国会の議決を経た当該年度の予算のうえで不可能な場合には、現に公労法一六条にみるように、①当該協定は国会の承認を停止条件として承認のあったときに効力を発生するとするか、②協定は締結と同時に効力を発生するが、国会の不承認を解除条件として不承認のときは効力は生じないとするか、あるいは、③協定は締結と同時に、右のような解除条件つきでなく効力を発生するが、協定にもとづく支出は国会の承認があるまで差し止められているとするか（一六条の解釈として以上の三説がある[8]いずれかの制約措置をとれば足り、かかる場合でも当該協定をはじめから当然に無効と解されなければならぬ必然性はない。いわんや、かかる協定が労働条件に関する協定である場合に、予算上支出がさし当り不可能という事情が、協約としての規範的効力を当然に否認すべき理由になるとは解しえないのである。その意味で、現行公務員法が公務員組合の協約締結権じたいを否認しているのは、違憲の疑があるといわざるをえない。

要するに、公務員の場合にも、憲法二八条の「団体交渉をする権利」は私企業労働者と同様に認められるのであり、また、「団交――協約によって団結構成員の労働条件を決定・規律すること」の制度的保障についても、私企業労働者と同一には論じえないが、財政民主主義にもとづく制約があるにとどまる、と解されるのである。[9]

（1）　団藤裁判官は、そのいわゆる「第一の控制原理」のもとにおいても「争議権を立法上制限するのについては、それぞれの公務員の地位や職務権限の内容等にしたがって、実質的な考慮を必要とする。……郵政職員のような現業公務員は、業務の大部分において、公益的事業を営む私企業の労働者と異なるところはない」と説く。このような考え方からすれば、三公社五現業の業務の公共性に大きなバラツキがある以上、三公社五現業職員の争議行為を一律かつ全面的に禁止している公労法一七条の合憲性に当然疑問が生ずるはずであり、これを合憲と解するのであれば少なくともその根拠を明らかにしなければならないはずである。しかし、同裁判官は「公労法一七条も合憲と解されるべきことは、東京中郵判決によって承認されているところである」と述べるにとどまる。

（2）　なお「そのような制度が憲法上当然に保障されているわけではない」との立論に続いて、「しかし、同時に、憲法がこのような立法政策をとることを排除するものでないこともあきらか」であると述べているが、この点も多数意見と共通であって、これと対立するものではない。

(3) ここにいう「議会制民主主義」を、高辻補足意見は「財政民主主義に表われている議会制民主主義の原則」と解し、また多数意見も、他の個所では、五現業三公社職員に対する「団体交渉権の付与は、憲法二八条の当然の要請によるものではなく、国会が……財政民主主義の原則に基づき……財政に関する一定事項の決定権を使用者としての政府又は三公社に委任したもの」(傍点筆者)とのべている。

(4) 室井力「公務員の勤務条件法定主義」法律時報四五巻八号、同「最高裁四・二五判決の問題点――判決における公務員観と勤務条件法定主義」労働法律旬報八三三号も基本的に同旨と思われる。なお塩野宏「全農林警職法反対闘争事件大法廷判決に関する若干の問題点」判例時報六九九号。全農林判決の五裁判官意見が、憲法七三条四号について「公務員の……勤務条件に関する基準が逐一法律によって決定されるべきことを憲法上の要件として定めたものではない」というのは、正確ではない。公務員の勤務条件については、その基準はすべて法律で決定されるべきであるが、それは大綱的基準にとどまるべきであり、そのもとで団交――協定による勤務条件の具体的決定がなされ、協定にもとづく国費の支出について財政民主主義に基づく制約があるというのが、憲法二八条、七三条四号、八五条の整合的解釈による憲法上の要請なのであり、団交・協定による具体的決定の余地のない勤務条件基準の細目にわたる決定は憲法違反と解すべきなのである。従って、右の五裁判官意見およびこれを支持する学説に対する木藤繁夫「四・二五最高裁大法廷判決に関する学説・判例・立法の動向」法曹時報二六巻六号の反論、すなわち多数意見が、勤務条件法定主義のもとで、使用者としての政府にいかなる範囲の決定権を委任するかは立法問題であると説示しているのを「併せ考えれば、多数意見も、公務員の勤務条件が逐一法律により決定されることを憲法上の要請としているものではない」(傍点筆者)とする議論は、五裁判官意見の誤読でないとすればその不正確な立論に惑わされたものというべきであって、少くとも右にのべたような私見に対する反論とはなりえない。

(5) ただし、使用者側の団交拒否につき、伝統的な司法的救済(損害賠償の訴求)は憲法の予定するところであるとはいえても、これを不当労働行為として行政的救済を与えることまでが憲法上の団交権保障の当然の内容をなすものとは解されない。類似のことは環裁判官も述べている。

(6) イギリス法が、労働組合運動の要求にもとづいて、労働協約それ自体に国家法上の効力を認めてこなかったことを想起すべきである。

(7) 憲法学説で「制度的保障」の概念を肯定する説が、憲法二八条の規定についてもこのような制度的保障の存在を肯定するかどうかは明らかでない。

(8) 現行一六条の解釈としては、二項後段の規定にてらして①の停止条件説をとるほかないであろう。同旨、峯村光郎『公共企業体等労働関係法・公務員労働関係法（新版）』八八頁。ただし立法論としては③の支出差止説がまさっている。

(9) 環裁判官は、一方で、憲法一五条を援用して「公務員の実質上の使用者」は「公務員自体をも含む国民全体」であるとし、かくして「理念的には……協約による労働条件等の自主的解決の方式を容れる余地がないようにみえる」としつつ、他方で「使用者たる国民全体の意思といっても、実定法上は政府あるいは公社等、使用者とされるものの意思」であることなどを挙げ、公務員の場合でも「現実には私企業に近い労使の意思の対立の存在が認められる」として、多数意見の公務員団交権否認論を「あまりにも理論にとらわれ、現実を無視するもの」と批判しているが、説得的なものとは思われない。憲法一五条は、公務員が「国民全体の奉仕者」として国民の一部ないし一党派のためにではなく国民全体の利益のために職務を行うべきことを定めたものであり、公務員も憲法二八条の勤労者にあたるということは、公務員とその使用者としての行政府ないし政府当局、いわゆるGovernment as Employerとの関係と、公務員と公務員じしんをも国民の一部として包摂する統治権の主体としての国家、いわゆるGovernment as Governmentとの関係が区別され、前者の関係において公務員もまた憲法二八条の勤労者とされると解すれば必要にして十分である。環裁判官は、「使用者たる国民全体の意思といっても、実定法上は政府あるいは公社等、使用者とされるものの意思」であるとか、後者はさらに「窮極的には……国会の意思」であり、「国会が公務員と、実定法上国民を代表する使用者たる政府等との間の労使関係に対して、全く第三者の立場に立つものと解するのは妥当ではない」とか述べているが、無用の議論と思われる。なお、同裁判官は、公務員にも労働基本権の保障が「現行法上限られた範囲で与えられているのは、法律が、憲法二八条の規制とはなれて、立法政策として恩恵的に与えたものとする前提に立つべきではな」いと説くが、その論拠は私見と異なって、右にような「現実」論におかれている。そして、公務員について憲法二八条の団交権の保障を否定し去る見解に反対しつつ、「現行実定法の規定にかかわらず、公務員が国会、政府に団体交渉を求めることができるというのではない」（傍点筆者）と述べる。私は、国会との団交は問題になりえず、政府当局と「団交する権利」は公務員に憲法上保障されており、保障に規定がなくても認められるものと解する。

四　いわゆる歯どめ欠如論の検討

1　名古屋中郵判決が、五現業三公社職員の争議行為全面禁止を合憲とする第二の論拠は、「非現業の国家公務員の社会的、経済的関係における地位の特殊性」に関する全農林判決の判示の趣旨、すなわちいわゆる歯どめ欠如論が、これらの職員にも「基本的にあてはまる」という点にある。右のいわゆる歯どめ欠如論の内容は、①私企業の場合は「一般に使用者にはいわゆる作業所閉鎖（ロックアウト）をもって争議行為に対抗手段がある」のに、公務員の場合は使用者側にかかる対抗手段がない。②私企業の場合は「労働者の過大な要求を容れることは、企業の経営を悪化させ、企業そのものの存立を危殆ならしめ、ひいては労働者自身の失業を招くという重大な結果をもたらすこととなるので……、労働者の要求はおのずからその面からの制約を免れ」ないのに、公務員の場合は、使用者たる政府の存立が危殆にひんするという事態は考えられない（いわゆる「親方日の丸」論）。③私企業の場合は「その提供する製品または役務に対する需給につき、市場からの圧力を受けざるをえない関係上、争議行為に対しても、いわゆる市場の抑制力が働くことを必然とするのに反し、公務員の場合には、そのような市場の機能が作用する余地がないため、公務員の争議行為は場合によっては一方的に強力な圧力とな」る（いわゆる「市場の抑制力」不在論）の三点である。

2　しかし、このようないわゆる歯どめ欠如論は、公務員の争議行為の一律全面禁止を根拠づけうるものではないと考える。

(1)　まず、公務員の場合使用者側にロックアウトという対抗手段がないという点であるが、使用者としての政府当局側に、常に絶対的にロックアウトが認められないというわけではない。現行法上は公務員＝労働者側の争議行為がいっさい禁止されているために、その結果として使用者＝政府当局側に当然にロックアウトその他いっさいの争議対抗手段が認められないのであって（公労法一七条、地公労法一一条の各二項は三公社五現業、地方公営企業の当局側のロックアウトの禁止をかかげているが、これは各一項が職員の争議行為を全面禁止していることに対応する当然の確認規定である）、公務員にも争議行為が認められることになれば、使用者としての政府当局側にも、ある範囲でロックアウトの認められる余地が出てくる（もっとも、最三判昭和五〇・四・二五丸島水門製作所事件も判示するように、「使用者に対して、一般的に労働者に対すると同様な意味において争議権を認めるべき理由はなく、また、その必要もない」のであるが、労働者側の行う争議行為の態様との関係において「対抗防衛手段として相当」と認められる限度で、ロックアウトが認められることになると解される）[1]。したがって、現行法上は公務員の争議行為全面禁止に対応して論理必然的に政府当局側の争議対抗手段も否認されている点を看過して、政府当局側の争議対抗手段の欠如から公務員の争議行為全面禁止を導き出すのは、論理の倒錯といわざるをえない。

また、労働者のストその他の争議行為に対して、使用者側としては、スト労働者を除いた従業員その他の者による操業の継続が、それ自体スト組合に対する圧力手段となるという点にも留意しなければならない。(2) とくに公務員の場合、外部からスト破りを導入してスト組合のいわば圧殺を使用者側でとくに意図しなくても、平常の勤務体制からスト組合員が抜けたままの状態で勤務体制をやりくり継続することが、スト組合員に対し私企業の場合とは異なった圧力手段となる（スト組合の職場における組織率が低い場合にとくにそうであり、現実に各国とも一般に公務員の組織率は低い）。勤務を続けるスト組合員以外の者に対するピケは、官公庁の場合、第三者である国民との関係において、実際上私企業の場合にみられぬ困難を伴うのが普通である。多数意見は、官公庁労使関係におけるロックアウト＝対抗手段の欠如という一事を挙げて、それが労働者側の争議行為をいわゆる歯どめのないものにし「一方的に強力な圧力」たらしめる一因であるとするのであるが、労働争議の実態認識において甚だ欠けるところがあると評せざるをえない。

⑵　いわゆる「親方日の丸」論による歯どめ不在論も首肯しえない。企業はつぶれることがあっても、国家はつぶれない（いわゆる「親方日の丸」）というのは、たしかに事実であろう。しかしながら、そのことから直ちに、私企業の組合は「企業そのものの存在を危殆たらしめ、ひいては労働者自身の失業を招く」ような過大な要求を出さないが、公務員組合はそうではない、と断定できるであろうか。組合が組合員の失業という重大な結果を招くような過大要求を出したり固執したりすることは通常はありえない。わが国にみられるような企業別組合の場合はとくにそうである。しかし、欧米のような超企業的な職業別、産業別組織の場

合には、歴史の示すとおり、同一労働同一賃金の原理に立脚する職業別、産業別の最低賃金協約の獲得が組合運動の第一の目標とされてきたのであり、かかる組合運動のもとでは、協約最低賃金を支払えない企業は、組合員の総引揚げ＝ストとピケ等によってつぶれてもやむをえないものと考えられてきたのである。私企業の組合が「企業そのものの存在を危殆ならしめ」るような争議行為に出ることはありえない、というのは、現在のわが国に特殊的な企業内従組のみを念頭においた議論にすぎない。

しかも、使用者（公務員労使関係においては「統治権の主体としての国家」と区別された「使用者としての政府当局」）は、労働者の団交権保障のもとでも、その要求を呑むことまで義務づけられているわけではなく、また、労働者側の「過大な要求」を呑んだ場合に、使用者の背後にいるもの（株主団、国民）の非難攻撃を覚悟しなければならぬ地位にある点でも共通である。すでに述べたように、官公庁の場合、予算上支出不可能な給与引上げの協定については、財政民主主義に基づき、あらかじめ法律で国会が別段の定めを設けていない限り、そのつど国会の承認を得なければならぬという制約が伴う。つまり、組合側の賃上げ要求が予算上支出不可能なものである場合、これを呑む義務を負わない使用者＝政府当局がこれを呑むことについては、国会の承認という歯どめが、[(3)] また、これを呑んだ政府当局の態度を国会が是認するについては、一般国民からの歯どめが、制度上存在するのである。公務員組合は、私企業の組合のように企業がつぶれて組合員が失業するという心配はしなくてすむ、というのは、たしかであろう。しかし、そのことから公務員労使関係の場合には過大な要求を固執する組合側の争議行為に歯どめが欠落しているかのようにいうのは、筋ちがいである。

(3)　いわゆる「市場の抑制力」不在論も、争議行為全面禁止の論拠になるものとは解されない。多数意見のいう「市場の抑制力が働く」とは、例えば、長期ストや、あるいは製品・役務の価格に上乗せされる大幅賃上げは、市場における他企業との競争上、顧客の減少、企業業績の低下を招き、それが結局従業員の労働条件にはねかえってくるので、長期ストや大幅賃上げストにブレーキがかかることになる、というような意味であろうと思われる。しかし、このような「市場の抑制力」は、国家統治権の行使を担当する固有の非現業公務員の場合ばかりでなく、私営であるか国公営等であるかに関わりなく、およそ独占的事業の場合にはひとしく働かないのである（例えば私企業としての電気事業の場合）。逆に、国公営や公企体営の場合でも、市場で競合関係に立つ企業が存在すれば、例えば最近の貨物輸送におけるいわゆる「国鉄離れ」にみるように、独立採算制のもとでは必ずしも「市場の抑制力」が働かないとはいえないのである。

(4) 非現業公務員の争議行為についてのいわゆる歯どめの欠如が五現業三公社職員にも基本的にあてはまるとする名古屋中郵判決は、なお、五現業三公社の「事業……は独占的なものないし公共性の強いものであるところから、その争議行為のもつ圧力は著しく強大となり、〔勤務条件の〕公正な決定過程を歪めるおそれをさらに増大させることにもなる」と説示する。しかし、独占的または公共性の強い事業における争議行為は、使用者側に対して著しく強大な圧力としてのみ作用するとは限らない。かかる事業の争議行為には、もともと広範な利用者ないし国民の動向、すなわち世論が歯どめとして働くのであり、世論の支持をバックにしてのみかかる事業の争議行為は、使用者に対し、一般私企業の場合にはみられない著しく強大な圧力として機能するのである。

(5) 右にみたように、公務員、公企体職員の争議行為には歯どめがないとして多数意見の挙げる四つのことがらは、労働者の争議行為を抵抗しがたい「一方的な圧力」と化する原因となる事実とみるには根拠薄弱であるか、あるいは、労働者側の争議行為全面禁止をそれ自体で導き出すものとは認められない。また、これらのすべてを総合しても、五現業三公社職員の争議行為の全面一律禁止の合憲性を根拠づけうるものとも思われない。

（1）「国が自ら公務の運営を停止するわけにはいかないから、……政府にロックアウトによる対抗手段がない」という見解（萩沢清彦「四・二五大法廷判決の検討（上）」判例タイムズ二九五号）によれば、国には常に絶対的にロックアウトは認められぬということになろう。しかし、統治権の主体としての国家が存在と活動を停止することができないということと、労使関係の主体としての政府当局にロックアウトが認められるかどうかという問題とは、次元を異にする問題であると考える。これを区別しないときは、公労法一七条二項は、とくに五現業の場合、一項とは無関係に妥当する規定ということになろう。

（2）同旨、萩沢清彦・前掲論文。

（3）議院内閣制のもとでは、政府が呑んでしまえば国会の承認は歯どめにならないという議論は、政府と国会とを同一視するもので、法律論として成立たないばかりでなく、実態論としても、右の議論は政府与党が国会の絶対多数を占めている場合以外は妥当しない。

五　「職務の公共性」論の検討

1　名古屋中郵判決が公労法一七条合憲論の根拠として第三に挙げるのは「職務の公共性」論である。ここでも、全農林判決の判示がそのまま引用され、それが――第一、第二の根拠に関する説示の場合と同様――「ひとしく五現業の職員にあてはまり、また、その趣旨は、三公社の職員にも及ぶ」とされている。

しかし、全農林判決では、非現業国家公務員の争議行為一律全面禁止合憲の第一の根拠として「公務員の地位と職務の特殊性」が挙げられていたのに対し、名古屋中郵判決では、同趣旨のことがらが単に「職務の公共性」とよばれている。しかも、東京中郵判決→都教組・全司法判決の流れに対する全農林判決の特色は、前者が当該勤労者の担当する職務・業務の公共性の強度とその停廃による国民生活全体の利益への影響に注目するものであったのに対し、後者は、公務員について、「公務の円滑な運営」を前面に立て、そのためには公務員は「担当する職務内容の別なく、それぞれの職場においてその職責を果すことが必要不可欠であって、公務員が争議行為に及ぶことは、その地位の特殊性および職務の公共性と相容れない」(傍点筆者)と説示する点が大きな特色をなしていたのであるが、名古屋中郵判決はこの説示部分を引用していない。単に、これに続く説示部分、すなわち公務員の争議行為は、「多かれ少なかれ公務の停廃をもたらし、その停廃は勤労者を含めた国民全体の共同利益に重大な影響を及ぼすか、またはその虞れがある」という個所だけを引用しているにとどまる。他方、名古屋中郵判決は全農林判決の「公務員は、私企業の労働者と異なり……憲法一五条の示すとおり、実質的には、その使用者は国民全体であり、公務員の労務提供義務は国民全体に対して負うもの」という説示を引用している。しかし、この説示を引用しているにかかわらず、なぜ名古屋中郵判決が「公務員の地位の特殊性と職務の公共性」といわず、単に「職務の公共性」とだけいっているのか、その真意は必ずしも明確に捕捉しえない(公務員は「国民全体の奉仕者」として「公務の円滑な運営」のために「担当する職務内容の別なく」職責を果すべく、公務員の争議行為はかかる「公務員の地位の特殊性と職務の公共性」と相容れないとする全農林判決の説示においては、東京中郵→都教組・全司法判決における「職務の公共性」よりも「公務員の地位の特殊性」に重点がおかれていることは明らかである。したがって両者のうちのいずれか一方を挙げるのであれば、「職務の公共性」ではなしに、「公務員の地位の特殊性」が挙げられるべきはずである）。東京中郵判決およびとくに都教組・全司法判決に対比される全農林判決の右の大きな特色をボカそうというのではなく、五現業職員は別として、三公社職員には、非現業国家公務員について妥当する「公務の円滑な運営」があてはまらないと考えたからであろうか（しかし「多かれ少なかれ公務の停廃をもたらし」云々という説示は引用されている）。

名古屋中郵判決は、右に紹介したような全農林判決の説示の一部を引用したうえ、「その趣旨は三公社の職員にも及ぶ」とし、その理由として、「これらの職員は、身分及び職務の性質、内容において右の非現業の国家公務員と異なることはあっても、等しく公共的職務に従事する職員として、実質的に国民全体に対し労務を提供する義務を負うものである点では、両者の間に基本的な相違がな」いこと、また、「これらの職員の業務が『多かれ少なかれ、また、直接と間接との相違はあっても、等しく国民生活全体の利益と密接な関連を有するものであり、その業務の停廃が国民生活全体に重大な障害をもたらすおそれがあることは疑いをいれない』ことは、さきに東京中郵事件判決が判示したとおりであること」を挙げる。

2　団藤、環両裁判官の反対意見は、多数意見の右の「職務の公共性」に関する判示に関するかぎり、決定的にこれと対立している。

⑴　団藤裁判官は、まず、公務員についても「その争議権を立法上制限するのについては、それぞれの公務員の地位や職務権限の内容等にしたがって、実質的な考慮を必要とする」と説く。この立場は、東京中郵＝都教組判決の立場を継承発展させたものであると同時に、「担当する職務内容の別なく」公務員の争議行為は「その地位の特殊性および職務の公共性と相容れない」とする全農林判決と、一般論においては真向か

ら対立するものといえる。同裁判官は、さらに、事案の「郵政職員のような現業公務員は、業務の大部分において、公益的事業を営む私企業の労働者と異なるところはない。……国民全体の利益に奉仕しなければならない点では、現業公務員も公益的事業を営む私企業の労働者も同じことである」と述べる。私は、団藤裁判官のこのような見解に基本的に賛成である。なお、同裁判官は「基本的人権の規定が憲法において占める格別に重要な地位にかんがみるときは、争議権を含む労働基本権は、公務員についても、これらの控制原理〔さきに紹介した――筆者〕によって許容されるかぎり、なるべくひろくみとめるのが憲法の本旨だというべきである」と述べているが、「控制原理」の捉え方とくに具体的内容の問題を別にすれば、同裁判官のこの基本的態度――「必要最小限の制限」という合憲条件をかかげる東京中郵判決と基調を同じくする――に全面的に賛成である。

ところが、他方で同裁判官は「法律によって公務員の争議権を制限することは合理的な理由のあるかぎり立法政策にまかされたものというべきであり、公労法一七条も合憲と解されるべきことは東京中郵事件判決によっても承認されているところである」と述べる。いわば総論における同裁判官のかなり格調高い見解からすると、いわば各論におけるこの安易な公労法一七条合憲論は期待はずれの感を禁じえない。東京中郵判決は、三公社五現業のうち、「他の業務はさておき」郵便業務については、職員の争議行為の全面禁止も違憲ではないとしたのであるが、団藤裁判官の、郵政職員は「業務の大部分において、公益的事業を営む私企業の労働者と異なるところはない」という見解からすれば、郵政職員の一切の争議行為の無条件禁止は、違憲あるいは少なくともその疑があるという意見が、予想しえないではないのである。しかし同裁判官は、三公社五現業職員のすべてに対する関係で、公労法一七条の合憲性を承認されるようである（同裁判官は、公労法一七条の争議行為全面禁止の合憲性を東京中郵判決の四条件の一つ、すなわち争議行為の制限・禁止に伴う法的効果は必要限度をこえないこと、とくに刑事制裁を科することは必要やむをえない場合に限られるべきであるという第三条件に結びつけて捉え、公労法違反はそれだけでは争議行為のいわゆる刑事免責を失わせるものではないとし、かかるものとして公労法一七条の合憲性を肯定しうるとする）。

(2)　環裁判官は「職務の公共性」について、第一に、「私企業の中にも公共性を具え、その度合いが必ずしも五現業や三公社に劣らないと思われるいわゆる公益事業（例えば電気の供給事業）もあるから、……公共性が決定的にこれら〔五現業三公社〕の事業を私企業と区別する要素とも考えられない」ことを指摘し、ついで、五現業三公社の特別会計・独立採算制に触れたのち、結論として「五現業及び三公社の職員の憲法二八条にいう勤労者としての性格は、職務の公共性の点においても、私企業との類似の点においても、非現業公務員よりはるかに私企業の労働者に近似するのであり、賃金が国の支出による点を除いては私企業の労働者と実質上変りはない」と述べている。私は、三公社五現業職員の憲法二八条にいう勤労者としての性格づけについては、この環反対意見に賛成であり、同反対意見がさらに述べるように、公労法は、右の「五現業及び三公社の職員の、私企業の労働者に近似する性格に対応して、団結権、団体交渉権については、多くの点で、私企業の労働者に近い保障を認めようと」しているのである。しかし、同反対意見も、団藤反対意見と同様、公労法一七条の争議行為全面禁止を、同法三条が「労組法一条二項の適用を明定し」、正当な争議行為についてのいわゆる刑事免責を排除していない点と考えあわせて、「違憲無効なものと解することはできない」と述べ、やはり三公社五現業職員のすべてに対する関係において、公労法一七条の争議行為一律全面禁止の合憲性を肯定されるようである。

(3) 私は、三公社五現業職員の「職務の公共性」について、多数意見のように、五現業職員は非現業国家公務員とまったく同一であり、三公社職員も「等しく公共的職務に従事する職員として、実質的に国民全体に対し労務を提供する義務を負うものである点で……基本的な相違がな」いとする捉え方は、国有林野やアルコール専売などについては明らかに妥当しないと考える。とくに多数意見が東京中郵判決の傍論を引用して、五現業三公社のいずれもが、その業務は「等しく国民生活全体の利益と密接な関連を有するものであり、その業務の停廃が国民生活全体の利益を害し、国民生活に重大な障害をもたらすおそれがあることは疑いをいれない」とするとき、多数意見は国有林野やアルコール専売における「職務の公共性」を具体的にどのように捉えているのか、理解に苦しまざるをえない。東京中郵判決は、いわゆる四条件の第三に、「労働基本権の制限違反に伴う法律効果、すなわち、違反者に対して課せられる不利益については、必要な限度をこえないように、十分な配慮がなされなければならない。とくに……刑事制裁を科することは、必要やむを得ない場合に限られるべきである」旨をかかげた。この判示は従前の判例との対比において画期的というべきものであるが、しかし、同判決は、この第三条件よりも前に、労働基本権の制限は、「勤労者の提供する職務・業務の性質が公共性の強い」ものであるため、その「停廃が国民生活全体の利益を害し、国民生活に重大な障害をもたらすおそれがあるものについて、これを避けるたけに必要やむをえない場合」について、「合理性の認められる必要最小限度の制限」でなければならない、と判示しているのである。換言すれば、さきにあげた第三条件は、この第一・第二条件がみたされ必要最小限度の制限が合憲とされる場合を前提にして、その場合でもさらに、制限違反の法律効果が必要の限度を超えないこと、とくに刑事制裁は必要やむを得ない場合に限られるべきことを要求し、これが満足されなければ当該制限は違憲とするものと解されるのである。団藤、環両裁判官は、この第三条件に注目して、事件のもっとも直接的な問題、すなわち公労法一七条違反の争議行為にもいわゆる刑事免責（労組法一条二項）が認められるかどうかにつき、肯定の結論を導き出されるのであるが、しかし、第一・第二条件に注目するかぎり、三公社五現業職員に関する争議行為の全面一律の禁止の合憲性には、疑問を投ぜざるをえないのである。

(4)　全農林判決は、一方で、「公務の円滑な運営のために」およそすべての非現業国家公務員は「担当する職務内容の別なく」職責を果すことが必要不可欠であり、従ってこれら公務員の争議行為は「その地位の特殊性および職務の公共性と相容れない」ということを、これら公務員の争議行為の全面一律禁止の合憲性の第一の根拠にかかげたのであった。ところが他方で、「公務員中職種と職務内容の公共性の程度が弱く、その争議行為が国民全体の共同利益にさほどの障害を与えないものについて、争議行為を禁止……することの当を得ないものがあるとすれば、それらの行為に対する措置は、公務員たる地位を保有させることの可否とともに立法機関において慎重に考慮するべき立法問題である」と判示していた。しかし、この二つの判示が両立・整合するかどうかはかなり疑わしい。何故なら、前者の判示は、そのすぐあとに、公務員の争議行為は「多かれ少かれ公務の停廃をもたらし、その停廃は勤労者を含めた国民全体の共同利益に重大な影響を及ぼすか、またはその虞れがあるからである」という判示を伴っているからである。これでは、結局、「担当する職務内容の別なく」、およそ公務員の争議行為は「多かれ少かれ公務の停廃をもたら」すから「公務の円滑な運行」の確保のために、すべての公務員の争議行為の一律全面禁止も――他の理由とあいまって――合憲であるというに帰する。ところが、後者の判示をみると、公務員のなかには「争議行為を禁止……することの当を得ないもの」、「公務員たる地位を保有させることの可否」が問題となる者、あるいは少なくとも問題となりそうな者が存在するというのである。おそらく判決は、「多かれ少なかれ公務の停廃をもたらすいじょう、換言すれば、少しでも公務の停廃をもたらすいじょう、全公務員の争議行為の一律全面禁止も合憲であるが、「その争議行為が国民全体の共同利益にさほどの障害を与えないものについて」争議行為を認めるかどうか、公務員たる地位を今後も保有させるかどうかを検討し決定することは、憲法問題とは別個の立法政策の問題であるというのであろう。しかし、およそ公務員であるいじょうは、すべてが、その争議行為により「多かれ少なかれ公務の停廃」がもたらされ、「公務の円滑な運行」に多かれ少なかれ影響が及ぶ者ばかりのはずであり、したがって全農林判決の論理からすれば、争議行為をこれらの者に認める余地は憲法上ありそうもないように思われるのである。

全農林判決を下敷きにしたとはいえ、名古屋中郵判決は、公労法一七条の合憲性の根拠として、全農林判決と異なり、まず第一に勤務条件法定主義にもとづく団交権保障否認論をあげ（本判決は、全農林判決、岩手県教組判決もこの点は同じであると説示する。判決文参照）、公務員等の団交権は「憲法二八条の当然の要請」として認められるものではなく、「国会が……立法上の配慮から……その議決により……一定事項の決定権を使用者としての政府又は三公社に委任した」場合に認められるにすぎないと判示するので、公労法一七条に関する憲法問題と立法問題に関する説示も、次のように、全農林判決と異なっている。すなわち、公労法一七条は合憲であるが、「国会が……一定範囲の公務員その他の公共的職務に従事する職員の勤務条件に関し、職員との交渉によりこれを決定する権限を使用者としての政府その他の当局に委任し、さらにはこれらの職員に対し争議権を付与することも、憲法上の範囲内にとどまる限り、違憲とされるわけではな」く、それは「国会の立法裁量に基づく」立法問題である、と述べている。

(5) 名古屋中郵判決は、公労法一七条合憲論の根拠として、最後に、代償措置論をあげている。しかし、紙幅の都合でこの点の検討は、別の機会に譲りたい。

おわりに

東京都教組→中郵判決と続いた判例の画期的な基調の転換は、全農林判決によって再転換され、現行公務員法の争議行為一律全面禁止は違憲の疑があるという線まで到達した判例の流れは、逆戻りさせられることになった。そして、再転換された判例の新基調は、岩手県教組→名古屋中郵判決と続く流れによって、全農林判決に対する学界の圧倒的に否定的ないし批判的な反応にもかかわらず、実務的には、ここに一応確立されたとみることができる。

判例のこれまでの流れとの関連で、公労法一七条の合憲・違憲の問題に関する私見を約言すれば、(1)争議権(判例のいわゆる労働基本権)制限の合憲性に関する東京中郵判決の四条件は、基本的に維持されるべきであるが、その内容の充実・精密化が図られなければならない。とくに——東京中郵判決は明言していないが——四条件のうちでは、第一、第二条件がもっとも重要であり、第三条件は第一、第二条件がみたされたのちに、第四条件は第一から第三条件までがみたされたのちに、問題となるべきものである点に注意すべきである。(2)公労法一七条は三公社五現業職員の争議行為を一律かつ全面的に禁止しているのであるが、三公社五現業の業務とその職員の職務の内容の公共性の程度には、一概に論じえない大きな違いがあるばかりでなく、郵便事業等のような、そのうちでも公共性の程度の高いものについても、名古屋中郵判決において団藤、およびとくに環両裁判官の説くように、公益事業（労調法八条）と本質的な差は認められない。(3)名古屋中郵判決は、三公社五現業職員の争議行為禁止の合憲性の根拠を――全農林判決を下敷きにして――非現業国家公務員の争議行為禁止の合憲性の根拠が、そのまま、または基本的に妥当するところに求め、しかも――全農林判決が公務員の「地位の特殊性と職務の公共性」を第一にあげて、勤務条件法定主義を第二にあげていたのと異なり――合憲性の第一の根拠として、勤務条件法定主義にもとづく公務員団交権保障否認論を強調しているのが特色である。しかし、本稿で詳細に考察したように、この根拠づけは成立たない。その他の根拠づけについても同様である。なお、団藤、環両裁判官は、東京中郵判決のうち出した四条件の第三条件にとくに注目し、これに結びつけて、公労法一七条の争議行為全面禁止の違反には刑事免責の否認が伴わないことをもって、同条の合憲性を肯定されるようであるが、同条違反の争議行為にも刑事免責が認められるかどうかについては、争議権保障（憲法二八条）との関連における正当な争議行為のいわゆる刑事免責（労組法一条二項）の意味と構造、とくにこれと争議権保障下の合憲的な争議行為制限の視点、視角との関係がもっとも重要な問題であり（この点の考察は別の機会に譲る）、したがって、東京中郵判決との関連でいえば、ここでも四条件のうちの第一、第二条件がとりわけ注目されなければならないのである。

今回の名古屋中郵判決が現に進行中の三公社五現業等の職員の労働基本権とくに争議権の取扱いに関する立法作業にどのような影響を与えるかは、容易に推測しうる。問題の困難さもさることながら、この判決によって立法作業のペースはいっそうゆっくりしたものとなろう。判例の流れの再々転換が現実にさしあたり絶望的であるとすれば、当面、立法作業がどのように進行するかが重要問題であることは疑ない。しかし、判例の新基調が立法作業に与える影響をできるだけ少なくするためにも、また、困難ながら判例の基調が将来再び逆転されるためにも、ここに一応確立された判例に対して、詳細かつ徹底的な批判が必要であるという思いを禁じえない。

（ジュリスト六四三号、一九七七年）

22　地公法六一条四号による刑事罰の適用

――日教組スト事件第一審判決東京地裁昭和五五年三月一四日刑事第一一部判決――

（昭和四九年特（わ）第九〇五号・九〇六号地方公務員法違反各被告事件）
（判例時報九六七号一七頁、労働法律旬報一〇〇六号五五頁）

一　事実の概要

「狂乱物価」下の昭和四九年春闘で、日教組は、賃金大幅引上げ等の要求をかかげて、四月一一日、全国規模で全一日ストを行い、二五都道府県、約一八万人の小・中学校教職員がこれに参加した。検察当局は、日教組の槙枝委員長と東京はじめ三都県教組の委員長の計四人を、地公法六一条四号の争議行為の「あおり」とその「企て」にあたるとして起訴。本件は、槙枝委員長と都教組委員長に関するものである。

二　判　旨

検察側の懲役刑の求刑に対し、東京地裁は二被告にそれぞれ罰金一〇万円の有罪判決を言い渡した（被告、検察側ともに控訴）。

判決の主な内容は、事実認定を別とすれば、次の**1**、**2**から成る。

1 「主な争点に対する当裁判所の判断」

一 本件ストの「規模、性格、結果などについて」 本件ストをスト権獲得のための政治ストと「一口できめつけるわけにはいかない」。

二 「地公法三七条一項〔争議行為一律全面禁止規定〕、六一条四号〔争議行為あおり等処罰規定〕の合憲・違憲問題」

(1) 全逓中郵事件判決〔昭和四一年一〇月二六日〕をうけて、都教組事件判決〔昭和四四年四月二日〕でうち出された右両規定に関する判例が、全農林事件判決〔昭和四八年四月二五日〕、岩教組事件判決〔昭和五一年五月二一日〕によって覆され、さらに名古屋中郵事件判決〔昭和五二年五月四日〕で、都教組事件が前提としていた全逓中郵事件判決の判旨も変更された経過を跡づけてみると、右規定を「合憲とする最高裁の判例は、現時点においては、疑問の余地なく確立するに至って」おり、「審級制をとる訴訟制度のもと」で「最高裁判所の判例がもつべき判例統一の機能やこれによって法的安定をはかるべき必要性」、とくに「最高裁大法廷による……度重なる同旨の判断」が「下級審に対し、強い事実上の拘束力を認め」られるべきことを考えると、「最高裁判例の趣旨に明らかに不合理な点があるとか、その判例のよって立つ基礎事情に、その後大きな変動が生じ、あらたな事情のもとにおいては判旨にそのまま従うことを正当と考えることのできない確かな根拠があって、そのため判例の変更を求めるしかない特別・十分な理由があるとか、あるいは具体的事例につき特別の事情が認められ、これに対して判例上の一般的解釈をそのまま適用することが著るしく不当な結果をもたらすなどの特別な個別的事情が認められる場合でもない限り」、最高裁判例を尊重し、これに従うべきである。そこで、以下、最高裁判例に従うことのできないような格別の理由があるか否かを検討することとする。

(2)　公務員の争議行為の合憲的な制限は、「職務の公共性という観点を唯一の尺度として判断」すべきではない。公務員に対する争議行為禁止は、単一の理由によるのではなく、「複合的な理由」の総合判断のうえに成り立っており、次にのべる「給与等の法定主義等も前提となって」いる。しかも、ここでいう職務内容の公共性とは、国民・住民の「最低限度の衣・食・住といういわば裸の生存権」にかかわる場合だけを指すのではない。「子弟が正常で円滑な義務教育を受けられる状態にある」ことも、国民・住民の「基本的な生存権の一部」に含まれる。

(3)　公務員については、勤務条件法定主義・財政民主主義の原則により、私企業におけるような労使の――争議行為を含む――団体交渉による労働条件の決定という方式が、当然には妥当しない。公務員が争議行為を背景に自己に有利な議会の議決を求めようとすることは、公務員の職務内容が一般に公共性の強いものであるため、「議会に対する大きな圧力となり、議会での自由な討議・決定の過程を妨げるおそれを生じさせ、民意に従った議決手続の趣旨にはそぐわない。」勤務条件を法定・保障され、倒産・失業の心配のない公務員に争議権を認めると、それは、私企業労働者の争議権以上の強い圧力となりうる。

弁護人は、労働者側と当局との間の交渉は「当局が議会に提出する原案を自ら作成・検討・決定する段階において、その内容に労働者側の要求を反映させようとするための」ものであり、「議会の民主的手続による自由な審議ないし議決手続をゆがめるおそれを生じさせるものではない」と主張する。しかし、当局による原案の確定と議会における最終的な議決内容如何とは、「実質上は相互に切り離しては扱えない一体のものとみなければならない側面が強い」から、このように解することはできない。

(4) 公務員の争議行為禁止の代償措置として人事院制度、人事委員会制度等が設けられているが、これらが「十分な代償となっているかどうかは、制度的、抽象的な面」だけでなく、「実際上の運用実績とあわせて総合的に見ることが必要」である。かかる視点からみると、「地方公務員についての代償措置に法制上の問題点は多いとしても、現状ではそれが顕在化して実害をもたらす危険は生じていないと言うことができる」から、代償措置の制度の内容と運用が「今後どのように推移するかを今しばらく注目してみることとし、……それまでの間は、右最高裁判決の判旨に従うのが適当」である。

(5) 地公法六一条四号の規定について最高裁都教組判決が掲げた二重の限定解釈には疑問があり、「その後の最高裁判例によってとり払われたのもやむをえな」い。

イ ただ、この規定により処罰される争議行為あおり等行為と、処罰されない争議行為単純参加行為との認定問題は、依然「未解決のまま残されている。」この点については、「争議行為への参加に通常随伴すると認められる程度の相互協議、教宣行為等は、全体として、争議の参加行為そのものと評価される」と解すべきである。このような限定は、最高裁岩教組事件判決でも「当然前提とされていた筈の事項」であり、かかる「限定を付したうえで、右最高裁判決の判決に従うのが適当」である。ただし、被告人両名の本件行為については、地公法六一条四号の「罰則の適用を受ける指導的立場の側にあったことは極めて明白」であり、「前記のような限界的領域の認定問題は直接的な重要性を有してはいない」。

「以上のようにみてくると、地公法六一条四号の罰則が憲法二八条、一八条等に違反するものとは認められない。」

ロ　地公法六一条四号にいう「あおり」および「あおり等の企て」という「構成要件の内容」が、全農林事件判決をうけた岩教組事件の判示では「刑罰法規に通常必要とされる基準にてらし、不明確すぎる」、と非難されているが、この非難は当たらない。「罰則適用の範囲については、前述のとおりと考えられる」から、弁護人主張のように、単純参加者への「拡大適用のおそれが強いというほど不明確だとは、まだ認めることができない」。

また、弁護人は、組合幹部が組織運営上指導性をもつとはいえ、それは「組合員個々人に争議行為実行の積極的な意欲があることを前提とし、それを全体的な行動に集約してゆくうえにおいて」のことであって、争議行為の実行に関し幹部のかかる前段階的行為を独立に処罰するまでの根拠はないと主張する。しかし、争議行為に際しては、「積極性のない組合員はもとより、積極性のある組合員を前提とした場合にも、これと対比して中枢幹部のはたす役割りの大きさは否定しようもな」く、かかる中枢的行為を独立して処罰の対象とすることが、「本件において」憲法三一条にふれるものとは考えられない。

以上、要するに、「後述するような本件事実関係をも前提としながら、現時点においては、おおむね最高裁五・二一岩教組事件判決の判断を維持すべきものと考える」。

三　「本件事実関係をめぐる問題」

弁護人は、本件ストは一般組合員の積極的な闘争意欲の高揚、「いわゆる下部組織からの『盛り上り』」によるのであって、被告人ら幹部の指導行為は「あおり」等に該当しないと主張する。しかし、当時オイル・ショック後の「異常な物価騰貴によって生活破壊の実感」を懐いていた一般組合員の中に、「大幅給与引上げ等を主たる目標とする本件闘争に積極的な意欲をもやし」あるいは「これに共感する者がいつもより多かったとしても、それだけでは」被告人ら幹部の指導行為が「あおり」等の行為に該当しないということにはならない。本件ストへの「路線をまず用意して提示し、これに沿うよう組合員の意識を触発した」のも、ついで、「教宣ないしオルグ活動によって、ともすれば争議行為に対して消極的になりあるいは意欲を失い勝ちな多くの一般組合員の意識を覚醒させ、つなぎとめるよう各レベルの幹部を通じて指導に務め」たのも、被告人ら上級幹部であったことは否定できず、前記の弁護人の主張は採用できない。

四　「本件事実関係に基づく固有の主張について」

(1)　弁護人は、本件ストは、異常インフレによる賃金の急激な目減りに対しスト禁止の代償措置が有効に機能しえない状態下で行われたもので、違法とはいえないと主張する。しかし、「客観的にみれば、なお相当と認められる限度内で比較的迅速に」代償措置がとられていたと認められる。また、本件ストは、突入までの経過にてらし、「代償措置の制度が本来の機能をはたしていないためにその是正を求めるというような直接のつながりがあって」生じたものでないことは明らかであり、「代償措置が機能を発揮していないことを理由として例外的にストが違法でない」とされる場合があるとする前記岩教組事件判決の判示は、本件にはあてはめることができない。

(2)　弁護人の主張のとおり、公務員の団体行動のうち、その実質が単なる規律違反の評価を受けるにすぎないものについては、そのあおり等の行為は地公法六一条四号の罰条に触れないと解されるが、本件ストはかかる評価を受けるにすぎぬものではない。また、「全一日ストという極めて強力な手段」が全国的規模で実施され、「教育ないし教育現場に及ぼした悪影響には甚大なもの」があったことを考えると、本件行為は可罰的違法性を欠くとか、法秩序全体の見地からみて違法性を阻却される場合にあたるとかの弁護人の主張は、採用しえない。

2　「量刑の理由」

全農林事件判決による「判例変更の趣旨、変更後の最高裁判例の基本姿勢は今日では極めて明確」になっているが、本件発生当時は、まだ岩教組事件判決も名古屋中郵事件判決も現われておらず、都教組事件判決の見解と全農林事件判決の見解とが、法曹界でも世上でも「全体としてはなお……対立拮抗」の観を呈していた。従前不可罰とされていた行為類型がその後の判例変更により可罰性ありと判断されるようになった場合は、その趣旨が浸透・定着するまでにある程度の日時を要する。本件被告人らの所為は、「いまだ、その確立・定着前と目される風潮、論調のさ中に犯されたもの」であり、その他諸般の事情を考慮して、被告人らの所為が「現行法上許容されるものではないことを明確に」すれば「本裁判の目的の大半を達することができ」るから、量刑もその限度にとどめるのが適当である。

三　解　説

本判決は長大であり、判示中のとくに重要な部分の摘示だけで、すでに与えられた紙幅の四分の三を超えてしまった。解説は、残された紙幅の範囲にとどめる。

1　周知のように、全農林事件判決（昭和四八年四月二五日）は、官公労働者の争議権について、全逓中郵事件判決（昭和四一年一〇月二六日）、都教組・全司法事件判決（昭和四四年四月二日）と続いてきた判例の流れを逆転させ、五現業を除く国家公務員の争議行為を一律全面的に禁止しそのあおり等を処罰する国家公務員法の規定を、全面的に合憲と判示して、全司法事件判決を変更した。本件は、その翌年の春闘における日教組の「四・一一スト」に関するものである。

この年の春闘で、総評・中立労連を中心とする春闘共闘委は、「国民春闘」を呼号し、大幅賃上げとスト権問題を中心目標として、三月一日、二六日、四月一一日と大規模なストを展開した。とくに「四・一一スト」は、参加人員において戦後最大規模のものとなった。公務員共闘でこの「四・一一スト」に参加したのは、日教組のほか、自治労（七大都市）、都市交通、全水道、全農林などである。このうち、日教組だけについて、警察当局は、同日夕、全国一二都道府県にわたり、日教組本部、各地教組本部等を一斉捜査し、六月に入ってまず四都道府県の地教組幹部二〇人を、ついで槙枝委員長を逮捕し、検察当局は、このうちの前記四人（〈事実の概要〉参照）を起訴したものである。槙枝委員長は昭和四一年の一〇・二一ストのときも、本件と同じ罪名で起訴された（ただし当時は書記長）が、都教組判決後、公訴を取り消されている。

2　全農林事件判決の約三年後、最高裁は、岩教組事件判決（昭和五一年五月二一日）によって都教組事件判決を、その翌年、名古屋中郵事件判決（昭和五二年五月四日）によって全逓中郵事件判決を、変更した。全農林事件判決は、八対七というギリギリの多数意見に立脚するものであった。全逓中郵判決をうけて、現行法がもしも職務内容のいかんを問わず、公務員の争議行為を一律全面的に禁止しているとすれば違憲の疑があるとした都教組事件判決が、全農林判決の出るまで、その基調において、下級審裁判例にひろく受けいれられたのに対し、一律全面禁止全面合憲論に立つ全農林事件判決は、下級審の強い抵抗をうけた。すなわち、岩教組事件判決までの約三年間、下級審裁判例では、一律全面禁止の無限定合憲論とこれに対立する限定合憲・違憲論とが相半ばし拮抗していたのである（〈判旨〉の2）。しかし、最高裁では、岩教組事件、名古屋中郵事件のいずれにおいても、無限定合憲論がすでに圧倒的多数となっており（名古屋中郵判決の場合一三対二）、最高裁の再度の態度転換は当面望みえない状況といってよい。

しかし、学説では、名古屋中郵判決が出てからも、無限定合憲論に対する疑問ないし批判が強い。本件で弁護側は、労働事件としては最大の弁護団を組んだといわれるから、おそらく、これらの疑問・批判の全部をとりあげ集約して主張したと思われる。しかし本判決は、無限定合憲論が最高裁の判例として現時点では確立されるにいたったとし、下級審としては特別の理由のない限りこれに従うべきものとして、右の疑問・批判に対し、十分な回答・反駁をしていない。すでに指摘されているように、わが国の場合は、下級審裁判官は、最高裁の判例に承服できないかぎり、これに従わない判決を出しうるし、また出すべきであって、全逓中郵事件判決における従前の判例の変更については、これと異なる下級審裁判例の累積が先行していたのである。判例にてらし最高裁で敗れることが確実な場合、一般民事事件では、不利な当事者が提訴または上訴によって判例に挑戦することを断念しても、それで別に大きな支障がないのがふつうであろう。しかし、労働事件ごとに労働者が被告人となる刑事事件については同日に論じえない。被告人に不利な最高裁の判例、しかも本件の場合のように学説の批判の強いそれについて、下級審が、格別の理由がない限りこれに従うべきものと、みずからをはじめから拘束してしまうのは甚だ疑問である。

たしかに、本判決は、右の格別の理由の存否を検討するなかで、部分的には最高裁の判例を捕足する見解も提示している。しかし、これを考慮にいれても、これまで多くの学説が一律全面禁止とあおり等処罰の合憲性について強調してきた疑問・批判点が、基本的にはいぜん手つかずのまま残されていることは否定できないと思われる。

参考文献　本判決の特集号であるジュリスト七二二号（横井芳弘、前田雅英両氏の論稿）、季刊労働法一一六号（長谷川正安、中山研一、中山和久、三氏の論稿）、労働法律旬報九九八号（高橋清一氏の論稿と中山和久、兼子仁、尾山宏、三氏のてい談）参照

（ジュリスト臨時増刊七四三号『昭和五五年度重要判例解説』、一九八一年）

蓼沼謙一〈略　歴〉

一九二三年一〇月二六日　蓼沼隆三、同セイの第一子として茨城県水戸市紺屋町に生まれる
一九三〇年　四月　水戸市浜田小学校入学（第五学年以降は、学区制施行により竹隈小学校に転校）
一九三六年　一月　蓼沼義一（セイの兄）、同繁枝の東京市牛込区（現、東京都新宿区）市ヶ谷田町の家に寄留し、近くの長延寺小学校に通うこととなる（市ケ谷加賀町にあった東京府立第四中学校受験のため）。三月　長延寺小学校卒業。四月　東京府立第四中学校（現、都立戸山高校）入学
一九三八年　二月　義一死去。その後も繁枝に養われて生徒・学生生活を送り、戦後繁枝の養子となる
一九四〇年　三月　東京府立第四中学校第四学年修了、四月　東京商科大学予科（現、一橋大学）入学
一九四二年　九月　同右修了
　一〇月　東京商科大学学部進学。吾妻光俊教授のゼミナール（当時は民法のみ）に所属
一九四三年一二月　学徒動員・臨時召集により横須賀第二海兵団に入団
一九四四年　二月　海軍第一四期飛行専修予備学生。艦爆（急降下爆撃機）操縦士、一二月　海軍少尉
一九四五年　四月　沖縄作戦で神風特攻隊に選ばれ、九死に一生を得る。八月　海軍中尉、九月　召集解除。
　一〇月　復学、吾妻ゼミナール（民法、労働法）に所属
一九四七年　四月　高等文官試験（行政科）合格、九月　東京商科大学卒業、一〇月　東京商科大学大学院

蓼沼謙一〈略　歴〉

一九五二年　四月　一橋大学法学部専任講師

特別研究生

一九五五年　五月　日本労働法学会理事（一九九四年一〇月まで）

一九五六年一二月　一橋大学法学部助教授

一九六二年一一月　一橋大学法学部教授

一九六三年　九月　財団法人一橋大学後援会の援助により、国際労働法社会保障学会に出席、ＩＬＯおよび欧州諸国の大学を視察して一二月帰国

一九六五年一二月　一橋大学中和寮寮監（一九六七年一二月まで。当時のいわゆる寮闘争に際会）

一九六九年　三月　一橋大学学生部長（一九七一年三月まで。当時のいわゆる大学紛争に際会）

一九七一年　三月　労働法学研究のため、ＩＬＯおよび欧州諸国に出張（一九七二年三月まで）

一九七四年　四月　日本労使関係研究協会理事。五月　一橋大学法学部長（一九七六年四月まで）

一九七六年　四月　日本労働法学会代表理事（一九七七年九月まで）

一九七七年　七月　一橋大学学長（一九八〇年七月まで）

一九八七年　三月　一橋大学を定年退官。四月　一橋大学名誉教授

一九八八年　四月　八千代国際大学（現、秀明大学）政治経済学部教授、教務部長

一九九三年　四月　八千代国際大学大学院国際政治経済学研究科長

一九九九年　三月　秀明大学を定年により退職（ただし二〇〇一年三月まで講師として勤務）

蓼沼謙一〈著作目録〉 一九五〇（昭和二五）年四月〜二〇一〇（平成二二）年五月

蓼沼の半世紀を超える著作活動のなかで表わされた諸業績について、時系列に則して公刊順に表記した（連載稿についても、それぞれを一回ごとに区別した）。これら論考を大きく著書（邦訳書を含む）については二重かぎ括弧で表記し、それ以外のものについてはかぎ括弧で表わした。後者については、座談会（本著作集には、一切収録していない）、書評、講演録および判例研究（厳密には、これと判例評釈とを区分しなければならないのであろうが、ここでは便宜上「判例研究」に一括した）については、表題の冒頭にその旨を記した。しかし、これら以外については、学術論文とそうではない概説書分担執筆や評論等との区別をあえてせず、その扱い・位置づけを読者の判断にゆだねることにした。蓼沼の業績一覧としてはすでに、蓼沼が一橋大学を定年退官した一九八七（昭和六二）年四月までについて記した一橋論叢九九巻三号（一九八八）一五一頁以下と、秀明大学退職の際、その後のものを含めた主要業績を記した国際研究論集一一巻四号（一九九九）一八五頁以下がある。今回その誤りを知りえた範囲内で、訂正した。なお、下部に付したローマ数字は、当該論考が収録されている本『著作集』の巻数である（作成：盛誠吾・石井保雄）。

◆一九五〇（昭和二五）年

四月 「書評／テラァ『ピケッティングと言論の自由』」一橋論叢二四巻四号〔本著作集Ⅷ巻〕

一〇月 「座談会／一橋法学の七十五年」一橋論叢二四巻四号

一二月 「ロックアウトの正当性の問題について」労働法律旬報四一号〔本著作集Ⅳ巻〕

◆一九五一（昭和二六）年

六月　「判例評釈／ロックアウト――日本セメント事件」季刊労働法一号〔本著作集Ⅳ巻〕
「書評／チェンバレン『団体交渉と契約概念』」一橋論叢二五巻六号〔本著作集Ⅷ巻〕
「(学会だより）労働法学会」法律時報二三巻六号
一〇月　「罷業権の生成過程――アメリカ資本主義の生成過程と労働争議法理の展開過程」私法五号〔本著作集Ⅷ巻〕

◆一九五二(昭和二七）年
二月　「内外労働事情／スカンジナビア三国の労資関係」討論労働法四号
四月　「罷業権の生成過程――アメリカ資本主義の生成過程と労働争議法理の展開過程」一橋大学法学会編『現代法学の諸問題』(勁草書房)〔本著作集Ⅲ巻〕
五月　「米国における労働協約法理」比較法研究四号〔本著作集Ⅷ巻〕
七月　「学会消息・労働法学会」一橋論叢二八巻一号
一〇月　「書評／沼田稲次郎著『団結権擁護論（上・下）』」法律時報二四巻一〇号

◆一九五三(昭和二八）年
四月　「書評／ニキッシュ『労働法』」一橋論叢二九巻号〔本著作集Ⅷ巻〕
九月　「ロックアウトの法理」季刊労働法九号〔本著作集Ⅳ巻〕

◆一九五四(昭和二九）年
一月　「講演／ロックアウトの法理と実際」『専門講座労働法』第四集(労働法懇談会)
三月　「判例研究／組合の同意を経ないでなされた就業規則中の賞与規定の変更――昭和電工事

件」季刊労働法一一号〔本著作集Ⅴ巻〕

八月「座談会／西ドイツにおける労働争議」討論労働法三〇号

一一月「座談会・判例研究／日本海重工業仮処分事件（報告）」討論労働法三三号

「座談会／次官通達に対する研究討論」労働法律旬報一八三号

◆一九五五（昭和三〇）年

四月「労働関係と雇傭契約・労働契約」(1)」討論労働法三七号〔本著作集Ⅴ巻〕

五月　同前　(2)　同前　三八号〔本著作集Ⅴ巻〕

九月「判例研究／ピケット権の防衛――炭労嘉穂労組ピケ事件」労働法律旬報二一三号〔本著作集Ⅳ巻〕

一〇月「米国自動車産業における労働協約の実証的考察」日本労働法学会誌七号〔本著作集Ⅷ巻〕

「八十周年記念企画・一橋学問の伝統と反省――民法及び労働法」一橋論叢三四巻四号

一一月（共訳書）『ジンツハイマー・労働法原理』（初版・楢崎二郎）（東京大学出版会）

◆一九五六（昭和三一）年

三月「座談会／組合活動の自由について」討論労働法四八号

「争議権に関する諸家の見解（アンケート）」講座・労働問題と労働法一巻『労働争議と争議権』（弘文堂）

五月「災害補償」講座・労働問題と労働法五巻『賃金・労働条件と労働基準法』（弘文堂）〔本著作集Ⅴ巻〕

九月　「『支配・介入』の性格と構造」季刊労働法二一号〔本著作集Ⅱ巻〕
一〇月　「座談会／労働契約における労働者の義務の内容」討論労働法五五号
一一月　「座談会／争議行為と損害賠償」討論労働法五六号

◆一九五七（昭和三二）年

二月　「座談会／争議行為と労働契約関係（報告）」討論労働法五九号
「座談会／団結権の構造について」同前
「講演／ロックアウト、労務の受領拒否と賃金請求権――東京地裁小倉補給廠事件を中心として」（西川美数・近藤富士雄と共同）労働法学研究会報二八二号
四月　「ロックアウトの『労働法的』考察方法について」季刊法律学二三号〔本著作集Ⅳ巻〕
「争議権の保障といわゆる刑事免責」一橋大学研究年報・法学研究（復刊）一号〔本著作集Ⅲ巻〕
「外国文献解題(1) A. Cox, Right under Labor Agreement, Harvard Law Review, Vol. 69 No. 4 ほか」日本労働法学会誌一〇号
五月　「争議権論――歴史および性格」労働法講座三巻『争議行為』（有斐閣）〔本著作集Ⅲ巻〕
六月　「通牒の争議行為論について」労働法律旬報二七四号
「労働協約をめぐる問題点――組合活動条項」講座・労働問題と労働法四巻『労働協約と就業規則』（弘文堂）〔本著作集Ⅱ巻〕
「座談会／青年部・婦人部の諸問題」討論労働法六三号

九月　「争議権の承認と争議行為の法的評価」『一橋大学八〇周年記念論文集』下巻（勁草書房）〔本著作集Ⅲ巻〕

一二月　「賃金・退職金に関する判例について」『賃金・退職金をめぐる法律問題』（東洋経済新報社）〔本著作集Ⅴ巻〕

◆一九五八（昭和三三）年

三月　「労働法読書案内」季刊労働法二七号

四月　「（アンケート）市民法と社会法について」法律時報三八巻四号

六月　『「正当」争議行為のいわゆる免責、とくに民事免責の意味について——従来の学説の検討を中心として」季刊労働法二八号〔本著作集Ⅱ巻〕

七月　「フウィップソー・ストとロックアウト——米国連邦最高裁の一判決」月刊労働問題二号〔本著作集Ⅷ巻〕

八月　「争議行為のいわゆる民事免責の法構造」一橋論叢四〇巻二号〔本著作集Ⅲ巻〕

一一月　「人事条項とショップ条項」労働争議調査会〔編〕『戦後労働争議実態調査Ⅹ・労働協約をめぐる労使紛争』（中央公論社）第四章

◆一九五九（昭和三四）年

四月　「フリードリッヒ・カール・フォン・サヴィニー」一橋論叢四一巻四号〔本著作集Ⅷ巻〕

五月　「政治ストの構造と法律問題」月刊労働問題一二号〔本著作集Ⅳ巻〕

五月　吾妻光俊〔編〕『註解労働組合法』（青林書院）（分担執筆・第二章「労働組合」八条をのぞく、

一条～一三条、第三章「一般的拘束力」一七、一八両条）

七月　（共著）『労働組合読本』（沼田稲次郎・横井芳弘）（東洋経済新報社）

一〇月　「わが国における政治ストの法律問題（研究報告）」日本労働法学会誌一四号

◆一九六〇（昭和三五）年

一月　「雇傭および労働契約における労働義務について――賃金債権との関連において」一橋論叢四三巻一号〔本著作集Ⅴ巻〕

五月　「三池争議のある問題点（法令昨今）」時の法令三五一号（のちに大平善梧〈編〉『法学の智恵』〈井上書房・一九六一〉所収）

七月　「戦後の日本の労働協約および協約紛争の特質」労務研究一三巻七号〔本著作集Ⅱ巻〕

九月　吾妻光俊〈編〉『註解労働基準法』（青林書院）（分担執筆・第四章「労働時間、休憩、休日、年次有給休暇」三二条～四一条）〔本著作集Ⅵ巻およびⅦ巻〕

「わが国における労働時間短縮問題の法的検討」季刊労働法三七号〔本著作集Ⅵ巻〕

「三池争議第三次あっせん案をめぐって（法令昨今）」時の法令三六三号（のちに大平善梧〈編〉『法学の智恵』〈井上書房・一九六一〉所収）

◆一九六一（昭和三六）年

一月　「書評／沼田稲次郎著『労働法論（上）』」法律時報三三巻一号

『公務員の争議手段――国労、全逓を中心にして』（共同執筆）日本労働協会調査部・研究資料一一八号

六月　「ロックアウト」石井照久・有泉亨〔編〕『労働法演習』（有斐閣）〔本著作集Ⅳ巻〕
七月　「講演／ロックアウトと職場占拠」（横井芳弘と共同）労働法学研究会報四五五号
九月　「職場占拠・ロックアウトと占有解除ないし立入禁止の仮処分」季刊労働法四一号〔本著作集Ⅳ巻〕
一一月　「ロックアウトの要件および効果について」法学教室二号〔本著作集Ⅳ巻〕
「三池を見学して──不当差別と組織労働者の『根性』」労働法律旬報四三五号
一二月　「座談会／三池の差別待遇を見て」月刊総評五六号
『公務員の争議手段の特質について──国労、全逓を中心にして』日本労働協会調査部・研究資料五六号

◆一九六二（昭和三七）年

四月　「合同労組の団体交渉をめぐる問題点」日本労働法学会誌一九号（のちに沼田稲次郎〔編〕『合同労組の研究』〔総合労働研究所・一九六三〕第三章第三節として収録）〔本著作集Ⅱ巻〕
「外国文献解題(4)」同前
六月　「組合活動と施設管理権──建造物侵入罪、不退去罪との関連において」労働神奈川一六二号〔本著作集Ⅱ巻〕
「ロックアウト法理の再検討──小倉補給廠事件を素材に」野村平爾教授還暦記念『団結活動の法理』（日本評論新社）〔本著作集Ⅳ巻〕
「判例研究／労働組合脱退の自由─浅野雨龍炭鉱事件」「同／協約能力─高岳製作所事件」

ジュリスト臨時増刊『労働判例百選』（有斐閣）〔いずれも、本著作集Ⅱ巻〕
八月　「座談会／日本労働法学の方法論と課題」季刊労働法四五号
一二月　「労働者の政治活動・文化活動と組合活動」季刊労働法四六号〔本著作集Ⅱ巻〕

◆一九六三（昭和三八）年

一月　「労働組合の統制力」石井照久・有泉亨〔編〕労働法大系1『労働組合』（有斐閣）〔本著作集Ⅱ巻〕
四月　「事前協議協定」『企業合理化をめぐる法律問題』（東洋経済新報社）〔本著作集Ⅱ巻〕
五月　「争議権の歴史と最高裁判決」月刊総評七三号
六月　「講演／部分ストをめぐる問題点」労働法学研究会報五三七号
「座談会／最高裁の公労協二判決──国鉄桧山丸事件・全逓松江郵便局事件」季刊労働法四八号
九月　「定年」石井照久・有泉亨〔編〕労働法大系5『労働契約・就業規則』（有斐閣）〔本著作集Ⅴ巻〕
「五〇〇号によせる回顧と期待」労働法律旬報五〇〇号

◆一九六四（昭和三九）年

一月　「争議行為をする権利」（共筆・青木宗也）労働法律旬報五四四号
二月　「書評／有泉亨著『労働基準法』」法律時報三六巻二号
四月　「合理化と労使協議制の法律問題」一橋大学一橋学会〔編〕『企業成長と法律問題』（春秋

六月　社）〔本著作集Ⅱ巻〕
　　「スト不参加者の賃金請求権」季刊労働法五二号〔本著作集Ⅳ巻〕
八月　「ユニオン・ショップの効力」ジュリスト三〇〇号『学説展望』（有斐閣）〔本著作集Ⅱ巻〕
八月　「年次有給休暇権の法的性質について」一橋論叢五二巻二号〔本著作集Ⅶ巻〕
九月　「講演／出向命令と不当労働行為の成否――日立電子事件を中心に」労働法学研究会報五九四号〔本著作集Ⅱ巻〕
一〇月　「年次有給休暇制度の法理と現実」日労研資料六二〇号
一一月　「『労働法法社会学』の課題と方法――渡辺教授の提言をめぐって」日本労働法学会誌二四号〔本著作集Ⅰ巻〕
一二月　「座談会／フォーラム／労使関係の近代化と労働法・その４／争議をめぐる問題点」(2)（報告）日本労働協会雑誌六九号

◆一九六五（昭和四〇）年

二月　「座談会／労使関係の近代化と労働法」日本労働協会雑誌七一号
三月　大河内一男・吾妻光俊（編）『労働事典』（青林書院）（分担執筆）
四月　「労働法（法律学の成果と課題）」法律時報三七巻五号
六月　「争議労働関係の構造と特質」浅井清信教授還暦記念『労働争議法論』（法律文化社）〔本著作集Ⅳ巻〕
八月　（共編著）岩波講座現代法一〇巻『現代法と労働』（岩波書店）「働く者の生活と現代法」（共

同執筆：小川政亮）〔本著作集Ⅰ巻〕

「企業内組合に対する法学的アプローチについて――社会政策・労働経済学的アプローチとの対比」日本労働協会雑誌七七号〔本著作集Ⅱ巻〕

九月 「日本労働法学における『解釈』論の問題について――日本労働法学の一課題」一橋論叢五四巻三号〔本著作集Ⅰ巻〕

一二月 「判例研究／取引先の要求による組合活動家の解雇と不当労働行為の成否」判例評論八六号（判例時報四二五号）〔本著作集Ⅱ巻〕

「対談／労働法学の理論と課題」（片岡曻）法学セミナー一一七号

（共著）『労働組合読本〔改訂版〕』（沼田稲次郎・横井芳弘）（東洋経済新報社）

◆一九六六（昭和四一）年

一月 「法思想の実態／組織と個人――労働組合を素材として――」岩波講座・現代法一三巻『現代法の思想』（岩波書店）〔本著作集Ⅰ巻〕

三月 「不当労働行為の主体といわゆる第三者――系列企業の倒産をめぐって」季刊労働法五九号〔本著作集Ⅱ巻〕

四月 「労働法の道しるべ」ジュリスト三四三号の2『新法学案内』（有斐閣）

六月 「座談会／不当労働行為」日本労働協会雑誌九一号（吾妻光俊＝塚本重頼）

「労働基本権の性格」新労働法講座1『労働法の基礎理論』（有斐閣）〔本著作集Ⅰ巻〕

一二月 「学会回顧一九六六年・労働法」法律時報三八巻一三号

◆一九六七（昭和四二）年

三月　「団交拒否」新労働法講座3『団体交渉』（有斐閣）〔本著作集Ⅱ巻〕
「労働組合」有泉亨〔編〕『労働法概説』（有斐閣）

四月　「公務員労働関係の特質」清宮四郎・佐藤功〔編〕『続憲法演習』（有斐閣）
「法律学の学び方と文献案内——労働法」ジュリスト増刊『新法学案内』（有斐閣）

五月　「判例研究／定年制—秋北バス事件」〔本著作集Ⅴ巻〕／「同／休業手当—小倉補給廠ロック・アウト事件」別冊ジュリスト『労働判例百選〔新版〕』
「吾妻光俊先生の人と学説」一橋論叢五七巻五号〔本著作集Ⅰ巻〕

六月　「労使関係法研究会報告書の問題点／『争議行為』の分析」季刊労働法六四号

七月　総合判例研究叢書労働法⑿『「不利益な取扱」の態様・「不利益取扱意思」の認定——いわゆる「決定的動機」の意味』（有斐閣）

一二月　「学会回顧一九六七年・労働法」法律時報三九巻一四号

◆一九六八（昭和四三）年

一月　「労働法（外国法入門）」中川・清水〔編〕現代教養文庫『読書案内法学』（社会思想社）
「書評／片岡曻著『現代労働法の理論』」法学セミナー一二三号

二月　「判例研究／組合は脱退組合員に対し脱退前支給した昇給延伸に対する補償金の返還を求めうる」判例評論一〇九号（判例時報五〇四号）〔本著作集Ⅱ巻〕

五月　「講演／交替労働と労基法の解釈——新行政通達の検討を中心に」労働法学研究会報七五

九号

六月　「労使関係の現代的課題／第Ⅱセッション（報告）労働争議の変容と労使関係」日本労働協会雑誌一一一号

七月　「社内での政治活動（最近の判例から）」月刊労働問題一二三号

八月　「ゼミ中心制度の将来」ジュリスト四〇四号

八月　「公務員法における争議行為禁止刑事罰・代償措置をめぐる諸家の見解」（設問と回答）労働法律旬報六七八号

九月　「組合掲示板（特集・組合活動をめぐる労使慣行）」季刊労働法六九号

一〇月　「講演／就業規則」労働法学研究会報七八三号

一二月　「学会回顧一九六八年・労働法」法律時報四〇巻一三号

◆一九六九（昭和四四）年

三月　「講演／争議行為における民事免責の範囲」労働法学研究会報七九九号

三月　「争議行為と責任追及――現時点での問題状況の概観」季刊労働法七一号〔本著作集Ⅲ巻〕

六月　「労働基本権の制限」「争議行為の態様」「労働協約の効力」「第三者の強制」「就業規則の法的性質」芦部信喜ほか（編）『法律学の基礎知識』（有斐閣）

一一月　「判例研究／単産支部の本部からの脱退決議にいわゆる引きさらいの効果が認められるか」判例評論一二九号（判例時報五六九号）〔本著作集Ⅱ巻〕

◆一九七〇（昭和四五）年

二月　共編著『労働法判例』（有斐閣）
一〇月「判例研究／公労法上の団体交渉対象事項」判例評論一四〇号（判例時報六〇二号）〔本著作集Ⅱ巻〕
一二月「三六協定をめぐる一問題点」一橋論叢六四巻六号〔本著作集Ⅶ巻〕

◆一九七一（昭和四六）年

四月「労働法（法律学の学び方と文献案内）」ジュリスト増刊『新法学案内』（有斐閣）
（共訳書）『ジンツハイマー・労働法原理』（再版・楢崎二郎）（東京大学出版会）〔本著作集別巻〕
五月「講演／労働時間・残業の実態――法律論との関連で」労働法学研究会報九〇二号
「労働法」「労働保護法」『社会科学大事典』一九巻（鹿島出版会）
労働法実務大系一一巻『労働時間・残業・交替制』（総合労働研究所）〔本著作集Ⅵ巻〕
「ローマの思い出」同前　しおりNo.11

◆一九七二（昭和四七）年

五月（共著）『労働協約読本』（東洋経済新報社）（沼田稲次郎、横井芳弘）
六月「（世界のストライキ）イタリア――多種多様な争議戦術」季刊労働法八四号〔本著作集Ⅷ巻〕
九月「（討論・判例研究）政治ストにともなうピケと刑事責任」季刊労働法八五号（山口浩一郎、水野勝）
一二月「判例研究／労働基本権――全逓中郵事件」ジュリスト増刊『労働法の判例』（有斐閣）〔本

著作集Ⅰ巻〕

◆一九七三（昭和四八）年

一月　「講演／選挙・政治活動をめぐる法律問題――企業内政治活動の正当性と組織強制」労働法学研究会報九八一号

二月　「年次有給休暇制度をめぐる若干の問題」日本労働協会雑誌一六七号〔本著作集Ⅶ巻〕

「判例研究／脱退した組合員に対する組合費の請求とくに組織内の国会議員立候補支援の臨時組合費徴収決議の効力」判例評論一六八号（判例時報六八八号）〔本著作集Ⅱ巻〕

三月　「座談会／スト権奪還闘争における法理論上の諸問題」労働法律旬報八二九号

四月　「労働法」ジュリスト増刊『法学案内（新訂版）』

五月　「労働基本権を制限する労使間の合意は有効か」法学教室〈第二期〉一号〔本著作集Ⅰ巻〕

「座談会／最高裁四・二五判決の基本的性格・問題点」／同「（報告）全農林長崎事件判決の問題点」（沼田稲次郎＝青木宗也＝横井芳弘＝片岡曻）労働法律旬報八三三号

「吾妻光俊先生の御逝去を悼んで」日本労働法学会誌四一号

「年休権をめぐる制度と現実」(1)労働法律旬報八三二号〔本著作集Ⅶ巻〕

六月　「ストライキ権理論の検討」季刊労働法八八号〔本著作集Ⅲ巻〕

「年休権をめぐる制度と現実」(2)労働法律旬報八三七号〔本著作集Ⅶ巻〕

「師吾妻光俊先生の横顔」如水会会報五一九号

「吾妻光俊先生と労働法学」法学セミナー二一三号〔本著作集Ⅰ巻〕

九月　「争議行為の正当性」別冊法学セミナー増刊『現代法学事典』三巻（日本評論社）

一〇月　「年休権をめぐる制度と現実」(3)労働法律旬報八四〇号〔本著作集Ⅶ巻〕

一一月　「座談会／公制審答申と公務員の労働基本権」労働法律旬報八四二号

一一月　「教員の長い休み」ジュリスト五四六号

一二月　「座談会／公制審答申と官公労働基本権」季刊労働法九〇号

◆一九七四（昭和四九）年

一月　「争議行為のいわゆる刑事免責について——刑法学説への若干の質問」一橋論叢七一巻一号〔本著作集Ⅲ巻〕

四月　（共編）『労働六法』（吾妻光俊）（駿河台出版社）

　　「労働協約と就業規則」外尾健一・片岡曻（編）『労働法を学ぶ』（有斐閣）

五月　「市民法と労働法」沼田稲次郎先生還暦記念（上巻）『現代法と労働法学の課題』（総合労働研究所）〔本著作集Ⅰ巻〕

六月　「ジンツハイマー・労働法原理」法学セミナー二二五号付録『法学者・人と作品』（のちに、伊藤正巳（編）『法学者・人と作品』（日本評論社・一九八五）所収）〔本著作集Ⅷ巻〕

七月　「判例研究／いわゆる年次有給休暇『請求』権の性質——白石営林署事件」ジュリスト増刊『昭和四八年重要判例解説』〔本著作集Ⅶ巻〕

九月　「公労法・地公労法下の争議行為といわゆる刑事免責——全逓中郵判決以後の裁判例、主として最高裁の態度の検討」労働法律旬報八六四号〔本著作集Ⅲ巻〕

「判例研究／争議行為の正当性判断の一般的基準」「同／部分ストと賃金」別冊ジュリスト『労働判例百選〔第三版〕』

一〇月 「判例研究／特定政党・候補者支持の組合決定とこれにもとづく組合員からの資金徴収の組合決定の効力」判例評論一八八号（判例時報七四九号）**〔本著作集Ⅱ巻〕**

◆一九七五（昭和五〇）年

四月 （編書）『労働六法』（駿河台出版社）（以後・一九八一〔昭和五六〕年まで毎年刊行）

（共編著）『労働法判例〔新版〕』（有斐閣）

「労働時間制度改正問題の一考察――改正諸案を主な素材として」日本労働法学会誌四五号

五月 「年次有給休暇」松岡三郎〔編〕別冊法学セミナー『判例労働法』Ⅱ（日本評論社）**〔本著作集Ⅶ巻〕**

「講演／労組の施設利用戦術と職場秩序――春闘下争議・組合活動の争点」労働法学研究会報一〇九一号

「一橋大学と孫田先生――『孫弟子』からみて――」孫田秀春先生米寿記念『経営と労働の法理』（専修大学出版部）**〔本著作集Ⅰ巻〕**

「労働時間制度改正問題の一考察――改正諸案を主な素材として」日本労働法学会誌四五号**〔本著作集Ⅵ巻〕**

八月 「労働法」（翻訳・執筆）『ブリタニカ国際大百科事典』二〇巻（ＴＢＳブリタニカ）

九月 「座談会／賃金と労働法学――賃金は労働の対価か労働力の対価か」季刊労働法九七号（秋

田成就＝岸井貞男＝下井隆史＝本多淳亮）
一一月　「書評／中山和久著『争議権裁判例の軌跡』」法律時報四七巻一三号
一二月　「講演／同情ストの法的評価と民事責任――杵島炭鉱事件」労働法学研究会報一一一六号

◆一九七六（昭和五一）年

一月　「発想の原点に誤りが――専門懇意見書批判」労働法律旬報九〇八号
「書評／有泉亨著『労働組合の争議戦術』」日本労働協会雑誌二〇二号
三月　「争議行為の定義または意味について」一橋論叢七五巻三号〔**本著作集Ⅱ巻**〕
「座談会／公企体労働者のストライキ権」季刊労働法九九号
「沼田理論との出会い」沼田稲次郎著作集第一巻『日本労働法論』（労働旬報社）月報
四月　本多淳亮ほか〔編〕『判例コンメンタール・労働法Ⅰ労働組合法・労働関係調整法』（分担執筆・第一条「刑事免責」〔一〕正当性判断の一般的基準）（三省堂）（一九八三〔昭和五八〕年四月　同書〔増補版〕）
「労働法」ジュリスト増刊『法学案内（三訂版）』（有斐閣）
五月　「講演／年休拒否事由をめぐる法律問題――争議時における年休権行使を中心に」労働法学研究会報一一三四号
「判例研究／杵島炭鉱問題につき炭労の指令した『統一スト』ないし『同情スト』の正当・不当」判例評論二〇七号（判例時報八〇七号）〔**本著作集Ⅳ巻**〕
六月　「団結権と労働者および労働組合像」季刊労働法一〇〇号〔**本著作集Ⅰ巻**〕

七月　「(座談会) 労働事件と最高裁――全体像をどうつかむか」労働法律旬報九〇八号 (中山和久＝水野勝＝角田邦重＝菊池高志)

九月　「講演／正当な争議・組合活動と不利益取扱」峯村光郎〔編〕『不当労働行為』(総合労働研究所)〔本著作集Ⅱ巻〕

「(私の視点) 学際的研究について思う」季刊労働法一〇一号

一一月　「争議行為禁止法規といわゆる刑事免責――労働法学説と刑法学説の間」有泉亨教授古稀記念『労働法の解釈理論』(有斐閣)〔本著作集Ⅲ巻〕

◆一九七七(昭和五二) 年

三月　「労働組合」有泉亨〔編〕『労働法概説 (新版)』(有斐閣)

六月　「就業規則の法的性質と効力」季刊労働法別冊一号『労働基準法』(総合労働研究所)〔本著作集Ⅴ巻〕

「名古屋中郵判決における公労法一七条合憲論の検討」ジュリスト六四三号〔本著作集Ⅰ巻〕

一一月　「公共部門の争議権についての諸提案――必要最小限規制の具体的検討を」兵藤釗ほか〔編〕『公共部門の争議権』(東京大学出版会)〔本著作集Ⅰ巻〕

◆一九七八(昭和五三) 年

一月　「大学と図書」如水会会報五七三号

四月　「講演／違法争議・組合活動をめぐる自力救済の条件と損害賠償――使用者の対抗行為の法的検討」労働法学研究会報一二二二号

七月　「教育時評／学校教育の拡大」季刊教育法二八号
九月　「公共部門のスト権問題解決の方向」季刊労働法一〇九号
一〇月　「判例研究／労働基本権――全農林警職法事件、全逓名古屋中郵事件」ジュリスト増刊『労働法の判例（第二版）』〔本著作集Ⅰ巻〕

◆一九七九（昭和五四）年

一月　「講演／休日振替・休日労働命令と就労義務――最高裁東洋鋼鈑事件判決を中心に」労働法学研究会報一二五八号
「俗語と術語」ジュリスト六八二号
「婦人平等――保護と平等と――問題は前提となるべき実態把握」労働法律旬報九六七＝九六八合併号
六月　「（討論・判例研究）出張・外勤拒否と賃金カット――水道機工事件（東京地裁昭和五三・一〇・三〇）」季刊労働法一一二号（菅野和夫＝渡辺章）
九月　（共編著）『労働法の争点』（横井芳弘）（有斐閣）「労働協約の意義と成立」〔本著作集Ⅱ巻〕／「ロックアウト」〔本著作集Ⅳ巻〕
一二月　「争議行為」沼田稲次郎ほか〔編〕『労働法事典』（労働旬報社）第三編第六章第一節～三節〔本著作集Ⅲ巻〕

◆一九八〇（昭和五五）年

一月　「生産管理の正当・不当（大法廷判決巡歴）」(1)法学セミナー二九九号〔本著作集Ⅳ巻〕

二月　「講演／日本的労使関係と労働法の解釈――七九年労働判例の回顧と展望から」労働法学研究会報一三〇六号　同前　(2)　同前　三〇〇号〔本著作集Ⅳ巻〕
三月　「八十年代の幕開けに当って」一橋新聞九八五号
　　　「大衆交渉の正当・不当（大法廷判決巡歴）」(1)法学セミナー三〇一号〔本著作集Ⅱ巻〕
四月　同前　(2)　同前　三〇二号〔本著作集Ⅱ巻〕
七月　「座談会／戦後労働立法見直しの視点」季刊現代の労働二一号
　　　「一橋大学の基盤を築く――中山伊知郎先生を偲ぶ」如水会会報六〇三号
九月　「誠実に生きぬいた大平さん」如水会会報六〇五号
一一月　「学際的研究と労働法学」日本労働協会雑誌二六〇号

◆一九八一（昭和五六）年

一月　「労働法の対象――従属労働論の検討」現代労働法講座1『労働法の基礎理論』（総合労働研究所）〔本著作集Ⅰ巻〕
三月　「講演／最近における労使の労働時間対策と法的問題――フレックスタイム，年休積立，QC活動等をめぐって」労働法学研究会報一三五六号
五月　「ピケッティングの正当・不当（大法廷判決巡歴）――刑事事件（その一）」(1)法学セミナー三一五号〔本著作集Ⅳ巻〕
六月　同前　(2)　同前

三一六号〔本著作集Ⅳ巻〕
「判例研究／地公法六一条四号による刑事罰の適用――日教組スト事件第一審判決」ジュリスト増刊七四三号『昭和五五年重要判例解説』〔本著作集Ⅰ巻〕

七月　「中小企業と労働基準法」労働と経営一九巻七号
「ピケッティングの正当・不当（大法廷判決巡歴）――刑事事件（その一）」(3)法学セミナー三一七号〔本著作集Ⅳ巻〕

八月　同前(4)　同前

三一八号〔本著作集Ⅳ巻〕
「判例研究／争議行為の正当性判断基準：一般的基準――新潟精神病院事件」「同／部分ストと賃金――パインミシン事件」別冊ジュリスト『労働判例百選（四版）』〔本著作集Ⅳ巻〕

九月　「戦後労働法学と世代論」『現代労働法講座』6（総合労働研究所）しおり№6

一一月　「労働基本権」「労働組合」「団体交渉」法学セミナー三二一号付録『判例ハンドブック労働法』

一二月　「家族手当のスト・カット――最近の最高裁判決を機縁として」季刊労働法一二二号〔本著作集Ⅳ巻〕

◆一九八二（昭和五七）年

九月　「時間外労働規制の流れと現段階」季刊労働法一二五号〔本著作集Ⅵ巻〕

一〇月　「書評／竹前栄治著『戦後労働改革』」日本労働協会雑誌二八三号

◆一九八三（昭和五八）年

一月　「判例回顧・労働法」（共筆・石井保雄）法律時報五五巻一号

六月　「判例研究／時間内組合活動の賃金カット率が争われた事件での慣行の存在が否認された例」判例評論二九二号（判例時報一〇七三号）〔**本著作集Ⅱ巻**〕

一〇月　「専門家委報告における労組運動の権利」経済評論別冊・労働問題特集号5『結社の自由と団体交渉』〔**本著作集Ⅰ巻**〕

一一月　「本件事案をどんな視点で捉えるべきか――関西電力最高裁判決について」労働法律旬報一〇八三＝一〇八四合併号

◆一九八四（昭和五九）年

一月　「判例回顧・労働法」（共筆・藤原稔弘）法律時報五六巻二号

五月　「講演／一橋と労働法学」橋問叢書三〇号（のちに『一橋の学風とその系譜』〔一橋大学学園史編纂委員会・一九八五〕に収録）

一〇月　「就業規則の改定と労働条件の変更――判例・学説の動向の検討」季刊労働法一三三号〔**本著作集Ⅴ巻**〕

「労働法」（翻訳・執筆）『ブリタニカ国際大百科事典二〇巻〔改定版〕』（ＴＢＳブリタニカ）

「判例研究／計画年休と合理的期日内の時季変更権の行使」民商法雑誌九一巻一号〔**本著作集Ⅶ巻**〕

一二月　「年次有給休暇」沼田稲次郎ほか編『シンポジウム労働者保護法』（青林書院）〔**本著作集Ⅶ巻**〕

巻〕

「時短の意義について」日本労働協会雑誌三〇七号

◆一九八五（昭和六〇）年

一月 「判例回顧・労働法」（共筆・石井保雄）法律時報五七巻三号

三月 「座談会／法学部のゼミナール」『一橋大学のゼミナール』（下）（一橋大学学園史編纂委員会）

「蓼沼ゼミについて」 同前（同前）

四月 「一橋における労働法学」一橋論叢九三巻四号

五月 「判例研究／入門時遅刻認定制と『始業時刻』の意味――石播東二工場控訴審判決」労働判例四四八号〔本著作集Ⅶ巻〕

◆一九八六（昭和六一）年

一月 「判例回顧・労働法」（共筆・石井保雄）法律時報五八巻三号

三月 「法律時評／労働法制の変動」同前五八巻四号〔本著作集Ⅰ巻〕

「労働法」『一橋大学学問史』（一橋大学学問史刊行委員会）〔本著作集Ⅰ巻〕

「座談会／法学部の草創期を顧みて」 同前（同前）

五月 「労働時間法改正問題の立法論的課題――労基法研究会第二部会報告の検討」日本労働協会雑誌三二三号〔本著作集Ⅵ巻〕

六月 「座談会／労働時間の実態と労基法改正の行方」法律時報五八巻七号（花見忠＝本多淳亮＝渡辺章＝仲衞）

一〇月　（編著）『企業レベルの労使関係と法』（勁草書房）「米国における企業レベルの労使関係と法」「集中交渉 centralized bargaining と法的規制」〔いずれも、本著作集Ⅷ巻〕

一一月　「書評／久保敬治著『ある法学者の人生　フーゴ・ジンツハイマー』」日本労働協会雑誌三二九号

◆一九八七（昭和六二）年

一月　「労働基準法の変遷と今後の課題」ジュリスト八七五号〔本著作集Ⅴ巻〕

「思い出とともに」一橋小平学報九四号

二月　「労働時間立法の課題――中基審建議の問題点」労働法律旬報一一六一号

三月　「労働組合」有泉亨〔編〕『労働法概説（第三版）』（有斐閣）

四月　「構造変動下の労働・労使関係と労働法原理」季刊労働法一四三号〔本著作集Ⅰ巻〕

◆一九八八（昭和六三）年

四月　「（時評）労働時間法制と時短問題のゆくえ」季刊労働法一四七号

一〇月　「米国における労使関係法論の動向」八千代国際大学・国際研究論集一巻三・四号〔本著作集Ⅷ巻〕

一一月　「米国労使関係の『新段階』と労働法」横井芳弘〔編〕『現代労使関係と法の変容』（勁草書房）〔本著作集Ⅷ巻〕

◆一九八九（平成元）年

一月　「座談会／現代労使関係と法の動向―八〇年代の軌跡と近未来の展望」季刊労働法一五〇

号（角田邦重＝諏訪康雄）

二月　「最近の裁判例における労使慣行、とくに労働時間慣行に関する法理の考察――学説との対比において」㈠判例評論三六〇号（判例時報一二九四号）〔本著作集Ⅶ巻〕

三月　同前　㈡　同前　三六一号（同前一二九七号）〔本著作集Ⅶ巻〕

「判例研究／部分スト不参加者の賃金請求権――ノース・ウェスト航空事件」別冊ジュリスト『労働判例百選（五版）』〔本著作集Ⅳ巻〕

四月　「最近の裁判例における労使慣行、とくに労働時間慣行に関する法理の考察――学説との対比において」㈢判例評論三六二号（判例時報一三〇〇号）〔本著作集Ⅶ巻〕

五月　同前　㈣　同前三六三号（同前一三〇三号）〔本著作集Ⅶ巻〕

六月　同前　㈤　同前三六四号（同前一三〇六号）〔本著作集Ⅶ巻〕

七月　同前　㈥　同前三六五号（同前一三〇九号）〔本著作集Ⅶ巻〕

◆一九九〇（平成二）年

「講演／年休の請求と時季変更権の行使――最近の最高裁判決を中心に」労働法学研究会報一七六四号

一一月　（共編著）ジュリスト増刊『労働法の争点（新版）』（横井芳弘・角田邦重）（有斐閣）「労使慣行」〔本著作集Ⅰ巻〕

◆一九九一（平成三）年

二月　「労災補償の『社会保障化』論への疑問」季刊労働法一五八号

五月　「学匠学林：戦後労働法学の思い出①草創期」同前　一五九号
七月　「書評／荒木尚志著『労働時間の法的構造』」日本労働研究雑誌三八〇号
八月　「学匠学林：戦後労働法学の思い出②第二世代」季刊労働法一六〇号
一二月　「座談会／季刊労働法四〇年の軌跡と戦後労働法学」同前　一六一号（青木宗也・片岡曻）

◆一九九二（平成四）年

三月　「学匠学林：戦後労働法学の思い出③末弘中労委」季刊労働法一六二号
五月　同前④「ゼネスト禁止令」同前　一六三号
八月　同前⑤「政令二〇一号前後」同前　一六四号
一二月　同前⑥「初期協約まで」同前　一六五号

◆一九九三（平成五）年

二月　「労働時間法改正問題の焦点」労働法律旬報一三〇五号
三月　「学匠学林：戦後労働法学の思い出⑦労組法改正前後」季刊労働法一六六号
（共著）『わが国における外国人労働者問題』（佐々木實雄・苑原俊明・藤原稔弘）（八千代国際大学国際研究センター）第四章「わが国における政策と法」
六月　「学匠学林：戦後労働法学の思い出⑧大量整理」季刊労働法一六七号
九月　同前　⑨「初期労働法学」同前　一六八号
一二月　同前　⑩「講和問題」同前　一六九号

◆一九九四（平成六）年

一月　「米国における『労働の柔軟化』論と法――ピオーリ説の検討を中心に」八千代国際大学・国際研究論集六巻四号〔本著作集Ⅷ巻〕

三月　「学匠学林：戦後労働法学の思い出⑪臨時工問題の今昔」季刊労働法一七〇号

七月　同前　⑫「ピケ法理」同前　一七一号

一一月　同前　⑬「学史の節目」同前　一七二号

◆一九九五（平成七）年

三月　「学匠学林：戦後労働法学の思い出⑭高度成長始動期」季刊労働法一七三号

五月　同前　⑮「ぐるみ闘争と春闘」同前　一七四号

八月　同前　⑯「職場闘争論」同前　一七五＝一七六合併号

一二月　同前　⑰「組合分裂」同前　一七七号

◆一九九六（平成八）年

五月　「学匠学林：戦後労働法学の思い出⑱組合分裂と法」季刊労働法一七八号

八月　同前　⑲「いわゆる企業別脱皮」同前　一七九号

一一月　同前　⑳「合同労組運動」同前　一八〇号

◆一九九七（平成九）年

一月　労働法と労働法学の五〇年Ⅰ「戦後労働法学説の原型形成期」労働法律旬報一三九九＝一四〇〇合併号

三月　「学匠学林：戦後労働法学の思い出㉑逆締付け」季刊労働法一八一号

六月　　同前　㉒「四・一七スト問題」同前　一八二号
九月「沼田稲次郎先生を悼む」同前　一八三号

◆一九九八（平成一〇）年
五月「学匠学林：戦後労働法学の思い出㉓終身雇と法」季刊労働法一八五号
九月　　同前　㉔「高度成長期の春闘」同前　一八六号

◆一九九九（平成一一）年
四月「学匠学林：戦後労働法学の思い出㉕スト権スト前史」季刊労働法一八八号
七月「座談会／新裁量労働制をめぐって——国会審議を中心に学・労・使の立場から」同前　一八九号（盛誠吾、廣石忠司ほか）

◆二〇〇〇（平成一二）年
一月「五〇年代の労組運動と法——本誌寄稿の思い出とともに」労働法律旬報一四七一＝一四七二合併号
三月「学匠学林：戦後労働法学の思い出㉖スト権スト」季刊労働法一九二号
一〇月　　同前　㉗「労組＝誓約集団論」同前　一九四号

◆二〇〇一（平成一三）年
七月「学匠学林：戦後労働法学の思い出㉘低成長期へ」季刊労働法一九六号
五月「半世紀の今昔」日本労働法学会誌九七号
一一月「座談会／創立期の一橋大学法学部」『一橋大学法学部の五十年』（一橋大学院法学研究科・

法学部）

◆二〇〇二（平成一四）年

二月　「労働時間法制への提言／休暇法の現状と課題」季刊労働法一九八号〔本著作集Ⅶ巻〕

◆二〇〇三（平成一五）年

◆二〇〇四（平成一六）年

三月　「学匠学林：戦後労働法学の思い出㉙石油危機以降の労働法学」季刊労働法二〇四号

六月　　同前　㉚「労使関係の日本的特色」同前　二〇五号

◆二〇〇五（平成一七）年

九月　「学匠学林：戦後労働法学の思い出㉛（最終回）日本的雇用の変容」季刊労働法二一〇号

◆二〇〇六（平成一八）年

一〇月　本著作集第Ⅲ巻『争議権論』(1)（信山社）

三月　本著作集第Ⅳ巻『争議権論』(2)（信山社）

◆二〇〇七（平成一九）年

◆二〇〇八（平成二〇）年

一月　本著作集第Ⅱ巻『労働団体法論』（信山社）

六月　同　第Ⅷ巻『比較労働法論』（同前）

七月　同　第Ⅴ巻『労働保護法論』（同前）

八月　同　第Ⅵ巻『労働時間法論』(1)（同前）

◆二〇〇九（平成二一）年

六月　本著作集別巻『ジンツハイマー／楢崎二郎・蓼沼謙一〔共訳〕労働法原理〔第二版〕』（信山社）

一〇月　同　第Ⅶ巻『労働時間法論』(2)（同前）

◆二〇一〇（平成二二）年

五月　本著作集第Ⅰ巻『労働法基礎理論』（信山社）

解説Ⅰ　戦後労働法学と蓼沼法学——総括と継承

毛塚勝利

(1)　労働法一般・方法論

蓼沼の労働法学への貢献は、賃金、労働時間、年次有給休暇、労働組合、争議行為等、多岐にわたり、緻密な解釈論を展開し、学説・判例の法理形成に大きな影響を与えたことにある。いわゆる戦後プロ・レーバー労働法学がマルクシズムの影響を受け、その概念・言説を用いた議論を展開しつつも、運動論に終わることなく、日本労働法学の形成と発展に足跡を残し得たとすれば、その担い手の一人であった蓼沼の功績を抜きにして考えることができない。本書は、かかる蓼沼の法解釈学を中心にした学問的営為を支えた、蓼沼の労働法学の方法と労働法の体系的認識にかかわる労働法の基礎理論を収めている。私がここで解説の対象にするのは、本書の(1)労働法一般・方法論に収められた論文である。なかでも「市民法と労働法」論、従属労働論、労働者・労働組合論、労働法解釈方法論にわけて蓼沼の仕事を概観し、解説者の観点から検討を加えその今日的意義を確認することにしたい。収録論文は一九六〇年代半ばから八〇年代に及ぶが、ここで取り上げた論文の多くは、六〇年代半ば（蓼沼四〇歳代）のものである。すでに四〇年以上も経た論文を論評するのはフェアとは言い難いが、労働法学の方法ということでいえば、基本的に今昔を問わない。とはいえ、解説者自身、〝論文の同世代人〟として、戦後労働法学への向き合い方に悩んできた問題であり、自分なりの対処方法を身につけてしまっている。したがって、解説に自ずと偏りがあることは、蓼沼にも読者にもあらかじめ赦しを乞うておかねばならない。

一　「市民法と労働法」論

㈠　戦後労働法学の主流を形成したいわゆる戦後プロ・レーバー労働法学（蓼沼は、これに「マルクシズムまたは社会主義を信奉するかこれに親和的な――いわば反マルクシズム・反社会主義でない――立場から、憲法上保障された労働者の団結権(広義)の現実的定着をめざして、労働運動ないし労働組合運動の擁護を志向する法解釈論の流れ」との定義を与えている。「戦後労働法学説の原型形成期」労働法律旬報一三九・四〇号八頁）は、①労働法の対象を雇用労働＝従属的労働と理解すること、②近代市民法は、この雇用労働＝従属的労働に従事する労働者を、その現実的な姿（具体的人間Mensch）としてみることなく、自由・独立な法的人格者（抽象的人格Person）としてのみ捉え、契約の自由を基礎とする市民法原理の支配下においたこと（市民法の抽象性・虚偽性）で、低賃金・長時間労働等の労働問題も「法外的事実」とするとともに、労働者団結を弾圧してきたが、労働問題の深刻化と労働運動の発展によって、その虚偽性が顕わになることで労働法が成立するにいたると理解すること、③成立した労働法は、「生存権」を理念として、労働者の団結権保障を通してその実現をはかるものであること、しかし、④かかる労働法も資本主義法としての限界をもち、その階級的性格を失うことがないとすることにその類型的な特徴をみることができよう。このうち、④を別とし、①の従属労働を法の対象論に限定して理解すれば、これは、いわゆるプロ・レーバー労働法学に限らない戦後労働法学に共通する労働法の原理的理解といってよい。すなわち、市民法から労働法へという議論である。

蓼沼が一九六五年に執筆した**1**「**働く者の生活と現代法**」（岩波講座現代法10『現代法と労働』）もまた、

つぎのように「市民法から労働法へ」を語っている。「近代社会の経済的基盤をなす資本主義経済体制においては、人間の体外にある『物』だけでなく、人間の体内にある『労働力』も商品化され」「労働者が『二重の意味において自由』」となる。すべての人間が、「『身分』にもとづく差別」「協同体的拘束」を免れ、「彼の自由意思にしたがってその生活関係を形成される『自由』を認められ」、「自由意思の主体として、すべて対等（ないし平等）な存在、すなわち『市民』となる」（五頁）。「近代法はかような市民的自由を理念とする点において、まさに『市民法』とよぶにふさわしい」（六頁）。「この市民法的規律」は、「資本主義社会の労働者の『二重の意味における自由』の一面をとらえる」にすぎず、「労働者は生産手段の所有からも自由である」側面を捨象している。「労働者は、生産手段の所有者、すなわち使用者の誰にどんな条件で労働力を提供しようと自由であるが、同時に、使用者の誰かに、利潤のための資本制生産に必要な労働力を提供することを――べつに鞭による脅迫・強制がなくても――自分と家族の生活のために「強制」されているといえる。換言すれば、労働者は、使用者のうちの特定の者に、彼の意思いかんにかかわらず『従属』するということはないが、使用者の全体に『従属』している。そしてこの『従属』は、資本制社会における労働者の経済的・社会的な地位に照応する体制必然的な『従属』にほかならない（階級的従属）。市民法上の『自由』は、このような資本制社会のいわば体制必然的な『強制』や『従属』と矛盾するものではなく、かえってこれらを前提として成り立つのである。」（七頁）「万人＝市民」平等の「自由」の秩序のもとで、かつてみられなかった生産力の発展がみられたにもかかわらず、労働者にとっては、それが貧困と生活の不安や破壊をもたらすにすぎなかったという事態の展開の前に」「労働者の防衛・抵抗の活動」である労働組合運動が出現する（八頁）。「労働法は、このような市民法的規律の必然的帰結に対する、労働組合運動を軸とする労働運動の展開をめぐって形成された新しい法分野である」（一三頁）。したがって、「労働法は、かような労働者の団結活動の法認を前提とする分野をもち、かつ、それが、中軸となっていること、かくして市民法的規律における『市民的自由』の理念に対して労働法的規律における『労働者の生存権』の理念が対置される点において、同じ資本制労働関係法でありながら、市民法的規律と対象および理念の面で区別される」（二五頁）と。

㈡　このような「市民法から労働法へ」という労働法の把握、とりわけ、市民法原理と労働法原理の異質性の強調については、法社会学者の渡辺洋三から厳しい批判が投げかけられた。**1論文**のほぼ一〇年後に執筆された**4「市民法と労働法」**（沼田還暦記念論集上巻所収、一九七四年）は、この渡辺洋三の批判を意識して書かれている。渡辺の労働法学に対する批判は、周知のように、労働法学には、実用法学の方法としての「社会学的労働法」はあっても、固有の法社会学である「労働法法社会学」がないということと、労働法原理の市民法原理からの異質性を強調することで労働法の資本主義法としての性格を見失っている（それは、マルクシズムではなく改良主義的理解である）というものであった（「労働法と法社会学」野村還暦記念論集『団結活動の法理』（一九六二年）。なお、以下の引用は、関連論文「法社会学と労働法学」（法律時報三四巻九号）「労働法の基本問題」（社会科学研究一八巻一号）とともに所収されている、渡辺『法社会学の課題』（東大出版会・一九七四）による）が、ここでは後者の批判に関わる反論である。

この論文で、蓼沼は、渡辺への反論に先立ち、沼田が「史的唯物論の立場」で資本主義法の変化・推移をどうみているかを整理し、沼田は「市民法と社会法」という「法思想の観点」から「資本主義法の変容」をみることに特徴がある、とみる（七五頁）。資本制経済の発展にともない、近代資本主義法が、「市民法原理を修正変形した規範原理」をもって「生存権的要請を何ほどか顧慮」した社会法を産み出さざるをえないが、それは、沼田が「資本主義法の変容」を「法的人間像の変化」において理解するからだとする。ただ、このような見方からすると、現代法＝現代資本主義法の特質をどう理解するかが問題となるが、資本主義法の変容という同一の事象に対して、法の基盤である「資本主義経済の発展段階に着目しての呼称」として「近代法と現代法」を用い、「原子論的個人と社会のなかの個人という法的人間像の差異に着目して」「市民法と社会法」の概念を用いているが、「現代法」もまた「社会法」と同様、「共通の法原理をそのなかに見いだすことが、少なくとも困難」としているという。沼田は、独占資本主義段階の法でも、法思想＝法的人間像の変化が「全体法秩序に浸透」して社会法を生み出すと理解するが、社会法・現代法の中核である「労働法の本質的性格」については、単に、「法的人間像の推移」だけでなく、「市民社会＝経済社会に対する積極的介入」、とりわけ「団結活動の自由を、生存権理念のもとに法認すること」に求めているので、この「新たな規範原理の出現を窮極的に基底する物質的・経済的基礎の究明」が問われることになるが、それは沼田だけでなく労働法学が鍬を入れていないとする（九四頁）。蓼沼の沼田法理の評価がいまひとつ明確にはでていないが、蓼沼は、資本主義法の変容を「法思想の観点」＝「法的人間像」において把握することに行き詰まりを感じていたのではないか。

「市民法から労働法へ」という労働法学のシェーマに対する渡辺の批判は、労働基本権も市民的基本権だという点にあった。渡辺は、団結権は「一般商品所有者よりも低い地位にある労働者（労働力商品所有者）をそれによって一般商品所有者の地位にまでひき上げるためのもの」で、「その保障なくして等価交換を実現しえない労働者は、市民としての生活をさえ、確保できないという意味で、労働基本権は労働者たる市民の市民的基本権である」。生存権は「価値法則の実現を通じて健康的で文化的な最低生活を営む市民＝商品所有者の権利」であるから、「生存権とは、まさに市民的基本権」なのであり、かかる「市民的基本権の枠を超える」労働者の生存権は「資本・賃労働関係の廃棄」なくしてありえない（渡辺「現代資本主義と基本的人権」東京大学社会科学研究所編・基本的人権Ⅰ（一九六八）二四三頁）という。

これに対して、蓼沼は、「資本制生産過程が搾取過程であることを資本主義法がそれとして承認するはずがないということと、資本制生産過程が同時に搾取過程であることを自覚するにいたった労働者の団結活動に対して資本主義法がどのような態度をとるかということは、別個の問題」で、資本・賃労働関係の廃棄を目標としている組合運動の「団結活動をなにほどか法認することまで資本主義法であるいじょうは絶対にありえないときめつけることはできない」（一〇二頁）し、なによりも、渡辺が、労働者の集団的取引の自由の法認について、「市民的自由としての結社の自由の保護」にとどまる段階と、「団結強制にわたる行為」も一定の範囲で「団結権」の名において合法視されるにいたる段階とを区別しつつも、ともに「市民的基本権」とするのであれば、結社の自由と団結権との相違を理解できないことになるとして、「決定的な疑問をいだかざるをえない」（一〇三頁）と反批判を加える。

七八年の**6**「**団結権と労働者・労働組合像**」でも、渡辺の労働法学批判への反論を展開している。渡辺は、プロ・レーバー労働法学者は、「生産手段の非所有者としての労働者の階級的従属的立場が正面から法の世界にとり入れられ、労働法は、その従属的非所有者の利益に注目する『階級的』基本権保障の法として評価」し、「労働法原理は、この従属的非所有者の人間らしく生きる権利すなわち生存権原理によって支えられ、平等な主体者間の商品交換の法原理である市民法原理とは、原理的に鋭く対立するものとして把握する」(『課題』一六二頁)が、「労働者の生存要求は、資本によって付与された労働力商品の私的所有者という資本主義的形態のもとに包摂され、かかる形態規定をうけたものとして、商品交換法としての労働法のレベルの中に自己を実現してゆく」ものであるから、「生存権原理は、即自的には、労働法の原理たりえない」のであって、「労働法は資本主義労働法であるかぎり、労働力商品交換の法であり、法学的には財産法の範疇に入る」から、「労働者の権利を、直接に生存権で説明することは、その実現の資本主義的媒介形態である財産権的基礎を見失わせるおそれがある」(同一六七頁)と批判していた。これに対して、蓼沼は、労働法学者が「労働者の階級的従属」をいうとき、「階級的従属を排絶して人間らしく生きる権利を追求する階級闘争の権利として団結権が保障されたと解するような説」はないし、「生存権=人間らしく生きる権利というものが超歴史的一般的にある」と理解する説もないのであるから、渡辺の批判は、「標的なきに矢を射るもの」である、また、「団結権の承認なしに労働力商品の等価交換はありえない」から、「団結権は労働者を団結権の承認がなくても等価交換の可能な他の商品所有者と実質的に平等の地位に引き上げるものである、というそれだけのことを表現するために団結権を『市民的基本権』とよぶのであれば、労働法学者は、これまでの労働学界での用語法と異なるのに戸惑いを感ずるだけ」(一六二頁)と論駁している。

(三) 「生存権原理」は、「社会主義法の原理たりえても、資本主義法原理たりえない」、「資本主義労働法であるかぎり、労働力商品交換の法であり、法学的には財産法の範疇に入る」(『課題』一六七頁)という渡辺の批判は、確かに、市民社会の法をもっぱら資本制経済社会のイデオロギーとしてみる基底還元主義的な批判であろうし、蓼沼が、六五年の後述**8論文**で指摘しているように、渡辺が「法解釈学と法社会学の明確な区別を強調されながら、実用法学上の論理構成の是非を法社会学上の原理=法則をもって論評」するのは

「矛盾」（二一七頁）であろう。

だが、渡辺が結果的に労働法学に与えた影響は大きかった。労働基本権は市民的基本権だとする理解は、労働組合は価値法則を貫徹するためのものという渡辺のマルクシズム的批判の文脈を超えて、高度成長期以降の労働運動や労働者意識の変化を背景に、結果的には、自由権にもとづく争議権の位置づけ、個人権としての団結権、契約の自由の復権等、戦後労働法学の見直しの露払いの役割を果たしたからである（籾井は、①批判対象となった学派の理論的総括（片岡『現代労働法の理論』（一九六七）と、②第三世代の沼田批判顕在化、③沼田自身の理論修正の契機となったとする。籾井常喜『戦後労働法学説史』（一九九六）六四頁）。

蓼沼が**6論文**を執筆した翌七九年、唯物史観法学と言われた沼田法学が、「人間の尊厳」を法理念とする労働法へ方向転換する（「労働法の基礎理論」『労働法事典』三頁以下）。渡辺が、マルクシズムの立場から労働法の市民法的把握を求めたが、皮肉にも、沼田は、唯物史観の旗を降ろすことで、労働法の市民法化を受け入れた。

沼田法学の転換に対して、蓼沼は、**沼田の追悼論文**（「沼田稲次郎先生を悼む」季刊労働法一八三号（一九九七）未収録）で、沼田が「人間の尊厳」の理念の原点を、近代市民革命の「自由人権としての個人に固有の根源的な自由」に求めたことに対して、「『人間の尊厳』の理念が自由権的基本権と生存権的基本権との双方を内包するものであるとすれば、それは現代資本主義法全体の理念をなすものとして捉え、そのなかの現代資本主義労働法の理念については、これまでと同様、古典市民法のすべての個人の市民的自由という理念に対比される、労働者の生存権（憲法二五条が「文化的な」最低限度の生活と定めるように、物質的・経済的のみならず文化的・精神的な生活の要素を含む）の理念に求めるのが妥当ではなかろうか」（九二頁）と疑問を呈する。「万人の市民的自由と対比される労働者の生存権という理念こそ、労働法を他の法と並ぶ一個独自の法体系たらしめる根拠をなすもの」であり、労働法の理念は、「市民的自由と生存権」ではなしに「市民法から労働法へ」の視点で捉えなければならならない」（同九三頁）。「たしかに、古典市民法…は、労使関係の場以外でも、社会問題の進展とともにいわゆる弱者保護の特別法をうみ出した」が、それは「生存権という理念の民法への浸透」であって、「現代資本主義法」が、「市民的自由を理念としつつ労働法・社会法の生存権理念の部分的浸透をうけている民法…と、生存権理念に立脚する労働法・社会法との二大領域から成るという認識を根拠づけるもの」であるとする。

沼田労働法学の転換に対する蓼沼の疑念は、古典市民法（産業資本主義段階の法）も労働法・社会法（現代資本主義法）もともに「人間の尊厳」を法理念としていると理解するのであれば、労働法の生成・発展を語れないではないかという点にある。たしかに、戦後労働法学が強調してきたのは、古典（近代）市民法の形式性・抽象性であり、その虚偽性が明らかになることに労働法生成の端緒をみるものであるから、「人間の尊厳」をもって古典市民法も労働法も構成しようとするのは、市民法と労働法の相違を無視するもので、戦後労働法学の遺産をなきにするに等しい。その意味で、戦後労働法学の骨格である原理的相違にこだわってきた蓼沼からすれば沼田労働法学の転換に対する疑念は当然である。ただ、現代資本主義法全体の理念＝人間の尊厳、現代資本主義労働法の理念＝生存権とすることで、沼田法学の転換を吸収できるか、また、蓼沼がいうように「万人の市民的自由」から「労働者の生存権」へという法理念の相違で労働法を語ることで、労働法学をとりまく環境の変化に、したがってまた解決が求められる課題の性格の変化に有効に対応できたかは別問題である。

二　従属労働論

㈠　従属労働論は、日本の戦後労働法学、なかんずくいわゆるプロ・レーバー労働法学の特質をもっとも端的にあらわす議論である。従属労働の概念は、もともとドイツ労働法学の影響のもとで展開されたものであるが、日本では、それが、①労働法の適用対象を画定するためのものにとどまらず、②労働法生成の論理（genesis）を根拠づけるもの、そして、③労働法の限界（労働法の資本主義法としての限定性・イデオロギー性）を語るものとしての役割を与えられたところにその特色があるといってよいであろう。

蓼沼もまた、従属労働に「労働法の基礎概念」としての位置を与えている。その際、すでにみた**1論文**は、「労働者は、使用者のうちの特定の者に、彼の意思いかんにかかわらず「従属」するということはないが、使用者の全体に「従属」している。そしてこの「従属」は、資本制社会における労働者の経済的・社会的な地位に照応する体制必然的な「従属」にほかならない（階級的従属）」（七頁）とし、経済的従属性や人格的従属性、組織的従属性の議論が「資本主義社会における労働者の二重の意味での自由、とくに市民法理のうえでは捨象されている（正確にいえば、資本主義法であるかぎり、その実定法理のうえでは捨象されざるをえない）労働者の生産手段の所有からの自由という基底的側面にふれない点において不十分なもの」（一四頁）としていた。また、六六年の**5論文**も、「労働者が、自由な法的人格者としては使用者と『対等』であるが、生産手段の所有（広義）からも自由であるために、特定の甲とか乙とかの使用者に従属するものではないが、使用者のうちの誰かに雇ってもらって利潤のための生産にその労働力を販売・提供しなければ、生活していくことができないという意味で、使用者の全体に、すなわち使用者階級に従属するということ、そこに

『労働の従属性』の基底を求めるべき」（一四二頁）としている。

その後八〇年代に入って書かれた**7**「**労働法の対象**」（現代労働法講座第1巻・労働法の基礎理論、一九八二）が、従属労働論を正面から扱っている。蓼沼は、日本民法はドイツ民法と異なり雇傭契約に独立労働の混入を許すものではないから、「人(格)的従属労働の概念は、日本法上の労働法の適用対象画定概念として不要」（一九三頁）であること、「組織的従属性論は、「組織的従属ないし経営への編入がない限り、労働法独自の対象である生活関係は存在しない」ことになり不適切であること、経済的従属性論については、「階級的従属とほぼ同視される」立場と「人(格)的従属と複合して」その「副次的要素と解される」立場があるが、前者は、「生産手段の所有からの自由という労働者の階級的地位を完全に無産・無資力の者と捉え」、「労働法の対象を不当に狭める」ことになり、後者も「契約締結時に使用者の提示した条件を一括うのみにする(附合)わけではない労働者」を排除することになり妥当でないとする。結局、「労働者の使用者に対する従属の経済的・社会的実体は、売り惜しみがきかないという特殊性を内包する労働力＝商品の所有者として、生産手段の所有からも自由である労働者の階級的地位＝従属を基底として、資本主義の成立・発展に伴う機械体系への従属(組織的・技術的従属)と相対的過剰人口の創出のもとで、現実に労働力＝商品の売買にあたり一般的に生じざるをえない従属現象として捉えなければならない。従属労働の本質をこのように労働者の階級的従属を基底にして捉えないかぎり、組織的従属もいわゆる人(格)的従属も、資本主義下の従属としてでなしに、超歴史的にみられる従属として、その歴史的特質が見失われることになる」（一九五頁）。

(二)　右の言説からわかることは、蓼沼が、労働の従属性を労働法の基礎概念としたうえで、従属性の内容を階級的従属性として理解していることである。それは、そうでなければ、①労働者が個別資本に従属するのではなく、資本・使用者階級に従属するがゆえに、労働市場で労働組合を結成して対抗することの必然性も説明できないことと、②資本制社会における雇用労働を対象とする法であることの歴史的性格を見失うという二つの認識を背景にしている。

階級的従属性論は、マルクシズム労働法学として、資本主義労働法は、階級的従属の本質＝価値増殖過程をみず、それを否定することを認めるものでないという労働法のイデオロギー性を明らかにするものとしての位置づけをも与える（沼田『労働法序説』一五〇頁）が、蓼沼の場合は、この点は、それほど強くでていない。とはいえ、先に述べた日本の従属労働論の機能を引き受けている意味では、戦後労働法学の従属労働論を代表する見解のひとつであり、かつ、階級的従属性にこだわった研究者であろう（ちなみに、同じプロ・レーバー労働法学における解釈論の代表的担い手のなかでも、従属労働論の位置づけと従属性のとらえ方は一様ではない。本多淳亮は、人的従属を中心に組織的・経済的従属を加味し階級的従属性は背景として論じるのが一般的特徴と理解し〔『労働契約・就業規則』（一九八一）、片岡昇は、「人的従属と経済的従属の複合を中核ないし基底として、これに組織的従属性を加味した概念」とし、階級的従属性にふれていない〔『現代労働法の展開』（一九八一）四四頁〕。横井芳弘は、従属労働論に「労働法の対象確定または概念決定」の役割を与えることに消極的である〔片岡・横井編『演習労働法』（一九七二）二一頁〕）。

今日、従属労働論は、もっぱら労働法の適用対象の画定問題として議論されることがあっても、②や③の文脈で議論されることはなくなった。解説者もまた、労働法の生成と発展の論理は法理念と法原理の乖離・矛盾に求めることにしているし、また、あえて労働法の資本主義法としての限界性を指摘することに積極的意味をみいだすことができないことから、②と③の役割において従属労働論を展開する必要はないと考えてきた。さらに、今日でも一般的には利用されている①の労働法の適用対象画定作業における従属労働論にも疑念をもってきた。個別的労働法の適用対象のときには、人的従属性論を敷衍した「使用従属性」によって議論するのが一般であるが、その重要な指標として指揮命令関係が入ることで、指揮命令権や業務命令権を使用者の労働契約上の当然の権利として構成することに結びつきやすいこと、集団的労働法の分野でも、人的従属性論に引きつられて労組法の適用対象を限定しかねないからである。

労働組合法上の労働者に関しては、現在、経済的従属性を重視することで再構成しようとする試みが学説ではなされているが、解説者は、労働組合の労働者の経済的社会的地位の向上を目指す活動が、歴史的には営業の自由に対する侵害として禁圧を受けた経緯に照らして考えれば、経済的従属性の有無というより、その経済的社会的地位の向上をめざすための団結活動が営業の自由の侵害（競争制限法）で禁止を受けることがない労務提供者か否かの視点から判断すべきと考えている。もっとも、蓼沼の階級的従属性論を改めて振り返ったとき、それは、労働者が個別資本（使用者）に従属するのではなく、資本・使用者階級に従属すること、換言すれば、労働市場で労働組合を結成して労働者階級の利益を代表することを表現するためであった（蓼沼以外にも、実用法学の観点から、階級的従属性論こそ労組法上の労働者概念とすべきことを力説したものに山本吉人『雇用形態と労働法』（一九七〇）九一頁、同「労働者・労働組合」現代労働法講座第1巻二二一頁がある）とすれば、この階級的従属性論をよりソフィストケイトしていくことも十分考えられる。

三　労働者・労働組合論

⑴　労働者論

㈠　戦後労働法学に対する渡辺に批判のひとつに、労働法学には固有の法社会学がないという文脈で、労働者と労働組合のとらえ方に関する批判があった。「実用法学の観点なら、労働法の対象とする労働者は、特殊具体的な階級性をもつ労働者」「あるべき労働者」でよいが、「法社会学の観点からは、労働者の具体的存在形態の違いを確定することから出発しなければならない」（『課題』一三七頁）。「実用法学としてなら、団結の必然性の論証を基礎にすえるのもよい」が、「法社会学としては、分裂の必然性をこそ問題」にすべきで、「医者が病根を発見して適切な治療をするように、われわれは、労働者の団結を現に阻害し分裂を必然的ならしめている理由がどこにあるか、その病根を容赦なくえぐりだし、できうればそれへの対策をしめさなくてはならない。」（同一三八頁）という指摘である。

これに対して、蓼沼は**8**『**労働法法社会学**』**の課題と方法**」（一九六四、学会誌二四号）において、渡辺は、「労働者の権利意識の現実の存在形態」の多様性を確定することが「労働法法社会学」（これに対する蓼沼の疑問は後述）の「出発点」というが、労働法における労働者概念は、「市民法上の権利概念によっては十分にその特質を把えええない権利が認められることの根拠」を、「労働法が労働者を単に自由・対等の市民としてでなく階級的存在としての現実の被規定性になにほどか注目するものであることを前提として…はじめてとらえうるものであるところから導きだされる概念規定」であり、「労働法を一個の統一的な規範の体系として認識しようとする場合に措定されざるをえない概念規定」（二〇九頁）であって、「労働者の理想的人間像の表明に直結するものではない」し、現実の労働者と「あるべき労働者」とで多くのギャップがあるという「事実の指摘は右の概念規定とは…無関係」と反論している。また、**6論文**（「団結権と労働者・労働組合像」）で、渡辺が、多くの労働法学者が、労働組合を「即自的に反体制的」な「階級闘争の組織」であるかようにみているとの批判に対して、労働法学は、労働組合は大衆組織であるとの認識をもってきたので、いわれなき批判として退けている（一六六頁）。

これに対して、渡辺は、蓼沼の労働者概念の規定について「法律学上の概念規定に私も全く異存がない」ので、「蓼沼の指摘がなぜ自分への批判になるのかわからない」（『課題』一五六頁）とする。というのは、「市民法の対象となる『市民』が現実の商品交換関係にある側面のイデオロギー的反映である」ように、「労働法（解釈）上の労働者階級は、現実の歴史的存在として客観的に存在する労働者階級そのものではなく、それのイデオロギー的反映にすぎない」（同一五七頁）ことを指摘し、「客観的に存在している社会現象（事実現象）としての労働者集団」を対象とした固有の法社会学的研究の必要性を説いているのであって、かかる研究を通して、「反体制的な労働者の規範意識が、いかにしてなぜ体制を担っている国家権力の価値判断原理に転化しうるか」「資本家階級が労働者階級の規範意識を承認することが論理的にもありうるとすれば、この異なった両階級が共通に承認する論理の枠組みがあるはず」で、「その共通な論理を前提として、はじめて、なぜ資本家階級が労働者階級の規範意識を承認しうるかを論理的に説明できる」。

㈡　労働法における労働者像（労働法の適用対象をめぐる労働者概念論と区別する意味で、解説者はこれを「規範的労働者概念」と呼んでいる）をめぐる労働法学と渡辺の応酬は、かみ合っていない。戦後労働法学からすれば、法的人間像の設定し、抽象的人間像から具体的人間像への変化をみることは、先に見た「市民法から労働法へ」を語る論理に不可欠であったからであり、他方、渡辺法社会学からすれば、労働法が措定する規範的労働者の実相を捉え、「反体制的な労働者の規範意識が、いかにしてなぜ体制を担っている国家権力の価値判断原理に転化しうるか」「資本主義法の構造」を明らかにしたいということであるから、解釈学と法社会学という違う土俵間の議論の応酬だったからである。

ただ、渡辺の批判の意図（資本主義法の構造的分析のための労働者集団の法社会学的研究の必要性の指摘）の当否とは関係なく、蓼沼の、したがって戦後労働法学の労働者概念にあっては、適用労働者概念と規範的労働者概念の区別が不鮮明であるとともに、規範的労働者概念に、従属労働論と同様、労働法生成の論理（genesis）を語らせる役割が与えられているがゆえの問題を内包している。労働法において規範的労働者の設定が必要なのは、現在において具体的に生起する法的紛争の解決において、どのような労働者を想定しながら法律・協約・組合規約・就業規則・契約等の解釈を行うかが問われるからである。したがって、規範的労働者は、労働法の形成をもたらした労働者ではなく、現在の労働法が予定するシステムの担い手を意識して措定する概念でなければならない。そう考える解説者からすれば、階級的労働者像は、労働問題の所在が、低賃金・長時間労働・労働災害・失業等、伝統的労働問題の解決システムである労使関係システムに特化した労働者像であると同時に、蓼沼が労働組合とは大衆団体であると認識することと整合性がとりにくい概念といえる。今日の労働問題の多様化・多元化・個別化（その意味については、連合総研『労働契約法試案』〔二〇〇五〕一二三頁以下参照）を考えたとき、より多面性をもった労働者を措定すべきことになる。その限りで、「市民としての労働者」の顔の欠落を指摘した渡辺の問題提起は正鵠を得ていたことになる。もっとも、民法上の法的人格（「自然人」「法人」）であれ、労働法上の規範的労働者であれ、それが当該法的システム＝法原理の担い手であるかぎり、かかる人間像に自らを陶冶することが求められることを渡辺が当時認識していたとは思われない。

(2)　労働組合論

5「組織と個人」（岩波講座現代法⑬『現代法の思想』一九六六）は、労働組合を「私的中間団体」に対する法的規整と対比で検討したものである。その目的を「私的中間団体と労働組合の現実の構造と活動を、これに対する法的規整との関連においてのみ考察の対象」とし、「実態に対する法的規整の論理と実態に内在的な歴史的・社会的な運動法則との関連の解明」（一一〇頁）をすると難解な表現になっているが、多分に渡辺の批判を意識してのことであろう。

従来の憲法学は、「結社の自由を自由権としてとらえて、国家権力によるこの基本権の制限・禁止に関し、その合憲・違憲の問題を論じているにすぎ」ず、「私的団体法の具体的な内容と結社の自由という原理との関連」を掘り下げて検討したものはなく、他方、私法学では、「民法の法人本質論争や社員権論争など蓄積がある」ものの、そこでは、「団体としての存在および活動における各構成員の役割を中核とした構成員の団体的結合の態様が中心的な問題であって、団体の対外的活動における団体対第三者（構成員以外の個人や団体）の関係いかんは、この問題との関連においてとりあげられるにすぎない」（一一二〜四頁）と総括したうえで、まず、近代法における私的中間団体への対応について、「近代市民憲法上の結社の自由」のもと、「個人の団体結成と加入の自由」を保障し、「中間権力団体」と「構成員による自由意思にもとづかない非権力的・私的中間団体活動および拘束」を原則的に否認すること、「私的中間団体」は、「限られた一定範囲の共同目的のためにする結合」として「団体的拘束はその共同目的によって制約され」、その「内部的結合に態様にとくに注目しての法的規整をしていないし、かかる点に注目した団体概念をもっていない」。組合と社団の概念は、個人とは別に団体自体に「独自の権利義務の帰属主体性＝法人格を認めなければならない社会的必要に応ずるため、措定された」「法人概念との関連においてとりあげられたもの」であって、「団体の内部結合の態様や強弱と本質的な関連」をもたない（一二〇～六頁）とその特質を明らかにする。

このような近代市民法の私的中間団体に対する法的対応をみた後、蓼沼は、労働組合と私的中間団体の相違について、労働組合は、①「労働者の団結の必然性に根ざした団体」であること、②団結しない個人的自由を主張する組織外の者に対し、「団結への強制」をくわえる「外向性」と、「使用者との対抗関係における団結活動を第一次的目的」とすることから、たえず、「団結の内部的な強固さを増大する努力を要請される」ため内部統制を志向する「内向性」をもつこと、③第二次的に、福利共済活動、政治活動、社会運動など、多面的な活動を展開する「複合的機能」をもつこと、④「全員の現実の協同行動によって、初めての団体の行動が成り立つ」という「団体活動の様式面における独自性」と、使用者側になんらかの損害が生じることを承知のうえで行われる「目的活動」における「特有」性を指摘する（一三三～七頁）。

そのうえで、労働組合内部の法的性格把握をめぐり、渡辺が「資本主義市民法の個人主義原理は、労働者集団のなかに客観的に貫徹する」（『課題』一五〇頁）としたことに対して、反論を加えている。「個人をもっぱら自由な法的人格者ないし市民としてとらえ規整する法理の修正を認める現代資本主義法のもとにおいても、労働者は、自由な法的人格者であることをやめるわけではない」し、「労働者は、使用者や労働組合に対する関係で、市民一般とは異なる労働者としての労働法的規整をうけ、また労働法上の権利を享有するが、もとより、彼のとり結ぶ生活関係のすべてが労働法的規整の対象となるわけではな」く、福利厚生活動をめぐる組合と組合員との関係のように「組合内部における生活関係についても、市民的個人法理の修正の認められない領域」がある。だからといって、「組合の第一次的機能を含めて、組合内部においても『資本主義市民法の個人主義原理』が全面的に『貫徹する』というのであれば、それは誤り」（一四二頁）であると。

㈡　やや抽象化した議論のきらいもあるが、蓼沼がこの論文を通して強調したかったのは、団結権と結社権の質的相違であり、組合内部・外部の法的規整のあり方として民法とは異なる法理が働くことである。このような蓼沼の作業が、争議権論（争議行為の二面的集団的本質論）や組織強制・統制権論等の作業と連結していることを改めて指摘することもないであろう。労働組合の内部・外部関係の法的処理にのっぺらぼうと思える民法的処理が広がっている今日、本論文の引き受けている課題の重さをあらためて確認すべきであろう。

四　労働法学における解釈方法論

㈠　すでに明らかなように、蓼沼の労働法学の方法にかかわり本書に収録された論文の多くが、多かれ少なかれ渡辺の労働法学批判を意識して書かれている。そのうち、**8論文**（「『労働法法社会学』の課題と方法」）と**9**「**日本労働法学における『解釈』の問題**」（一橋論争一九六五）が、正面から渡辺論文を対象にした論文である。市民権的労働基本権についての反論はすでにみたので、ここでは、渡辺のいう「労働法法社会学」なるものの方法と法解釈学と法社会学の関係のとらえ方に関する蓼沼の批判・疑問をみることにする。

8論文は、渡辺がいう「固有の意味の法社会学」である「労働法法社会学」とは、何かを問い質した論文である。渡辺は「労働法法社会学」にとって「今日の労働者の実態」「労働者の権利意識の現実の存在形態」が「問題の出発点」というが、「どのように探求・分析」するのか、「団結権意識の高さ・成熟度」なら「組合分裂という現象」が素材になるが、かかる研究は、「労働法学の姉妹科学ともいうべき社会政策学（労働問題研究）の研究者に委ねても差支えなく、法学的アプローチが不可欠」といえるのか（二一三頁）、「労働法法社会学」が「日本資本主義と労働法との相互関係の究明」を課題にすることに異論はないが、その際、

「法が権力の支配の道具である」とともに「人民の闘争の道具」でもあるという「ブルジョア法の二面性」の視角からアプローチするというが、相反する二つの面が法のなかで「どのように関連・併存する」（二一五頁）のか疑問を提出する。そして、渡辺が「法社会学」では「資本主義労働法の論理的構造の矛盾」を明らかにすることが重要というが、それが「法の論理的構造の矛盾」ではなく「法の社会的構造の矛盾」（二一二頁）であれば理解できるが、「資本主義一般についての労働＝法現象および労働法＝現象の法則的解明」を念頭において、「資本主義労働法の論理的構造の矛盾」をいうとすれば、「その有効（適切）性が疑問」（二二三頁）とする。

蓼沼の疑問の背景にあるのは、資本主義法の分析を行って法の規範的意味内容を確定して法解釈を行っているのであるから、その規範的意味のなかに論理構造的矛盾をみるというのは何のためかという思いがあったのではなかろうか。「法解釈は、法廷等での諸法源の意味付与とその選択を通じてのすぐれて実践的な、具体的法定立のための論理構成・推論という性格において、法現象の客観的理論的認識そのもの、即ち法社会学的認識と区別されるが、その論理構成とりわけ法技術的な諸概念・命題の内包外延の確定にあたっては、それらの経済的社会的基礎に対する法社会学的習識が前提されなければならず、その意味で法解釈学は『社会学的』法解釈学でなければならぬと考える。」（二二四頁）

蓼沼は、この論文に先立つ「日本労働法学の方法論と課題」と題する座談会（季刊労働法四五号、一九六二）でも、労働法の場合、「法の解釈をする場合に、必然的に法の科学的な認識、…とくに資本主義法一般、労働法というものを含むに至った資本主義法一般の展開の法則を明らかにする必要がある。それは…社会経済的な基礎との関連で、いわゆる全法秩序の展開を法則的に明らかにすることであって、考察は必然的に歴史的にならざるをえない。…つまり資本主義法一般の展開を資本主義体制との関連で明らかにするということ。…それと並んでこの資本主義法の一環としての労働法一般の展開を法則的に解明するということ。それから、それとまた関連させて、特殊日本的な労働法の展開を法則的にとらえていく…。ですから法の解釈というものを渡辺さんのいうように、法解釈学＝実用法学と法社会学…両者全く別個の対立的なものとして取り扱うことは、…労働法の場合には…問題になり得ない」（一七二頁）と述べ、労働法においては、資本主義法の分析を課題とする法社会学とすれば、そのような法社会学的研究は労働法の前提になっているとの考えを示すとともに、渡辺のいう固有の法社会学として「労働法法社会学」を受け入れがたいとしている。

㈡　翌六五年の**9論文**は、渡辺の「法社会学」と「法解釈学」との関係のとらえ方に関する疑問と批判を提示したものである。渡辺が「法解釈の正否は歴史的社会の現実に対する認識とそれに対する解釈者の価値判断をめぐって争われ」なければならず、そのために「その実質的理由づけを提供するものとして法社会学的方法が採用されなければならない」（渡辺『法社会学と法解釈学』（一九五九）三八頁）と説いたことに対して、労働法学は、法社会学によって「法の趣旨や限界などの歴史的性格や内容が客観的に認識されたとしても、これがそれだけでただちに法の解釈のなかみを構成するわけでは」ない、「価値判断としての法の解釈」と「客観的法則の科学的探求である法の認識」が「どう論理的にかかわりあっているのか」不明であるし、「法の解釈すなわち法の規範的意味構造の把握」は「実践的形成的」に行なうべきという立場からの批判を展開していた（横井芳弘「労働法の解釈」学会誌労働法二四号（一九六四）五〇頁、本多淳亮「労働法の解釈」季刊労働法八〇号（一九七一）四頁等）。これに対して、蓼沼は、渡辺の主張が、法規の意味内容を確定する「法規の解釈」は、「客観的認識の領域」に属し、「正しい認識」が可能で、それに法社会学的認識が必要不可欠とし、具体的な紛争の解決における「法の解釈」は、複数の解釈からの選択＝実践であって科学的認識ではないとしたものと読みなおした（二三四頁）うえで、渡辺の問題を「法規」と法の解釈（・適用）に用いられる「法規命題」を区別していない（二四一頁）点にみる。「当該法規（＝制定法）を生み出した客観的歴史的条件」の「法社会学的」な客観的「認識」によっても「当該法規の目的や趣旨」が常に一義的に確定されるとは限らず、また、それが一義的に確定され、かくして「当該法規の適用の限界性」が明らかにされたとしても、「それだけで一義的な法の解釈（・適用）」――とくに大前提たる法規命題の確定――がもたらされるものではない」。しかも、「事実の認定に、弁論主義による制約がある」以上、「法規命題の確定」を「事実認定との関係を無視して論ずることは意味がない」（二四二～三頁）と。さらに、労働法にあっては、争議行為の正当性判断等、「一般条項・白地規定」が多いので、判例法を通してその内容を形成することになるが、労働事件では仮処分事件が多く、最高裁の機能をほとんど期待できないため、「制定法や判例法の空隙に位置する法規命題を、制定法・判例法の論理的な帰納によって抽出し、かくして異論をさしはさむ余地のないような法規命題を定立するということは、ほとんど不可能である」（二四六頁）とその特殊性を指摘する。

㈢　蓼沼の渡辺批判は、横井らの批判が実践的形成的認識という認識と解釈の不可分性を説く沼田法学の方法（沼田『序説』二〇五頁）に基づくものであったのに対して、渡辺のように価値判断から認識を分けたにせよ、経験科学（法社会学）的に「法規」の趣旨・目的や「法規命題」を一義的に確定できるのかという点にあり、解釈プロセスにそったより具体的な批判であったといえる。労働基本権の権利構造を確定できる歴史的文脈を日本ではもたないために、比較法研究や社会学的研究を基礎に争議権等の法的構成に格闘してきた蓼沼からすれば、「歴史社会的現実に対する認識」を深めれば正しい解釈に接近できると考えることはあまりに楽観的にみえたのであろう。

五　戦後労働法学と蓼沼労働法学の総括と継承

(1)　戦後労働法学と蓼沼法学の位置

㈠　戦後労働法学は、末弘労働法学や吾妻労働法学をもつものの、その主流は、沼田労働法学ないしマルクシズムの影響の色濃いいわゆるプロ・レーバー労働法学であった。それは、はじめにも指摘したように、従属労働論を基礎に、市民法の抽象性・虚偽性をとき、生存権を理念として市民法とは異なる労働法の原理を強調することにおいて共通する。このような観点からみれば、労働の従属性を階級的従属性とし、生存権理念で労働基本権を語った蓼沼労働法学は、まさに戦後プロ・レーバー労働法学の典型であり、その代表的存在であったといえる。

ただ、蓼沼は、マルクシズム法学の影響を受けたとはいえ、資本主義法ゆえの労働法のイデオロギー性を強調するために階級的従属性を説いたものではなく、あくまで、労働法原理を抽出するためであった。争議権をはじめ、団結活動の市民法的違法評価から解放し、その権利をいかに構成するか精緻な解釈論の展開に心血を注いできた蓼沼からすれば、渡辺の「固有の法社会学」なるものの方法のもとに、労働法上の権利もまた資本主義法ゆえに財産法として構成すべき批判は、それこそ認識論と規範論の混交であり、納得できなかった批判であったであろう。

また、プロ・レーバー労働法学の担い手のなかで、沼田法学の転換に歩調を合わせることをしなかった点でも特徴的である（沼田の転換以降のプロ・レーバー労働法学の担い手の労働基本権見直し作業については、浜村彰「団結論」前掲・籾井編・学説史九五頁以下参照）。渡辺の批判にも沼田の方法的転換にも動じることがなかったのは、蓼沼自身が自分の方法に確信をもち精魂をこめて解釈論を展開してきたからであろう。

(二)　蓼沼は、沼田と並び日本の戦後労働法学の大きな足跡を残した吾妻を師にもつ。蓼沼は、吾妻法学とどう向き合ったのか。吾妻は、マルクシズム法学が「経済的範疇の——政策論を通じての——法学への応用の域を脱せず、さらに、労働法解釈論における政策論の重要性を誇張」し、「思想的・政策的なモメントと、法律外的な範疇とが、法解釈論の領域に無批判的に導入され、政策と理論とが混同され、また、社会諸科学のそれぞれの方法の間に、混交が行なわれ」ていると批判し、「労働法学における社会学的方法は、労働法の法源と、その対象たる労使関係の実態との相互の関連を、法の側面から、歴史的・社会学的に分析することと、そして、その角度から、法律政策の分野と法解釈学の分野における法理論の体系を形成することである。いま、当面の問題である法解釈学の領域についても、労働法の歴史的発展に即しつつ、かつ社会生活の実体における労使関係の構造分析と結合せしめつつ（これを、私は法社会史的研究と名づける）」法解釈論を、この方法によって、あくまで法理論の立場から処理すること、これが、労働法学にとっての課題」（吾妻『労働法概論（新訂版）』（一九六四）五八頁）としていた。かかる吾妻の目からみれば、階級的従属性を内容とする従属労働論を根幹にすえ、「二重の意味での自由」等のマルクスの言説をも用いる蓼沼法学は、吾妻の方法とは無縁なそれこそ批判の対象とされた方法をとったかにみえる。だが、渡辺の「労働法法社会学」なる方法のもとに繰り出された労働基本権論批判に執拗までに反論し、むしろ「法社会学的労働法」にこだわり、社会政策・労働経済学に関心を払い、歴史研究と比較法研究を踏まえ、市民法原理と異なる法理論の体系を追求した蓼沼の方法のなかに吾妻の方法の色濃い影をもみるのは解説者だけであろうか。

(2) 戦後労働法学の総括の方法

(一) 戦後プロ・レーバー労働法学を領導した沼田法学が、「人間の尊厳」を法理念とする労働法へ転換することで、唯物史観法学は自壊し、その後、労働法学は、市民的自由の再評価と人間の尊厳や自己決定をキーワードとする労働法の再構築を思考する近代化路線に転換することになる。このような、沼田法学の転換に対して、蓼沼は、むしろ戦後労働法学の方法である市民法原理と労働法原理の異質性にこだわり、その変更の必要性を認めなかったとえる。解説者もまた、その限りでいえば、変更の必要性を認めない。

とはいえ、蓼沼の方法に時代的制約ともいうべき戦後プロ・レーバー法学共通の問題があったことも否定できない。それは、九〇年代以降市民社会の概念がそれこそ市民権を得て、Bürgerliche Gesellschaft のみならずZivilgesellschaftにおいて理解することが一般化した現在（とりあえず、議論の経緯については、星野英一『民法のすすめ』（岩波新書・一九九八）、山口定『市民社会論——歴史的遺産と新展開』（有斐閣・二〇〇四）等を参照）からすれば明らかにように、戦後プロ・レーバー労働法学が、市民社会をもっぱら経済社会（とりわけ初期産業資本主義段階）において捉えるとともに、市民社会の法を経済的関係の反映物としてみたことである。たしかに、蓼沼は、沼田や渡辺のように、法や法思想を経済的関係の上部構造・階級的利害を正当化するためのイデオロギーとして理解する見方を必ずしもとっていない。しかし、「万人自由・平等という理念」が、「貧富の懸隔・対立、労働者その他の人々の不自由・従属という現実」をもたらした（一三一頁）と語るように、「不自由・従属という現実」の原因を近代市民社会の理念そのものに求めている。

しかし、かかる現実をもたらしたのは、「自由・平等の理念」ではなく、かかる理念を実現するためにとった契約の自由・所有権の絶対・過失責任の原則といった「経済システムの法原理」のはずである。その意味で、近代市民社会の「法の理念」と近代市民社会の経済システムの「法原理」を峻別すべきであった。もちろん、近代市民社会の理念たる「自由・平等」がなによりも経済的自由であったことは確かであろうが、市民社会が形成され公法と私法が分化するように、市民社会は経済社会であるとともに政治社会でもある。「自由、平等、友愛」という標語は、文字通り政治社会としての市民社会の理念であろう。「万人の自由と平等」は、歴史的には市場経済社会の登場によって生まれたものであれ、今日なお、経済社会、政治社会を含むトータルな市民社会の理念としてその普遍的価値を失っていない。

では、戦後労働法学がこだわった市民法の虚偽性とはなにか。それは、かかる近代市民社会の法の理念を実現するためにとられた経済システム＝法原理がその理念から乖離した状態にほかならない。契約の自由・所有権の絶対・過失責任原則といった近代市民社会の経済システムの法原理は、一般商品の取引の世界であれば、それ自身、自由で平等な社会への接近方法ではあったが、それがひとたび労働法の対象とする生活関係に適用されるや長時間労働、低賃金、失業、労働災害等の労働問題をもたらす。そこに市民法の虚偽性をみ、労働法原理の誕生の必然性をみたのである。それゆえ、法原理の異質性を語ることは、渡辺の批判にかかわらず、肯定的に承継すべき戦後労働法の方法である。近代市民社会の法の理念と法原理を峻別し、法の理念についてはこれを商品経済社会のイデオロギーとして貶めることなく普遍性を確認する一方、その理念をそれぞれの生活関係で実現していく法原理に関しては、環境の変化のなかで機能不全をおこし理念から乖離しないよう調整していくことが求められる。その意味で、解説者は、近代市民社会の法の理念と法原理の峻別が戦後労働法学の総括と継承を行ううえでもっとも肝要であると考えてきた。そうすることで、近代市民社会の法の理念と法原理の乖離のなかに労働法の形成を語るにとどまらず、環境の変化に応じて常に新たなシステム＝法原理の開発を求める労働法学の課題を認識できるし、さらに、解釈学にあっても、法の理念に直接依拠するのではなく、当該システム＝法原理の適合的な解釈や、疲弊したシステム＝法原理であれば、調整の方向性を見据えた解釈を志向することになるはずからである。

戦後プロ・レーバー労働法学の総括の方法としての「人間の尊厳」論や「自己決定」論を解説者が批判してきたのも、それらは近代市民社会の理念として、歴史的現実性を有しないし、トータルな社会を捉えるのは幅が狭いし、何よりも「自由と平等」と異なり内在的にシステム＝法原理を求めず、したがって法の発展も語らないからである。それはまた、法の改革に向けた議論の共通の土俵をつくらず、議論を「神々の争い」にしかねないことを意味する。

(二) 従属労働論については、すでに述べたように、解説者自身は、その三つの機能のいずれにおいても必ずしも必要不可欠とは考えていない。もし、一般的に承認されている適用論に限定して用いるとすれば、労組法の労働者に関して蓼沼の「階級的従属性」論を、先に解説者が指摘したような意味を含めて、現代的に再構成することであろう。

規範的労働者論については、適用労働者論と分けることと、これに労働法形成の端緒を語らせる役割を与えないことが確認されるべきである。規範的労働者は、労働法が予定するシステムの担い手であるから、今日では、労使関係システム（今日の労使関係システムを交渉制・代表制・モニタリングの三つにおいて理解すべきことについては、「企業統治と労使関係システム」早稲田大学21世紀COE叢書『労働と環境』〔二〇〇八〕四七頁以下参照）の担い手だけでなく、契約法・紛争処理システムの担い手として自己を陶冶することが求められること、同時に、労働問題の多様化・多元化・個別化が新たな解決システムが求められているとすれば、労働者像を再設定していく必要があることを確認すべきことになろう。

労働基本権については、争議権や団結権の自由権論的基礎づけの当否という問題もさることながら、今日では、近代市民社会の自由権的基本権であることに疑いのない職業選択の自由や平等権もまた労働生活において重要な権利であることを考えれば、これらの権利こそ自由権的労働基本権として、社会権的労働基本権とともに、労働基本権に含めて理解すべきであろう。

㈢　残る問題は、法解釈の方法に関する渡辺との議論の総括である。今日、科学的分析によって法解釈＝価値判断の正しさも客観的に識別が可能とする渡辺のマルクシズム的楽観論に耳をかす者はいないであろう（戦後の法解釈論争を概観したものに、田中成明『法理学講義』（一九九四）三五五頁以下）。しかし、解雇規制が失業を増大させ、格差社会をもたらしているとの経済学者のまことしやかな言説に労働法学が振り回されていることを考えると、経験科学的分析と法の解釈＝価値判断の関係が問われている状況は何ら変わりがない。もちろん、蓼沼もいうように、他の社会科学領域の成果を踏まえる必要はあるし、そこからいかなる「法規命題」を定立するかはそう簡単な仕事ではない。例えば、日本の雇用慣行を経験科学的に分析し、解雇制限と配置転換がトレード・オフの関係にあることが実証されたとして、そこから、配置転換の法理の当否はきまらない。多様な価値判断が交錯するからである。黙示的合意や包括的合意を通して使用者の配転命令権を構成する見解には、法技術的容易さとは別に、労働者保護の視点では同一であっても、雇用確保を第一義的価値とする日本の雇用慣行を尊重し維持することが望ましいという判断、あるいは、使用者の権利・権限として構成すれば権利濫用を主張して裁判所で争える実益があるという判断、使用者の一方的権限の蚕食は組合の仕事であるので個別法的是正するのは労使関係が育たないという判断が込められているかもしれない。

他方、否定する見解は、契約の重要な要素である仕事内容・勤務地に関して使用者が一方的に決定できるとすることは契約法理として納得しがたいという考えもあれば、日本の雇用慣行にみられる労働者生活の犠牲を是正したいという思いもあろう。さらに、同意がない以上変更できないとするだけでは、環境変化における当事者相互の利害調整に対応できないとする考えから、解雇と配転のトレード・オフの構造そのものの変革をはかるために、契約変更請求権や変更解約告知等「契約法のプロセス化」のために法理構成を志向する立場も生じることになる。このように、法解釈＝価値判断の差異の背後にあるのは、雇用関係の在り方、労使関係の在り方、紛争処理の在り方、契約法理のあり方等、労働法の予定するシステム（それを支える法原理）とそれをとりまく環境（経済、家庭、法文化等）への解釈者の価値判断の差異である。

だが、法解釈者のかかる価値判断の相違は、近代市民社会の理念を労働生活関係でも実現することつまり、労働法の理念を実現するために労働法が用意している多様なサブシステムを、それをとりまく環境の変化のなかでどう調整するのが適切かの争いにほかならないと考えれば、解釈者の主観的価値判断として提示される法解釈であったとしても、実証作業の困難さは別にして、理論的には経験科学的に一定の環境の下でその当否や優位性を判断することは可能となろう。その限りでは、かかる役割を担う「労働法法社会学」は存立する可能性があることになる。ともあれ、法解釈の方法として重要なことは、労働法を構成する多様なサブシステムの何をを環境変化のなかでどう調整しようとしているかを提示し、議論と検証の可能性を開いておくことであろう。

解説Ⅱ

石井保雄

(2) 労働法学史研究――一橋大学と労働法学――

蓼沼の労働法学方法論については、毛塚勝利「解説Ⅰ」により詳細に検討・議論されている。以下の記述は、一部これと重複する部分もあり、屋下屋を重ねるの類のものかもしれないが、毛塚「解説Ⅰ」を補充・傍証するものとして読者諸氏にとって多少でも益するところがあれば幸いである。

一

ここに収録しているのは、蓼沼が労働法学史というよりは、正確には副題に付したように、一橋大学（東京商大）における「労働法」講座とそれを担った先行担当者としての孫田秀春（一八八六～一九七六）および吾妻光俊（一九〇三～一九七三）、とくに蓼沼の恩師である吾妻についてのべたものである。

まず**11「吾妻光俊先生の人と学説」**（一橋論叢五七巻五号（一九六七））は、同前誌・吾妻退官記念号の冒頭に掲載されたものである。吾妻と蓼沼とは、年齢が丁度二〇年離れている。したがってその時どきの吾妻（一九〇三年生）の年齢から二〇年を引けば、蓼沼のそれとなるし、または逆に蓼沼の年齢（一九二三年生）に二〇年を加えれば、吾妻の対応するそれが容易にわかる（蓼沼自身も、このことを意識していた）。したがって吾妻退官時、蓼沼はその年の誕生日を迎えれば四四歳となるべき春ということになる（蓼沼の誕生日は、労働法学に関心をもつ者にとっては、いわば覚えやすい。すなわちそれは、最高裁が現業公務員の労働基本権について画期的な判断を示したと、今日でも評されている、全逓〔東京〕中郵事件判決と同じ日である。閑話休題）。

同稿は蓼沼らしい、折り目正しい文章であり、かつ師への敬愛の気持ちにあふれたものとなっている。その内容は、吾妻が東京帝大助手をへて東京商大＝一橋大学で、戦前は民法、そして戦後は民法と労働法を担当するに至る経緯と、同人の学問的特徴についてのべている。蓼沼は吾妻の出自や家庭環境、学問形成過程に言及したあと、東京商大に赴任してからの戦前の業績について詳しくふれている（なお蓼沼は記していないが、吾妻の父である横田秀雄（大審院々長で、退官後は明治大学で民法を講じ、学長・総長を歴任した〔横田正俊『父を語る・横田秀雄小伝』〈巌松堂・一九四二〉参照〕）が信州・松代藩の中級武士の家の出身であり、その姉（吾妻にとって伯母）が日本の近代化の象徴である官営富岡製糸場に伝習工女として赴き、その日々を著わした『富岡日記』〔中公文庫〕の著者である和田英であることなどについては、拙稿「戦時期の吾妻光俊の軌跡――『労働力のコントロール理論前史』――」獨協法学七一号九七―九八頁注〔1〕参照）。蓼沼は本稿のなかで、とくに戦前・戦中・戦後を通じて吾妻の主要著作の一つである『ナチス民法学の精神』（岩波書店・一九四二）について比較的多くの紙幅を費やし、同書が表題から連想されるような、ナチス法理の「礼賛」の書ではないことを強調している。しかしこの点については、吾妻が労働関係を従来の民法が予定する財産取引とは異なるものとして捉え、その新たな法的枠組みの構築――個人主義的な契約ではなく、経営共同体への編入――の必要性を強調した、とくにキール学派のジーベルトWolfgang Siebwert（一九〇五～一九五九）――ナチス時代のドイツ法学を嚮導した者のうちの一人――に共感を示していると読むことができるのではないか。同様の課題に取り組んだ我妻栄の諸論考（いずれも、同『民法研究』I私法一般〔有斐閣・一九六六〕に収録）が反ナチスの態度を明確にしているのに対し、それから数年後、吾妻が本書の原型をなす諸論文を雑誌に掲載し、また本書としてまとめるに際しては、我妻のような批判的論調はなく、むしろ共感を寄せながらも、判断留保をして客観的に記述するように努めるにとどまっている。また吾妻が自らの戦後労働法学の方法を体系的にのべた『労働法の基本問題』(有斐閣・一九四七)のなかで、人の法的人格の平等性を重視しながらも、使用者と労働組合とがそれぞれ、使用者が労働契約締結を通じて確保した、労働者の「労働力」を集団的にコントロールするというユニークな発想・論法を主張していったのは、戦前・戦中時に近代市民法上の契約を尊重・重視することなく、ドイツ的な共同体思想に新たな法的拠り所を求めていったことが結局は、わが国と国民をして、未曾有の戦争とその敗戦そして国土の疲弊をもたらすものであったことへの吾妻なりの、反省があったのではないか。それゆえに吾妻が戦前のドイツ法から戦後のアメリカ労働法研究へと向かわせたことにもなったのではなかろうか。吾妻は戦後も一貫して、比較法研究への関心を示しながらも、ドイツ法理に言及することは皆無に近かった。蓼沼の本稿から、吾妻の戦前・戦中から戦後への展開——そこには、継続と断絶の両面があった——を理解することはできないように思われる(詳しくは、前掲・拙稿を参照)。なお蓼沼は同稿のなかで、吾妻の「法社会史的研究」という独自の法学方法論の提唱について、それは我妻の影響、とくにその長大な論文である「近代法における債権の優越的地位」(法学志林二九巻六号〔昭和四年〕—三一巻一〇号〔同六年〕までの一四回にわたって連載し、戦後、同名の著書〔有斐閣・一九五三〕に収録)から受けた衝撃が大きかったのではないかと推測している。これは吾妻の法理論を考えるあたり、重要な指摘かもしれない。

そして吾妻は古稀を直前にして、一九七三〔昭和四八〕年四月二一日に亡くなった。**12「吾妻光俊先生と**

労働法学」は同年初夏、法学セミナー誌二一三号（一九七三）に掲載された、長文ではないが、吾妻追悼にとどまらず、とくに戦後の吾妻における労働法学方法論について蓼沼の理解をのべたものとして、重要である。なお蓼沼は、ほかに日本労働法学会誌四一号（「吾妻光俊先生の御逝去を悼んで」）と如水会々報五一九号（「師吾妻光俊先生の横顔」）にも、吾妻追悼文を記している。

吾妻の労働法学方法論は「法社会史的研究方法」と呼ばれるものである。しかし、その内容がいかなるものなのか必ずしも十分に理解されてこなかったように思われる。蓼沼は、これをつぎのように解説する。すなわち吾妻はまず、労働法を生み出さざるをえなかった資本主義社会における労働問題の展開を歴史的に把握しようと意図した。しかしその際、吾妻はマルクス主義に基づく構造分析を、経済学・社会学の方法と法学におけるそれとを混淆し、法学の独自性を喪失させるものとして峻拒する点で特徴的である。これについて蓼沼は**12論文**で、つぎような問題＝課題を指摘している。すなわちまず、労働法が適用される現実の労使関係のマルキシズム的分析は、はたして論理必然的に経済学・社会学的なそれにとどまり、法学的分析とはなりえないのかどうか、またつぎにマルクス主義の分析方法を排斥した「法社会史的分析方法」は、それに替わっていかなる構造分析の方法を提出することが可能なのか、と。蓼沼はその特徴として、マルキシズムの方法が下部構造—上部構造という思考枠組みを前提とするのに対し、吾妻の場合には「はじめから法的規制の展開の具体的なあり方・内容に焦点がおかれ、それが労働問題展開への法的対応として、果たして、またどの程度効果的ないし合理的であるかが追究される」〔本巻二八九頁〕ことに特徴があるとしている。ただし実際に、そのいうところの資本主義的労使関係の歴史的・構造把握の内容を見たとき、かつての概念法学に対する、今日では法律学の世界で当然のこととして受容され、いわば常識化している「法社会学的」方法と、さほどの違いがあるようには思われない。しかし当時は、画期的なものであったのかもしれない。つぎに吾妻は、渡辺洋三のいう労働問題に関する固有の「法社会学的研究」の必要性という主張にみられる、法社会学と法解釈学とを分離・区別——法社会学＝認識と法解釈＝実践を峻別——して、法社会学的認識を踏まえたうえで法解釈を行なうという二元論をやはり、明確に排除している。この点においては、吾妻とは理論上極北の位置に立つ沼田稲次郎（一九一四〜一九九七）と共通する側面があるようにも思われる。しかし蓼沼も指摘しているように、沼田がいう「法解釈は資本制社会の止揚を究極目標とする労働者階級の法形成的実践を領導するような実定法の規範的意味構造の認識でなければならない」（本巻二九〇頁）という発想・思考（志向）を、吾妻はとらない。それは吾妻にとって、たとえ労働法学がそのような機能をはたしたとしても、それはあくまでも事実上のものであり、法学という学問の領分をはるかに越えることであり、関知すべきことではないと考えたのであろう。なお蓼沼は本稿で、初期の『労働法の基本問題』後の、吾妻理論の展開についても言及している。この部分は、貴重な証言として労働法学史研究にとって有用であろう。これについては、後掲**14論文**を紹介する際にもまた、言及したいと思う（なお戦後の吾妻については、拙稿「吾妻光俊の戦後労働法学——ある近代主義者の肖像——」獨協法学六九号（二〇〇六）二九頁以下も併せて参照）。

二

そして**13「一橋大学と孫田先生——『孫弟子』からみて——」**（孫田秀春先生米寿祝賀記念『経営と労働の法理』（専修大学出版局・一九七五））は、一橋大学（東京商大）における「いわば三代目の労働法講座担当者」である蓼沼が初代担当者であった孫田の米寿を記念して刊行された論集に寄稿したものである（なお二代目の吾妻と蓼沼とは師弟関係にあるが、吾妻とその先任者である孫田とのあいだに、そのような関係はない。それゆえに蓼沼は「いわば三代目」という表現を用いたのだと思われる）。本稿は、戦前一橋における労働法講座の歴史を物語っている。「初代」の孫田は、一九一五（大正四）年から一九三七（昭和一二）年まで東京商大での民法を担当した三潴《みつま》信三（東京帝大教授）の推薦により、一九一八（大正七）年に専任講師（東京高商）として赴任し、翌一九一九（大正八）年教授に昇格するとともに、同年末には、ヨーロッパ留学へ旅立った。東京商大では、末弘厳太郎が「労働法制」の名において東大で講座を開設してから、遅れること三年、ドイツ留学から帰朝した孫田により、蓼沼出生の一年後の一九二四（大正一三）年に「労働法」講座が開講された。しかし同講座がその後、いかなる運命をたどったのか――当時財界における如水会（東京商大卒業生）による事実上の圧迫のもと、結局は一九三四（昭和九）年に名実ともに消滅してしまう――について、蓼沼は主に孫田の自伝的エッセィー集（『労働法の開拓者たち――労働法四〇年の思い出』（実業の日本社・一九五九）および『私の一生（自叙伝）』（高文堂出版社・一九七四））に依拠しながら述べている。本稿に関連して、蓼沼にはほかに、講座開設に重要な役割をはたした福田徳三（一八七四～一九三〇、経済学・社会政策学）――否定的状況のなか、その「鶴の一声」で設置が決まった（孫田）――と、講座廃止の経緯についてのべた「一橋と労働法学」と題する、橋問叢書三〇号（一九八四）掲載（後に『一橋の学風とその系譜』（同学園史編纂委員会・一九八五）に収録）の講演録がある。

蓼沼は、本稿最初のところで、労働法研究者としての「駆け出し時代」に、孫田の戦前の到達点を示す『改訂労働法論――総論・各論上』（有斐閣・一九三一）と戦後間もなくのころ刊行された同『労働協約と争議の法理』（寧楽書房・一九四八）について「丹念に読んで栄養を吸収した数少ない本のなかの二冊として、いまでも忘れ難い」（本巻二九八頁）とのべている。しかし本稿で蓼沼は、孫田の労働法理論に関する評価には一切触れていない。穿った見方をすれば、これは蓼沼にとっての孫田が学問上いかなる存在であったのかを示しているのかもしれない。なお孫田は、先述したように蓼沼が吾妻に大きな学問的影響をあたえたのではないかと推測する、我妻栄の義兄である（前掲・拙稿「戦時期の吾妻光俊」六六頁注〔19〕参照）。

三

14「**一橋大学学問史／労働法**」（一橋大学創立百年記念『一橋大学学問史』〔同大学・一九八六〕）は、表題に示されているように、創立百周年（一八七五〔明治八〕年「商法講習所」として発足）を迎えた同大学の記念事業の一環として刊行されたものに収録されている論稿である。本稿については、おそらく早い時期にその原稿化を終えていたのであろう。しかし、その実際の刊行が遅れたために、蓼沼は同稿を一部圧縮した別稿「一橋における労働法学」を、本稿を収録した『一橋大学学問史』公刊の前年（一九八五年）、一橋論叢九三巻四号に発表している。冒頭蓼沼は、わが国で今日多くの大学で講義されている労働法が「労働法」――「労働法制」や「社会法」ではなく――という名称で開講されたのは、東京帝国大学ではなく、一橋の前身である東京商科大学であったことを強調している。そのような記述に、東京商大ＯＢとしての蓼沼の、東大に対する対抗心が如実に現われているように思われる。

前稿（**13**「一橋大学と孫田先生」）では、孫田の労働法学それ自体についてはほとんど触れられていなかった。本稿ではその紙幅は多くはないが、言及されている。日本の労働法学が末弘と並んで、孫田により開始されたとは言われながらも、末弘の場合とは異なり、孫田の労働法学について検証する論考はほとんどない現状からすれば、同稿は貴重なものかもしれない。しかし本稿で注目すべきは、やはり蓼沼の師である吾妻に関する部分である。すなわち蓼沼は、本稿で三度(みたび)「吾妻理論」について言及している。まず吾妻の「法社会史的分析」ないし「労働法学における社会学的方法」の特徴について、『労働法の法源と、その対象たる労使関係の実態との相互の関連を、法の側面から、歴史的社会学的に分析する』ことであり、労働法学の課題は『その角度から、法律政策の分野と法解釈学の分野における法理論の体系を形成する』ことであり、吾妻がマルキシズムにたつことにより法学が経済学と『一種の方法の混交』するとして、これを峻拒したことを紹介している。そのあと、蓼沼は、いまひとつの吾妻理論の特徴である「労働力の集団的コントロール」理論の意義として、それが戦前来、吾妻自身を含めてドイツ労働法学の「従属労働」論に依拠した議論に対し、それが法人格の平等性を基礎とする近代法の根本原理に反するものとして、提起されたものであることを明らかにする。蓼沼によれば、敗戦直後の日本では、吾妻が危惧した法学と他の社会科学との混交した状況が現実に見られたとして、吾妻の対応を擁護している。蓼沼は**11論文**（本書二八二頁）で、吾妻が労働力の（集団的）「コントロール」という、当時日本語として必ずしも馴染まれていなかった表現をあえて用いたのかという点について、「支配」が静止的・固定的な人身拘束的色彩をおびたものを連想させる一方、労働組合が組合員の労働力に対し、使用者との対抗関係のなかで動的な統制機能を発揮すべきことに着目したからではないかと推測している。そのうえで、蓼沼は「労働力のコントロール」理論には、「法理論上、さまざまの問題があることを否定しえない」として、疑問点を提起する（なお「コントロール」という文言が多義的で、法的概念として不明確ではないかということは、沼田稲次郎「批評と紹介／山中康雄著『労働者権の確立』、吾妻光俊著『労働法の基本問題』」季刊法律学七号（一九四九）一四七頁により、当初から指摘されていた。

また後年、吾妻自身も、このような表現を用いることはなかった）。ここでは、蓼沼は具体的素材として、とくに争議時の労働組合の組合員に対する統制、また争議行為に関する民事免責――蓼沼は「いわゆる」という文言を常に付する――のあり方を取り上げ、「労働力の集団的コントロール」理論が争議権を罷業権と同一視するものであることに批判的に言及しながら、そのような理解をとり得ないことを説明している。すなわち蓼沼によれば、争議行為は個々の従業員の有する労働力が、労働者団結（通常は、労働組合を想定）を通じて、使用者の労務指揮権から集団的に離脱することにより現実化し、争議権保障（憲法二八条）のもとでは、それが争議権行使として承認されるかぎり、団結構成員への従業員としての労務提供＝債務不履行責任（民法四一五条）および団結体への不法行為責任（同七〇九条）を追及できない（民事免責）と理解すべきであるとする（本書三三〇―三三一頁）。このような記述部分は、蓼沼が吾妻の「労働力のコントロール」という考え方といかに向き合い、どのようにして乗り越えていったのかが手に取るように理解することができ、大変興味深いものとなっている。そしてそのあと、蓼沼は晩年にいたる過程で吾妻が自らの法理論、とくに方法論を、どのように変化させていったのかについて言及している。すなわち一九五〇年代以降、吾妻は「市民法と労働法」との関係について、両者の「協業と分業」という捉え方（「市民法の限界」私法一一号〔一九五四〕）を示し、労働組合とその活動が集団的労働条件の決定を中心とした、労使間の関係秩序の形成・維持に有効であるかぎり、市民法はこれに介入すべきではないとしていた。そして吾妻は、このような「市民法の自己抑制」により、労働法との分業が実現されるのだと論じていた。さらに蓼沼は、最晩年の吾妻が労働法理解にあたっては、日本的労使関係の歴史的把握とともに、他の先進資本主義諸国におけるそれらの実体把握を通じて比較することを重視していたことに注目している（このことを示した小著『労働法』〔学陽書房・

一九六八〉については、12論文でも言及している）。

四

さてここで「解説」の域を超え、また蛇足を付すというには多少分量の多いかもしれないことをのべる。蓼沼は**11論文**の最後で、吾妻の学生指導のあり方について触れて、吾妻からとくに何らの具体的な指示や指導も受けなかったと、自らの経験について、のべている（本書二八五―二八六頁、蓼沼「戦後労働法学の思い出①草創期」季刊労働法一五九号〈一九九一〉九六頁では、このことを「ある意味では全くの野放し」であったと、より明確に記している）。しかし同前稿（「思い出」）では、吾妻が蓼沼に著書等の下書きや代筆をさせ、蓼沼はそのことを通じて吾妻理論を学び取ることができたとのべている（同前稿九六頁は「否応なしに先生の学説を徹底的に勉強することになった」と表現している）。それが「ある意味では」という修飾語の付された意味なのであろう（なお、蓼沼の研究者養成の指導は、より徹底した「野放し」であった。何らの指示もせず、各人の自由な勉強にまかせたのは吾妻と同じであったが、吾妻とは異なり、原稿の下書きはもちろん、資料収集すら手伝わせることはなかった）。このように蓼沼は、吾妻から学問的には具体的に教示されたことは何もなかったと述懐している（同前所では、「私は吾妻先生から、小言はもとより注意らしいことを言われた記憶もなければ、ただ一度だけを除き、褒められた記憶もない」とのべている）。しかし蓼沼こそは、吾妻理論に関する最良の理解者であり、また擁護者であったのではなかろうか。それゆえに学問的に、蓼沼と吾妻との関係をいかに理解するかとの課題が提起されよう。すなわち蓼沼は吾妻から何を引き継ぎ、また反対に、いかなることを何故に継承しなかったのであろうか（具体的には、本書の毛塚「解説Ｉ」を参照）。

まずもっとも容易にわかことからみれば、それは両者のマルクス主義に対する理解・対応であろう。唯物史観を法律学のなかにどのように位置づけるのか。すでに再三のべてきたが、吾妻は明確に斥けたけれども、蓼沼はこれに肯定的、少なくとも受容している。すなわち蓼沼自身の言葉を借りれば、「反マルクシズム・反社会主義でない」という意味で、これに「親和的な立場」にたっている（蓼沼「戦後労働法学の原型形成期」労働法律旬報一三九九・四〇〇号〔一九九七〕八頁）。蓼沼は、他の同じく「労働法第二世代」（一九二〇年代生まれ）に属する研究者の多くと同様に、唯物史観法学の雄である沼田からも、吾妻と並んで学問的に多くのことを学んだものと思われる。蓼沼には、沼田と横井芳弘（一九二四〜二〇〇七）を加えた三名での共著（『労働組合読本』〔東洋経済新報社・一九五九〕、同書〔改訂版・一九六五〕および『労働協約読本』〔同・一九七二〕）を三度にわたって公刊している。しかし蓼沼の場合、マルクス主義法学の立場に立つことを旗幟鮮明にする沼田や横井を始めとする、他の同世代とは異なり、沼田理論から、ある程度離れた場所に自らの立ち位置を定めていたように思われる。そこには蓼沼の場合、吾妻の存在と同人から受けた学問的影響、とくに「法社会史的研究方法」について、大いなる示唆を受けながらも、それを自家薬籠中のものとしていったという事情があるのではなかろうか。

また「戦後労働法学」のいわば主要構成員でありながらも、蓼沼の学問的独自性は、つぎのような点にも現われている。すなわち沼田は一九七〇年代末から八〇年代にかけての晩年期、それまでの生存権（憲法二五条）改め、「人間の尊厳」を新たな法的指導理念としてかかげ、「戦後労働法々理」の「見直し」あるいは、新たな労働法理論の構築を提唱していった。それは経済の高度成長による労働者意識の変化（「中流意識」の普及）、組合組織率の持続的な逓減に象徴される労働組合運動の停滞、ソ連東欧諸国における閉塞状況と動揺などの国内外の変化を踏まえたものであった。そして学界のなかからは、いわば沼田の慫慂に呼応するかのように、新たに労働者の「自由意思主体」としての復権や、人間の尊厳の一面としての「自己決定論」などの主張がなされていった（ただし沼田自身は、そのような理念を具体化した労働法々理を示すことはなかった）。そのようななかで蓼沼は、沼田の死去を追悼するに際し、晩年の沼田理論への疑問を披歴するのを忘れていない。すなわち「人間の尊厳」が生存権と自由権双方を包含するものとして「現代資本主義法全体の理念」として捉えるならば、現代資本主義労働法の理念は、従来と同じく「労働者の生存権」に求められるべきではないかとのべて、旧来の沼田理論を前提とした労働法理念の継続・維持を主張している。すなわち「万人の市民的自由と対比される労働者の生存権という理念こそ、労働法を他の法と並ぶ一個独自の法体系たらしめる根拠をなすものであり、労働法の理念は、『市民的自由と生存権』ではなしに『市民法から労働法へ』の視点で捉えなければならない」（蓼沼「沼田稲次郎先生を悼む」季刊労働法一八三号〔一九九七〕九二―九三頁）。蓼沼は、産業資本主義段階における古典的市民法が今日では大きく変容し、借地借家法や消費者法などを典型とした「民法の社会法化」現象が見られるとしても、両者は自ずと別個の法体系であることを重視する。

このことに関連して、次のことにも言及しておきたい。かつて敗戦直後の時期（一九四九年）、「労働と労働法」（労働資料協会）と題するわずか一年間も刊行されなかった（知りえるかぎり五号まで。同誌を収蔵する〔大学〕図書館も限られている）雑誌があった（ただし同誌は孫田秀春と牧野英一を「監修」者とし、吾妻光俊が「編集」責任者となっていた）。その一巻三号一四一―一四二頁の見開き二頁ながら《Q》というアルファベット一字の筆名で、当時刊行されたばかりの後藤清『労働法』（真日本社・一九四八）と浅井清信『労働法学』（評論社・同）に関する書評が掲載されている。そこではいずれの著書も戦前ドイツの労働法学、とくにジンツハイマー〔Hugo Sinzheimer〕(1875〜1945)の所説に依拠する個所が多いことを指摘するとともに、併せてつぎのように批評していた。

「労働法においてとりわけ法社会学的認識の重要なことは、何人もこれを否定しない。けれども、労働法が一の独自な法域を主張するかぎり、そこに綜合的統一的な独自の法原理が樹立されなければならない。そうでなければ、労働法学は現行労働法の単なる整頓に終る外ないであろう。然るに、法の社会学的機能だけを探索するのみでは法の本質の周辺を徘徊するだけであり、それを基礎とした法学的概念の構成および法原理の探求にむかわない限り、法そのものの本質に対する法学的認識は遂に不可能となろう」。

いかなる法原理および法概念をもって、労働法学の独自性《アイデンティティ》を示し、またどのようにしてこれを具体的に構築するのかとの課題は、今日でも、やはり問われていることであろう。この《Q》——戦前から朝日新聞紙上で映画時評を執筆した津村秀夫〔一九〇七〜一九八五〕のそれを踏襲した——という匿名の書評子は、実は吾妻のもとで、大学院特別研究生として労働法学の研究を始めて間もない頃の蓼沼であった。このような事実をみると、晩年の沼田の理論的転換=転向を批判する、その視点は、蓼沼において初期から晩年にいたるまで一貫して変わらないということが理解できよう。自ずと「栴檀は双葉より芳し」という言葉が思い浮かぶ。吾妻をして『ナチス民法学の精神』そして戦後数多くの労働法に関する著作へと向かわせたのは、労使関係を通常の財産取引関係とは異なるものとして法規範的にいかに把握し、またこれを体系的に著わし、さらにどのように法的解釈技法をもって説明することができうるのかということであったかと推測する。そして蓼沼の場合、神風特攻隊に選ばれながらも、文字通り九死に一生をえて敗戦後に召集解除され、学問の場へと復帰し、吾妻のもとで労働法学の研究に従事するようになった当初から、このような吾妻の課題意識を継承しながらも、吾妻のように近代法の人格の平等性を重視するのではなく、古典的市民法々理の適用されるそれとは異なる、労働関係に関する独自の法的世界を構築しようとの強い意志があったのではなかろうか。

つぎに、その社会との関わりのあり方についても、両者には微妙な相違と類似が見られる。すなわち吾妻は、中央労働委員会公益委員や司法試験出題委員などを長年にわたって務めた（前掲・一橋論叢・吾妻退官記念号所収の吾妻の「経歴」を参照）。これに対し蓼沼の場合、大学内における学長を始めとする各種の役職をのぞいて、このような公職に就くことは一切なかった。しかしその反面、プロ・レーバー労働法学の主要な担い手でありながらも、蓼沼は労働組合（運動）との関係において一定の距離をもって接するという姿勢を貫き、組合機関紙・誌へ寄稿することもほとんどなかった。おそらく蓼沼は、学問に携わる者として、現実の運動に従事する者とは自ずと異なる立場にあることの意味を考慮したからではないかと思われる。これまた、蓼沼が吾妻から学び取ったことのひとつであったのではないだろうか。そしてこのことも、同世代の労働法研究者のなかで稀有な例なのかもしれない。

最後に蓼沼は**11論文**冒頭（本書二六五頁）で、吾妻が退官を前にして学部学生が編集・発行していた学内雑誌（＝橋人法学）に寄稿した文章のなかに現(表)われる「理論を現実で洗う」という言葉を引用し、文中でも文言・表現を改めて繰り返し、そして末尾でもふたたび引用している。吾妻は、その意味を「現実によってたしかめられることにたじろぐな」ということであり、それが若き法学徒への「はなむけの言葉である」と続けている。しかし吾妻は、いったいいかなる文脈のなかで、このようにのべたのであろうか。その前段で吾妻は、つぎのようにのべていた。すなわち労働法学者ほど、自らの学説の説得力の弱さを嘆く者はいないのではないか。自らの努力して構築した理論を他者に説得し、同調させようとも、実際には効果がない。それゆえに労働法学者は、他人から自らの学説を論破されえないという意味で幸福である反面、他人の説を批判して、自己の見解の正しさを証明できないことでは不幸である。しかしながら、このような学説に接する側からすれば、このことはいかなる学説を適切なものとして受容するのか「取捨選択のものさし」がないということであり、それは絶望的なことである――。吾妻はこのようにのべたうえで、結論的な・少なくともいえることがあるとすればとして、蓼沼が引用する「理論を現実で可惜なく洗って見ることである」という文章につながっていくのである（吾妻「ある労働法学者の告白」橋人法学八号二一―三頁）。要するに、吾妻は多数の見解が乱立しながらも、現実世界への影響力を行使しえない労働法学説の現状をシニカルに批判していたのである。

繰り返し言及するところから推測すれば、おそらくこの文章が蓼沼にとっては印象深く、また気に入っていったのであろう。そして自らの法理論のあるべき姿として念頭に置いていたのではないだろうか。さらにいえば蓼沼の場合、自らの所説が吾妻の厳しい基準にも、十分に対応できるとの自信もあったのであろう。実際、そのことは、最高裁が労働組合の統制権の法的説明（三井美唄労組事件〔最大判昭四三・一二・四刑集二二巻一三号一四二五頁〕）、年次有給休暇に関する労基法三九条理解（白石営林署事件〔最二小判昭四八・三・二民集二七巻二号一九一頁〕国鉄郡山工場事件〔同・民集二七巻二号二一〇頁〕）、使用者の争議行為であるロックアウトの法的論理（丸島水門製作所事件〔最三小判昭五〇・四・二五民集二九巻四号四八一頁〕）、争議参加労働者に対する賃金カットの範囲（三菱重工長崎造船所事件〔最二小判昭五六・九・一八民集三五巻六号一〇二八頁〕）、さらに労働時間概念の法的把握（同事件〔最一小判平一二・三・九民集五四巻三号八〇一頁〕）などの諸課題について、蓼沼の学説を採用ないし依拠しているということによって具体的に例証されていると考えることができるのかもしれない。

(3)　労働基本権

一

本巻最後の項目として、蓼沼が広狭両義における「労働基本権」について論じた論文と判例研究・評釈を載せている。最初に収録されている**15**「**労働基本権の性格**」は、日本労働法学会により一九六六（昭和四一）年から翌六七（昭和四二）年にかけて、最初のそれに続いて企画・編集・刊行された（蓼沼自身も編集委員の一人であった）新労働法講座（出版社は、旧講座と同じく有斐閣）の第一巻『労働法の基礎理論』（一九六六）に収録されたものである。同稿は、冒頭「労働基本権」という言葉は労働法学特有の表現であり、憲法学では用いられていないことを指摘したうえで「生存権」「財産権」との関係についてのべている。しかし今日では、憲法学においても「労働基本権」という文言は使用されている（たとえば芦部信喜／高橋和之補訂『憲法第四版』〔岩波書店・二〇〇七〕二六一頁以下。なお奥平康弘『憲法Ⅲ：憲法が保障する権利』〔有斐閣・一九九三〕二六九頁以下は「労働者の基本権」「労働者の三権」と表している）。ただし「労働基本権」という場合、それには広狭二つの把握態度がある。憲法学を含めたときのそれは「労働三権」という表現がしめすように、労働権（憲法二七条）を除いた団結権・団体交渉権・団体行動権の三つを、その具体的な内容として想定していよう（樋口陽一『憲法第三版』〔創文社・二〇〇七〕二八四頁以下は「労働に関する諸権利」として広く捉えている）。蓼沼の場合、本稿では、労働権をも含めた広義の労働基本権について議論している。ただし「労働基本権」とは何かについて論じられるとき、そこでの主たる課題はそれが「公共の福祉」との関係で制限されうるかどうかということが示すように、狭義のもの、とくに直接の相手方である使用者や、利用者を含む第三者への不便・影響・損害を必然的に生じさせざるをえない争議権行使について、「公共の福祉」を理由に制限・規制が法的に許されるかどうかという問題であろう。蓼沼の見解は、本巻三六〇頁以下の「私見」に示されている。すなわち、それは以下のようなものである。「公共の福祉にすべての基本権に対する制約原理としての性格・機能を認めることが実質的に妥当な結果を導き出しうるかどうかによって決せられる。そしてそれは、公共の福祉にいかなる内容・性格を付与すべきかに依存する」（三六二頁）。このことは「結局、労働基本権のそれぞれについて、その性格・内容に応じた、他の基本権ないし法益との調整が、問題となる各個の場合ごとに吟味されなければならない」（三六四頁）ということになろう。要するに、抽象的・一般的に論じても、生産的な議論は生まれ得ないということであろうか。そこでつぎに、このような課題を具体的に論じたのが、**16「労働基本権を制限する労使間の合意は有効か」**（別冊ジュリスト・法学教室〈二期〉一号〔一九七三〕）である。すなわち同稿は、狭義の労働基本権を制限する労使間合意の私法上の効力について、検討する。蓼沼説の基本は、㈠国民一般の「結社の自由」とは別に、「勤労者」に対し労働三権を承認する規定形式（形式的理由）と㈡そのような規定が設けられるにいたった歴史的経緯（実質的理由）を重視して、憲法二八条の私人間適用を肯定するところにある（なお蓼沼は民法九〇条〔公序良俗〕を媒介させるかどうかは「たいした問題ではない」としている）。蓼沼は労働基本権のなかで団結の自由を制限することは憲法二八条により設定された強行的公序に反するが、団体交渉および争議行為の制限合意が常にかつ当然に無効かどうかは断定しえないとする（このようにいう場合、そこでは労働協約上の〔相対的〕平和義務を想定されている）。なお団結権に関わる黄犬契約（不当労働行為〔労組法七条一号〕）の私法上の効力について、師である吾妻光俊は戦後比較的早い時点で疑問を呈している（「不当解雇の効力」法学協会雑誌六七巻六号という著名な論文がある）が、蓼沼はそれに同調はしていない。すなわち憲法二八条の団結権保障の担保措置は、不当労働行為の行政救済制度だけでは足りない。その理由として蓼沼は、裁判上私法上の効力を争うことのできるという、もうひとつの救済手段たる司法上のそれを不要とするまでには、わが国の実情はいたってはいないとしている。なおこのような状況は、今日も変わっておらず、むしろ労働委員会の側から司法裁判所の対応を意識したそれがしばしば見られるようになっている。

つぎに、わが国労働法学にとって、ＩＬＯ（国際労働機関）はなじみ深いものがある。**17「ＩＬＯ条約勧告適用専門家委報告における労働組合運動の権利」**は、「月刊労働問題」誌（日本評論社）休刊後、その代替としてしばらくのあいだ刊行された「経済評論別冊・労働問題特集号」誌5（一九八三）がGeneral Survey on the Application of Conventions on Freedom of Association, the Right to Organize and Collective Bargaining and the Convention and Recommendation concerning Rural Worker's Organisations. Report Ⅲ(Part 4B) (ILO, 1983) を邦訳・掲載するに際して、執筆された解説である。わが国では、一九五七年、ストライキが禁止されていた公社職員であった国鉄の労働組合（国労）と、同じく公務員労働法が適用されていた現業公務員（郵政職員）組合である全逓の両組合役員がストライキを実施したことを理由に解雇され、また被解雇者を組合役員とし続けたことが公共企業体職員でなければ、同職員組合員または役員となることができないとの旧公労法四条三項および旧国公法九八条二項に違反することを理由に、当局が団交拒否した。そこで組合側はこれらの法規定がＩＬＯ八七号条約違反するとして、その批准の要求と日本政府に抗議する行動を展開した（ＩＬＯ闘争）。八年後の一九六五年、日本政府は同条約を批准し、それにともなう国内法整備の一環として先の公労法、地公労法の規定を削除した。**17論文**は、それから約二〇年後の時点におけるわが国の問題状況にも言及しながら、ＩＬＯの・結社の自由および団結権の保護に関する八七号条約と団結権と団体交渉権に関する九八号条約の内容についてのべている。また同稿では、社会主義圏諸国ではたしてストライキ権は存在しうるのかということにも言及されている箇所をみれば、隔世の感は否めないが、今日のわが国の状況（消防官の団結権問題等）を考えるにあたっても、有用であろう。

18「公共部門の争議権についての諸提案——必要最少限規制の具体的検討を——」は、その初出書『公共部門の争議権』（東京大学出版会・一九七七）〔はしがき〕ｉ頁に記されているように、一九七七年三月、四日間にわたって開催された研究討論会（同書は「コンファレンス」と呼んでいる）における表記の課題に関する報告内容を活字化したものである（同書には、ほかに氏原正治郎、小宮隆太郎、中西洋、秋田成就、石川吉右衛門の「提案」が掲載されている）。すなわち三公社（旧国鉄〔現ＪＲ〕・旧電電公社〔現ＮＴＴ〕・旧専売公社〔現ＪＴ〕）五現業（郵政〔三事業の民営化〕・国有林野〔独立行政法人への移行予定〕・印刷・造幣・アルコール専売）の労働者のスト権回復を掲げて一九七五（昭和五〇）年一一月二六日から翌一二月三日まで八日間続いた「スト権スト」は何の成果もえることなく終わった（熊沢誠「スト権スト・一九七五年日本」清水慎三〔編著〕

『戦後労働組合運動史論：企業社会超克の視座』（日本評論社・一九八二）四八三頁以下参照）。こうしてその後、議論の焦点は主に立法のあり方を念頭においた政策論へと移っていった。本稿は「公共企業体の争議権問題に対する解決策を模索するにしても、より広く公共部門はどのような性格をもつ部門であるのか、また、そのなかで公共企業体とその労使関係はどのような特殊な性格を帯びているのか」ということを広い視野から検討する必要がある（前掲「公共部門の争議権」「はしがき」ⅰ・ⅱ頁）との観点からもたれた会議のために用意されたものであった。蓼沼の立場は冒頭に記された「公共部門＝三公社五現業との職員の争議行為に関する現行法上の全面一律禁止を、争議権行使の法律による制限は必要最少限度の範囲内のとどめなければならないという憲法上の要請にてらして、三公社五現業等のそれぞれについて、具体的に検討する作業を本格的にはじめよ」という言葉に要約されよう（なお蓼沼は私企業であっても、公共性の高い業務に関わるものがあるとの趣旨からであろうか、「公共部門の争議」を〝三公社五現業および地方公営企業の職員の争議権〟と理解するとあえて断っている）。ここに示されているのは、当時の労働法学会において多くの者が抱いていた公約数的な見解でもあったと思われる。蓼沼がここで議論をするにあたり、その念頭に置いたのは、一方は一九七四（昭和四九）年八月、政府が設置した公企体関係閣僚協議会のもとに設けた「同専門委員懇談会」がスト権スト初日の午後に提出した答申（いわゆる「一一・二五専門懇意見書」）である。それは、⑴スト権付与の適否は各事業体が団体交渉の当事者能力をもつことの適否によるが、それは事業の性格すなわち経営形態にかかわる、⑵業務の停廃が国民生活に深刻な影響を及ぼし、争議の経済的抑止機能が働かない、そして究極的には国の財政でまかなわれる国営企業や公企体では、当事者能力の本来的制約は免れず、したがって争議権は認められないという、労働基本権問題を専ら経営形態論に収斂させるものであった。もう一方は、日経新聞一九七五年一〇月一・二両日に掲載された小宮隆太郎「公共部門のスト権と国民福祉」上・下であった。そして公共部門労働者のスト権付与は当事者能力、経営形態の検討を前提とするとの基本的政府方針は、その後の各種の行財政改革、そして三公社五現業の多くが分割・民営化という形で具体化され、現在も進行しているのは、周知のことであろう。ただし、そこでは争議権付与の問題がかつてのように主要な課題となってはいない。蓼沼による本稿は、その意味では歴史的な墓碑銘のひとつとして資料的価値のあるものとなっているのかもしれない。なお花見忠は、蓼沼報告に対し「『何を』提案するのか、また『何のために』提案するのかあまり明確でない」との厳しい「コメント」を寄せている（前掲『公共部門の争議権』三五八―三六二頁）。

二

続いて**19**以下の諸論稿は、公共部門労働者に対する労働基本権（前稿と同じく、憲法二八条に基づく団結・団体交渉および団体行動の三権を念頭におく）制限に関する裁判例についての判例評釈ないし判例研究である。これらを通読することにより、戦後の公共部門労働者の労働基本権問題に関する裁判所、とくに最高裁判例の展開と変容を把握することができよう。

まず**19**「**労働基本権――全逓中郵事件・最高裁昭和四一年一〇月二六日大法廷判決、刑集二〇巻八号九〇一頁――**」（ジュリスト増刊『労働法の判例』（一九七二））と**20**「**労働基本権――全農林警職法事件・最高裁昭和四八年四月二五日大法廷判決、全逓名古屋中郵事件・最高裁昭和五二年五月四日大法廷判決――**」（同前〔第二版〕（一九七八））という、二つの同一タイトルの判例研究は、「労働基本権」問題の代名詞ともいうべき旧三公社五現業における争議権問題の判例展開を明らかにするものである。前者は、それまでの「公共の福祉」や「全体の奉仕者」という文言を「呪文的に用いて」（蓼沼）、公共部門労働者の労働基本権の制限や刑事制裁を肯定してきた最高裁判例を変更し、学説からも広く支持された全逓（東京）中郵便事件（前掲）について、その意義と限界とを明らかにした、コンパクトな解説である。これに対して後者は同事件判決の基調を維持して、地方公務員法の争議行為禁止・あおり等処罰規定（国公法九八条五項・一一〇条一項一七号、地公法・六一条四号）に「二重の限定解釈」「二重のしぼり」をかけて、それらの合憲性を肯定した都教組・全司法事件（最大判昭四四・四・二刑集二三巻五号三〇五頁）から、わずか四年後、全農林警職法事件（前掲・刑集二七巻四号五四七頁）により、「劇的な反転をとげ」（蓼沼）、続いて同判決を踏まえた、その延長線上に位置すべき全逓名古屋中郵事件（前掲・刑集三一巻三号一八二頁）において、わずか一〇年ほどのあいだで全逓東京中郵事件（前掲）法理が全面的に否定されるにいたったことを示すものである。ただし、これら二つの最高裁判決はいずれもかつてのように、「公共の福祉」や「全体の奉仕者」という文言を抽象的にかかげるものではない。それらは公務員も憲法二八条に言う「勤労者」であることを肯定しながらも、反面では「職務の公共性」や、争議行為による公務の停滞が「国民全体の共同利益」に大きな影響をおよぼすことを重視する点において、全逓東京中郵事件（前掲）に類似する側面も有する。しかしこれらに加えて、勤務条件法定主義や民間労働者とは異なる「市場の抑制力」などの説示があることなどの新たな論拠を示すことによって、全逓東京中郵判決（前掲）とは正反対の結論へと導いている。はたしてそれは、いかにして可能であったのか。これらの公共部門労働者の争議行為の一律・全面禁止を合憲とする二つの判決への本格的な批判は、つぎに掲載している**21**「**名古屋中郵判決における公労法一七条合憲論**」（ジュリスト六四三号〔一九七七〕）においてなされている。すなわち同稿一では、まず名古屋中郵事件が公労法の適用を受ける者を一般に用いられる「三公社五現業」ではなく、「五現業三公社」職員と表記するのは、公務員・公企体職員が私企業労働者と同じく憲法二八条にいう「勤労者」であるとしても、両者のあいだには「本質的な懸隔」があることを示し、争議権全面的否認の合憲性の根拠としたのではないかと指摘している。つぎに二・三では、環昌一・団藤重光両裁判官による反対＝少数意見にふれながら、勤務条件法定主義を根拠とする公務員団交否認論を批判している。そして四では、公務員の場合、民間労働者の場合とは異なり、市場の歯止めがないとの理由について反論をのべている。

最後に**22「地公法六一条四号による刑事罰の適用——日教組スト事件第一審判決等地裁昭和五五年三月一四日判決」**（ジュリスト臨時増刊七四三号『昭和五五年度重要判例解説』〔一九八一〕）は、全農林事件（前掲）、岩手県教組事件（最大判昭和五一年五月二一日刑集三〇巻五号一一七八頁）そして全逓名古屋中郵事件（前掲）の諸判決により、官公労働者の争議行為一律全面禁止合憲は「現時点においては、疑問の余地なく確立」しているとし、下級審としては特別の理由がないかぎりこれにしたがわざるをえないとした同判決に関する判例解説である。蓼沼は、かつての最高裁法理を批判する下級審裁判例の積み重ねが全逓（東京）中郵事件（前掲）における判例変更を導くことになったことを指摘し、労働者が被告人として不利なものであり、学説が疑問や批判する最高裁判例について格別の検討をすることなく、下級裁判所がこれに従うとするのは、「甚だ疑問である」と批判している。

第Ⅰ巻　労働法基礎理論　初出一覧

(1)　労働法一般・方法論

1　働く者の生活と現代法（共同執筆：小川政亮）〔蓼沼執筆担当部分〕
　　…………蓼沼・小川編『現代法と労働』岩波講座現代法一〇巻〔岩波書店〕一頁（一九六五・八）
2　労働法制の変動……………………………………法律時報五八巻四号二頁（一九八六・三）
3　構造変動下の労働・労使関係と労働法原理…………季刊労働法一四三号四頁（一九八七・四）
4　市民法と労働法
　　…………沼田稲次郎教授還暦記念・上巻『現代法と労働法学の課題』〔総合労働研究所〕三〇四頁
　　（一九七四・五）
5　組織と個人――労働組合を素材として――
　　…………井上茂編『現代法の思想』岩波講座現代法一三巻〔岩波書店〕二〇三頁（一九六六・一）
6　団結権と労働者および労働組合像………………季刊労働法一〇〇号五九頁（一九七六・六）
7　労働法の対象――従属労働論の検討――
　　…………『労働法の基礎理論』現代労働法講座一巻〔総合労働研究所〕七六頁（一九八一・一）

8 「労働法法社会学」の課題と方法――渡辺教授の提言をめぐって――
……………………日本労働法学会誌二四号二頁（一九六四・一一）
9 日本労働法学における「解釈」論の問題について――日本労働法学の一課題――
……………………一橋論叢五四巻三号一二九頁（一九六五・九）
10 労使慣行……………………蓼沼・横井編『労働法の争点（新版）』二〇頁（一九九〇・一一）

(2) 労働法学史研究――一橋大学と労働法――

11 吾妻光俊先生の人と学説……………………一橋論叢五七巻五号一頁（一九六七・五）
12 吾妻光俊先生と労働法学……………………法学セミナー二一三号一〇八頁（一九七三・八）
13 一橋大学と孫田先生――「孫弟子」からみて――
…孫田秀春先生米寿祝賀記念『経営と労働の法理』〔専修大学出版局〕四九九頁（一九七五・二）
14 一橋大学学問史／労働法
……………………一橋大学創立百年記念『一橋大学学問史』〔一橋大学〕七三九頁（一九八六・三）

(3) 労働基本権

15 労働基本権の性格……『労働法の基礎理論』新労働法講座一巻〔有斐閣〕一〇五頁（一九六六・六）
16 労働基本権を制限する労使間の合意は有効か
……………………法学教室〈第二期〉一号九四頁（一九七三・五）

17 ＩＬＯ条約勧告適用専門家委報告における労組運動の権利
……………………経済評論別冊・労働問題特集五号『結社の自由と団体交渉』〔日本評論社〕三頁
（一九八三・一〇）

18 公共部門の争議権についての諸提案――必要最小限規制の具体的検討を――
………兵藤釗ほか編『公共部門の争議権』〔東京大学出版会〕三四〇頁（一九七七・一一）

19 労働基本権――全逓中郵事件――
……………ジュリスト増刊『労働法の判例』基本判例解説シリーズ五、一六頁（一九七二・一二）

20 労働基本権――全農林警職法事件、全逓名古屋中郵事件――
ジュリスト増刊『労働法の判例（第二版）』基本判例解説シリーズ五、二〇頁（一九七八・一〇）

21 名古屋中郵判決における公労法一七条合憲論の検討
……………………………………………ジュリスト六四三号三三頁（一九七七・六）

22 地公法六一条四号による刑事罰の適用――日教組スト事件第一審判決――
…………ジュリスト臨時増刊七四三号『昭和五五年度重要判例解説』二四一頁（一九八一・六）

索　引

あ 行

か 行

さ 行

た 行

な 行

は 行

ま 行

や 行

ら 行

わ 行

蓼沼謙一著作集
第Ⅰ巻

労働法基礎理論

2010年(平成22年)5月15日　第1版第1刷発行
1981-0101：P624, B600, Y16000

著　者　蓼　沼　謙　一
発行者　今　井　　貴
発行所　信山社出版株式会社
〒113-0033　東京都文京区本郷6-2-9-102
［営業］電　話 03（3818）1019
FAX 03（3818）0344
［編集］電　話 03（3818）1099
FAX 03（3818）1411
info@shinzansha.co.jp

笠間来栖支店編集制作部
〒309-1625　茨城県笠間市来栖2345-1
電　話 0296（71）0215
FAX 0296（72）5410
kurusu@shinzansha.co.jp
出版契約№1981-01010　Printed in Japan

印刷・製本／東洋印刷・渋谷文泉閣
出版契約書№1981-01010
ISBN978-4-7972-1981-4 C3332
1981-012-050-010 NDC分類328・600・a021, p.624

労働保護法の再生　水野勝先生古希記念論集

佐藤俊一・辻村昌昭・毛塚勝利・山田省三・藤原稔弘・鎌田耕一 編

水野勝先生古希記念論集編集委員会による論文集。「労働契約」、「労働条件」、「職場環境と労災」の3部に21論文を掲載。「労働保護法」の再生をみる。

信山社

民法改正研究会（代表 加藤雅信）

民法改正と世界の民法典

碓井光明 著　『公共契約法精義』・『公的資金助成法精義』・『政府経費法精義』に続く続刊

社会保障財政法精義

井上達夫 編

現代法哲学講義

［執筆］井上達夫／髙橋文彦／桜井徹／横濱竜也／郭舜／山田八千子／浅野有紀／鳥澤円／藤岡大助／石山文彦／池田弘乃／那須耕介／関良徳／奥田純一郎

田村和之 編集代表

保育六法

浅井春夫／奥野隆一／倉田賀世／小泉広子／古畑淳／吉田恒雄

石川明・池田真朗・宮島司・安冨潔・三上威彦・大森正仁・三木浩一・小山剛 編集代表

法学六法・標準六法

角田邦重・山田省三 著

現代雇用法

信山社